浙江省普通本科高校"十四五"重点立项建设教材

U0655569

数据、模型与决策

曹　柬　蒋　敏　主　编

邓丽丽　冯翠英　马修岩　刘　璐　副主编

中国财经出版传媒集团

经济科学出版社
Economic Science Press

·北京·

图书在版编目（CIP）数据

数据、模型与决策 / 曹束，蒋敏主编；邓丽丽等副主编 . -- 北京：经济科学出版社，2025.6. --（浙江省普通本科高校"十四五"重点立项建设教材）.
ISBN 978 - 7 - 5218 - 6891 - 3

Ⅰ. C934

中国国家版本馆 CIP 数据核字第 2025DM5779 号

责任编辑：周胜婷
责任校对：王肖楠
责任印制：张佳裕

数据、模型与决策

SHUJU，MOXING YU JUECE

曹束 蒋敏 主编
邓丽丽 冯翠英 马修岩 刘璐 副主编

经济科学出版社出版、发行 新华书店经销

社址：北京市海淀区阜成路甲 28 号 邮编：100142

总编部电话：010 - 88191217 发行部电话：010 - 88191522

网址：www. esp. com. cn

电子邮箱：esp@ esp. com. cn

天猫网店：经济科学出版社旗舰店

网址：http：//jjkxcbs. tmall. com

北京季蜂印刷有限公司印装

787 × 1092 16 开 22.75 印张 630000 字

2025 年 6 月第 1 版 2025 年 6 月第 1 次印刷

ISBN 978 - 7 - 5218 - 6891 - 3 定价：69.00 元

（图书出现印装问题，本社负责调换。电话：010 - 88191545）

（版权所有 侵权必究 打击盗版 举报热线：010 - 88191661

QQ：2242791300 营销中心电话：010 - 88191537

电子邮箱：dbts@ esp. com. cn）

前言
QIANYAN

　　自 1999 年浙江工业大学商科学院开设"运筹学"课程以来，学院一直希望能有一本适合经济、管理类本科生教学的运筹学教材。由此，十多年前我们根据平时的授课讲义积累，于 2013 年在经济科学出版社出版了《运筹学》，颇受一些商科教师和学生的欢迎和好评。近年来，我们在《运筹学》教材的基础上，进一步丰富授课章节、案例、习题等，撰写成稿这本《数据、模型与决策》教材。

　　与传统的《数据、模型与决策》（《运筹学》）教材有所区别的是：本教材着力精简相关命题推导过程，仅保留部分重要定理与命题的证明，并尽可能作通俗易懂的分析和阐述；结合数字化、智能化时代发展背景，增加了数据描述及分析相关内容；在每章末尽可能安排案例分析，为运筹优化相关理论与方法在经济管理领域现实问题中的落地实践提供思路；而且每章都有大量的例题和习题，基本上是围绕经济管理类的现实问题设计与展开的。值得一提的是：本教材为新形态教材，除第一章外，每章均有两个教学视频，围绕主要知识点或典型习题展开；并提供了一些课后习题的解答过程以供参考。

　　在本教材的撰写过程中，我们学习和参考了众多专家学者的相关书籍和文献，借鉴和吸收了大量精彩有益的内容，对此表示衷心的感谢。希冀本教材付梓发行后，能够助力商科教师的教学工作，为商科学生学习运筹优化理论在经济管理领域的实践应用提供帮助。

目录
MULU

第1章 绪 论

1.1 管理决策问题

问题一：某航空公司每天有三个航班服务于北京、深圳、桂林、上海四个城市，其中上海是可供转机使用的。三个航班的出发地←→目的地分别为北京←→上海，上海←→深圳，上海←→桂林，可搭乘旅客的最大数量分别为120人、100人、110人。机票的价格分头等舱和经济舱两类。经过市场调查，公司市场部得到了每天旅客的相关信息，包括航班的头等舱需求和价格、经济舱的需求和价格（见表1-1）。请问：该公司应该在每条航线上分别分配多少头等舱和经济舱的机票？

表1-1 各航班相关数据

出发地——目的地	头等舱需求（人）	头等舱价格（元）	经济舱需求（人）	经济舱价格（元）
北京←→上海	33	1400	56	900
北京←→深圳（经上海转机）	24	2700	43	1750
北京←→桂林（经上海转机）	12	2800	67	1800
上海←→深圳	44	1800	69	1200
上海←→桂林	16	1860	17	1300

问题二：为保证飞行安全和作战性能，某型号战斗机的发动机每隔半年必须更换。更换可以有两种方式：（1）换上新发动机；（2）使用经过大修的旧发动机。已知新发动机的购置费用为每台100万元。旧发动机的大修方式有两种：（1）快修，每台30万元，0.5年内可以交货；（2）慢修，每台20万元，0.75~1年交货。根据上级部门要求，该型号战斗机在四年后将退役不再使用。估计对该型号战斗机在今后四年内的每半年发动机的更换需求数量分别为200台、160台、140台、180台、230台、250台、300台、270台。现在，A维修厂接受了该项发动机的更换和维修任务。请问：A厂应制定怎样的发动机购买和维修安排计划，使四年内的总费用最低？

问题三：某工厂是制造某种电子设备的专业厂家，该厂与客户签订合同，合同规定在当年每个季度末向客户提供型号规格相同的电子设备。已知该厂各季度的生产能力、合同需求量和单台设备生产费用如表 1 - 2 所示。又知上年年末积压库存 15 台该种设备未售出。如果生产出来的设备当季不交货，每台每积压一个季度需要储存和维护保养等费用 0.2 万元。该厂希望在第四季度末完成合同任务后还能留出库存 20 台。试问该工厂应如何安排生产计划，在满足上述条件的情况下，使总的支出费用最小？

表 1 - 2　　　　　　　　　　　工厂生产情况及客户需求

季度	正常生产能力（台）	加班生产能力（台）	需求量（台）	单台正常生产成本（万元）	单台加班生产成本（万元）
一	55	10	50	15	16
二	60	15	60	14	15
三	75	15	80	13	14
四	65	20	70	13	14

上述问题都是常见的管理决策问题。实际上，在当今社会，企业管理、城市治理，能源规划、公共政策制定等方面，类似的管理挑战无处不在。每一个决策都可能对企业的效益、城市的运行效率乃至整个社会的发展产生深远的影响。

面对这些复杂多变的现实问题，管理者往往需要借助科学的方法和工具来辅助决策。而运筹学（operational research 或 operations research，OR）为分析和解决此类管理问题提供了独特的、功能强大的方法。据《大英百科全书》的释义，"运筹学是一门应用于管理有组织系统的科学""运筹学为掌管这类系统的人提供决策目标和数量分析的工具"。《中国大百科全书》的释义为：运筹学是"用数学方法研究经济、民政和国防等部门在内外环境的约束条件下合理分配人力、物力、财力等资源，使实际系统有效运行的技术科学，它可以用来预测发展趋势，制定行动规划或优选可行方案"。《中国管理百科全书》的释义为：运筹学是应用分析、试验、量化的方法，对经济管理系统中的人力、物力、财力等资源进行统筹安排，为决策者提供有依据的最优方案，以实现最有效的管理。

我国学者从"夫运筹策帷帐之中，决胜于千里之外"这句古语中摘取"运筹"二字，从其决策谋划的内涵译为运筹学。尽管中国古代文献中有不少记载着朴素的运筹学思想，如田忌赛马等，但是，现代运筹学的起源还是要追溯到第二次世界大战初期。当时迫切需要把各项稀少的资源以更有效的方式分配给各种不同的军事作业及在每一作业内的各项活动，为此英国及随后美国的军事管理部门召集大批各领域的科学家组成了最早的军事运筹小组，运用科学手段来处理各种战略与战术问题。其代表性的工作有 1938 年英国为解决空袭的早期预警，研究了雷达站与整个防空作战系统的协调配合问题；1942 年美国和加拿大研究反潜战的侦察和组织有效的对敌轰炸等问题；1939 年苏联学者康托洛维奇对列宁格勒胶合板厂的生产计划任务建立的线性规划模型。这些研究结合数学与管理科学取得了开创性的成果。

战争结束后，运筹学在战争中获得的成功引起了在军事领域以外其他行业应用的广泛兴趣，特别是随着战后经济的快速发展，人们面临的大量经济建设问题本质上与战争中所面临的问题类似，只是现实环境发生了变化，因此，运筹学很自然地被引入工商企业和政府管理部门。其代表性的工作是：1948 年英国成立"运筹学俱乐部"，在煤炭、电力等部门推广应用运筹学取得的一些进展；20 世纪 50 年代末美国大约有半数的大公司在自己的经营管理中应用运筹学的各种思想和方法，解决如制订生产计划、物资储备、资源分配、设备更新等方面的决策问题。与此同时，世界各国相继成立了运筹学的专门学术组织、出版运筹学的专门学术刊物，召开运筹学的国际学术会议，并于 1959 年成立国际运筹学联合会（International Federation of Operations Research Societies，IFORS）。

事实上，至少有两个因素对运筹学的飞速发展起到了重要作用。一是在改进运筹学的方法上有了实质性的进步。二战后许多参加过运筹学小组或者听说过这项工作的科学家主动对相关领域进行研究，这直接推动了运筹学方法在技术上的巨大进步，在此期间最有代表性的工作是 1947 年美国科学家乔治·丹茨格（George Dantzig）提出了求解线性规划问题的一般数学模型及其单纯形算法，到 20 世纪 50 年代末，逐渐形成了如线性规划、动态规划、排队论、存储论等内容的运筹学的基本理论和方法。

另一个重要因素是信息技术的飞速发展，尤其是电子计算机技术的不断进步对促进运筹学发展作出巨大贡献。现在，我们拥有比以往任何时候都更强大的计算能力和算法，使得运筹学的应用范围和深度都得到了极大的扩展。如今，运筹学已经成为当今经济、民政、国防等部门中不可或缺的应用科学。随着技术的不断进步，运筹学将继续在各个领域发挥其重要作用，帮助我们作出更加明智和有效的决策。

运筹学的第一个特征是它运用的研究方法类似于已有其他科学领域所采用的科学方法，特别是定量分析方法。它开始于仔细地观察和阐明问题，同时收集所有相关数据；接下来构建一个可以概括问题本质的数学模型；然后假设这个模型可以充分精确地表示问题的本质特征，并且从模型中获得的结论也是有效的；最后用适当的案例来验证这种假设，并且按照需要调整，最终证明这种假设是正确的。

运筹学的第二个特征是它的广泛视野。它不仅广泛地应用于各个领域，例如制造业、运输业、建筑业、通信业、金融业、卫生保健、军事领域和公共服务等，而且，它研究的问题包括对组织和活动的基本特性进行创造性科学研究，以及参与组织的实际管理。运筹学试图用一种方法解决组织中各成员利益的冲突以实现整个组织的最优，这不仅意味着每个问题的研究都要清楚地考虑到组织的所有部分，而且所要实现的目标必须与组织的整体利益保持一致。

运筹学的第三个特征是它常常考虑寻求解决问题的最优解。它的目标是确定最可行的运作过程，而不是简单地改善现状，寻求最优解是运筹学的一个重要主题。然而，没有任何一个人可以是运筹学工作各个方面的专家，因此，运筹学强调的是团队合作，特别是一组具有不同背景和技能的人才，才能有效解决各种复杂的组织管理与决策优化问题。

1.2　数据：资料处理

1.2.1　数据

近年来，云计算、物联网、人工智能等新型信息技术和应用模式的不断发展，为我们提供了前所未有的可获取海量数据的方式。数据的分享和存储更为便捷，为获取必要的数据构建科学模型提供了便利。数据是观测结果的集合，例如测量值、性别和调查结果。车间每天可用总加工时间为20个工时、农场有100公顷土地、面粉厂每天的产量为15吨等都是数据。

1.2.1.1　数据的测量尺度

对统计数据的研究首先涉及数据的测度，按照对客观事物测度的程度或精确水平来划分，可从低级到高级、由粗略到精确，将计量尺度分为定类尺度、定序尺度、定距尺度、定比尺度。

定类尺度又称为名义尺度，是最粗略、计量层次最低的计量尺度，只能按照事物及其现象的某种属性进行平行的分类或分组。例如，人口总体中的性别标志，工业企业总体中的所属行业标志等。这类尺度既无数量大小，又无顺序好坏，是其他计量尺度的基础。

定序尺度又称为顺序尺度，是对客观现象类别之间的等级差或顺序差的一种测度。定序尺度不仅可以将研究对象分成不同的类别，还可以反映这些类别的优劣或顺序。例如，企业按规模分为大、中、小、微4类，学习成绩划分为优、良、中、及格、不及格5个等级等。定序尺度的计量精度要优于定类尺度。

定距尺度又称为间距尺度，是对现象类别或次序之间间距的测度。该尺度不仅能区分事物的类别，进行排序，比较大小，也可以精确地计量大小的差异，即可以进行加减运算，但不能进行乘除运算。定距尺度没有绝对零点，如气温0℃并不表示没有温度。它是一种较定类尺度和定序尺度更为高级、更为精确的一种计量尺度。

定比尺度又称为比率尺度，能测度事物之间的比值，可以区分类别，确定顺序，比较大小，进行加、减、乘、除运算。存在绝对零点，即"0"表示"没有"或"不存在"，如销售额可以为0，表明任何销售行为都没有发生。定比尺度除了具有定距尺度数值的全部特性外，数值之间还存在比例关系的特性，如销售额1000万元是500万元的2倍，长度4米是2米的2倍等。

1.2.1.2　数据的常用类型

1. 原始数据与次级数据

从数据的获取途径来看，通过对现象进行实验与观察直接取得的数据称为原始数据或第一手数据；通过查阅或询问获得的他人已经加工、整理的可使用的现存数据称为次级数据或第二手数据，如从政府部门报告、书籍与期刊中获得的数据等。原始数据又可以分为实验数据与观察数据，前者指在实验中控制实验对象而收集到的数据，后者指通过调查或观测而收集到的数据。

2. 品质型数据与数值型数据

品质型数据用于反映每一个体属性的标签或者名称，一般为非数值型数据，只能用文字描述，例如将人口性别分为男、女；将考核结果分为优秀、良好、中等、及格和不及格等，它由定类尺度和定序尺度来计量。数值型数据用于表示事物的大小或多少，如设备台数、工人数量、企业数量等。数值型数据既可以用定距尺度度量，也可以用定比尺度度量，可直接使用数学方法处理。

3. 截面数据与时序数据

截面数据是在相同或相近的时间点上收集到的数据，这类数据通常是在不同空间上获得的，用于描述现象在某一时间的变化情况。例如，2024 年某省各地级市生产总值就是截面数据。时间序列数据（简称时序数据）是在不同的时间点上收集到的数据，这类数据是按时间顺序收集的，用于描述现象随时间变化的情况。例如，我国 2010 ~ 2024 年的生产总值就是时间序列数据。

1.2.2　数据分布特征的度量

数据分布特征可以从分布的集中趋势、离散程度以及分布的形状三方面进行度量和描述，分别反映各数据向其中心值靠拢或聚集的程度、远离其中心值的状况和数据分布的偏度和峰度。全面把握数据分布特征的不同侧面，有助于对数据的理解和解释。

1.2.2.1　集中趋势的度量

集中趋势是指一组数据向某一中心值靠拢的程度，它反映了一组数据中心点的位置所在。集中趋势的度量也就是寻找反映数据一般水平的代表值或数据分布的中心值。描述集中趋势常用的代表值有众数、中位数、算术平均数、调和平均数和几何平均数等。

（1）众数 M_o 是一组数据中出现频数最多的变量值，直观地反映数据的集中趋势。

【例 1.1】某商家对其用户购买某一产品的颜色喜好进行了调查，得到一个月内不同颜色商品的销售量如表 1 - 3 所示，求该事例的众数。

表 1 - 3　　　　　　　　　某一产品不同颜色的销售量

产品颜色	销售量（件）
红色	72
绿色	26

产品颜色	销售量（件）
蓝色	54
白色	120
灰色	89
黑色	99

解：从表 1-3 可知，对于这种产品，购买白色的人数最多，因此众数为"白色"。

（2）中位数 M_e 是一组数据排序后处于中间位置上的变量值。中位数将全部数据分为两部分，每部分包含 50% 的数据，一部分数据比中位数大，另一部分数据比中位数小。设一组数据 X_1，X_2，…，X_N 按从小到大排序后为 $X_{(1)}$，$X_{(2)}$，…，$X_{(N)}$，则其中位数为：

$$M_e = \begin{cases} X_{\frac{N+1}{2}}, & N \text{ 为奇数} \\ \dfrac{X_{\frac{N}{2}} + X_{\frac{N}{2}+1}}{2}, & N \text{ 为偶数} \end{cases} \tag{1-1}$$

【例 1.2】 某商家邀请 18 位顾客体验新产品并为该产品打分（百分制），经处理后的产品最终得分如表 1-4 所示，请求出该组数据的中位数。

表 1-4 顾客打分汇总

顾客	1	2	3	4	5	6	7	8	9
分数	88	87	75	63	60	90	81	68	68
顾客	10	11	12	13	14	15	16	17	18
分数	55	70	67	68	68	69	74	94	83

将表 1-4 中的数据从小到大排序：55、60、63、67、68、68、68、68、69、70、74、75、81、83、87、88、90、94，其中位于第 9 位和第 10 位的变量值分别为 69 和 70，因此，这组数据的中位数为 69.5。

（3）算术平均数 $\overline{X}$ 简称均值，是一组数据相加后除以数据的个数得到的结果。设一组数据为 X_1，X_2，…，X_N，数据个数为 N，则其算术平均数为：

$$\overline{X} = \frac{\sum_{i=1}^{N} X_i}{N} = \frac{X_1 + X_2 + \cdots + X_N}{N} \tag{1-2}$$

根据表 1-4 中的数据，可得到其算术平均数为 $\overline{X} = \dfrac{\sum_{i=1}^{18} X_i}{N} = 73.78$。

（4）调和平均数 H 是各变量值的倒数的算术平均数的倒数，又称"倒数平均数"。当有一数据取值为零时，无法计算调和平均数。

$$H = \frac{1}{\frac{1}{N}\sum_{i=1}^{N}\frac{1}{X_i}} = \frac{N}{\sum_{i=1}^{N}\frac{1}{X_i}} \tag{1-3}$$

【例1.3】某种蔬菜早、中、晚的价格分别为 0.6 元/斤、0.5 元/斤、0.3 元/斤，假如小王早、中、晚各花 1 元钱购买该种蔬菜，则其平均每斤蔬菜花多少钱？

解： 由于小王早中晚购买的斤数未知，不能用算术平均数计算，而应当用调和平均数计算。

$$H = \frac{3}{\frac{1}{0.6}+\frac{1}{0.5}+\frac{1}{0.3}} = 0.43(元)$$

（5）几何平均数 G 是 N 个变量值的连乘积的 N 次方根。几何平均数主要用于计算平均比率。当所掌握的变量值本身是比率形式时，采用几何平均数计算平均比率更为合理。

$$G = \sqrt[N]{\prod_{i=1}^{N}x_i} = \sqrt[N]{x_1 x_2 \cdots x_N} \tag{1-4}$$

【例1.4】某产品需经三个车间连续进行加工，已知第一个车间加工合格率为 96%，第二个车间加工合格率为 92%，第三个车间加工合格率为 98%，求三个车间的平均加工合格率。

解： 由于产品是由三个车间连续加工完成的，第二个车间加工的是第一个车间完工的合格品，第三个车间加工的又是第二个车间完工的合格品，因此，三个车间总的合格品率是三个车间相应合格品率的连乘积，求三个车间的平均加工合格品率就不能采用算术平均法，而应当采用几何平均法。

$$G = \sqrt[3]{x_1 x_2 x_3} = \sqrt[3]{96\% \times 92\% \times 98\%} = 95.30\%$$

1.2.2.2 离散程度的度量

数据的离散程度是数据分布的另一个重要特征，它反映了一组数据远离其中心值的程度。数据的离散程度越大，集中趋势的测度值对该组数据的代表性越差；反之则越好。根据所依据数据类型的不同，数据离散程度通常采用极差、四分位差、方差、标准差、离散系数等度量。

（1）极差 R 是一组数据的最大值与最小值之差。

$$R = \max(X_i) - \min(X_i) \tag{1-5}$$

【例1.5】我国部分省份某年居民人均蔬菜及食用菌消费量的数据如表 1-5 所示，请求出该组数据的极差。

表1-5　　　　　　　　　我国部分省份居民人均蔬菜及食用菌消费量（千克）

省份	北京	天津	河北	山西	辽宁	吉林	上海	江苏	浙江
消费量	122.7	117.2	108.3	98.9	117.1	105.6	105.3	104.5	96.9
省份	安徽	福建	江西	山东	河南	湖北	湖南	广东	广西
消费量	104.8	89.6	105.5	95.9	94.1	126.8	104.5	113	89.7

资料来源：国家统计局官方网站。

解：在表1-5中，$\max(X_i) = 126.8$，$\min(X_i) = 89.6$，分别对应湖北省和福建省，极差为37.2。

（2）四分位差是根据四分位数计算的。将一组数据按照从小到大的顺序排列，处在25%位置的数值就是下四分位数（用Q_1表示），处在75%位置的数值就是上四分位数（用Q_3表示）。当四分位数的位置不是整数时，按比例分摊四分位数两侧的差值。四分位差是上四分位数与下四分位数之差，用QD表示。四分位差避免了极差受一组数据中极端值影响的缺点。

$$QD = Q_3 - Q_1 \qquad (1-6)$$

【例1.6】已知9位同学的月均花费数据为（单位：元）：1550，720，800，1080，850，960，2100，1300，1630。请计算该组数据的四分位差。

解：先将这组数据从小到大排列：720，800，850，960，1080，1300，1550，1630，2100。因此，

$$Q_1 = 800 + (850 - 800) \times 0.5 = 825 \text{（元）}$$
$$Q_3 = 1550 + (1630 - 1550) \times 0.5 = 1590 \text{（元）}$$
$$QD = 1590 - 825 = 765 \text{（元）}$$

如果按照极差计算，则9位同学的月均花费的离散程度为1380（即2100-720）元，而按照四分位差计算，则为765元，克服了极差易受数据两端极值影响的缺点。

（3）方差是各变量值与其平均数离差平方的平均数，而标准差则是方差的平方根。方差（或标准差）能较好地反映数据的离散程度。记方差和标准差分别为σ^2和σ，计算公式分别如式（1-7）和式（1-8）所示。需要注意，此处的方差和标准差为总体方差和总体标准差，总体方差是总体数据个数去除离差平方和，而样本方差是用样本数据个数减1后再去除离差平方和。

方差：

$$\sigma^2 = \frac{\sum_{i=1}^{N} (X_i - \bar{X})^2}{N} \qquad (1-7)$$

标准差：

$$\sigma = \sqrt{\frac{\sum_{i=1}^{N} (X_i - \overline{X})^2}{N}} \qquad (1-8)$$

其中，N 为总体数据的个数，$\overline{X}$ 为均值。

【例 1.7】产品 A 在一周内的日销量（单位：件）为 135，140，163，192，180，150，132，试计算这组数据的方差和标准差。

解：代入式（1-7）和式（1-8），得到产品 A 日销量的均值 $\overline{X} = 156$ 件，方差 $\sigma_A^2 = 461.43$，标准差 $\sigma_A = 21.48$ 件。

【例 1.8】产品 B 在一周内的日销量（单位：件）为 165，156，172，141，172，141，145，试计算这组数据的方差和标准差。

解：产品 B 的日销量均值 $\overline{X} = 156$ 件，方差 $\sigma_B^2 = 166.29$，标准差 $\sigma_B = 12.90$ 件。

可以看出，产品 A 和产品 B 的日销量均值虽然一样，但离散程度差别较大。需要注意，仅当两组数据的均值近似相同时，比较标准差才是一个好的选择。如果在总体或样本均值差异较大的情况下比较其离散程度，则最好使用离散系数。离散系数也可以用于比较两个不同尺度或单位的总体或样本的离散程度。

（4）离散系数又称变异系数，是各变量数据的离散程度与其算术平均数的比值。最常用的离散系数是标准差系数，它是一组数据的标准差与其相应的均值之比。离散系数主要用于比较不同组别数据的离散程度，离散系数大，说明该组数据的离散程度大；离散系数小，说明该组数据的离散程度小。离散系数的计算公式如下：

$$V = \frac{\sigma}{\overline{X}} \times 100\% \qquad (1-9)$$

【例 1.9】已知某学校男生的身高 $\overline{X} = 172.5$ 厘米，$\sigma = 5.94$ 厘米；体重 $\overline{X} = 69.8$ 千克，$\sigma = 6.73$ 千克，试比较男生身高和体重的离散程度。

解：当两组数据的单位相同且其均值近似相等时，可以直接比较这两组数据的标准差。但由于本例中身高和体重的单位不同，因此需要通过离散系数进行比较。

$$V_1 = \frac{\sigma}{\overline{X}} \times 100\% = \frac{5.94}{172.5} \times 100\% = 3.44\%$$

$$V_2 = \frac{\sigma}{\overline{X}} \times 100\% = \frac{6.73}{69.8} \times 100\% = 9.64\%$$

可见，该校男生体重的离散程度比身高的离散程度大。

1.2.2.3 偏度和峰度

要全面了解数据分布的特点，除了集中趋势和离散程度两个重要特征外，还需要知道数据分布的形状是否对称、偏斜的程度以及分布的扁平程度等。偏度和峰度就是对分布形状的测度。偏度是指数据分布对称性的测度，偏度系数用 α 表示。峰度是对数据分布平峰或尖峰程度的测度，峰度系数用 β 表示。

（1）偏度系数一般采用三阶中心距与标准差三次方的比值来度量。

$$\alpha = \frac{m_3}{\sigma^3} \qquad (1-10)$$

其中，三阶中心矩 $m_3 = \dfrac{\sum\limits_{i=1}^{N}(X_i - \overline{X})^3}{N}$，$\sigma$ 为标准差。当 $\alpha = 0$ 时，数据的分布是对称的；当 $\alpha > 0$ 时，数据的分布是正偏的或右偏的；当 $\alpha < 0$ 时，数据的分布是负偏的或左偏的。偏度系数的绝对值越小，表示数据偏斜的程度越小；偏度系数的绝对值越大，表示数据偏斜的程度越大。

（2）峰度系数是变量的四阶中心矩与其标准差的四次方的比值再减去 3 得到的结果。

$$\beta = \frac{m_4}{\sigma^4} - 3 \qquad (1-11)$$

其中，四阶中心矩 $m_4 = \dfrac{\sum\limits_{i=1}^{N}(X_i - \overline{X})^4}{N}$。峰度通常是与正态分布相比较而言的，如果一组数据服从正态分布，则 $\beta = 0$；若一组数据峰度系数的值明显不等于 0，则表明其分布比正态分布更尖或更平，通常当 $\beta > 0$ 时，数据为尖峰分布；当 $\beta < 0$ 时，数据为平峰分布。

【例 1.10】某地在某年度每个月的降水天数为 10，9，13，11，11，13，12，12，9，7，8，8，试计算偏度系数和峰度系数。

解：

$$\alpha = \frac{m_3}{\sigma^3} = \frac{-0.66}{7.57} = -0.09$$

$$\beta = \frac{m_4}{\sigma^4} - 3 = \frac{25.12}{14.85} - 3 = -1.31$$

1.3　模型：解决方法

1.3.1　解决问题的过程

从运筹学的研究范畴讲，它有五个方面的任务：从观察现象所得到的结果和进行这种观察所需要的特殊方法；数据的收集、整理和分析；理论和模型的建立；将理论与观察相结合，并从结果得到预测；将这些预测同新的观察比较，并加以证实。从研究方法讲，它有一套严密的解决问题的方法，或称为解决问题周期过程。

（1）明确问题。大部分实际的管理决策问题最初是以模糊的、不精确的方式被描述出来的。因此，被研究的问题要得到明确的说明和阐述。具体地说，要确定合适目标、问题解决的关键因素，以及与这些因素相关的资源与环境制约。

（2）数据准备。在明确问题的同时，需要收集解决问题的相关数据，为下一阶段研究建立数学模型提供保障，即在对模型进行分析并对问题提供解决方案之前确定所有的非可控参数，如单位产品的成本和利润、供销两地的运价等。在建模过程中，这些数据是已知的，是为适应模型从实际运作数据中提取出来的。有时由于一些建模所需要的数据很难得到，所以在建模阶段可以先采用通用的符号代替，如用 c 代替单位产品利润，b 代替资源的数量等，然后再逐步获得这些具体数据。

（3）建立模型。模型是对现实世界的事物、现象、过程和系统的简化描述，是对实际问题的抽象概括和严格的逻辑表达。运筹学解决问题的主要手段是建立数学模型，建模的目的就是寻找解决问题的可行方案，尤其是最优方案。所谓定量分析，就是基于能刻画问题的本质的数据和数量关系，建立能描述问题的目标、约束及其关系的数学模型，通过一种或多种数量方法，找到最好的解决方案。

（4）求解模型。在所考虑问题的数学模型建立之后，下一工作是开发程序（通常是基于计算机的程序）求解模型，搜索最优或者最好的解。然而，需要认识的是这些解仅仅对所使用的模型来讲是最优的。由于模型是理想化的，并不能完全反映问题的真实状况，所以不能不切实际地保证模型的最优解即是对现实问题处理的最好可能解。现实问题有太多无法估量的因素和不确定性，如果模型能被很好地定义和检验，那么产生的解应该是对现实问题理想行动的良好近似。求解模型本身也是获取解决实际问题的各种方案的过程。

（5）检验模型。将实际问题的数据资料代入模型，找出的解毕竟是模型的解。为了检验得到的解是否正确，常需采用回溯的方法，即将历史的数据资料输入模型，研究得到的解与历史实际的符合程度，以判断模型是否正确。当发现有较大误差时，要将实际问题同模型重新对比，检查实际问题中的重要因素在模型中是否已考虑，检查模型中各公式的表达是否前后一致等。因此，在正式使用模型之前，模型必须被完全地检验以找出和纠正尽可能多的缺陷。

（6）应用模型。当检验阶段已经完成，并且模型可以被接受，最后阶段就是按管理层的指示实施模型系统。研究团队应参与发起这个阶段，确保模型的解能够被准确地转换成操作程序并且修正任何被发现的缺陷。实施阶段的成功依赖于大量来自高级管理层以及运作管理层的支持。研究团队需要为运作管理层提供新系统的详细解释，并阐述它怎样与实际运作相联系，且双方分担系统实施过程中的责任。

在模型的整个使用周期内，必须持续获得系统的运作情况，以及模型的假设是否继续满足的反馈信息。当发生对原有假设的重要偏差时，模型应该被重新检验以确定是否需要对系统进行一些改动，甚至重新认清问题。事实上，上述步骤往往需要交叉反复进行。

综上所述，使用运筹学解决问题的一项主要工作就是根据收集到的数据及其他相关决策信息，努力去建立一个用以描述现实世界复杂问题的数学模型，这个模型是近似的，它既能够反映问题的本质，又能够求出数量上的解。由于现实世界是复杂的，本书只能介绍各类简化的模型例子，旨在帮助理解并促进在此基础上的深入，达到举一反三，进而用于解决各种实际问题。

1.3.2 解决问题的技术与方法

根据要解决问题性质的差别，需要选择不同类型的决策技术与方法，如线性规划、线性整数规划、线性目标规划等，很多方法已经在实践中得到了大量的应用。本书涉及以下几种解决问题的技术与方法。

（1）线性规划（linear programming）。决策者在经营管理中常常面临如何有效利用现有人力、财力、物力去完成更多的任务，或在预设的任务目标下，如何耗用最少的人力、财力、物力去实现这个目标。线性规划就是一种解决人、财、物等资源在线性约束条件下追求最大或最小的线性目标函数的方法。

（2）对偶线性规划（dual linear programming）。每一个线性规划问题都存在一个与其对偶的问题，在求出一个问题的解时，也给出了另一问题的解。通过原问题和对偶问题之间关系的研究，可以更深入的理解问题的本质。该方法广泛应用于生产计划问题、投资组合问题、运输问题等。

（3）线性运输问题（linear transportation problem）。运输问题主要关注如何以最低的成本将产品从多个供给方运往多个需求方，并确保供应量和需求量相关条件得到满足。产销平衡的运输问题可以通过表上作业法求解，产销不平衡的运输问题和一些实际问题也可以通过转化为产销平衡的运输问题进行求解。

（4）线性整数规划（linear integer programming）。线性整数规划是一种解决特殊的线性规划问题的方法，它要求某些决策变量的解必须是整数值，许多组合优化问题都是线性整数规划，如机器排序问题。

（5）线性目标规划（linear goal programming）。目标规划是解决存在多个目标的最优化问题的方法，线性目标规划是把多目标决策问题转化为线性规划问题来解决的一种方法。

（6）动态规划（dynamic programming）。动态规划主要是用于解决多阶段决策过程最优化问题的一种常用方法，通过把原问题分解为相对简单的子问题的方式，并保存子问题的解以避免重复计算，从而求解复杂问题的方法。该方法广泛应用于最优路径问题、资源分配问题、生产计划与库存、资金管理等问题及生产过程的最优控制等。

（7）图与网络分析（graph theory and network analysis）。在图与网络分析中，将一些研究的对象用节点表示，对象之间的联系用边（或弧）表示，点、边（弧）的集合构成图。图论是研究由点和边所组成图形或模型的数学理论和方法。这些特殊的图形或模型可以有效地解决很多诸如系统设计、项目进程管理和控制等方面的问题，称为网络分析。

（8）存贮论（inventory theory）。存贮论专门研究在各种供应与需求的条件下，决定什么时候、多少订货量来补充存储的策略，使得订购费、库存费以及缺货费的总和为最小等问题。

（9）对策论（game theory）。对策论是用于解决具有博弈性或对抗性局势的模型，在这类模型中，参与博弈或对抗的各方都有一些策略可供选择，对策论为博弈或对抗各方提供获得最优对策的方法。

（10）非线性规划（nonlinear programming）。非线性规划是指目标函数或约束条件中至少有一个是非线性函数的最优化问题，研究在有限种或无限种可行方案中挑选最优方案，构造寻求最优解的计算方法。这些方法主要包括黄金分割法、切线法、梯度法、牛顿法、共轭梯度法、罚函数法等。非线性规划广泛应用于国防、交通、管理、经济、金融、计算机等领域。

（11）决策分析（decision-making analysis）。决策分析是研究在决策环境不确定和存在风险的情况下，如何用科学的决策替代经验的决策，对整个决策过程中涉及的决策方案目标的选取、风险的衡量、效用值的计算等因素进行综合分析，直到选取最优方案或策略。

1.4　决策：实际应用

运筹学理论与方法对于提高全球许多组织的效率都有很大的影响，在提高各国的生产效率方面也发挥了重要作用。国际运筹学会联合会（IFORS）目前有几十个成员，每个成员也有自己的运筹学会。我国于 1956 年在中国科学院力学研究所成立第一个运筹学小组，开始了我国在这一领域的研究与推广工作。1980 年 4 月成立了中国运筹学会后，全国各地也相继成立了运筹学会的二级学会，在农林、交通运输、建筑、机械、冶金、石油化工、水利、邮电、纺织等部门得到应用推广。

具有重大影响的工作包括各种国际会议的举办和国际学术刊物的出版。运筹学与管理科学学会（Institute for Operations Research and the Management Sciences，INFORMS）名下有一系列的刊物，定期发表一些运筹学研究的理论成果及其对各类组织带来的效益。表 1 - 6 列出了国际上有影响的代表性运筹学应用成果，最新成果的进一步了解可以参考著名刊物 *Interfaces* 上发表的 INFORMS 及其下属的管理科学与实践学会（College for the Practice of the Management Sciences，CPMS）每年颁发的弗兰兹·厄德曼奖（Franz Edelman Award）。

表 1 - 6　　　　　　　　　　　　　　　　实际应用成功案例

组织	应用	效果
联合航空公司 （United Airlines）	在满足顾客需求的前提下，以最低成本进行订票及机场工作班次安排	每年节约成本 600 万美元
希戈石油公司 （CITGO Petroleum Corporation）	优化炼油程序及产品供应、配送和营销	每年节约成本 7000 万美元
荷马特发展公司 （Ho-mart Development Co.）	优化商业区和办公楼销售程序	每年节约成本 4000 万美元

组织	应用	效果
美国电话电报公司（AT&T）	优化商业用户的电话销售中心选址	每年节约成本 4.06 亿美元，销售额大幅增加
施乐公司（Xerox Corporation）	通过战略调整，缩短维修机器的反应时间和改进维修人员的生产率	生产率提高 50% 以上
宝洁公司（Procter & Gamble）	重新设计北美生产和分销系统以降低成本并加快市场进入速度	每年节约成本 2 亿美元
法国国家铁路公司（Société nationale des chemins de fer français）	制定最优铁路时刻表并调整铁路日运营量	每年节约成本 1500 万美元
达美航空公司（Delta Air Lines）	优化配置上千个国内航线航班来实现利润最大化	每年节约成本 1 亿美元
国际商业机器公司（IBM）	重组全球供应链，保持最小库存的同时满足客户需求	第一年节约成本 7.5 亿美元
塔可贝尔（Taco Bell）	优化员工安排，以最低成本服务客户	每年节约成本 1300 万美元
西尔斯（Sears）	安排内部服务和货物运送的车辆、路线	每年节约成本 4200 万美元
三星电子（Samsung Electronics）	缩减制造时间和存贮量	每年增加收入 2 亿美元
家乐氏公司（Kellogg Company）	进行月度生产预测，并提供产能扩张及合并决策	每年节省 3500 万 ~ 4000 万美元的成本
金普顿酒店（Kimpton Hotels）	在 Priceline 网站的房间价格设定及对应可用房间数量的决策优化	销售的房间增长了 11%，每个房间的平均价格增长了近 4%
能源教育公司（Energy Education, Inc.）	在满足客户需求的情况下，最小化每周的航班总成本	一年节约了近 50 万美元
达瑙集装箱公司（Danaos Corporation）	得到集装箱船的最优路线，有效改善了航线运营	一年产生 130 万美元额外收益，节省 320 万美元成本
微软公司（Microsoft Corporation）	更精确地预测产品的未来需求量，并完善库存管理系统	减少了 15 亿美元的库存

续表

组织	应用	效果
加拿大太平洋铁路 （The Canadian Pacific Railway）	铁路货运的日常安排	每年节约成本 1 亿美元
京东（JD.com）	自动制订配送站的年度计划，以最大限度地降低运营成本	每年可节省成本超 8200 万元

虽然很多运筹学的日常研究产生的经济效益不及表 1-6 中应用案例所展示的，但这些案例反映了大型的计划完善的运筹学研究对经营管理工作可能产生的重大影响，是相关研究在实际应用中潜力的有力证明。无论在国内还是国外，运筹学在经营管理中的应用前景无疑是广阔的。现实世界还有许多问题亟待解决，这不仅是一个挑战，更是一个机遇，激励我们不断前进。

习　题

1. 思考题

（1）如何认识"数据"对于实际问题建模和计算的作用？

（2）品质型数据和数值型数据的区别是什么？请给出具体的例子。

（3）请谈谈众数、中位数和平均数的特点和应用场合。

（4）为什么要计算离散系数？

（5）在实际中通过构建数学模型进行决策或解决问题的过程是怎样的？

2. 某天，小王到三个菜市场购买牛肉，牛肉每千克的价格分别为 76 元、80 元和 86 元。如果在每个市场各买 2.5 千克，其平均价格是多少？如果各买 100 元，则牛肉的平均价格又是多少？

3. 某企业参与了一项每年分红一次的投资项目，10 年间该项投资各年的实际收益率分别为 10%，9%，8%，8%，9%，8%，9%，7%，11%，10%。试求该项投资 10 年间的平均年收益率。

4. 某公司邀请 20 位顾客体验新产品并为其产品打分（百分制），打分结果如下所示。

| 70 | 81 | 62 | 57 | 90 | 85 | 75 | 77 | 69 | 80 |
| 55 | 70 | 67 | 68 | 68 | 69 | 74 | 94 | 80 | 83 |

要求：（1）计算中位数和算术平均数。（2）计算极差和四分位差。

5. 某商场举行有奖竞猜活动，活动后商场对参与者的年龄进行了统计，得到的数据如下所示。

| 24 | 31 | 34 | 25 | 19 | 46 | 35 | 26 | 30 | 18 |
| 22 | 21 | 43 | 34 | 24 | 28 | 30 | 20 | 29 | 38 |

要求：（1）计算参与者年龄的算术平均数。（2）计算参与者年龄的方差和标准差。

6. 对 10 名成年人和 10 名幼儿的身高（单位：厘米）进行统计。

成年组的身高为：166，169，172，177，180，170，172，174，168，173。

幼儿组的身高为：68，69，68，70，71，73，72，73，74，75。

请问：（1）比较成年组和幼儿组的身高差异，应采用何种指标度量？为什么？（2）比较分析哪一组的身高差异大？

7. 某车间的工人月工资情况如表 1-7 所示。

表 1-7　　　　　　　　　　　某车间工人的月工资

工资水平（元）	工人数（人）
2900	15
3000	20
3100	15

要求：（1）计算该车间工人的平均工资。（2）计算众数和中位数的工资水平。（3）计算极差和标准差。

8. 某品牌商品在一个月内（30 天）每天的销售量（单位：台）如下所示。

162	176	163	195	156	201	176	183	145	157
175	168	192	160	170	141	165	180	143	158
164	147	187	158	187	190	169	177	154	153

要求：（1）计算算术平均数。（2）计算极差和标准差。（3）计算偏度系数和峰度系数。（4）对该产品销售量的分布特征进行综合分析。

部分习题答案

第 2 章　线性规划

📖 **本章导读**

　　线性规划（linear programming）作为运筹学的一个重要分支，已广泛应用于经济分析、经营管理和工程技术等各个领域，研究的问题大致可以归结为以下两个方面：第一，当任务或目标确定后，如何统筹兼顾、合理安排、用最少的资源（如资金、设备、原材料、人工、时间等）去完成确定的任务或目标；第二，在一定的资源条件限制下，如何组织安排生产以期获得最好的经济效益（如产量最多、成本最低、利润最大等）。

　　本章知识点之间的逻辑关系见图 2-1。

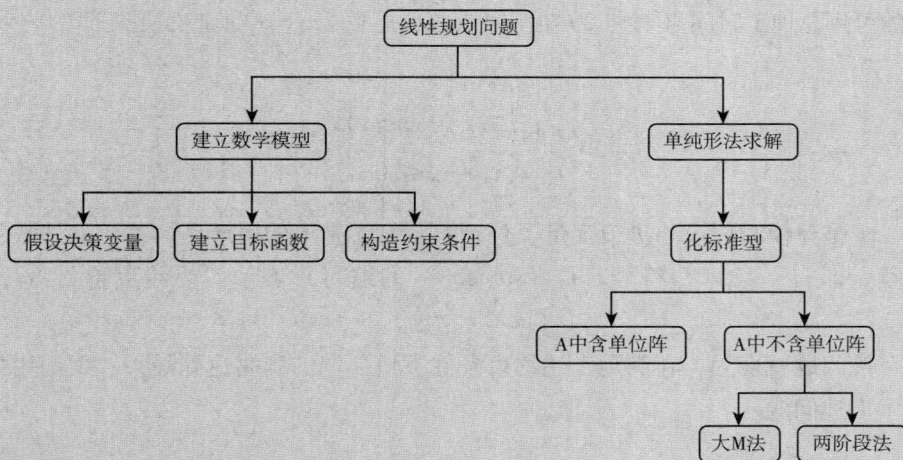

图 2-1　第 2 章知识点逻辑关系

2.1　线性规划问题的数学模型

　　在经济活动和生产管理中，经常会遇到线性规划问题。下面举例加以说明。

　　【例 2.1】 Y 公司计划生产甲、乙两种产品，已知产品甲和乙的单位产品利润分别是 8 元和 10 元。产品生产需要某种原料，每件产品甲和乙所需的原料数分别为 2 千克和 3 千克，每天可用的原料总数为 40 千克；各产品的生产均需经过工厂的两个车间，它们在每个车间中所需要的加工时间，以及每个车间每天可用的总加工时间如表 2 - 1 所示。试问：该公司每天应制造这两种产品各多少件，才能使公司获得的利润最大？

表 2 - 1　　　　　　　　　　　　　　产品的生产及利润数据

项目	每件甲产品	每件乙产品	每天可用数量
原料用量（千克）	2	3	40
车间 1 用工（工时）	3	2	40
车间 2 用工（工时）	1	1	20
利润（元）	8	10	

解： 假设每天生产甲、乙两种产品各 x_1，x_2 件，所获利润为 z 元/天，则生产甲、乙两种产品的总利润为：

$$z = 8x_1 + 10x_2$$

在生产过程中，每天所需的原料总数 $2x_1 + 3x_2$ 不可能超过每天可用总原料数 40 千克；生产所需在车间 1 与车间 2 的总加工时间分别为 $3x_1 + 2x_2$，$x_1 + x_2$；它们分别不可能超过车间 1 与车间 2 的可用总加工时间 40 个、20 个工时。也就是说，x_1，x_2 所应满足下面的约束条件：

$$\text{s. t.} \begin{cases} 2x_1 + 3x_2 \leqslant 40 \\ 3x_1 + 2x_2 \leqslant 40 \\ x_1 + x_2 \leqslant 20 \end{cases}$$

其中，x_1、x_2 是建模时假设的决策变量，分别表示每天生产的甲产品、乙产品件数，所以均为非负变量，即 x_1，$x_2 \geqslant 0$。符号 s. t.（subject to 的缩写）表示"受约束于"，x_1，x_2 称为决策变量。

这样，该问题就变为：在满足上述约束条件下使公司的利润达到最大。我们用如下数学模型来表示上述问题：

$$\max z = 8x_1 + 10x_2$$

$$\text{s. t.} \begin{cases} 2x_1 + 3x_2 \leqslant 40 \\ 3x_1 + 2x_2 \leqslant 40 \\ x_1 + x_2 \leqslant 20 \\ x_1, x_2 \geqslant 0 \end{cases} \quad (2 - 1)$$

【例 2.2】 小明根据医嘱，每天需补充 A、B、C 三种营养，A 不少于 90 单位，B 不少于 120 单位，C 不少于 160 单位。小明准备每天从四种食物中摄取这三种营养成分。已知这四种食物每千克的营养成分含量及食物单价如表 2 - 2 所示。试问：小明每天应购买食物一、食物二、食物三、食物四各多少千克，才能既满足健康的需要又使得总的花费最小？

项目	食物一	食物二	食物三	食物四
每千克食物中含 A 的单位数	13	25	14	40
每千克食物中含 B 的单位数	24	19	30	25
每千克食物中含 C 的单位数	18	17	21	34
食物单价（元/千克）	15	14	18	19

表 2 – 2　　　　　　　　　　　　　四种食物的营养成分含量及单价

解： 设购买食物一 x_1 千克，食物二 x_2 千克，食物三 x_3 千克，食物四 x_4 千克，总的花费为 z 元/天，则可建以下模型。

$$\min z = 15x_1 + 14x_2 + 18x_3 + 19x_4$$

$$\text{s. t.} \begin{cases} 13x_1 + 25x_2 + 14x_3 + 40x_4 \geqslant 90 \\ 24x_1 + 19x_2 + 30x_3 + 25x_4 \geqslant 120 \\ 18x_1 + 17x_2 + 21x_3 + 34x_4 \geqslant 160 \\ x_i \geqslant 0, i = 1,2,3,4 \end{cases} \quad (2-2)$$

与上述问题类似的还有很多，这类问题包括一个目标函数和若干个约束条件，其中，目标函数是决策变量的线性函数，约束条件是决策变量的线性不等式或等式，我们把这种类型的问题称为线性规划问题。决策变量、目标函数、约束条件是线性规划问题的三要素。通常，线性规划问题具有以下特征：

（1）有一组决策变量 $X = (x_1, x_2, \cdots, x_n)^T$。决策变量表示对应方案的取值，不同的值表示不同的方案。在很多时候，其取值是非负的。

（2）变量的取值并不是任意的，而是必须受到一定的约束，称为约束条件。这些约束条件都可用线性不等式或等式来表示。通常，约束条件反映了可用资源的有限性。

（3）有一个要求达到的目标，不同方案对应的目标值不同，问题是求使目标达到最大（或最小）的一个方案。同时，目标函数也是决策变量的线性函数。

假定在线性规划问题中，含有 n 个决策变量，分别用 $x_1, x_2, \cdots, x_n$ 表示。在目标函数中，决策变量 x_j（$j = 1, 2, \cdots, n$）的系数为 c_j（$j = 1, 2, \cdots, n$），通常称其为**价值系数**。x_j 的取值受约束于 m 项资源的限制，第 i 种资源的数量为 b_i（$i = 1, 2, \cdots, m$），则线性规划的一般形式如下：

$$\max(\min) z = c_1x_1 + c_2x_2 + \cdots + c_nx_n \quad (2-3)$$

$$\text{s. t.} \begin{cases} a_{11}x_1 + a_{12}x_2 + \cdots + a_{1n}x_n \leqslant (\text{或} =, \geqslant) b_1 \\ a_{21}x_1 + a_{22}x_2 + \cdots + a_{2n}x_n \leqslant (\text{或} =, \geqslant) b_2 \\ \qquad\qquad\qquad \cdots \\ a_{m1}x_1 + a_{m2}x_2 + \cdots + a_{mn}x_n \leqslant (\text{或} =, \geqslant) b_m \end{cases} \quad (2-4)$$

$$x_1, x_2, \cdots, x_n \geqslant 0 \text{ 或} \leqslant 0 \text{ 或无约束} \quad (2-5)$$

其中，a_{ij} 表示决策变量 x_j 取值为 1 个单位时所消耗的第 i 种资源的数量，通常称为工艺（技术）系数。

我们称方程式（2-3）为线性规划模型的目标函数，式（2-4）与式（2-5）为线性规划模型的约束条件；式（2-5）也称为决策变量的非负条件。

线性规划的一般形式可以简写为：

$$\max(\min)z = \sum_{j=1}^{n} c_j x_j \tag{2-6}$$

$$\text{s. t.} \begin{cases} \sum_{j=1}^{n} a_{ij}x_j \leqslant (\text{或} =, \geqslant) b_i, i = 1,2,\cdots,m \\ x_j \geqslant 0, j = 1,2,\cdots,n \end{cases} \tag{2-7}$$

如果我们令 $X = \begin{pmatrix} x_1 \\ x_2 \\ \vdots \\ x_n \end{pmatrix}$, $b = \begin{pmatrix} b_1 \\ b_2 \\ \vdots \\ b_m \end{pmatrix}$, $C = (c_1, c_2, \cdots, c_n)$,

$$A = \begin{bmatrix} a_{11} & a_{12} & \cdots & a_{1n} \\ a_{21} & a_{22} & \cdots & a_{2n} \\ \vdots & \vdots & & \vdots \\ a_{m1} & a_{m2} & \cdots & a_{mn} \end{bmatrix}_{m \times n} = (P_1, P_2, \cdots, P_n), P_j = \begin{pmatrix} a_{1j} \\ a_{2j} \\ \vdots \\ a_{mj} \end{pmatrix}, j = 1,2,\cdots,n,$$

那么，线性规划的一般形式也可以简写为：

$$\max(\min)z = CX \tag{2-8}$$

$$\text{s. t.} \begin{cases} AX \leqslant (\text{或} =, \geqslant) b \\ X \geqslant 0 \end{cases} \tag{2-9}$$

需要说明的是：

（1）本书中约定向量大于等于零是指其所有的分量均大于等于零。

（2）变量 x_j 的取值一般为非负，即 $x_j \geqslant 0$；从数学意义上，变量 x_j 既可能小于等于零，即 $x_j \leqslant 0$；也可能在（$-\infty$，$+\infty$）范围内取值，称 x_j 取值不受约束或是取值无约束，例如 x_j 表示某农场水稻今年产量比去年产量增加的数量。

我们约定线性规划的标准形式为：

$$\max z = c_1 x_1 + c_2 x_2 + \cdots + c_n x_n \tag{2-10}$$

$$\text{s. t.} \begin{cases} a_{11}x_1 + a_{12}x_2 + \cdots + a_{1n}x_n = b_1 \\ a_{21}x_1 + a_{22}x_2 + \cdots + a_{2n}x_n = b_2 \\ \quad\cdots \\ a_{m1}x_1 + a_{m2}x_2 + \cdots + a_{mn}x_n = b_m \end{cases} \tag{2-11}$$

$$x_1, x_2, \cdots, x_n \geqslant 0 \tag{2-12}$$

其中，$b_i \geq 0$（$i = 1$，2，$\cdots$，m）。运用向量和矩阵形式表达，线性规划问题的标准形式还可以简写成：

（1）$\max z = \sum_{j=1}^{n} c_j x_j$

$$\text{s. t.} \begin{cases} \sum_{j=1}^{n} a_{ij} x_j = b_i, i = 1, 2, \cdots, m \\ x_j \geq 0, j = 1, 2, \cdots, n \end{cases}$$

（2）$\max z = CX$

$$\text{s. t.} \begin{cases} AX = b \\ X \geq 0 \end{cases}$$

对于非标准形式的线性规划问题，可以简单地将其转化为标准形式，简称标准型。

（1）如果目标函数是求极小化的，即 $\min z = CX$。则，令 $z' = -z$，求 $\min z = CX$ 等价于求 $\max z' = -CX$。

（2）如果约束条件是不等式，存在以下两种情况：

其一，如果约束条件是"$\leq$"，不等式的左端加上一个非负变量（称为松弛变量），将不等式方程转化为等式方程，其中，松弛变量是一个"≥ 0"的变量。

其二，如果约束条件是"$\geq$"，不等式的左端减去一个非负变量（称为剩余变量），将不等式方程转化为等式方程，其中，剩余变量是一个"≥ 0"的变量。

（3）如果约束条件的右端项是负数。则，在等式左右两端同时乘以（-1）即可。

（4）如果决策变量不满足"$\geq$"的条件，存在以下两种情况：

其一，如果 $x_j \leq 0$，那么，令 $x_j' = -x_j$，$x_j' \geq 0$。

其二，如果 x_j 不受任何约束（取值无约束），那么令 $x_j = x_j' - x_j''$，其中 x_j'，$x_j'' \geq 0$。

【例 2.3】将下面线性规划问题化成标准型：

$$\min z = 3x_1 + 2x_2 - 3x_3 - 2x_4$$

$$\text{s. t.} \begin{cases} 4x_1 - 2x_2 + 2x_3 + x_4 = -4 \\ x_1 + x_2 - x_3 + 2x_4 \leq 34 \\ -2x_1 + 3x_2 + x_3 - x_4 \geq 2 \\ x_1, x_2, x_3 \geq 0, x_4 \text{ 取值无约束} \end{cases}$$

解： 令 $z = -z'$，$x_4 = x_4' - x_4''$，其中 x_4'，$x_4'' \geq 0$。按标准型的要求进行转化，可以得到上述问题的标准型为：

$$\max z' = -3x_1 - 2x_2 + 3x_3 + 2(x_4' - x_4'') + 0x_5 + 0x_6$$

$$\text{s. t.} \begin{cases} -4x_1 + 2x_2 - 2x_3 - (x_4' - x_4'') = 4 \\ x_1 + x_2 - x_3 + 2(x_4' - x_4'') + x_5 = 34 \\ -2x_1 + 3x_2 + x_3 - (x_4' - x_4'') - x_6 = 2 \\ x_1, x_2, x_3, x_4', x_4'', x_5, x_6 \geq 0 \end{cases}$$

2.2　线性规划问题的图解法

以下我们将介绍求解线性规划的两种方法，本节介绍其中之一的图解法，它是用作图的方法来帮助我们找到线性规划的最优解。因为需要作图，所以图解法一般只适用于求解两个变量的线性规划问题。

首先引入以下四个概念：

（1）**可行解**（feasible solution）：满足所有约束条件的解 $X = (x_1, x_2, \cdots, x_n)^T$ 称为线性规划问题的可行解。

（2）**可行域**（feasible region）：全部可行解的集合称为可行域，一个可行解是可行域中的某一个点。

（3）**最优解**（optimal solution）：使目标函数值达到最优的 $X^* = (x_1^*, x_2^*, \cdots, x_n^*)^T$ 称为线性规划问题的最优解。

（4）**最优值**（optimal value）：最优解 $X^* = (x_1^*, x_2^*, \cdots, x_n^*)^T$ 对应的目标函数值 z^* 称为线性规划问题的最优目标函数值，简称最优值。

下面，我们通过 2.1 节的例 2.1 具体来说明图解法。

$$\max z = 8x_1 + 10x_2$$

$$\text{s. t.} \begin{cases} 2x_1 + 3x_2 \leqslant 40 \\ 3x_1 + 2x_2 \leqslant 40 \\ x_1 + x_2 \leqslant 20 \\ x_1, x_2 \geqslant 0 \end{cases}$$

首先，画出以 x_1 为横坐标，x_2 为纵坐标的平面直角坐标系。因为 $x_1, x_2 \geqslant 0$，所以只选取直角坐标系的第一象限。

其次，在这个坐标系中，标出约束条件所表示的可行解的区域。对于第一个约束条件 $2x_1 + 3x_2 \leqslant 40$，它表示在直线 $2x_1 + 3x_2 = 40$ 及其下方的半平面。我们先画出该直线（见图 2-2）。为了判别该约束条件所确定的区域是在此直线的下方还是上方，我们只需要看原点（0，0）是否满足约束条件。若原点满足约束条件，则当原点在此直线的下方时，第一个约束条件即是在其相应直线下方，否则在相应直线的上方；反之，若原点不满足约束条件，则当原点在此直线的下方时，第一个约束条件是在此直线的上方，否则是在直线的下方。

同样，第二个约束条件 $3x_1 + 2x_2 \leqslant 40$ 在直线 $3x_1 + 2x_2 = 40$ 及其下方；第三个约束条件 $x_1 + x_2 \leqslant 20$ 则在直线 $x_1 + x_2 = 20$ 及其下方。

这四个约束条件直线所围成的区域 $OQ_1Q_2Q_3$ 即为可行域，如图 2-2 所示。

最后，我们来看目标函数：$\max z = 8x_1 + 10x_2$，我们将之看成是以 z 为参数的一个参数方程：$x_2 = -0.8x_1 + 0.1z$，其斜率为 -0.8。这是一簇等值线，同一条直线上的所有点对应

相同的 z 值。当 z 值变大时，直线沿其法线方向向右上方移动，当移动到可行域的顶点 Q_2 时，z 达到最大值，因为再往右上方移动，该直线就要离开可行域了（见图 2 - 3）。此时，Q_2 就是该线性规划的最优解，通过相交于 Q_2 的两条直线方程，可算得其坐标为（8，8），相应的最优目标函数值为 144。

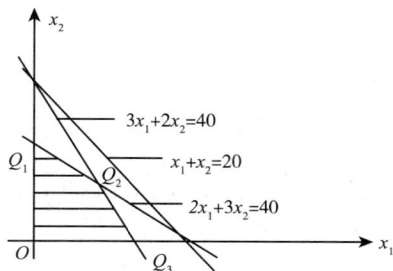

图 2 - 2　线性规划约束条件构成的可行域	图 2 - 3　线性规划最优解的求界过程

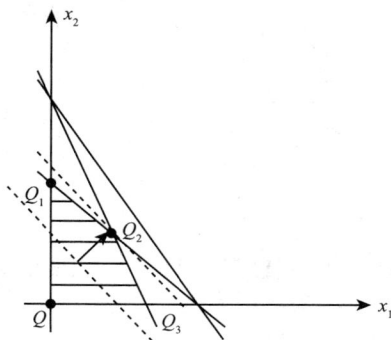

这说明该厂的最优生产方案是：生产 A 产品 8 件，生产 B 产品 8 件，相应的最大利润为 144 元。

从以上图解法对例 2.1 的求解过程中可以看出，图解法的求解过程一般包括以下三个步骤：首先，建立直角坐标系；然后，图示约束条件并确定可行域；最后，图示目标函数，按使目标函数值增加的方向平行移动目标函数的等值线，直到即将离开可行域时，得到的顶点即为最优解；计算形成此顶点的两条直线所形成的联立方程组，求解得到顶点的坐标，即为最优解。

结合上例与线性代数的知识，我们容易推知线性规划的可行解与最优解的数量有以下几种情况：

（1）没有可行解，即线性规划的约束条件是互相矛盾的。如在例 2.1 中再增加一个条件 $x_1 + 2x_2 \geqslant 60$，这时就没有可行解。即在图解法中找不到可行解，相当于可行域是空集。

（2）有可行解，且最优解是唯一的，如例 2.1。

（3）有可行解，且最优解有无穷多个。如果目标函数的参数方程沿目标函数值 z 值增加的方向移动时，最后与可行域边界上的直线相重合，这时这条直线上的所有点均是最优解。如在例 2.1 中将目标函数改为 $4x_1 + 6x_2$，即：

$$\max z = 4x_1 + 6x_2$$

$$\text{s. t.} \begin{cases} 2x_1 + 3x_2 \leqslant 40 \\ 3x_1 + 2x_2 \leqslant 40 \\ x_1 + x_2 \leqslant 20 \\ x_1, x_2 \geqslant 0 \end{cases}$$

此时目标函数的直线 $4x_1+6x_2$ 与第一个约束条件相应的直线 $2x_1+3x_2$ 是平行的，可行域在此直线 $2x_1+3x_2$ 上的点都是最优解。

（4）有可行解，但目标函数值无界。如果可行域是沿着目标函数值 z 值增加的方向无界，那么该线性规划问题具有无界解。如将例 2.1 中的三个约束条件均改为 ≥，即：

$$\max z = 4x_1+6x_2$$

$$\text{s. t.} \begin{cases} 2x_1+3x_2 \geqslant 40 \\ 3x_1+2x_2 \geqslant 40 \\ x_1+x_2 \geqslant 20 \\ x_1,x_2 \geqslant 0 \end{cases}$$

此时可行域无界，且可行域是沿着目标函数值 z 值增加的方向无界，所以该线性规划问题具有无界解。

由图解法我们可以推测：

第一，线性规划问题的解有四种形式：唯一最优解，无穷多最优解，无界解，无解。

第二，若线性规划问题的可行域存在，则可行域是一个凸集。

第三，若线性规划问题的最优解存在，则最优解或最优解之一一定是可行域（凸集）的某个顶点。

2.3　单纯形法的原理与计算

本节介绍线性规划的经典解法——单纯形法（simplex method），在介绍单纯形方法的原理和计算之前，我们进一步讨论线性规划数学模型的代数性质。

2.3.1　线性规划问题解的相关概念

在前面我们已经引入了可行解与最优解的概念，下面我们再引入几个概念。

（1）**基阵（基）**（base）：系数矩阵 $A_{m \times n}$ 中（假设 $n > m$），任意一个 $m \times m$ 阶的满秩子矩阵 B 称为该线性规划问题的一个基阵或基，例如

$$B = \begin{bmatrix} a_{11} & \cdots & a_{1m} \\ \vdots & & \vdots \\ a_{m1} & \cdots & a_{mm} \end{bmatrix}_{m \times m} = [P_1, \cdots, P_m]$$

（2）**基向量**（basic vector）：基 B 中的每一个列向量 P_j（$j = 1$，2，$\cdots$，m）称为基向量。

（3）**基变量**（basic variable）：与基向量 P_j（$j=1$，2，$\cdots$，m）对应的决策变量 x_j（$j=1$，2，$\cdots$，m）称为基变量，$X_B=(x_1,\ x_2,\ \cdots,\ x_m)^T$ 为基变量组成的向量。当然，我们在说基向量与基变量时，总是相对于某一个基而言的。

（4）**非基变量**（non-basic variable）：在所有决策变量中，除了基变量以外的变量称为非基变量，$X_N=(x_{m+1},\ x_{m+2},\ \cdots,\ x_n)^T$ 为非基变量组成的向量。

（5）**基解**（basic solution）：在该线性规划问题的约束条件方程组中，令非基变量 $X_N=(x_{m+1},\ x_{m+2},\ \cdots,\ x_n)^T=(0,\ 0,\ \cdots,\ 0)^T$，由 $|B|\neq 0$ 可以求得 $X_B=(x_1,\ x_2,\ \cdots,\ x_m)^T$ 的唯一解（根据克莱姆法则）。我们称此时求得的解 $X=(X_B,\ X_N)^T=(x_1,\ x_2,\ \cdots,\ x_m,\ 0,\ 0,\ \cdots,\ 0)^T$ 为基解。

（6）**基可行解**（basic feasible solution）：满足决策变量非负约束条件的基解称为基可行解。

（7）**可行基**（feasible base）：对应于基可行解的基称为可行基。为了使一个矩阵满足基的条件，一个比较好的办法是构造一个单位子矩阵，并将其作为初始可行基。

（8）**退化基**（degenerate base）：若一个基所对应的基解中有一个或多个基变量等于零，则称此基为退化基；否则称为非退化基。

（9）**退化线性规划**（degenerate linear programming）：如果一个线性规划至少存在一个退化的可行基，则称此线性规划是退化线性规划；否则称为非退化线性规划。

以上引入的几个概念对理解单纯形法的原理将是十分有用的。以 2.1 节的例 2.1 的线性规划模型的标准型来说明。

$$\max z=8x_1+10x_2$$

$$\text{s. t.}\begin{cases}2x_1+3x_2+x_3=40\\3x_1+2x_2+x_4=40\\x_1+x_2+x_5=20\\x_i\geq 0,i=1,2,\cdots,5\end{cases}$$

其中，工艺（技术）系数矩阵 $A=\begin{pmatrix}2&3&1&0&0\\3&2&0&1&0\\1&1&0&0&1\end{pmatrix}_{3\times 5}$。

若取 $B_1=(P_1\quad P_2\quad P_3)=\begin{pmatrix}1&0&1\\0&2&0\\3&4&0\end{pmatrix}$，$|B_1|=-6\neq 0$，所以 B_1 是一个基（阵）。

若取 $B_2=(P_1\quad P_2\quad P_4)=\begin{pmatrix}1&0&0\\0&2&1\\3&4&0\end{pmatrix}$，$|B_2|=-4\neq 0$，所以 B_2 是一个基（阵）。

若取 $B_3 = (P_1 \quad P_2 \quad P_5) = \begin{pmatrix} 1 & 0 & 0 \\ 0 & 2 & 0 \\ 3 & 4 & 1 \end{pmatrix}$，$|B_3| = 2 \neq 0$，所以 B_3 是一个基（阵）。

若取 $B_4 = (P_1 \quad P_3 \quad P_4) = \begin{pmatrix} 1 & 1 & 0 \\ 0 & 0 & 1 \\ 3 & 0 & 0 \end{pmatrix}$，$|B_4| = 3 \neq 0$，所以 B_4 是一个基（阵）。

若取 $B_5 = (P_1 \quad P_3 \quad P_5) = \begin{pmatrix} 1 & 1 & 0 \\ 0 & 0 & 0 \\ 3 & 0 & 1 \end{pmatrix}$，$|B_5| = 0$，所以 B_5 不是一个基（阵）。

若取 $B_6 = (P_1 \quad P_4 \quad P_5) = \begin{pmatrix} 1 & 0 & 0 \\ 0 & 1 & 0 \\ 3 & 0 & 1 \end{pmatrix}$，$|B_6| = 1 \neq 0$，所以 B_6 是一个基（阵）。

若取 $B_7 = (P_2 \quad P_3 \quad P_4) = \begin{pmatrix} 0 & 1 & 0 \\ 2 & 0 & 1 \\ 4 & 0 & 0 \end{pmatrix}$，$|B_7| = 4 \neq 0$，所以 B_7 是一个基（阵）。

若取 $B_8 = (P_2 \quad P_3 \quad P_5) = \begin{pmatrix} 0 & 1 & 0 \\ 2 & 0 & 0 \\ 4 & 0 & 1 \end{pmatrix}$，$|B_8| = -2 \neq 0$，所以 B_8 是一个基（阵）。

若取 $B_9 = (P_2 \quad P_4 \quad P_5) = \begin{pmatrix} 0 & 0 & 0 \\ 2 & 1 & 0 \\ 4 & 0 & 1 \end{pmatrix}$，$|B_9| = 0$，所以 B_9 不是一个基（阵）。

若取 $B_{10} = (P_3 \quad P_4 \quad P_5) = \begin{pmatrix} 1 & 0 & 0 \\ 0 & 1 & 0 \\ 0 & 0 & 1 \end{pmatrix}$，$|B_{10}| = 1 \neq 0$，所以 B_{10} 是一个基（阵）。

当然，对于上述线性规划问题来说，基（阵）的总数不会超过 $C_5^3 = 10$ 个。以 $B_{10} = (P_3 \quad P_4 \quad P_5)$ 为例，基变量有 3 个，分别为基向量 P_3，P_4，P_5 对应的变量 x_3，x_4，x_5，非基变量为 x_1，x_2，即基变量组成的向量为 $X_B = [x_3, x_4, x_5]^T$，非基变量组成的向量为 $X_N = [x_1, x_2]^T$。令非基变量 $x_1 = 0$，$x_2 = 0$，可得基解为 $X = [0, 0, 40, 40, 20]^T$。该基解中基变量均 > 0，所以该基解为基可行解；由此，基 B_{10} 为一个可行基；同时，该基解中基变量均 > 0，所以该基为非退化基。

2.3.2 单纯形法的代数性质及相关定理

定义 2.1（凸集） 假设 K 是 n 维欧氏空间的一个点集，若对于 K 中的任意两点 X_1，X_2，其连线上的所有点 $\alpha X_1 + (1 - \alpha) X_2 (0 < \alpha < 1)$ 都在集合 K 中，则称 K 为凸集（convex set）。从直观上讲，凸集无凹入部分，其内没有洞。

定义 2.2（顶点）　假设 K 是凸集，$X \in K$，X 若不能用不同的两个点（X_1、X_2）$\in K$ 的线性组合表示为 $X = \alpha X_1 + (1 - \alpha) X_2 (0 < \alpha < 1)$，则称 X 为凸集 K 的一个顶点（vertex）。

定理 2.1　若线性规划问题存在可行解，则问题的可行域是一个凸集。

引理 2.1　线性规划问题的可行解 $X = (x_1, x_2, \cdots, x_n)$ 为基可行解的充要条件是 X 的正分量所对应的系数列向量是线性无关的。

定理 2.2　线性规划问题的基可行解 X 对应线性规划可行域（凸集）的顶点。

定理 2.3　若线性规划问题有最优解，一定存在一个基可行解是最优解。

根据定理 2.3，如果能找到线性规划问题的一个基可行解，那么，我们可以将求解线性规划问题的思路设计如下：首先找到该线性规划问题的一个基可行解，判断其是否为最优解，若否，则转换到另一个基可行解，并使目标函数值更优，直至找到最优解或者确定该线性规划问题具有无界解为止。

2.3.3　单纯形法原理

对于线性规划问题的标准型：

$$\max z = CX$$

$$\text{s.t.} \begin{cases} AX = b \\ X \geq 0 \end{cases}$$

如果我们设 B 是一个可行基，那么，$A = (B, N)$。其中，$B = [P_1, P_2, \cdots, P_m]$，$N = [P_{m+1}, P_{m+2}, \cdots, P_n]$；相应的，$X_B = [x_1, x_2, \cdots, x_m]^T$，$X_N = [x_{m+1}, x_{m+2}, \cdots, x_n]^T$，$C_B = [c_1, c_2, \cdots, c_m]$，$C_N = [c_{m+1}, c_{m+2}, \cdots, c_n]$。于是，$X = \begin{pmatrix} X_B \\ X_N \end{pmatrix}$，$C = (C_B, C_N)$，则线性规划的标准型可以表示为：

$$\max z = C_B X_B + C_N X_N$$

$$\text{s.t.} \begin{cases} BX_B + NX_N = b \\ X_B, X_N \geq 0 \end{cases}$$

在约束条件的等式左右两边同乘以 B^{-1}，得：

$$B^{-1} B X_B + B^{-1} N X_N = B^{-1} b$$

即：

$$X_B = B^{-1} b - B^{-1} N X_N \tag{2-13}$$

将式（2-13）代入目标函数中，得：

$$\max z = C_B (B^{-1} b - B^{-1} N X_N) + C_N X_N$$

即：

$$\max z = C_B B^{-1} b + (C_N - C_B B^{-1} N) X_N \qquad (2-14)$$

由于基解中非基变量均等于零，所以，可以通过非基变量的系数向量 $(C_N - C_B B^{-1} N)$ 来判断该基可行解是否为最优解。

如果初始可行基是单位矩阵，那么 $B = B^{-1} = I$，

$$C_N - C_B B^{-1} N = C_N - C_B N = (c_{m+1} - C_B P_{m+1}, \quad c_{m+2} - C_B P_{m+2}, \quad \cdots, \quad c_n - C_B P_n)$$

我们将 $\sigma_j = c_j - C_B P_j = c_j - \sum_{i=1}^{m} c_i a_{ij}, j = m+1, m+2, \cdots, n$ 称为检验数，用来检验该基可行解是否为最优解。若全部 $c_j - C_B P_j \leqslant 0, j = m+1, m+2, \cdots, n$，则该基可行解为最优解（之一）。

2.3.4 单纯形法求解步骤

下面举例说明单纯形法求解线性规划问题的具体步骤（有可行解的情况）。

【例 2.4】求解 2.1 节例 2.1 的线性规划问题：

$$\max z = 8x_1 + 10x_2$$

$$\text{s. t.} \begin{cases} 2x_1 + 3x_2 \leqslant 40 \\ 3x_1 + 2x_2 \leqslant 40 \\ x_1 + x_2 \leqslant 20 \\ x_1, x_2 \geqslant 0 \end{cases}$$

解：首先，将上面线性规划问题化为标准型：

$$\max z = 8x_1 + 10x_2$$

$$\text{s. t.} \begin{cases} 2x_1 + 3x_2 + x_3 = 40 \\ 3x_1 + 2x_2 + x_4 = 40 \\ x_1 + x_2 + x_5 = 20 \\ x_i \geqslant 0, i = 1, 2, \cdots, 5 \end{cases}$$

其中，x_3，x_4，x_5 分别是三个约束条件的松弛变量。

然后，用单纯形法对标准型进行求解，以下是具体步骤。

步骤 1：找到初始可行基和初始基可行解，建立初始的单纯形表。

我们在前面说明过，为了使一个矩阵满足基的条件，一个比较好的办法是构造一个单位子矩阵，并将其作为初始可行基。

这里，$[P_3, P_4, P_5] = I$，所以令初始可行基 $B_1 = [P_3, P_4, P_5]$。相应的，$X_{B1} = [x_3, x_4, x_5]^T$，$X_{N1} = [x_1, x_2]^T$。初始单纯形表如表 2-3 所示。

表 2 – 3　　　　　　　　　　　　　　　　　初始单纯形表

	c_j		8	10	0	0	0
C_B	X_B	b	x_1	x_2	x_3	x_4	x_5
0	x_3	40	2	3	1	0	0
0	x_4	40	3	2	0	1	0
0	x_5	20	1	1	0	0	1
	$\sigma_j^{(1)}$		8	10	0	0	0

选择 $B_1 = [P_3, P_4, P_5]$ 为初始可行基所得到的基可行解为 $X_1 = [0, 0, 40, 40, 20]^T$，对应的目标函数 $z_1 = 0$。这个基可行解是不是最优解呢？需转入下一步，进行解的最优性检验。

步骤 2：解的最优性检验。

非基变量检验数 $\sigma_j = c_j - C_B P_j = c_j - \sum_{i=1}^{m} c_i a_{ij}$ 可能出现以下四种情况：

（1）若全部非基变量的检验数 $\sigma_j < 0$，$j = m+1, m+2, \cdots, n$，则该基可行解为线性规划问题的唯一最优解。

（2）若全部非基变量的检验数 $\sigma_j \leqslant 0$，$j = m+1, m+2, \cdots, n$，且有一个或若干个非基变量的检验数 $\sigma_j = 0$，则线性规划问题有无穷多最优解，该基可行解为最优解之一。

（3）若某个非基变量的检验数 $\sigma_j > 0$，$m+1 \leqslant j \leqslant n$，且其对应的系数列向量 $P_j \leqslant 0$，则线性规划问题的目标函数值无上界，即无界解，则停止迭代。

（4）若某个非基变量的检验数 $\sigma_j > 0$，$m+1 \leqslant j \leqslant n$，且其对应的系数列向量 P_j 有正分量，则该基可行解不是线性规划问题的最优解，即基 B 不是最优基，还需要进入第三步——换基迭代。

步骤 3：换基迭代。

在迭代的过程中，由非基变量换成基变量的决策变量称为**进基变量**；由基变量换成非基变量的决策变量称为**出基变量**。

（1）确定进基变量：$\max\{\sigma_j | \sigma_j > 0\} = \sigma_k$，那么选择 x_k 为进基变量；

（2）确定出基变量：$\min\left\{\dfrac{b_i}{a_{ik}} | a_{ik} > 0\right\} = \dfrac{b_l}{a_{lk}}$，那么选择第 l 个基变量出基；相应的，我们将 a_{lk} 称为主元素，简称主元。

（3）以 a_{lk} 为主元，在单纯形表中进行初等变换，即把新进基的基变量对应的系数列向量变为单位列向量。

具体地，$\max\{\sigma_1, \sigma_2\} = \sigma_2$，选择 x_2 为进基变量；$\min\left\{\dfrac{b_1}{a_{12}}, \dfrac{b_2}{a_{22}}, \dfrac{b_3}{a_{32}}\right\} = \dfrac{b_1}{a_{12}}$，选择第 1 个基变量 x_3 出基，a_{12} 为主元；进行初等变换，将 x_2 对应的系数列向量变为单位列向量，如表 2 – 4 所示。

表 2-4　　　　　　　　　　　　　単纯形法迭代步骤 1

	c_j		8	10	0	0	0
C_B	X_B	b	x_1	x_2	x_3	x_4	x_5
0	x_3	40	2	【3】	1	0	0
0	x_4	40	3	2	0	1	0
0	x_5	20	1	1	0	0	1
	$\sigma_j^{(1)}$		8	10	0	0	0
10	x_2	40/3	2/3	1	1/3	0	0
0	x_4	40/3	5/3	0	-2/3	1	0
0	x_5	20/3	1/3	0	-1/3	0	1
	$\sigma_j^{(2)}$		4/3	0	-10/3	0	0

注：在单纯形表中，加【】的数表示是主元。全书同。

重复第二步、第三步，直至获得最优解或判断出有无界解，迭代终止。

完整的求解过程如表 2-5 所示。

表 2-5　　　　　　　　　単纯形法迭代步骤（完整的求解过程）

	c_j		8	10	0	0	0
C_B	X_B	b	x_1	x_2	x_3	x_4	x_5
0	x_3	40	2	【3】	1	0	0
0	x_4	40	3	2	0	1	0
0	x_5	20	1	1	0	0	1
	$\sigma_j^{(1)}$		8	10	0	0	0
10	x_2	40/3	2/3	1	1/3	0	0
0	x_4	40/3	【5/3】	0	-2/3	1	0
0	x_5	20/3	1/3	0	-1/3	0	1
	$\sigma_j^{(2)}$		4/3	0	-10/3	0	0
10	x_2	8	0	1	3/5	-2/5	0
8	x_1	8	1	0	-2/5	3/5	0
0	x_5	4	0	0	-1/5	-1/5	1
	$\sigma_j^{(3)}$		0	0	-14/5	-4/5	0

这时，所有非基变量的检验数均 < 0，该线性规划问题求得唯一最优解：$X^* = [8, 8, 0, 0, 4]^T$，相应的最优目标函数值 $z^* = 10 \times 8 + 8 \times 8 = 144$。即生产甲产品 8 件，乙产品 8 件，获得最大利润 144 元。

【例 2.5】求解下面线性规划问题：

$$\max z = 3x_1 + x_2$$

$$\text{s. t.} \begin{cases} x_1 + x_2 \leqslant 4 \\ -x_1 + x_2 \leqslant 2 \\ 6x_1 + 2x_2 \leqslant 18 \\ x_1, x_2 \geqslant 0 \end{cases}$$

解：首先，化为标准型：

$$\max z = 3x_1 + x_2$$

$$\text{s. t.} \begin{cases} x_1 + x_2 + x_3 = 4 \\ -x_1 + x_2 + x_4 = 2 \\ 6x_1 + 2x_2 + x_5 = 18 \\ x_i \geqslant 0, i = 1, 2, \cdots, 5 \end{cases}$$

然后，完整的求解过程如表 2 - 6 所示。

表 2 - 6　　　　　单纯形法迭代步骤——无穷多最优解的情形（完整的求解过程）

c_j			3	1	0	0	0
C_B	X_B	b	x_1	x_2	x_3	x_4	x_5
0	x_3	4	1	1	1	0	0
0	x_4	2	-1	1	0	1	0
0	x_5	18	【6】	2	0	0	1
$\sigma_j^{(1)}$			3	1	0	0	0
0	x_3	1	0	2/3	1	0	-1/6
0	x_4	5	0	4/3	0	1	1/6
3	x_1	3	1	1/3	0	0	1/6
$\sigma_j^{(2)}$			0	0	0	0	-1/2

这时，非基变量 x_2，x_5 的检验数 σ_2，$\sigma_5 \leqslant 0$，该线性规划问题求得最优解；同时，非基变量 x_2 的检验数 $\sigma_2 = 0$，因此该线性规划问题具有无穷多最优解，$X^* = [3, 0, 1, 5, 0]^T$ 是最优解之一，最优目标函数值 $z^* = C_b b = 0 \times 1 + 0 \times 5 + 3 \times 3 = 9$。

2.4　单纯形法的进一步讨论

前面单纯形法的讨论中，均是在假设问题已经有一个单位矩阵可作为初始可行基的条件下进行的。如果在某些实际问题的线性规划模型中，不存在现成的单位矩阵可作为初始可行基，怎么办？

2.4.1　大 M 法

【例 2.6】求解下面线性规划问题：

$$（P）\quad \max z = -4x_1 - x_2$$

$$\text{s. t.} \begin{cases} 3x_1 + x_2 = 3 \\ 4x_1 + 3x_2 - x_3 = 6 \\ x_1 + 2x_2 + x_4 = 4 \\ x_1, x_2, x_3, x_4 \geq 0 \end{cases}$$

其系数矩阵为 $A = \begin{bmatrix} 3 & 1 & 0 & 0 \\ 4 & 3 & -1 & 0 \\ 1 & 2 & 0 & 1 \end{bmatrix}$，显然系数矩阵 A 中没有现成的单位阵。

在这种情况下，我们可以人为添加两列单位列向量 $P_5 = \begin{bmatrix} 1 \\ 0 \\ 0 \end{bmatrix}$，$P_6 = \begin{bmatrix} 0 \\ 1 \\ 0 \end{bmatrix}$，与系数矩阵中

的 $P_4 = \begin{bmatrix} 0 \\ 0 \\ 1 \end{bmatrix}$ 构成单位阵 $\begin{array}{ccc} P_5 & P_6 & P_4 \\ \begin{bmatrix} 1 & 0 & 0 \\ 0 & 1 & 0 \\ 0 & 0 & 1 \end{bmatrix} \end{array}$，这相当于在原线性规划问题中人为添加了两个决策变

量 x_5 和 x_6。由于 x_5 和 x_6 是我们人为添加的，所以我们将 x_5 和 x_6 称为**人工变量**（artificial variable）。添加了人工变量 x_5 和 x_6 后的线性规划问题如下所示：

$$（D）\quad \max z = -4x_1 - x_2$$

$$\text{s. t.} \begin{cases} 3x_1 + x_2 + x_5 = 3 \\ 4x_1 + 3x_2 - x_3 + x_6 = 6 \\ x_1 + 2x_2 + x_4 = 4 \\ x_1, x_2, x_3, x_4 \geq 0 \end{cases}$$

线性规划问题（D）的系数矩阵为 $A' = \begin{bmatrix} 3 & 1 & 0 & 0 & 1 & 0 \\ 4 & 3 & -1 & 0 & 0 & 1 \\ 1 & 2 & 0 & 1 & 0 & 0 \end{bmatrix}$。

我们把线性规划问题（P）的可行域记作 G，线性规划问题（D）的可行域记作 G'。如果 $X \in G$，那么，$\begin{bmatrix} X \\ 0 \end{bmatrix} \in G'$ 是显然的；反过来，只有 $\begin{bmatrix} X \\ 0 \end{bmatrix} \in G'$ 存在，$X \in G$ 才存在。也就是说只有 $\begin{bmatrix} X \\ 0 \end{bmatrix} \in G'$ 存在，线性规划问题（P）才具有可行解。要使 $\begin{bmatrix} X \\ 0 \end{bmatrix} \in G'$ 存在，当且仅当 $\min(x_5 + x_6) = 0$。为此，令目标函数中人工变量的系数为充分大的负数，用 $-M$ 表示，其中 M 为充分大的正数。这样，只要人工变量大于零，目标函数就不可能实现最优。我们称 $-M$ 为惩罚因子（Penalty Factor）。添加人工变量并对目标函数做相应的处理后，例 2.6 的数学模型就变为以下形式：

$$\text{（P'）}\quad \max z = -4x_1 - x_2 - M(x_5 + x_6)$$

$$\text{s. t.} \begin{cases} 3x_1 + x_2 + x_5 = 3 \\ 4x_1 + 3x_2 - x_3 + x_6 = 6 \\ x_1 + 2x_2 + x_4 = 4 \\ x_i \geqslant 0, i = 1,2,3,4 \end{cases}$$

完整的求解过程如表 2 - 7 所示。

表 2 - 7　　　　　　　　　　　　大 M 法求解例 2.6 完整迭代步骤

	c_j		-4	-1	0	0	$-M$	$-M$
C_B	X_B	b	x_1	x_2	x_3	x_4	x_5	x_6
$-M$	x_5	3	【3】	1	0	0	1	0
$-M$	x_6	6	4	3	-1	0	0	1
0	x_4	4	1	2	0	1	0	0
	$\sigma_j^{(1)}$		$-4+7M$	$-1+4M$	$-M$	0	0	0
-4	x_1	1	1	1/3	0	0	1/3	0
$-M$	x_6	2	0	【5/3】	-1	0	$-4/3$	1
0	x_4	3	0	5/3	0	1	$-1/3$	0
	$\sigma_j^{(2)}$		0	$\frac{1}{3}+\frac{5}{3}M$	$-M$	0	$\frac{4}{3}-\frac{7}{3}M$	0
-4	x_1	3/5	1	0	1/5	0	3/5	$-1/5$
-1	x_2	6/5	0	1	$-3/5$	0	$-4/5$	3/5
0	x_4	1	0	0	【1】	1	1	-1
	$\sigma_j^{(3)}$		0	0	$\frac{1}{5}$	0	$-M+\frac{8}{5}$	$-M-\frac{1}{5}$

c_j			-4	-1	0	0	$-M$	$-M$
-4	x_1	$2/5$	1	0	0	$-1/5$	$2/5$	0
-1	x_2	$9/5$	0	1	0	$3/5$	$-1/5$	0
0	x_4	1	0	0	1	1	1	-1
$\sigma_j^{(4)}$			0	0	0	$-1/5$	$-M+\dfrac{7}{5}$	$-M$

线性规划问题（P′）具有唯一最优解：$X^* = \left[\dfrac{2}{5}, \ \dfrac{9}{5}, \ 1, \ 0, \ 0, \ 0\right]^T$；这时，最优解中人工变量均等于零，即原问题（P）的最优解是 $X^* = \left[\dfrac{2}{5}, \ \dfrac{9}{5}, \ 1, \ 0\right]^T$，最优目标函数值是 $\max z = -4 \times \dfrac{2}{5} - 1 \times \dfrac{9}{5} + 0 \times 1 = -\dfrac{17}{5}$。

我们将上述求解方法称为大 M 法（big M method）。用大 M 法处理人工变量，在手工计算求解时不会遇到麻烦，但用计算机求解时，M 的取值就只能是输入一个具体的数值。这个数值如果与模型中的 a_{ij}、b_i 或 c_j 等参数比较接近，或远大于这些参数，由于计算机在计算过程中的计算误差，都有可能使计算结果发生错误。为了解决这个问题，我们应引入另一种处理人工变量的方法——两阶段法（two-phase method）。

2.4.2 两阶段法

根据 2.4.1 节中的叙述可知，原问题（P）有可行解，当且仅当 $\min(x_5 + x_6) = 0$。这样，我们将求解例 2.6 线性规划问题（P）分成两个阶段，第一阶段是求解下面的线性规划问题：

$$\text{（P1）} \quad \min z = x_5 + x_6$$

$$\text{s. t.} \begin{cases} 3x_1 + x_2 + x_5 = 3 \\ 4x_1 + 3x_2 - x_3 + x_6 = 6 \\ x_1 + 2x_2 + x_4 = 4 \\ x_i \geqslant 0, i = 1,2,3,4 \end{cases}$$

即目标函数是所有人工变量和为最小化问题，约束条件是原问题加入人工变量后的约束条件。如果上述线性规划问题（P1）的最优目标函数值不等于零，说明原问题（P）无解；如果上述线性规划问题（P1）的最优目标函数值恰好等于零，说明原问题（P）有可行解，需要继续迭代求得最优解。

具体的求解过程如下所示：

首先化为标准型：

$$\max z' = -x_5 - x_6$$

$$\text{s. t.} \begin{cases} 3x_1 + x_2 + x_5 = 3 \\ 4x_1 + 3x_2 - x_3 + x_6 = 6 \\ x_1 + 2x_2 + x_4 = 4 \\ x_i \geqslant 0, i = 1, 2, \cdots, 6 \end{cases}$$

然后用单纯形法求解，得到表 2 - 8。

表 2 - 8　　　　　　两阶段法求解例 2.6——第一阶段求解过程

c_j			0	0	0	0	-1	-1
C_B	X_B	b	x_1	x_2	x_3	x_4	x_5	x_6
-1	x_5	3	【3】	1	0	0	1	0
-1	x_6	6	6	3	-1	0	0	1
0	x_4	4	1	2	0	1	0	0
	$\sigma_j^{(1)}$		7	4	-1	0	0	0
0	x_1	1	1	1/3	0	0	1/3	0
-1	x_6	2	0	【5/3】	-1	0	-4/3	1
0	x_4	3	0	5/3	0	1	-1/3	0
	$\sigma_j^{(2)}$		0	5/3	-1	0	-7/3	0
0	x_1	3/5	1	0	1/5	0	3/5	-1/5
0	x_2	6/5	0	1	-3/5	0	-4/5	3/5
0	x_4	1	0	0	1	1	1	-1
	$\sigma_j^{(3)}$		0	0	0	0	-1	-1

此时，已经求到线性规划问题（P1）的最优解，其中人工变量 x_5 和 x_6 为非基变量，即 $\min(x_5 + x_6) = 0$。首先，这说明原问题（P）有可行解。其次，由于在最终单纯形表中，人工变量均为非基变量，即基变量均为原问题（P）中的决策变量。因此，可以将人工变量从最终单纯形表划去。

如果在求得的最优解中，人工变量的所有分量中有一个或若干个不等于零，即在最终单纯形表中，人工变量中有一个或若干个为基变量，说明原问题无解。

如果判定原问题有解，那么，就需要继续求解原问题，即进入第二阶段。

第二阶段是求解这样一个线性规划问题：

$$（P2）\quad \max z = -4x_1 - x_2$$

$$\text{s. t.} \begin{cases} x_1 + \dfrac{1}{5}x_3 = \dfrac{3}{5} \\ x_2 - \dfrac{3}{5}x_3 = \dfrac{6}{5} \\ x_3 + x_4 = 1 \\ x_i \geqslant 0, i = 1,2,3,4 \end{cases}$$

即目标函数保持原问题（P）的目标函数不变，约束条件是第一阶段线性规划问题（P1）的最终单纯形表中去掉人工变量对应的分量后得到的约束条件，该约束条件与原问题（P）的约束条件等价。求解该线性规划问题所得到的解就是原问题的最优解。具体的求解过程如表 2 - 9 所示。

表 2 - 9　　　　　　　　两阶段法求解例 2.6——第二阶段求解过程

c_j			-4	-1	0	0
C_B	X_B	b	x_1	x_2	x_3	x_4
-4	x_1	$3/5$	1	0	$1/5$	0
-1	x_2	$6/5$	0	1	$-3/5$	0
0	x_4	1	0	0	【1】	1
	$\sigma_j^{(1)}$		0	0	$1/5$	0
-4	x_1	$2/5$	1	0	0	$-1/5$
-1	x_2	$9/5$	0	1	0	$3/5$
0	x_3	1	0	0	1	1
	$\sigma_j^{(2)}$		0	0	0	$-1/5$

该线性规划问题（P2）具有唯一最优解 $X^* = \left[\dfrac{2}{5}, \ \dfrac{9}{5}, \ 1, \ 0, \ 0, \ 0 \right]^T$，即原问题（P）的最优解是 $X^* = \left[\dfrac{2}{5}, \ \dfrac{9}{5}, \ 1, \ 0 \right]^T$，最优目标函数值是 $\max z = -4 \times \dfrac{2}{5} - 1 \times \dfrac{9}{5} + 0 \times 1 = -\dfrac{17}{5}$。

【例 2.7】求解下列线性规划问题：

$$\max z = 2x_1 + x_2$$

$$\text{s. t.} \begin{cases} x_1 + x_2 \leqslant 2 \\ 2x_1 + 2x_2 \geqslant 6 \\ x_1, x_2 \geqslant 0 \end{cases}$$

解：方法一，用大 M 法求解。

化为标准型:

$$\max z = 2x_1 + x_2 - Mx_5$$

$$\text{s. t.} \begin{cases} x_1 + x_2 + x_3 = 2 \\ 2x_1 + 2x_2 - x_4 + x_5 = 6 \\ x_i \geq 0, i = 1, 2, \cdots, 5 \end{cases}$$

求解过程如表 2 - 10 所示。

表 2 - 10　　　　　　　　大 M 法求解例 2.7 完整迭代步骤

	c_j		2	1	0	0	- M
C_B	X_B	b	x_1	x_2	x_3	x_4	x_5
0	x_3	2	【1】	1	1	0	0
- M	x_5	6	2	2	0	- 1	1
	$\sigma_j^{(1)}$		2 + 2M	1 + 2M	0	- M	0
2	x_1	2	1	1	1	0	0
- M	x_5	2	0	0	- 2	- 1	1
	$\sigma_j^{(2)}$		0	- 1	- 2 - 2M	- M	0

由于最优解中人工变量 $x_5 = 2 \neq 0$,所以原问题无解。

方法二,用两阶段法求解。

$$\max z = -x_5$$

第一阶段:

$$\text{s. t.} \begin{cases} x_1 + x_2 + x_3 = 2 \\ 2x_1 + 2x_2 - x_4 + x_5 = 6 \\ x_i \geq 0, i = 1, 2, \cdots, 5 \end{cases}$$

求解过程如表 2 - 11 所示。

表 2 - 11　　　　　　　两阶段法求解例 2.7——第一阶段求解过程

	c_j		0	0	0	0	- 1
C_B	X_B	b	x_1	x_2	x_3	x_4	x_5
0	x_3	2	【1】	1	1	0	0
- 1	x_5	6	2	2	0	- 1	1
	$\sigma_j^{(1)}$		2	2	0	- 1	0
0	x_1	2	1	1	1	0	0
- 1	x_5	2	0	0	- 2	- 1	1
	$\sigma_j^{(2)}$		0	0	- 2	- 1	0

由于最优解中人工变量 $x_5 = 2 \neq 0$,所以原问题无解,同时,无需第二阶段的求解。

2.4.3 单纯形法小结

线性规划的求解算法——单纯形法，在有最优解的前提下，其求解线性规划问题的流程如图 2-4 所示。

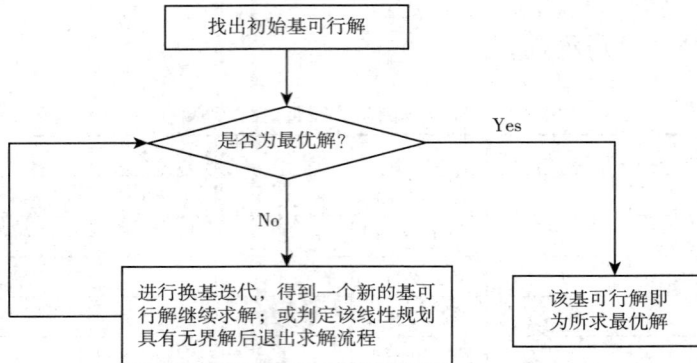

图 2-4　线性规划问题求解流程

单纯形法求解线性规划模型，解的形式有以下四种：

（1）如果在最终单纯形表中，所有非基变量的检验数均小于零，那么该线性规划问题有唯一最优解。

（2）如果在最终单纯形表中，所有非基变量的检验数均小于等于零，同时，其中有一个或若干个非基变量的检验数等于零，那么该线性规划问题有无穷多最优解。

（3）如果在最终单纯形表中，有某个非基变量的检验数大于零，同时，该非基变量对应的系数列向量中的分量均小于等于零，那么线性规划问题有无界解。

（4）需要加入人工变量并用大 M 法进行求解的线性规划问题，如果求得的最优解中人工变量的值不等于零（在最终单纯形表中，人工变量为基变量），那么，原问题无解。需要加入人工变量并用两阶段法进行求解的线性规划问题，如果在第一阶段求得的最优解中人工变量的值不等于零（在第一阶段的最终单纯形表中，人工变量为基变量），那么，原问题无解。

2.5　案例分析：机票的销售策略研究

研究合理的机票销售策略，可以帮助航空公司在尽量满足客户需求的前提下获得最大的销售收入。本案例利用线性规划方法帮助航空公司选择机票销售的最优策略。

2.5.1　问题背景

某航空公司每天有三个航班服务于北京、深圳、桂林、上海四个城市，其中上海是可供转机使用的。三个航班的出发地←→目的地分别为北京←→上海，上海←→深圳，上海←→桂林，可搭乘旅客的最大数量分别为 120 人、100 人、110 人。机票的价格分头等舱和经济舱两类。经过市场调查，公司市场部得到了每天旅客的相关信息，如表 2 – 12 所示。该公司应该在每条航线上分别分配多少头等舱和经济舱的机票？

表 2 – 12　　　　　　　　　　　　各航班相关数据

出发地——目的地	头等舱需求（人）	头等舱价格（元）	经济舱需求（人）	经济舱价格（元）
北京←→上海	33	1400	56	900
北京←→深圳（经上海转机）	24	2700	43	1750
北京←→桂林（经上海转机）	12	2800	67	1800
上海←→深圳	44	1800	69	1200
上海←→桂林	16	1860	17	1300

2.5.2　优化模型构造

问题分析：公司的目标是销售收入最大化。考虑上述 5 条航线北京←→上海，北京←→深圳，北京←→桂林，上海←→深圳，上海←→桂林，将其编号为 i，$i = 1$，2，3，4，5。已知：头等舱相应的需求为 α_i，价格为 p_i；经济舱的需求为 β_i，价格为 q_i，航班 1，4，5 的容量分别为 $c_1 = 120$，$c_2 = 100$，$c_3 = 110$。

决策变量的假设：设航班 i 销售的头等舱机票数为 x_i（$i = 1$，2，$\cdots$，5），销售的经济舱的机票数为 y_i（$i = 1$，2，$\cdots$，5）。目标函数可以表示为：$\max z = \sum\limits_{i=1}^{5}(p_i x_i + q_i y_i)$

约束条件：

1. 容量限制

（1）航班 1 上的乘客数 = 购买航班 1，2，3 机票的所有乘客数，即：$\sum\limits_{i=1}^{3} x_i + \sum\limits_{i=1}^{3} y_i \leq c_1$。

（2）航班 4 上的乘客数 = 购买航班 2，4 机票的所有乘客数，即：$x_2 + x_4 + y_2 + y_4 \leq c_2$。

（3）航班 5 上的乘客数 = 购买航班 3，5 机票的所有乘客数，即：$x_3 + x_5 + y_3 + y_5 \leq c_3$。

2. 需求限制

航班 i 销售的头等舱机票数 ≤ 航班 i 需求的头等舱机票数，即：$0 \leq x_i \leq \alpha_i$，$i = 1$，2，$\cdots$，5。

航班 i 销售的经济舱机票数 ≤ 航班 i 需求的经济舱机票数，即：$0 \leq y_i \leq \beta_i$，$i = 1$，2，$\cdots$，5。

2.5.3 优化模型及算法

根据上面的讨论，优化模型如下：

$$\max z = \sum_{i=1}^{5} (p_i x_i + q_i y_i)$$

$$\text{s. t.} \begin{cases} x_1 + x_2 + x_3 + y_1 + y_2 + y_3 \leqslant c_1 \\ x_2 + x_4 + y_2 + y_4 \leqslant c_2 \\ x_3 + x_5 + y_3 + y_5 \leqslant c_3 \\ 0 \leqslant x_i \leqslant \alpha_i, i = 1, 2, \cdots, 5 \\ 0 \leqslant y_i \leqslant \beta_i, i = 1, 2, \cdots, 5 \end{cases}$$

其中，c_j，$j = 1$，2，3，α_i，β_i，p_i，q_i，$i = 1$，2，3，4，5 各数据如表 2 - 12 所示，代入上述模型得：

$$\max z = 1400 x_1 + 2700 x_2 + 2800 x_3 + 1800 x_4 + 1860 x_5$$
$$+ 900 y_1 + 1750 y_2 + 1800 y_3 + 1200 y_4 + 1300 y_5$$

$$\text{s. t.} \begin{cases} x_1 + x_2 + x_3 + y_1 + y_2 + y_3 \leqslant 120 \\ x_2 + x_4 + y_2 + y_4 \leqslant 100 \\ x_3 + x_5 + y_3 + y_5 \leqslant 110 \\ x_1 \leqslant 33, x_2 \leqslant 24, x_3 \leqslant 12, x_4 \leqslant 44, x_5 \leqslant 16 \\ y_1 \leqslant 56, y_2 \leqslant 43, y_3 \leqslant 67, y_4 \leqslant 69, y_5 \leqslant 17 \\ x_i, y_i \geqslant 0, i = 1, 2, \cdots, 5 \end{cases}$$

根据上述模型，可利用线性规划求解程序，得到最优解：

$$x_1 = 19, x_2 = 24, x_3 = 12, x_4 = 44, x_5 = 16, y_1 = 0, y_2 = 0, y_3 = 65, y_4 = 32, y_5 = 17$$

对应的最优目标函数值为 $z^* = 411460$ 元。

2.5.4 最优方案分析

航空公司的目标是销售收入最大化，由于头等舱的机票价格大于对应的经济舱的机票价格，所以我们常常会直接考虑以下方案是否为最优：首先满足所有头等舱顾客的需要（从题中的数据可知，所有头等舱顾客需求均能被满足）。但是，若选择首先满足所有头等舱顾客的需要的方案，则对应的总销售额是 369310 元。然而，按照上述线性规划模型求解，我们发现最优解中虽然北京←→上海航线上的头等舱需求并没有被完全满足（因为 $x_1 = 19 <$ 33），但该方案对应的总销售额是 411460 元，显然优于只考虑头等舱的方案。因此，我们会

选择线性规划模型最优解对应的方案作为最优方案。

习　题

1. 判断下列说法是否正确？并请说明原因。

（1）如果线性规划问题存在可行域，则该线性规划问题必然存在最优解。

（2）如果线性规划问题存在最优解，一定存在一个基可行解是最优解。

（3）如果线性规划问题存在最优解，则必然是其可行域上的一个顶点。

（4）用单纯形法求解标准形式的线性规划问题时，与 $\sigma_j > 0$ 对应的变量都可以被选作进基变量。

（5）若线性规划的可行域无界，则必定不存在可行解。

2. 用图解法求解下列线性规划问题并指出解的形式。

（1）
$$\min z = 4x_1 + 6x_2$$
$$\begin{cases} x_1 + 2x_2 \geqslant 8 \\ x_1 + x_2 \leqslant 8 \\ x_2 \leqslant 3 \\ x_1 \geqslant 0,\ x_2 \geqslant 0 \end{cases}$$

（2）
$$\max z = x_1 + 4x_2$$
$$\begin{cases} x_1 + 4x_2 \leqslant 5 \\ x_1 + 3x_2 \geqslant 2 \\ x_1 + 2x_2 \leqslant 4 \\ x_1,\ x_2 \geqslant 0 \end{cases}$$

3. 用单纯形法求解下列线性规划问题。

（1）
$$\max z = 2x_1 + x_2$$
$$\text{s. t.} \begin{cases} 5x_2 \leqslant 15 \\ 6x_1 + 2x_2 \leqslant 24 \\ x_1 + x_2 \leqslant 5 \\ x_1,\ x_2 \geqslant 0 \end{cases}$$

（2）
$$\max z = 2x_1 + 4x_2 + 3x_3$$
$$\text{s. t.} \begin{cases} 2x_1 + 3x_2 + x_3 \leqslant 15 \\ 3x_1 + x_2 + 2x_3 \leqslant 24 \\ 2x_1 + 2x_2 + 3x_3 \leqslant 18 \\ x_1,\ x_2,\ x_3 \geqslant 0 \end{cases}$$

（3）
$$\max z = x_1 + 6x_2 + 4x_3$$
$$\text{s. t.} \begin{cases} -x_1 + 2x_2 + 2x_3 \leqslant 13 \\ 4x_1 - 4x_2 + x_3 \leqslant 20 \\ x_1 + 2x_2 + x_3 \leqslant 17 \\ x_1,\ x_2,\ x_3 \geqslant 0 \end{cases}$$

（4）
$$\max z = 3x_1 + 5x_2$$
$$\text{s. t.} \begin{cases} x_1 \leqslant 4 \\ 2x_2 \leqslant 12 \\ 3x_1 + 2x_2 \leqslant 18 \\ x_1,\ x_2 \geqslant 0 \end{cases}$$

4. 用人工变量法求解下列线性规划问题。

（1）
$$\max z = 2x_1 - x_2 + 2x_3$$
$$\text{s. t.} \begin{cases} x_1 + x_2 + x_3 \geqslant 6 \\ -2x_1 + x_3 \geqslant 2 \\ 2x_2 - x_3 \geqslant 0 \\ x_1,\ x_2,\ x_3 \geqslant 0 \end{cases}$$

（2）
$$\max z = 4x_1 + 5x_2 + x_3$$
$$\text{s. t.} \begin{cases} 3x_1 + 3x_2 + x_3 \geqslant 18 \\ 2x_1 + x_2 \leqslant 4 \\ x_1 + x_2 - x_3 = 5 \\ x_1,\ x_2,\ x_3 \geqslant 0 \end{cases}$$

$$\text{(3)} \quad \max z = 10x_1 + 15x_2 + 12x_3$$
$$\text{s. t.} \begin{cases} 5x_1 + 3x_2 + x_3 \leqslant 9 \\ -5x_1 + 6x_2 + 15x_3 \leqslant 15 \\ 2x_1 + x_2 + x_3 \geqslant 5 \\ x_1, \ x_2, \ x_3 \geqslant 0 \end{cases}$$

$$\text{(4)} \quad \max z = 2x_1 + x_2 + x_3$$
$$\text{s. t.} \begin{cases} 4x_1 + 2x_2 + 2x_3 \geqslant 4 \\ 2x_1 + 4x_2 \leqslant 20 \\ 4x_1 + 8x_2 + 2x_3 \leqslant 16 \\ x_1, \ x_2, \ x_3 \geqslant 0 \end{cases}$$

5. 用长 8 米的原材料切割钢窗用料，每副钢窗含长 1.5 米的料 2 根，1.45 米的料 2 根，1.3 米的料 6 根，0.35 米的料 12 根。如果需要钢窗用料 100 副，问：如何下料才能使得使用的 8 米原料的根数是最少的？仅建立模型，无需求解。

6. 某汽车公司有资金 600000 元，打算用来购买 A、B、C 三种汽车。已知汽车 A 每辆为 10000 元，汽车 B 每辆为 20000 元，汽车 C 每辆为 23000 元。而且，汽车 A 每辆每班需一名司机，可完成 2100 吨·千米；汽车 B 每辆每班需两名司机，可完成 3600 吨·千米；汽车 C 每辆每班需两名司机，可完成 3780 吨·千米。每辆汽车每天最多安排三班，每个司机每天最多安排一班。限制购买汽车不超过 30 辆，司机不超过 145 人。应购买各种汽车多少辆，才能使每天的吨·千米总数最大？仅建立模型，无需求解。

7. 某饲养场所用混合饲料由 n 种配料组成，要求这种混合饲料必须含有 m 种不同的营养成分，并且该混合饲料中第 i 种营养成分的含量不能低于 b_i。已知每单位的第 j 种配料所含第 i 种营养成分的量为 a_{ij}，每单位的第 j 种配料的价格为 c_j，在保证营养的条件下，应如何配方，使混合饲料的费用最省？仅建立模型，无需求解。

8. 某人有一笔 30 万元的资金，在今后三年内有以下投资项目：

（1）三年内的每年年初均可投资，每年获利为投资额的 20%，其本利可一起用于下一年投资。

（2）只允许第一年年初投入，第二年末可收回，本利合计为投资额的 150%，但此类投资限额不超过 15 万元。

（3）于三年内第二年初允许投资，可于第三年末收回，本利合计为投资额的 160%，这类投资限额 20 万元。

（4）于三年内的第三年初允许投资，一年回收，可获利 40%，投资限额为 10 万元。

试为该人确定一个使其第三年末本利和最大的投资计划，仅建立模型，无需求解。

9. 某企业需要制定 1~6 月份 A 产品的生产与销售计划。已知 A 产品每月底交货，市场需求没有限制，由于仓库容量有限，仓库最多库存 A 产品 1000 件，1 月初仓库库存 200 件。1~6 月份 A 产品的单件成本与售价如表 2-13 所示。

表 2-13			A 产品的单件成本与售价			单位：元/件
项目	1 月	2 月	3 月	4 月	5 月	6 月
产品成本（元/件）	300	330	320	360	360	300
销售价格（元/件）	350	340	350	420	410	340

要求：（1）计算 1～6 月份 A 产品各生产与销售多少才能实现总利润最大，建立数学模型。（2）当 1 月初库存量为零并且要求 6 月底库存 200 件时，写出模型的变化情况。

10. 某公司有三项工作需分别招收技工和力工来完成。第一项工作可由一个技工单独完成，或由一个技工和两个力工组成的小组来完成。第二项工作可由一个技工或一个力工单独去完成。第三项工作可由五个力工组成的小组完成，或由一个技工领着三个力工来完成。已知技工和力工每周工资分别为 100 元和 80 元，他们每周都工作 48 小时，但他们每人实际的有效工作时间分别为 42 小时和 36 小时。为完成这三项工作任务，该公司需要每周总有效工作时间为：第一项工作 10000 小时，第二项工作 20000 小时，第三项工作 30000 小时。能招收的工人数为技工不超过 400 人，力工不超过 800 人。试建立数学模型，确定招收技工和力工各多少人，使总的工资支出最少。只需建立数学模型，无需求解。

11. 某农场有 100 公顷土地及 15000 元资金可用于发展生产。农场劳动力情况为秋冬季每天 3500 人，春夏季每天 4000 人，如劳动力本身用不了时可以外出干活，春夏季收入为每人每天 2.1 元，秋冬季收入为每人每天 1.8 元。该农场种植三种作物：大豆、玉米、小麦，并饲养奶牛和鸡。种作物时不需要专门投资，而饲养动物时每头奶牛投资 400 元，每只鸡投资 3 元。养奶牛时每头需拨出 1.5 公顷土地种饲草，并占用人工每头牛秋冬季为每天 100 人，春夏季为每天 50 人，年净收入 400 元/每头奶牛。养鸡时不占土地，但需占用人工。每只鸡秋冬季每天需 0.6 人，春夏季每天需 0.3 人，年净收入为 2 元/每只鸡。农场现有鸡舍允许最多养 3000 只鸡，牛栏允许最多养 32 头奶牛。三种作物每年需要的人工及收入情况如表 2-14 所示。试决定该农场的经营方案，使年净收入为最大，仅建立模型，无需求解。

表 2-14　　　　　　　　　　　各农作物种植数据

项目	大豆	玉米	麦子
秋冬季每公顷每天所需人数	20	35	10
春夏季每公顷每天所需人数	50	75	40
年净收入（元/公顷）	175	300	120

单纯形法视频　　　　　　建模题视频　　　　　　部分习题答案

第 3 章　对偶线性规划

📖 **本章导读**

　　每一个线性规划问题，都存在一个与它相对应的线性规划问题，我们称原规划问题为原问题，另一个为对偶问题，原问题和对偶问题之间有着非常密切的关系。

　　本章知识点之间的逻辑关系见图 3-1。

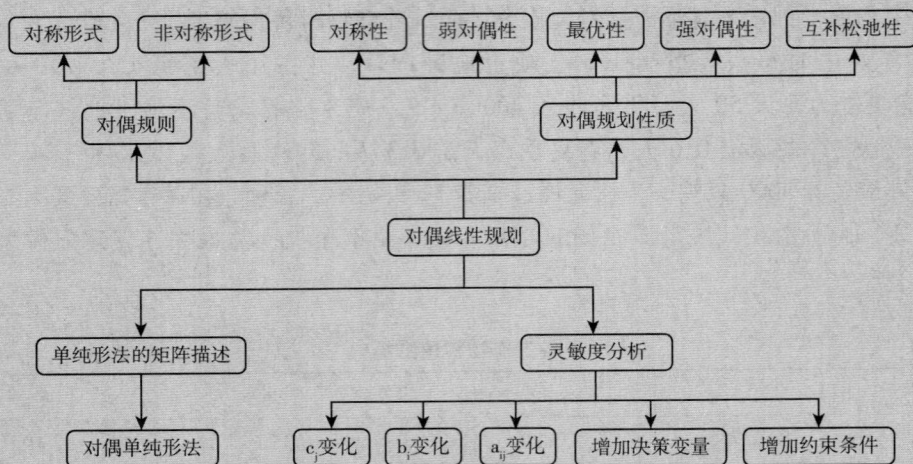

图 3-1　第 3 章知识点逻辑关系

3.1　线性规划的对偶问题与性质

本节我们将揭示原问题和对偶问题之间有趣的对应关系——对偶理论。

3.1.1　对偶问题的引入

　　【例 3.1】 回顾一下第 2 章中的例 2.1，现在我们从另一个角度来考虑这个问题。假如有另外一家公司要求租用该公司的三种资源，那么，该公司应该如何来确定合理的租金呢？

解：设 y_1 为原料的单位租金，y_2，y_3 分别为车间 1、车间 2 每台时的租金，租金总额为 w 元。为了叙述方便，这里把租金定义为扣除成本后的利润。

$$\min w = 40y_1 + 40y_2 + 20y_3$$

$$\text{s. t.} \begin{cases} 2y_1 + 3y_2 + y_3 \geqslant 8 \\ 3y_1 + 2y_2 + y_3 \geqslant 10 \\ y_1, y_2, y_3 \geqslant 0 \end{cases}$$

【例3.2】 回顾一下第 2 章中的例2.2，现在从另一个角度来考虑这个问题。现有一制药厂要把 A、B、C 三种营养成分分别制成单一的营养丸出售，试为每一种营养丸定价，使该制药厂能获得最大的利润？

解：设营养丸 A、B、C 的单位价格为 y_1，y_2，y_3 元，小明每天购买药丸的金额为 w 元。

$$\max w = 90y_1 + 120y_2 + 160y_3$$

$$\text{s. t.} \begin{cases} 13y_1 + 24y_2 + 18y_3 \leqslant 1.5 \\ 25y_1 + 19y_2 + 17y_3 \leqslant 1.4 \\ 14y_1 + 30y_2 + 21y_3 \leqslant 1.8 \\ 40y_1 + 25y_2 + 34y_3 \leqslant 1.9 \\ y_1, y_2, y_3 \geqslant 0 \end{cases}$$

我们称这种内容一致但从另一角度提出的问题为原问题的对偶问题，它们是一对互为对偶的问题。在例 3.1 中，互为对偶的线性规划问题为：

原问题 　　　　　　　　　　　 对偶问题

$$\max z = 8x_1 + 10x_2 \qquad\qquad \min w = 40y_1 + 40y_2 + 20y_3$$

$$\text{s. t.} \begin{cases} 2x_1 + 3x_2 \leqslant 40 \\ 3x_1 + 2x_2 \leqslant 40 \\ x_1 + x_2 \leqslant 20 \\ x_1, \ x_2 \geqslant 0 \end{cases} \qquad \text{s. t.} \begin{cases} 2y_1 + 3y_2 + y_3 \geqslant 8 \\ 3y_1 + 2y_2 + y_3 \geqslant 10 \\ y_1, \ y_2, \ y_3 \geqslant 0 \end{cases}$$

在例 3.2 中，互为对偶的线性规划问题为：

原问题 　　　　　　　　　　　 对偶问题

$$\min z = 1.5x_1 + 1.4x_2 + 1.8x_3 + 1.9x_4 \qquad \max w = 90y_1 + 120y_2 + 160y_3$$

$$\text{s. t.} \begin{cases} 13x_1 + 25x_2 + 14x_3 + 40x_4 \geqslant 90 \\ 24x_1 + 19x_2 + 30x_3 + 25x_4 \geqslant 120 \\ 18x_1 + 17x_2 + 21x_3 + 34x_4 \geqslant 160 \\ x_1, \ x_2, \ x_3, \ x_4 \geqslant 0 \end{cases} \qquad \text{s. t.} \begin{cases} 13y_1 + 24y_2 + 18y_3 \leqslant 1.5 \\ 25y_1 + 19y_2 + 17y_3 \leqslant 1.4 \\ 14y_1 + 30y_2 + 21y_3 \leqslant 1.8 \\ 40y_1 + 25y_2 + 34y_3 \leqslant 1.9 \\ y_1, \ y_2, \ y_3 \geqslant 0 \end{cases}$$

一般地，我们称下面的两个线性规划问题（LP_1）和（LP_2）互为对偶问题，若其中一个称为原问题，则另一个称为对偶问题。

$$\max z = c_1 x_1 + c_2 x_2 + \cdots + c_n x_n$$

$$(LP_1) \quad \text{s. t.} \begin{cases} a_{11} x_1 + a_{12} x_2 + \cdots + a_{1n} x_n \leqslant b_1 \\ a_{21} x_1 + a_{22} x_2 + \cdots + a_{2n} x_n \leqslant b_2 \\ \qquad\qquad \cdots \\ a_{m1} x_1 + a_{m2} x_2 + \cdots + a_{mn} x_n \leqslant b_m \\ x_j \geqslant 0, j = 1, 2, \cdots, n \end{cases}$$

$$\min w = b_1 y_1 + b_2 y_2 + \cdots + b_m y_m$$

$$(LP_2) \quad \text{s. t.} \begin{cases} a_{11} y_1 + a_{21} y_2 + \cdots + a_{m1} y_m \geqslant c_1 \\ a_{12} y_1 + a_{22} y_2 + \cdots + a_{m2} y_n \geqslant c_2 \\ \qquad\qquad \cdots \\ a_{1n} y_1 + a_{2n} y_2 + \cdots + a_{mn} y_m \geqslant c_n \\ y_i \geqslant 0, i = 1, 2, \cdots, m \end{cases}$$

3.1.2 原问题和对偶问题的关系

1. 对称形式线性规划问题的对偶问题

称满足下列条件的线性规划问题为具有对称形式的线性规划问题：（1）决策变量均具有非负约束，即所有决策变量均为非负变量；（2）当目标函数求极大时，约束条件均取"$\leqslant$"；当目标函数求极小时，约束条件均取"$\geqslant$"。即以下两个线性规划问题互为对偶，若其中一个称为原问题，则另一个称为对偶问题。

$$\max z = C \cdot X \qquad\qquad \min w = b^T \cdot Y$$

$$\text{s. t.} \begin{cases} A \cdot X \leqslant b \\ X \geqslant 0 \end{cases} \qquad\qquad \text{s. t.} \begin{cases} A^T \cdot Y \geqslant C^T \\ Y \geqslant 0 \end{cases}$$

原问题与对偶问题之间的对应关系如表 3 - 1 所示。

表 3 - 1　　　　　　　　　　原问题与对偶问题之间的对应关系

项目	原问题（对偶问题）	对偶问题（原问题）
A	工艺系数矩阵	原问题的工艺系数矩阵的转置
b	约束条件的右端项向量	目标函数中的价值系数向量的转置
C	目标函数中的价值系数向量	原问题的约束条件的右端项向量的转置
目标函数	$\max z = CX$	$\min w = Y^T b$
约束条件	$AX \leqslant b$	$A^T Y \geqslant C^T$
决策变量	$X \geqslant 0$	$Y \geqslant 0$

【例 3.3】 请写出下面线性规划问题的对偶问题。

$$\max z = 4x_1 + 3x_2 + x_3 + 2x_4$$

$$\text{s. t.} \begin{cases} 3x_1 + 2x_2 + x_3 + 2x_4 \leqslant 20 \\ 2x_1 + 3x_2 + 2x_3 + x_4 \leqslant 20 \\ x_1, x_2, x_3, x_4 \geqslant 0 \end{cases}$$

解：设系数矩阵 $A = \begin{bmatrix} 3 & 2 & 1 & 2 \\ 2 & 3 & 2 & 1 \end{bmatrix}$，$C = [4, \quad 3, \quad 1, \quad 2]$，$b = \begin{bmatrix} 20 \\ 20 \end{bmatrix}$，则相应的对偶问

题为：

$$\min w = b^T \cdot Y = [20 \quad 20] \cdot \begin{bmatrix} y_1 \\ y_2 \end{bmatrix} = 20y_1 + 20y_2$$

$$A^T \cdot Y = \begin{bmatrix} 3 & 2 \\ 2 & 3 \\ 1 & 2 \\ 2 & 1 \end{bmatrix} \cdot \begin{bmatrix} y_1 \\ y_2 \end{bmatrix} = \begin{bmatrix} 3y_1 + 2y_2 \\ 2y_1 + 3y_2 \\ y_1 + 2y_2 \\ 2y_1 + y_2 \end{bmatrix}$$

即

$$\min w = 20y_1 + 20y_2$$

$$\text{s. t.} \begin{cases} 3y_1 + 2y_2 \geqslant 4 \\ 2y_1 + 3y_2 \geqslant 3 \\ y_1 + 2y_2 \geqslant 1 \\ 2y_1 + y_2 \geqslant 2 \\ y_1, y_2, y_3, y_4 \geqslant 0 \end{cases}$$

上述关系可以用表 3 - 2 表示。

表 3 - 2　　　　　　　　　原问题与对偶问题的关系示意

	x_1	x_2	$\cdots$	x_n	原关系	$\min w$
y_1	a_{11}	a_{12}	$\cdots$	a_{1n}	$\leqslant$	b_1
y_2	a_{21}	a_{22}	$\cdots$	a_{2n}	$\leqslant$	b_2
$\vdots$	$\vdots$	$\vdots$	$\vdots$	$\vdots$	$\vdots$	$\vdots$
y_m	a_{m1}	a_{m2}	$\cdots$	a_{mn}	$\leqslant$	b_m
对偶关系	$\geqslant$	$\geqslant$	$\cdots$	$\geqslant$		
$\max z$	c_1	c_2	$\cdots$	c_n		

2. 非对称形式线性规划问题的对偶问题

如果原问题的约束条件中含有等式，即：

$$\max z = c_1 x_1 + c_2 x_2 + c_3 x_3$$

$$\text{s. t.} \begin{cases} a_{11}x_1 + a_{12}x_2 + a_{13}x_3 \leqslant b_1 \\ a_{21}x_1 + a_{22}x_2 + a_{23}x_3 = b_2 \\ a_{31}x_1 + a_{32}x_2 + a_{33}x_3 \geqslant b_3 \\ x_1 \geqslant 0, x_2 \leqslant 0, x_3 \text{ 无约束} \end{cases}$$

首先将上述线性规划问题化成对称形式。令 $x_2' = -x_2 \geqslant 0$，$x_3 = x_3' - x_3''$，其中，x_3'，$x_3'' \geqslant 0$。并且，$a_{21}x_1 + a_{22}x_2 + a_{23}x_3 = b$ 可以表达为：

$$\begin{cases} a_{21}x_1 - a_{22}x_2' + a_{23}(x_3' - x_3'') \leqslant b_2 \\ -a_{21}x_1 + a_{22}x_2' - a_{23}(x_3' - x_3'') \leqslant -b_2 \end{cases}$$

原问题可以化成如下对称形式：

$$\max z = c_1 x_1 - c_2 x_2' + c_3(x_3' - x_3'')$$

$$\text{s. t.} \begin{cases} a_{11}x_1 - a_{12}x_2' + a_{13}(x_3' - x_3'') \leqslant b_1 \\ a_{21}x_1 - a_{22}x_2' + a_{23}(x_3' - x_3'') \leqslant b_2 \\ -a_{21}x_1 + a_{22}x_2' - a_{23}(x_3' - x_3'') \leqslant -b_2 \\ -a_{31}x_1 + a_{32}x_2' - a_{33}(x_3' - x_3'') \leqslant -b_3 \\ x_1, x_2', x_3', x_3'' \geqslant 0 \end{cases}$$

按照表 3 - 1 的对应关系写出其对偶问题。

$$\min w = b_1 y_1 + b_2 y_2' - b_2 y_2'' - b_3 y_3'$$

$$\text{s. t.} \begin{cases} a_{11}y_1 + a_{21}y_2' - a_{21}y_2'' - a_{31}y_3' \geqslant c_1 \\ -a_{12}y_1 - a_{22}y_2' + a_{22}y_2'' + a_{32}y_3' \geqslant -c_2 \\ a_{13}y_1 + a_{23}y_2' - a_{23}y_2'' - a_{33}y_3' \geqslant c_3 \\ -a_{13}y_1 - a_{23}y_2' + a_{23}y_2'' + a_{33}y_3' \geqslant -c_3 \\ y_1, y_2', y_2'', y_3' \geqslant 0 \end{cases}$$

整理后，得：

$$\min w = b_1 y_1 + b_2(y_2' - y_2'') - b_3 y_3'$$

$$\text{s. t.} \begin{cases} a_{11}y_1 + a_{21}(y_2' - y_2'') - a_{31}y_3' \geqslant c_1 \\ a_{12}y_1 + a_{22}(y_2' - y_2'') - a_{32}y_3' \leqslant c_2 \\ a_{13}y_1 + a_{23}(y_2' - y_2'') - a_{33}y_3' = c_3 \\ y_1, y_2', y_2'', y_3' \geqslant 0 \end{cases}$$

令 $y_2 = y_2' - y_2''$, $y_3 = -y_3'$, 原问题的对偶问题可以表达如下：

$$\min w = b_1 y_1 + b_2 y_2 + b_3 y_3$$

$$\text{s. t.} \begin{cases} a_{11}y_1 + a_{21}y_2 + a_{31}y_3 \geq c_1 \\ a_{12}y_1 + a_{22}y_2 + a_{32}y_3 \leq c_2 \\ a_{13}y_1 + a_{23}y_2 + a_{33}y_3 = c_3 \\ y_1 \geq 0, y_2 \text{ 无约束}, y_3 \leq 0 \end{cases}$$

根据上述结果，不对称线性规划问题与其对偶问题之间的对应关系如表 3-3 所示。

表 3-3　不对称线性规划问题与其对偶问题之间的对应关系

项目	原问题（对偶问题）	对偶问题（原问题）
A	工艺系数矩阵	原问题的工艺系数矩阵的转置
b	约束条件的右端项向量	目标函数中的价值系数向量的转置
C	目标函数中的价值系数向量	原问题的约束条件的右端项向量的转置
目标函数	$\max z = \sum_{j=1}^{n} c_j x_j$	$\min w = \sum_{i=1}^{m} b_i y_i$
变量	$\begin{cases} x_j \geq 0 \\ x_j \leq 0 \\ x_j \text{ 无约束} \end{cases}$	约束条件 $\begin{cases} \sum_{i=1}^{m} a_{ij}y_i \geq c_j \\ \sum_{i=1}^{m} a_{ij}y_i \leq c_j \\ \sum_{i=1}^{m} a_{ij}y_i = c_j \end{cases}$
约束条件	$\begin{cases} \sum_{j=1}^{n} a_{ij}x_j \leq b_i \\ \sum_{j=1}^{n} a_{ij}x_j \geq b_i \\ \sum_{j=1}^{n} a_{ij}x_j = b_i \end{cases}$	变量 $\begin{cases} y_i \geq 0 \\ y_i \leq 0 \\ y_i \text{ 无约束} \end{cases}$

【例 3.4】请写出下面线性规划问题的对偶问题。

$$\max z = x_1 + 2x_2 + x_3$$

$$\text{s. t.} \begin{cases} x_1 + x_2 - x_3 \leq 2 \\ x_1 - x_2 + x_3 = 1 \\ 2x_1 + x_2 + x_3 \geq 2 \\ x_1 \geq 0, x_2 \leq 0, x_3 \text{ 无约束} \end{cases}$$

解：根据表 3 - 3 中原问题和对偶问题的对应关系，可得其对偶问题为：

$$\min\ w = 2y_1 + y_2 + 2y_3$$

$$\mathrm{s.\,t.}\begin{cases} y_1 + y_2 + 2y_3 \geqslant 1 \\ y_1 - y_2 + y_3 \leqslant 2 \\ -y_1 + y_2 + y_3 = 1 \\ y_1 \geqslant 0, y_2\ \text{无约束}, y_3 \leqslant 0 \end{cases}$$

3.1.3 对偶问题的性质

在本节的叙述中，我们假设原问题是最大化问题，而其对偶问题是最小化问题。

（1）对称性（symmetry）：对偶问题的对偶是原问题。

证明：原问题为：

$$\max\ z = C \cdot X$$

$$\mathrm{s.\,t.}\begin{cases} A \cdot X \leqslant b \\ X \geqslant 0 \end{cases}$$

对偶问题为：

$$\min\ w = b^T \cdot Y$$

$$\mathrm{s.\,t.}\begin{cases} A^T \cdot Y \geqslant C^T \\ Y \geqslant 0 \end{cases}$$

对偶问题可等价地写成：

$$\max\ (-w) = \max\ w' = -b^T \cdot Y$$

$$\mathrm{s.\,t.}\begin{cases} -A^T \cdot Y \leqslant -C^T \\ Y \geqslant 0 \end{cases}$$

上述对偶问题的对偶为：

$$\min\ z' = (-C^T)\,T \cdot X$$

$$\mathrm{s.\,t.}\begin{cases} (-A^T)^T \cdot X \geqslant (-b^T)^T \\ X \geqslant 0 \end{cases}$$

整理后，得：

$$\min\ z' = (-C) \cdot X$$

$$\mathrm{s.\,t.}\begin{cases} (-A) \cdot X \geqslant (-b) \\ X \geqslant 0 \end{cases}$$

即

$$\max\ (-z') = \max z = C \cdot X$$
$$\text{s. t.}\ \begin{cases} A \cdot X \leqslant b \\ X \geqslant 0 \end{cases}$$

所以，对偶问题的对偶是原问题，得证。

（2）弱对偶性（weak duality）：如果 $\bar{x}_j\ (j = 1, 2, \cdots, n)$ 是原问题的可行解，$\bar{y}_i\ (i = 1, 2, \cdots, m)$ 是其对偶问题的可行解，则恒有：$\sum_{j=1}^{n} c_j \cdot \bar{x}_j \leqslant \sum_{i=1}^{m} b_i \cdot \bar{y}_i$。

证明：
$$\sum_{j=1}^{n} c_j \cdot \bar{x}_j \leqslant \sum_{j=1}^{n} (\sum_{i=1}^{m} a_{ij} \cdot \bar{y}_i) \bar{x}_j = \sum_{j=1}^{n} \sum_{i=1}^{m} a_{ij} \cdot \bar{x}_j \cdot \bar{y}_i$$
$$\sum_{i=1}^{m} b_i \cdot \bar{y}_i \geqslant \sum_{i=1}^{m} (\sum_{j=1}^{n} a_{ij} \cdot \bar{x}_j) \bar{y}_i = \sum_{j=1}^{n} \sum_{i=1}^{m} a_{ij} \cdot \bar{x}_j \cdot \bar{y}_i$$

所以，$\sum_{j=1}^{n} c_j \cdot \bar{x}_j \leqslant \sum_{i=1}^{m} b_i \cdot \bar{y}_i$，得证。

由弱对偶性，可以得到以下的三个推论：

推论 3.1　原问题任一可行解的目标函数值是其对偶问题目标函数值的下界；反之，对偶问题任一可行解的目标函数值是其原问题目标函数值的上界。

推论 3.2　若原问题有可行解且目标函数值无界（具有无界解），则其对偶问题无可行解；反之对偶问题有可行解且目标函数值无界，则其原问题无可行解。注意：本推论的逆命题不成立。当对偶问题无可行解时，其原问题具有无界解或无可行解；同样，当原问题无可行解时，其对偶问题也具有无界解或无可行解。

推论 3.3　若原问题有可行解而其对偶问题无可行解，则原问题目标函数值无界；反之，对偶问题有可行解而其原问题无可行解，则对偶问题的目标函数值无界。

（3）最优性（optimality）：如果 $\hat{x}_j\ (j = 1, 2, \cdots, n)$ 是原问题的可行解，$\hat{y}_i\ (i = 1, 2, \cdots, m)$ 是其对偶问题的可行解，且有 $\sum_{j=1}^{n} c_j \cdot \hat{x}_j = \sum_{i=1}^{m} b_i \cdot \hat{y}_i$，则 $\hat{x}_j\ (j = 1, 2, \cdots, n)$ 是原问题的最优解，$\hat{y}_i\ (i = 1, 2, \cdots, m)$ 是其对偶问题的最优解。

证明：设 $x_j^*\ (j = 1, 2, \cdots, n)$ 是原问题的最优解，$y_i^*\ (i = 1, 2, \cdots, m)$ 是其对偶问题的最优解。那么，

$$\sum_{j=1}^{n} c_j \cdot \hat{x}_j \leqslant \sum_{j=1}^{n} c_j \cdot x_j^*, \sum_{i=1}^{m} b_i \cdot y_i^* \leqslant \sum_{i=1}^{m} b_i \cdot \hat{y}_i$$

根据弱对偶性可知：$\sum_{j=1}^{n} c_j \cdot x_j^* \leqslant \sum_{i=1}^{m} b_i \cdot y_i^*$，又已知：$\sum_{j=1}^{n} c_j \cdot \hat{x}_j = \sum_{i=1}^{m} b_i \cdot \hat{y}_i$

所以：$\sum_{j=1}^{n} c_j \cdot \hat{x}_j = \sum_{j=1}^{n} c_j \cdot x_j^* = \sum_{i=1}^{m} b_i \cdot y_i^* = \sum_{i=1}^{m} b_i \cdot \hat{y}_i$，得证。

（4）强对偶性（strong duality）：若原问题及其对偶问题均具有可行解，则两者均具有最优解，且它们最优解的目标函数值相等。

证明： 原问题具有可行解意味着原问题的解有以下两种情况：第一种，具有最优解（唯一最优解或无穷多最优解）；第二种，具有无界解。如果是第二种情况，根据弱对偶性的推论 3.2，对偶问题无解；可此时已知对偶问题有可行解，所以只可能是第一种情况，即原问题有最优解（唯一最优解或无穷多最优解）。

对偶问题具有可行解意味着对偶问题的解有以下两种情况：第一种，具有最优解（唯一最优解或无穷多最优解）；第二种，具有无界解。如果是第二种情况的话，根据弱对偶性的推论 3.2，原问题无解；可此时已知原问题有可行解，所以只可能是第一种情况，即对偶问题有最优解（唯一最优解或无穷多最优解）。得证。

（5）互补松弛性（complementary relaxation）。

原问题的标准型如下所示：

$$\max z = c_1 x_1 + c_2 x_2 + \cdots + c_n x_n$$

$$\text{s.t.} \begin{cases} a_{11}x_1 + a_{12}x_2 + \cdots + a_{1n}x_n + x_{s1} = b_1 \longrightarrow y_1 \\ a_{21}x_1 + a_{22}x_2 + \cdots + a_{2n}x_n + x_{s2} = b_2 \longrightarrow y_2 \\ \qquad\qquad \cdots \\ a_{m1}x_1 + a_{m2}x_2 + \cdots + a_{mn}x_n + x_{sm} = b_m \longrightarrow y_m \\ x_j \geqslant 0, x_{si} \geqslant 0, i = 1, 2, \cdots, m; j = 1, 2, \cdots, n \end{cases}$$

对偶问题的标准型如下所示：

$$\min w = b_1 y_1 + b_2 y_2 + \cdots + b_m y_m$$

$$\text{s.t.} \begin{cases} a_{11}y_1 + a_{21}y_2 + \cdots + a_{m1}y_m - y_{l1} = c_1 \longrightarrow x_1 \\ a_{12}y_1 + a_{22}y_2 + \cdots + a_{m2}y_m - y_{l2} = c_2 \longrightarrow x_2 \\ \qquad\qquad \cdots \\ a_{1n}y_1 + a_{2n}y_2 + \cdots + a_{mn}y_m - y_{ln} = c_n \longrightarrow x_n \\ y_i \geqslant 0, y_{lj} \geqslant 0, i = 1, 2, \cdots, m; j = 1, 2, \cdots, n \end{cases}$$

若 $X = (x_1, x_2, \cdots, x_n)^T$ 是原问题的可行解，对偶问题的第 j 个约束条件对应原问题的决策变量 x_j, $j = 1, 2, \cdots, n$；$Y = (y_1, y_2, \cdots, y_m)^T$ 是对偶问题的可行解，原问题的第 i 个约束条件对应对偶问题的决策变量 y_i, $i = 1, 2, \cdots, m$；$X_S = (x_{s1}, x_{s2}, \cdots, x_{sm})^T$ 是原问题的 m 个约束条件的松弛变量，$Y_L = (y_{l1}, y_{l2}, \cdots, y_{ln})^T$ 是对偶问题的 n 个约束条件的剩余变量。那么，$X = (x_1, x_2, \cdots, x_n)^T$ 和 $Y = (y_1, y_2, \cdots, y_m)^T$ 分别是原问题和其对偶问题的最优解的充分必要条件是：$Y^T \cdot X_S = 0$, $Y_L^T \cdot X = 0$。

习惯上，在一个最优解下，如果某一个约束取等号，则称此约束（相对于此最优解）是**紧约束**，否则称为**松约束**。也就是说，对任意一对原问题和对偶问题的最优解而言，松约束的对偶约束必定是紧约束。这也就是我们为什么把这个性质取名为互补松弛性的原因。

【例 3.5】 已知线性规划问题：

$$\max z = x_1 + 2x_2 + 3x_3 + 4x_4$$

$$\text{s. t.} \begin{cases} x_1 + 2x_2 + 2x_3 + 3x_4 \leqslant 20 \\ 2x_1 + x_2 + 3x_3 + 2x_4 \leqslant 20 \\ x_1, x_2, x_3, x_4 \geqslant 0 \end{cases}$$

要求：（1）写出该线性规划问题的对偶问题。（2）若其对偶问题的最优解为 $Y^* = (1.2, 0.2)^T$，试用对偶问题性质求出原问题最优解。

解： 其对偶问题为：

$$\min w = 20y_1 + 20y_2$$

$$\text{s. t.} \begin{cases} y_1 + 2y_2 \geqslant 1 \rightarrow x_1^* \\ 2y_1 + y_2 \geqslant 2 \rightarrow x_2^* \\ 2y_1 + 3y_2 \geqslant 3 \rightarrow x_3^* \\ 3y_1 + 2y_2 \geqslant 4 \rightarrow x_4^* \\ y_1, y_2 \geqslant 0 \end{cases}$$

已知 $y_1^* = 1.2$，$y_2^* = 0.2$；代入上面对偶问题，根据互补松弛性，可得：$x_1^* = x_2^* = 0$。

将 $y_1^* = 1.2$，$y_2^* = 0.2$ 代入原问题，得：

$$\begin{cases} 2x_3^* + 3x_4^* = 20 \\ 3x_3^* + 2x_4^* = 20 \end{cases}$$

解得：

$$\begin{cases} x_3^* = 4 \\ x_4^* = 4 \end{cases}$$

即原问题最优解为 $X* = (0, 0, 4, 4)^T$。

综上所述，我们可知线性规划问题与其对偶问题之间关于解的关系有以下几种情况：（1）两者均有最优解；（2）两者中的一个有可行解但没有最优解，则另一个没有可行解；（3）两者中的一个无可行解，则另一个或者也没有可行解，或者有可行解但没有最优解。

3.2　单纯形法的矩阵描述

【例 3.6】 某公司生产甲、乙、丙、丁四种产品，已知制造单件产品分别占用的 A、B 两设备的台时，两设备每天可用于生产的能力以及售出一件产品获得的利润如表 3-4 所示。要求：（1）该公司应制造这四种产品各多少件，才能使获得的利润最大？（2）如果该公司打算将厂里的资源用于接受外来的加工任务，公司只收取加工费，请问该公司应如何给每种资源定价？

产品甲、乙、丙、丁的基本数据

项目	每件产品				每天可用能力
	甲	乙	丙	丁	
设备 A（台时）	3	2	1	2	20
设备 B（台时）	2	3	2	1	20
利润（元）	4	3	1	2	

解： 对于问题（1）。设每天生产甲、乙、丙、丁四种产品各 x_1，x_2，x_3，x_4 件，所获利润为 z，则有如下线性规划模型：

$$\max z = 4x_1 + 3x_2 + x_3 + 2x_4 \qquad \max z = C \cdot X$$

$$\text{s. t.} \begin{cases} 3x_1 + 2x_2 + x_3 + 2x_4 \leqslant 20 \\ 2x_1 + 3x_2 + 2x_3 + x_4 \leqslant 20 \\ x_1, x_2, x_3, x_4 \geqslant 0 \end{cases} \qquad \text{s. t.} \begin{cases} A \cdot X \leqslant b \\ X \geqslant 0 \end{cases} \quad \text{且 } m = 2, n = 4,$$

$$C_{1 \times n} = \begin{bmatrix} 4 & 3 & 1 & 2 \end{bmatrix}, A_{m \times n} = \begin{bmatrix} 3 & 2 & 1 & 2 \\ 2 & 3 & 2 & 1 \end{bmatrix}, b_{m \times 1} = \begin{bmatrix} 20 \\ 20 \end{bmatrix}, X_{n \times 1} = \begin{bmatrix} x_1 \\ x_2 \\ x_3 \\ x_4 \end{bmatrix}$$

为了用单纯形法求解，首先将模型化为标准型，则有，

$$\max z = 4x_1 + 3x_2 + x_3 + 2x_4 + 0x_5 + 0x_6 \qquad \max z = C \cdot X + 0 \cdot X_s$$

$$\text{s. t.} \begin{cases} 3x_1 + 2x_2 + x_3 + 2x_4 + x_5 = 20 \\ 2x_1 + 3x_2 + 2x_3 + x_4 + x_6 = 20 \\ x_i \geqslant 0, i = 1, 2, \cdots, 6 \end{cases} \qquad \text{s. t.} \begin{cases} A \cdot X + X_s = b \\ X \geqslant 0, X_s \geqslant 0 \end{cases}$$

其中，$X_s = \begin{bmatrix} x_5 \\ x_6 \end{bmatrix}$ 为松弛变量组成的向量。用单纯形法求解过程如表 3 – 5 所示，得 $X^* = [X_B^*, X_N^*, X_S^*]^T = [4, 4, 0, 0, 0, 0]^T$，$z^* = 4 \times 4 + 3 \times 4 = 28$（元），即生产产品甲 4 件，生产产品乙 4 件，可获最大利润 28 元。

单纯形法对例 3.6 的求解过程

c_j			4	3	1	2	0	0
C_B	X_B	b	x_1	x_2	x_3	x_4	x_5	x_6
0	x_5	20	【3】	2	1	2	1	0
0	x_6	20	2	3	2	1	0	1
	$\sigma_j^{(1)}$		4	3	1	2	0	0

c_j			4	3	1	2	0	0
4	x_1	20/3	1	2/3	1/3	2/3	1/3	0
0	x_6	20/3	0	【5/3】	4/3	-1/3	-2/3	1
	$\sigma_j^{(2)}$		0	1/3	-1/3	-2/3	-4/3	0
4	x_1	4	1	0	-1/5	4/5	3/5	-2/5
3	x_2	4	0	1	4/5	-1/5	-2/5	3/5
	$\sigma_j^{(3)}$		0	0	-3/5	-3/5	-6/5	-1/5

令最终单纯形表中的基变量组成的向量为 X_B^*，即取得最优解时的基变量组成的向量。在例 3.6 中有，

$$X_B^* = \begin{bmatrix} x_1 \\ x_2 \end{bmatrix}, X = \begin{bmatrix} x_1 \\ x_2 \\ x_3 \\ x_4 \end{bmatrix}, X_s = \begin{bmatrix} x_5 \\ x_6 \end{bmatrix}$$

在最优解中，决策变量 X 中除了 X_B^* 中的分量，其余分量组成非基变量 X_N^*，在例 3.6 中，$X_N^* = \begin{bmatrix} x_3 \\ x_4 \end{bmatrix}$；相应的，我们称 X_B^* 在最初单纯形表对应的系数矩阵为 B^*，在例 3.6 中，$B^* = \begin{bmatrix} 3 & 2 \\ 2 & 3 \end{bmatrix}$；我们称 X_N^* 在最初单纯形表对应的系数矩阵为 N^*，在例 3.6 中，$N^* = \begin{bmatrix} 1 & 2 \\ 2 & 1 \end{bmatrix}$。

在表 3-6 中，因为 X_B^* 是最优解中基变量的分量，所以 $C_B^* - C_B^* \cdot I = 0$，$X_N^*$ 是最优解中非基变量的分量，所以 $C_N^* - C_B^* \cdot B^{*-1} \cdot N^* \leqslant 0$，且 X_s 也是最优解中非基变量的分量，所以 $-C_B^* \cdot B^{*-1} \leqslant 0$。

表 3-6　　　　　　　　　　　单纯形求解过程的矩阵描述

			C_B^*	C_N^*	0
			X_B^*	X_N^*	X_s
0	X_s	b	B^*	N^*	I
	σ_j		C_B^*	C_N^*	0
			...		
C_B^*	X_B^*	$B^{*-1} \cdot b$	$B^{*-1} \cdot B^* = I$	$B^{*-1} N^*$	$B^{*-1} I$
	σ_j		$C_B^* - C_B^* \cdot I$	$C_N^* - C_B^* \cdot B^{*-1} \cdot N^*$	$-C_B^* \cdot B^{*-1}$

由 $C_B^* - C_B^* \cdot I = 0$ 和 $C_N^* - C_B^* \cdot B^{*-1} \cdot N^* \leqslant 0$，可知：$C - C_B^* \cdot B^{*-1} \cdot A \leqslant 0$
即：

$$\begin{cases} A^T \left[C_B^* B^{*-1} \right]^T \geqslant C^T \\ \left[C_B^* B^{*-1} \right]^T \geqslant 0 \end{cases}$$

令 $Y^T = C_B^* \cdot B^{*-1}$，根据以上不等式方程，可知 $Y^T = C_B^* \cdot B^{*-1}$ 满足对偶问题的约束条件，即 $Y^T = C_B^* \cdot B^{*-1}$ 为对偶问题的可行解。

将该可行解代入对偶问题的目标函数，可得对应的目标函数值 $w = Y^T \cdot b = C_B^* \cdot B^{*-1} \cdot b$。而原问题的最优目标函数值 $z^* = C_B^* \cdot B^{*-1} \cdot b$。这时，$Y^T = C_B^* \cdot B^{*-1}$ 这个对偶问题的可行解对应的目标函数值与原问题的最优目标函数值相等，那么，根据对偶问题的基本性质——最优性，可知 $Y^T = C_B^* \cdot B^{*-1}$ 为对偶问题的最优解。也就是说，最初单纯形表中的单位阵 I 对应的最终单纯形表中检验数的相反数，就是对偶问题的最优解。

因此，对于问题（2），我们可以从表 3–5 的最后一行直接得到 $\left[Y_L^*, Y^* \right]^T$，$\left[Y_L^*, Y^* \right]^T = \left[0, 0, \dfrac{3}{5}, \dfrac{3}{5}, \dfrac{6}{5}, \dfrac{1}{5} \right]^T$，其中，$Y^* = \left[\dfrac{6}{5}, \dfrac{1}{5} \right]^T$，即公司给设备 A 和设备 B 的定价分别为每台时 1.20 元和 0.2 元，最大获利为 28 元。

根据以上讨论和表 3–6 可得出以下结论：

（1）最初单纯形表中的单位阵 I，对应最终单纯形表中的 B^{*-1}。

（2）最初单纯形表中的基变量 $X_S = b$，对应最终单纯形表中的基变量 $X_B^* = B^{*-1} \cdot b$。

（3）最初单纯形表中的系数向量 P_j，对应最终单纯形表中的系数向量 $B^{*-1} \cdot P_j$。

（4）最初单纯形表中的单位阵 I 对应的最终单纯形表中检验数的相反数，对应的是对偶问题的最优解。

3.3　对偶单纯形法

在前面章节的学习中，我们可以观察到：用单纯形法求解线性规划问题的过程中，在得到原问题的一个基可行解的同时，在检验数行得到对偶问题的一个基解。通过换基迭代，当在检验数行得到对偶问题的基解可行时，该线性规划问题及其对偶问题同时达到最优解。

对偶单纯形法（dual simplex method），是基于对偶问题的对称性设计的求解线性规划问题的一种方法。在对偶问题可行的前提下，可以由原问题的基解但非可行解开始迭代。具体步骤如下。

步骤 1：建立初始的单纯形表。若非基变量的检验数 $\sigma_j = c_j - C_B P_j = c_j - \sum\limits_{i=1}^{m} c_i a_{ij}$ 均 $\leqslant 0$，则表中检验数的相反数即为其对偶问题的一个可行解。

步骤 2：检验约束条件右端项 b 这一列，若均 $\geqslant 0$，则已得到最优解。迭代终止。若右端项向量 b 中还有非负的分量，则转入步骤 3。

步骤 3：换基迭代。

（1）确定出基变量 $\min\{b_i\,|\,b_i<0\}=b_l$，则选择第 l 个基变量出基；

（2）确定进基变量 $\min\left\{\dfrac{\sigma_j}{a_{lj}}\,\Big|\,a_{lj}<0\right\}=\dfrac{\sigma_k}{a_{lk}}$，则选择 x_k 为进基变量；相应的，我们将 a_{lk} 称为主元素，简称主元。

（3）以 a_{lk} 为主元，在单纯形表中进行初等变换，得到新基对应的单纯形表。重复步骤 2、步骤 3，直至获得最优解，迭代终止。

【例 3.7】回顾用单纯形法求解例 2.4 的过程，然后用对偶单纯形法求解其对偶问题，即下面线性规划问题。

$$\min w = 40y_1 + 40y_2 + 20y_3$$

$$\text{s. t.}\begin{cases} 2y_1 + 3y_2 + y_3 \geqslant 8 \\ 3y_1 + 2y_2 + y_3 \geqslant 10 \\ y_1,y_2,y_3 \geqslant 0 \end{cases}$$

解：将上述线性规划问题等价地化为以下形式：

$$\max w' = -40y_1 - 40y_2 - 20y_3$$

$$\text{s. t.}\begin{cases} -2y_1 - 3y_2 - y_3 + y_4 = -8 \\ -3y_1 - 2y_2 - y_3 + y_5 = -10 \\ y_i \geqslant 0,\ i = 1,2,\cdots,5 \end{cases}$$

其求解过程如表 3-7 所示。

表 3-7　　　　　　　　　　　　例 3.7 的求解过程

c_j			-40	-40	-20	0	0
C_B	Y_B	b	y_1	y_2	y_3	y_4	y_5
0	y_4	-8	-2	-3	-1	1	0
0	y_5	-10	【-3】	-2	-1	0	1
$\sigma_j^{(1)}$			-40	-40	-20	0	0
0	y_4	$-4/3$	0	【$-5/3$】	$-1/3$	1	$-2/3$
-40	y_1	$10/3$	1	$2/3$	$1/3$	0	$-1/3$
$\sigma_j^{(2)}$			0	$-40/3$	$-20/3$	0	$-40/3$
-40	y_2	$4/5$	0	1	$1/5$	$-3/5$	$2/5$
-40	y_1	$14/5$	1	0	$1/5$	$2/5$	$-3/5$
$\sigma_j^{(3)}$			0	0	-4	-8	-8

从表 3-7 中可知，所求对偶问题的最优解 $Y^* = \left[\dfrac{14}{5},\ \dfrac{4}{5},\ 0,\ 0,\ 0\right]^T$，对应的最优目

标函数值 $w^* = 40 \times \dfrac{14}{5} + 40 \times \dfrac{4}{5} + 20 \times 0 = 144$。

相应的，原问题的最优解 $X^* = [x_1, x_2, x_{s1}, x_{s2}, x_{s3}]^T = [8, 8, 0, 0, 4]^T$，最优目标函数值 $z^* = 8 \times 8 + 10 \times 8 = 144$。所得结果与例 2.4 用单纯形法求解时所得结果一致。

最后，可以用对偶单纯形法求解的线性规划问题均可以用人工变量法进行求解。读者可以尝试用人工变量法求解上述对偶问题。

3.4 对偶问题的经济解释——影子价格

若原问题的最优解为 $[x_1^*, x_2^*, \cdots, x_n^*]^T$，对偶问题的最优解为 $[y_1^*, y_2^*, \cdots, y_m^*]^T$。

根据对偶问题的性质，可知：$z^* = \sum\limits_{j=1}^{n} c_j \cdot x_j^* = \sum\limits_{i=1}^{m} b_i \cdot y_i^* = w^*$。其中，$b_i$ 是原问题约束条件的右端项，表示第 i 种资源的拥有量；y_i^* 是在资源最优利用的条件下对第 i 种资源的估价；这种估价不是资源的市场价格，而是根据资源在生产中作出的贡献而做的估价，称为**影子价格**（shadow price）。影子价格能指出各种资源在实现企业最优目标时的影响作用。当然，没有最优解，就没有影子价格。

3.4.1 影子价格是一种边际价格

$y_i^* = \dfrac{\partial z^*}{\partial b_i}$，说明 y_i^* 的值相当于在资源最优利用的生产条件下，b_i 每增加一个单位时对目标函数 z 的增量。

3.4.2 影子价格表明资源的利用情况

根据互补松弛性，可知：

（1）当 $\sum\limits_{j=1}^{n} a_{ij} \cdot x_j^* < b_i$ 时，$y_i^* = 0$；说明在生产过程中，如果某种资源 b_i 未得到充分利用，则该种资源的影子价格等于零；

（2）当 $y_i^* > 0$ 时，$\sum\limits_{j=1}^{n} a_{ij} \cdot x_j^* = b_i$；说明当某种资源的影子价格 y_i^* 大于零时，该种资源在生产过程中已被耗尽。

3.4.3 影子价格从资源最优利用指出企业内部挖掘潜力的方向

对于影子价格大于零的资源，说明该资源在生产过程中已经被耗尽，即已成为增加收益的瓶颈。对于这类资源，如果能革新技术，降低这种资源在生产过程中的消耗，就能增加收益。

对于影子价格等于零的资源，如果通过技术革新降低影子价格大于零的资源在生产过程中的消耗，就能使原有的剩余资源得到充分利用。经过这样不断调整、补充的循环，实现各种资源的合理利用，充分利用影子价格等于零的资源。

3.4.4　影子价格帮助新产品的开发、投产作决策

【例3.8】回顾例3.6。假设该公司试制了两种新产品戊、己，生产单件戊产品的预计利润为 6 元，占用 A、B 两设备的台时均为 2；生产单件己产品的预计利润为 3 元，占用 A、B 两设备的台时均为 3；问这两种产品是否值得投产？

解：生产新产品戊的资源对应的成本为：$Y^{T*}P = \begin{bmatrix} \frac{6}{5} & \frac{1}{5} \end{bmatrix} \cdot \begin{bmatrix} 2 \\ 2 \end{bmatrix} = \frac{14}{5}$ （元），因为 $6 > \frac{14}{5}$，所以该新产品值得投产。而生产新产品己的资源对应的成本为：$Y^{T*}P = \begin{bmatrix} \frac{6}{5} & \frac{1}{5} \end{bmatrix} \cdot \begin{bmatrix} 3 \\ 3 \end{bmatrix} = \frac{21}{5}$ （元），因为 $3 < \frac{21}{5}$，所以该新产品不值得投产。

3.4.5　利用影子价格分析工艺改变以后对资源的影响

【例3.9】回顾例3.6。如果生产工艺得到改进，设备 A 的使用台时可以节约 10%，问能带来多少收益？

解：设备 A 的影子价格为 $y_1^* = \frac{6}{5}$，生产过程中 20 个台时的设备 A 已全部使用完毕。

那么，设备 A 的使用台时可以节约 10% 能带来的收益为：

$$y_1^* \cdot b_1 \cdot 10\% = \frac{6}{5} \times 20 \times 0.1 = 2.4 \text{（元）}$$

需要指出的是，上面的分析都是在最优基不变的条件下进行的。如果最优基有变化，则需要借助下面章节讨论的灵敏度分析的方法来分析。

3.5　灵敏度分析

在前面的讨论中，我们总是假定线性规划中的参数项 a_{ij}、b_i、c_j 均是常数，不会发生变化。但实际应用线性规划时，这些参数往往是估计值或者预测值，并不是精确的。另外，也可能由于某种原因（如市场波动、技术革新等）导致这些系数发生变化。

那么，如果这些参数值发生变化，最优解与最优目标函数值是否也会发生变化？当然，当参数值的变化幅度较大时，最优解及最优目标函数值变化的可能性会很大，所以我们需要

确定以上问题的反问题：参数在什么范围内变化时，最优解与最优目标函数值不发生变化？这就是接下来要介绍的灵敏度分析（sensitivity analysis）所要研究的问题。

当线性规划的参数发生变化时，我们当然可以重新用单纯形法进行计算。只不过，一方面这在很多时候是不必要的，另一方面也很难从中得到解的变化情况。下面的灵敏度分析则可以达到这两方面的要求。

3.5.1 价值系数 c_j 的灵敏度分析

1. 最优解中非基变量 x_j 的价值系数 c_j 发生变化

当非基变量 x_j 的价值系数 c_j 变为 $c_j' = c_j + \Delta c_j$，改变的只是非基变量 x_j 对应的检验数 $\sigma_j = c_j - C_B B^{-1} P_j$。变化后的检验数为 $\sigma_j' = c_j + \Delta c_j - C_B B^{-1} P_j \Rightarrow \sigma_j' = \sigma_j + \Delta c_j$。

如果 $\sigma_j' = \sigma_j + \Delta c_j \leqslant 0$，即 $\Delta c_j \leqslant -\sigma_j$，那么最优解不变；如果 $\sigma_j' = \sigma_j + \Delta c_j > 0$，即 $\Delta c_j > -\sigma_j$，那么原最优解将不再是最优解，需用单纯形法继续迭代，以求得新的最优解。

【例 3.10】 回顾例 3.6。为保持现有最优解不变，非基变量 x_3，x_4 分别在什么范围内变化？

解： 因为 $\sigma_3 = -\dfrac{3}{5}$，所以 $\Delta c_3 \leqslant \dfrac{3}{5}$ 时最优解不变。又因为 $\sigma_4 = -\dfrac{3}{5}$，所以 $\Delta c_4 \leqslant \dfrac{3}{5}$ 时最优解不变。即 $c_3 \leqslant \dfrac{8}{5}$ 时保持现有最优解不变，$c_4 \leqslant \dfrac{13}{5}$ 时也保持现有最优解不变。

2. 最优解中基变量 x_j 的价值系数 c_j 发生变化

当最优解中基变量 x_j 的价值系数 c_j 发生变化时，非基变量的检验数均发生变化。若变化后的非基变量的检验数依然均 $\leqslant 0$，那么最优解不变；若变化后的非基变量的检验数有一个或若干个 <0，那么原最优解将不再是最优解，需用单纯形法继续迭代，以求得新的最优解。

【例 3.11】 回顾例 3.6。（1）当价值系数 $c_2' = 3$，$c_2' = 5$ 时，最优解有何变化？（2）为保持现有最优解不变，基变量 x_2 在什么范围内变化？

解：（1）将新的价值系数直接代入例 3.6 的最终单纯形表，结果如表 3-8 所示。

表 3-8　　　　　　　　　　　　　例 3.11（1）的求解过程

	c_j		3	5	1	2	0	0
C_B	X_B	b	x_1	x_2	x_3	x_4	x_5	x_6
3	x_1	4	1	0	-1/5	4/5	3/5	-2/5
5	x_2	4	0	1	4/5	-1/5	-2/5	3/5
	σ_j		0	0	-12/5	3/5	1/5	-9/5
2	x_4	5	5/4	0	-1/4	1	3/4	-1/2
5	x_2	5	1/4	1	3/4	0	-1/4	1/2
	σ_j		-3/4	0	-9/4	0	-1/4	-3/2

经过单纯形法迭代计算，最优解变为：$X^* = [0, 5, 0, 5, 0, 0]^T$，最优目标函数值变为 $z^* = 35$。

（2）为保持现有最优解不变，在例3.6的最终单纯形表中设 x_2 的价值系数为 c_2，重新计算后结果如表3-9所示。

表3-9   例3.11（2）的求解过程

	c_j		4	c_2	1	2	0	0
C_B	X_B	b	x_1	x_2	x_3	x_4	x_5	x_6
4	x_1	4	1	0	$-1/5$	$4/5$	$3/5$	$-2/5$
c_2	x_2	4	0	1	$4/5$	$-1/5$	$-2/5$	$3/5$
	σ_j		0	0	$\dfrac{9}{5} - \dfrac{4}{5}c_2$	$-\dfrac{6}{5} + \dfrac{1}{5}c_2$	$-\dfrac{12}{5} + \dfrac{2}{5}c_2$	$\dfrac{8}{5} - \dfrac{3}{5}c_2$

由该单纯形最终表3-9可知，要使最优解不变，则需满足

$$
\begin{cases}
\dfrac{9}{5} - \dfrac{4}{5}c_2 \leqslant 0 \Rightarrow c_2 \geqslant \dfrac{9}{4} \\[2mm]
-\dfrac{6}{5} + \dfrac{1}{5}c_2 \leqslant 0 \Rightarrow c_2 \leqslant 6 \\[2mm]
-\dfrac{12}{5} + \dfrac{2}{5}c_2 \leqslant 0 \Rightarrow c_2 \leqslant 6 \\[2mm]
\dfrac{8}{5} - \dfrac{3}{5}c_2 \leqslant 0 \Rightarrow c_2 \geqslant \dfrac{8}{2}
\end{cases}
$$

即，$\dfrac{8}{3} \leqslant c_2 \leqslant 6$ 时，最优解保持不变。

为了确定价值系数参数在什么范围内变化时原最优解保持不变，我们考虑只有一个系数发生变化的情况。当多于一个系数发生变化时，要确定其变化范围较为困难，但方法是相同的。

3.5.2 右端项 b_i 的灵敏度分析

令变化后的右端项向量为 b'，若 $B^{*-1} \cdot b' \geqslant 0$，那么最优基不变，最优解 $X_B^* = B^{*-1} \cdot b'$；若 $B^{*-1} \cdot b' < 0$，那么需用对偶单纯形法继续迭代，直至求得新的最优解。

【例3.12】回顾例3.6。（1）若设备B每天可用的能力不变，而设备A每天可用的能力增加到25小时，最优解会发生怎样的变化？（2）若设备A每天可用的能力不变，而设备B每天可用的能力增加到40小时，最优解会发生怎样的变化？（3）若设备A每天可用的能力不变，设备B每天可用的能力在什么范围内变化时，最优基保持不变？

解：（1）由 $b' = \begin{bmatrix} 25 \\ 20 \end{bmatrix}$，$B^{*-1} \cdot b' = \begin{bmatrix} 3/5 & -2/5 \\ -2/5 & 3/5 \end{bmatrix} \cdot \begin{bmatrix} 25 \\ 20 \end{bmatrix} = \begin{bmatrix} 7 \\ 2 \end{bmatrix} \geqslant 0$，可知最优基不变，

但最优生产计划变为：生产产品甲 7 件，生产产品乙 2 件，最优利润为 34 元。

（2）由 $b'' = \begin{bmatrix} 20 \\ 40 \end{bmatrix}$，$B^{*-1} \cdot b'' = \begin{bmatrix} 3/5 & -2/5 \\ -2/5 & 3/5 \end{bmatrix} \cdot \begin{bmatrix} 20 \\ 40 \end{bmatrix} = \begin{bmatrix} -4 \\ 16 \end{bmatrix} < 0$，可知最优基要变，

将其代入例 3.6 的最终单纯形表，得到如表 3－10 所示的结果。

表 3－10　　　　　　　　　　　　　　例 3.12（2）的求解过程

c_j			4	3	1	2	0	0
C_B	X_B	b	x_1	x_2	x_3	x_4	x_5	x_6
4	x_1	-4	1	0	$-1/5$	4/5	3/5	$-2/5$
3	x_2	16	0	1	4/5	$-1/5$	$-2/5$	3/5
	σ_j		0	0	$-3/5$	$-3/5$	$-6/5$	$-1/5$
0	x_6	10	$-5/2$	0	1/2	-2	$-3/2$	1
3	x_2	10	3/2	1	1/2	1	1/2	0
	σ_j		$-1/2$	0	$-1/2$	-1	$-3/2$	0

经对偶单纯形法迭代计算，最优生产计划变为：生产产品甲 7 件，生产产品乙 2 件，最优利润为 34 元。

（3）由 $b''' = \begin{bmatrix} 20 \\ b_2 \end{bmatrix}$，$B^{*-1} \cdot b''' = \begin{bmatrix} 3/5 & -2/5 \\ -2/5 & 3/5 \end{bmatrix} \cdot \begin{bmatrix} 20 \\ b_2 \end{bmatrix} = \begin{bmatrix} 12 - \dfrac{2}{5}b_2 \\ -8 + \dfrac{3}{5}b_2 \end{bmatrix}$，要使最优基不

变，则需满足 $\begin{cases} 12 - \dfrac{2}{5}b_2 \geqslant 0 \\ -8 + \dfrac{3}{5}b_2 \geqslant 0 \end{cases} \Rightarrow \dfrac{40}{3} \leqslant b_2 \leqslant 30$，即 $\dfrac{40}{3} \leqslant b_2 \leqslant 30$ 时最优基不变。

3.5.3　增加一个决策变量的灵敏度分析

增加一个决策变量，在目标函数中也相应地增加了一个变量及其价值系数。在产品的生产计划问题中，这相当于增加了一个新的产品。显然，此时原最优基仍为可行基，但是否为最优的，要看增加变量的检验数是否小于零。若是，则原最优解仍为最优解，最优目标函数值也保持不变。否则，原最优解是一个可行解，需要用单纯形法继续迭代得到新的最优解。

【例 3.13】回顾例 3.6。假设该公司试制了两种新产品戊和己，生产一件戊产品的预计利润为 6 元，占用 A、B 两设备的台时均为 2；生产一件己产品的预计利润为 3 元，占用 A、

B 两设备的台时均为 3；问这两种产品是否值得投产？如投产，该公司的最优生产计划有何变化？

解： 先考虑戊产品。由

$$P_7' = B^{*-1} \cdot P_7 = \begin{bmatrix} 3/5 & -2/5 \\ -2/5 & 3/5 \end{bmatrix} \cdot \begin{bmatrix} 2 \\ 2 \end{bmatrix} = \begin{bmatrix} \dfrac{2}{5} \\ \dfrac{2}{5} \end{bmatrix}$$

代入最终单纯表，得到表 3-11。

表 3-11　　　　　　　　　　　　戊产品是否值得生产的判断过程

C_B	X_B	c_j	4	3	1	2	0	0	6
		b	x_1	x_2	x_3	x_4	x_5	x_6	x_7
4	x_1	4	1	0	-1/5	4/5	3/5	-2/5	2/5
3	x_2	4	0	1	4/5	-1/5	-2/5	3/5	【2/5】
	σ_j		0	0	-3/5	-3/5	-6/5	-1/5	16/5
4	x_1	0	1	-1	-1	1	【1】	-1	0
6	x_7	10	0	5/2	2	-1/2	-1	3/2	1
	σ_j		0	-8	-7	1	2	-5	0
0	x_5	0	1	-1	-1	1	1	-1	0
6	x_7	10	1	3/2	1	1/2	0	1/2	1
	σ_j		-2	-6	-5	-1	0	-3	0

经过单纯形法迭代得到新的最优解，所以戊产品值得生产，新的生产计划为：生产产品戊 10 件，利润为 60 元。

再考虑己产品。由

$$P_7' = B^{*-1} \cdot P_7 = \begin{bmatrix} 3/5 & -2/5 \\ -2/5 & 3/5 \end{bmatrix} \cdot \begin{bmatrix} 3 \\ 3 \end{bmatrix} = \begin{bmatrix} \dfrac{3}{5} \\ \dfrac{3}{5} \end{bmatrix}$$

代入最终单纯表，得到表 3-12。

表 3-12　　　　　　　　　　　　己产品是否值得生产的判断过程

C_B	X_B	c_j	4	3	1	2	0	0	3
		b	x_1	x_2	x_3	x_4	x_5	x_6	x_7
4	x_1	4	1	0	-1/5	4/5	3/5	-2/5	3/5
3	x_2	4	0	1	4/5	-1/5	-2/5	3/5	3/5
	σ_j		0	0	-3/5	-3/5	-6/5	-1/5	-6/5

由于最优基不变，所以生产计划不变，已产品不值得生产。

3.5.4 增加一个约束条件的灵敏度分析

增加一个约束条件相当于增加了一种资源，在生产问题中相当于增加了一道工序。我们可以先将原问题的最优解代入这个新增的约束方程，如果原最优解也满足它，那么原最优解仍是最优解。否则，将这个新增条件反映到单纯形表中，重新进行计算。

【例 3.14】回顾例 3.6。假设生产过程中还需加入一道测试工序。甲、乙、丙、丁四种产品每件各需用时 2 小时、2 小时、1 小时、1 小时，这道测试工序每天工作能力为 14 小时，试分析加入这道工序后的最优生产计划。

解：根据题意，即增加一个约束条件 $2x_1 + 2x_2 + x_3 + x_4 \leq 14$。先将原最优解代入，$2 \times 4 + 2 \times 4 = 16 > 14$，所以原最优解不满足新增的约束条件，最优生产计划改变，要重新求新的最优解。先将新增的约束条件化为标准型：$2x_1 + 2x_2 + x_3 + x_4 + x_7 = 14$，代入例 3.6 的最终单纯形表，得到表 3-13。

表 3-13　　　　　　　　　　　　例 3.14 求解步骤 1

C_B	X_B	b	x_1	x_2	x_3	x_4	x_5	x_6	x_7	代表方程
	c_j		4	3	1	2	0	0	0	
4	x_1	4	1	0	-1/5	4/5	3/5	-2/5	0	(1)
3	x_2	4	0	1	4/5	-1/5	-2/5	3/5	0	(2)
0	x_7	14	2	2	1	1	0	0	1	(3)

这时基变量 x_1 和 x_2 的系数列向量不再是单位列向量，所以首先需将 x_1、x_2 的系数列向量 P_1、P_2 化为对应的单位列向量，具体步骤如下。

首先，由 $(3)' = (3) - (1) \times 2$，得到表 3-14。

表 3-14　　　　　　　　　　　　例 3.14 求解步骤 2

C_B	X_B	b	x_1	x_2	x_3	x_4	x_5	x_6	x_7	代表方程
	c_j		4	3	1	2	0	0	0	
4	x_1	4	1	0	-1/5	4/5	3/5	-2/5	0	(1)'
3	x_2	4	0	1	4/5	-1/5	-2/5	3/5	0	(2)'
0	x_7	6	0	2	7/5	-3/5	-6/5	4/5	1	(3)'

然后，由 $(3)'' = (3)' - (2) \times 2$，得到表 3-15。

表 3 – 15　　　　　　　　　　　　　例 3.14 求解步骤 3

c_j			4	3	1	2	0	0	0	代表方程
C_B	X_B	b	x_1	x_2	x_3	x_4	x_5	x_6	x_7	
4	x_1	4	1	0	-1/5	4/5	3/5	-2/5	0	(1)″
3	x_2	4	0	1	4/5	-1/5	-2/5	3/5	0	(2)″
0	x_7	-2	0	0	-1/5	-1/5	-2/5	[-2/5]	1	(3)″
σ_j			0	0	-3/5	-3/5	-6/5	-1/5	0	
4	x_1	6	1	0	0	1	1	0	-1	
3	x_2	1	0	1	1/2	-1/2	-1	0	3/2	
0	x_6	5	0	0	1/2	1/2	1	1	-5/2	
σ_j			0	0	-1/2	-1/2	-1	0	-1/2	

这时得到新的最优解：$X^* = [6, 1, 0, 0, 0, 5, 0]^T$，对应的最优目标函数值：$z^* = 27$。

3.5.5　系数矩阵中的参数 a_{ij} 的灵敏度分析

若决策变量 x_j 在最终单纯形表中是非基变量，x_j 在约束条件中的系数变化只会影响该变量在最终单纯形表中的检验数；若决策变量 x_j 在最终单纯形表中是基变量，那么其对应的约束条件中的系数 a_{ij} 的变化会使 B^* 和 B^{*-1} 发生变化，下面举例具体说明。

【例 3.15】 回顾例 3.6。（1）假设生产丁产品使用 A、B 设备的时间分别变为 0.5 小时、1 小时，最优生产计划会发生怎样的变化？（2）假设生产乙产品使用 A、B 设备的时间分别变为 2 小时，1 小时，最优生产计划会发生怎样的变化？

解：（1）由 $P_4' = B^{*-1} \cdot P_4 = \begin{bmatrix} 3/5 & -2/5 \\ -2/5 & 3/5 \end{bmatrix} \cdot \begin{bmatrix} \dfrac{1}{2} \\ 1 \end{bmatrix} = \begin{bmatrix} -\dfrac{1}{10} \\ \dfrac{2}{5} \end{bmatrix}$，代入例 3.6 的最终单纯

表，得到表 3 – 16。

表 3 – 16　　　　　　　　　　　　　例 3.15（1）求解步骤

c_j			4	3	1	2	0	0
C_B	X_B	b	x_1	x_2	x_3	x_4	x_5	x_6
4	x_1	4	1	0	-1/5	-1/10	3/5	-2/5
3	x_2	4	0	1	4/5	2/5	-2/5	3/5

续表

c_j			4	3	1	2	0	0
σ_j			0	0	$-3/5$	$6/5$	$-6/5$	$-1/5$
4	x_1	5	1	1/4	0	0	1/2	$-1/4$
2	x_4	10	0	5/2	2	1	-1	3/2
σ_j			0	-3	-3	0	0	-2

经单纯形迭代得到新的最优解，即生产产品甲 5 件，产品丁 10 件，总利润为 40 元。

（2）由 $P_2' = B^{*-1} \cdot P_2 = \begin{bmatrix} 3/5 & -2/5 \\ -2/5 & 3/5 \end{bmatrix} \cdot \begin{bmatrix} 2 \\ 1 \end{bmatrix} = \begin{bmatrix} \dfrac{4}{5} \\ -\dfrac{1}{5} \end{bmatrix}$，代入例 3.6 的最终单纯表，得

到表 3 – 17。

表 3 – 17　　　　　　　　　　　　　　例 3.15（2）求解步骤 1

	c_j		4	3	1	2	0	0
C_B	X_B	b	x_1	x_2	x_3	x_4	x_5	x_6
4	x_1	4	1	4/5	$-1/5$	4/5	3/5	$-2/5$
3	x_2	4	0	$-1/5$	4/5	$-1/5$	$-2/5$	3/5

这时，原最终单纯形表中的基变量 x_2 对应的系数列向量就不再是单位列向量了。所以，需先将 x_2 对应的系数列向量 P_2 化为单位列向量，即：$(2)' = (2) \times (-5)$，$(1)' = (1) - (2)' \times \dfrac{4}{5}$，得到表 3 – 18。

表 3 – 18　　　　　　　　　　　　　　例 3.15（2）求解步骤 2

	c_j		4	3	1	2	0	0
C_B	X_B	b	x_1	x_2	x_3	x_4	x_5	x_6
4	x_1	20	1	0	3	0	-1	2
3	x_2	-20	0	1	-4	1	2	-3
	σ_j		0	0	1	-1	-2	1

由于原问题与对偶问题的解都不可行，在这种情况下，只能用人工变量法继续迭代，加入人工变量 x_7，得到表 3 – 19。

表 3 – 19 例 3.15（2）求解步骤 3

C_B	X_B	b	x_1	x_2	x_3	x_4	x_5	x_6	x_7
	c_j		4	3	1	2	0	0	$-M$
4	x_1	20	1	0	3	0	-1	2	0
$-M$	x_7	20	0	-1	【4】	-1	-2	3	1
	σ_j		0	$3-M$	$-11+4M$	$2-M$	$4-2M$	$-8+3M$	0
4	x_1	5	1	【3/4】	0	3/4	1/2	$-1/4$	$-3/4$
1	x_3	5	0	$-1/4$	1	$-1/4$	$-1/2$	3/4	1/4
	σ_j		0	1/4	0	$-3/4$	$-3/2$	1/4	$\dfrac{11}{4}-M$
3	x_2	20/3	4/3	1	0	1	2/3	$-1/3$	-1
1	x_3	20/3	1/3	0	1	0	$-1/3$	【2/3】	0
	σ_j		$-1/3$	0	0	-1	$-5/3$	1/3	$-M+3$
3	x_2	10	3/2	1	1/2	1	1/2	0	-1
0	x_6	10	1/2	0	3/2	0	$-1/2$	1	0
	σ_j		$-1/2$	0	$-1/2$	-1	$-3/2$	0	$-M+3$

即求得最优解 $X^* = [0, 10, 0, 0, 0, 10, 0]^T$，即生产产品乙 10 件，最优目标函数值 $z^* = 30$。

3.6 案例分析：饲料配方的优化研究

对于一个制造企业而言，成本是影响企业利润和竞争力的一个关键因素，而成本在很大程度上与企业的管理手段和管理方法有关。

3.6.1 问题背景

某配方饲料厂是生产以猪饲料为主的专业厂家，主要产品是以玉米、麦麸、骨粉为原料加工而成的配方饲料。随着养猪事业的发展，涌现出一批养猪专业户，故对猪饲料的需求量很大，尽管该厂每年的猪饲料销售量为 1000 万千克左右，但依然供不应求。目前，该厂面临着两个主要问题需要研究解决：第一是如何设法提高饲料产量，这主要可在挖潜改造方面下功夫；第二是如何降低产品成本，尽管当前销售情况良好，但由于原材料价格有上涨趋势，前景不容乐观。为此，饲料厂生产科一方面组织技术力量改造旧设备，改革生产工艺，发动员工开展技术革新以提高产量；另一方面则提出向管理要效益，试图将各种现代化管理方法引入实际生产过程并推广应用。以往该厂都是由经验丰富的工人师傅按经验配方生产猪饲料，虽然饲料质量基本上均能达到要求，但成本核算结果不稳定。因此，提出的第一个课题就是饲料配方的优化研究。据统计资料核算，平均每千克饲料成本约为0.42元。为了保证生产与销售能协调发展，降低饲料成本就成为当务之急，而解决这个问题的突破口就是科学地制定饲料配方。

3.6.2 饲料配方的现状分析

厂方目前生产的配方饲料选用玉米、豆饼、麦麸、鱼粉（依靠进口）、骨粉（加工原料）、鸡促进素（人工合成原料）等作为原料加工制成，6种原料的进价分别为每千克0.314元、0.54元、0.22元、1.20元、0.40元和0.50元，所含营养成分如表3-20所示。

表3-20 　　　　　　　　　各种原料主要营养成分 　　　　　　　　　单位:%

原料	粗蛋白	钙	总磷	赖氨酸	蛋氨酸	色氨酸	胱氨酸
玉米	8.6	0.04	0.21	0.27	0.13	0.08	0.18
豆饼	43	0.32	0.5	2.45	0.48	0.6	0.6
麦麸	15.4	0.14	1.06	0.54	0.18	0.27	0.4
鱼粉	62	3.91	2.9	4.35	1.65	0.8	0.56
骨粉	—	36.4	16.4	—	—	—	—
鸡促进素	—	31.5	4.5	—	—	—	—

配方饲料以喂养肉用猪的饲料销量最大，故这里选用相应的配方作为研究对象。根据营养学家的要求，肉用猪饲料的营养标准如表3-21所示。

表3-21 　　　　　　　　　肉用猪饲料营养标准要求 　　　　　　　　　单位:%

所需营养成分	粗蛋白	钙	总磷	赖氨酸	蛋氨酸	色氨酸	胱氨酸
肉用猪	19	1	0.7	0.94	0.36	0.19	0.32

该厂现行的肉用猪饲料配方如表3-22所示。

表3-22 　　　　　　　　　该厂现行的肉用猪饲料配方 　　　　　　　　　单位:%

饲料	玉米	豆饼	麦麸	鱼粉	骨粉	鸡促进素
配比	59	25	7	7	1.5	0.5

按照上述配方生产的配方饲料，其成本经过核算为0.42元/千克。

3.6.3　配方优化研究

根据经验并通过实验,有部分职工提出了一个新的配比方案,如表 3 – 23 所示。

表 3 – 23　　　　　　　　　　　　　　　　　新配比方案　　　　　　　　　　　　　　　　单位:%

饲料	玉米	豆饼	麦麸	鱼粉	骨粉	鸡促进素
配比	37	8	41	12	1	1

通过计算可知,这个新的配方在满足肉用猪营养需要的同时,使饲料的每千克成本由 0.42 元下降为 0.40 元。这就说明猪饲料有多个配方方案可供选用。此问题的目标是在保证满足肉用猪生产过程中所需的营养成分的前提下寻求一个成本最小的配比方案。因此,优化条件和约束条件均都具备,只需将上述条件表达成线性表达式,然后利用线性规划模型来实现目标最优化(以 100 千克饲料为单位)。

3.6.4　案例讨论

下面我们将讨论以下问题:(1)如果全年饲料销售量为 1000 万千克,每年共可节约成本多少万元;(2)讨论松弛(剩余)变量取值的经济意义;(3)讨论原料的选择对成本的影响分析;(4)讨论原料的价格对成本的影响分析;(5)讨论降低成本提高经济效益的途径分析。

现设玉米、豆饼、麦麸、鱼粉、骨粉和鸡促进素 6 种原料在配方饲料中所占的比例分别为 x_1,x_2,x_3,x_4,x_5,x_6。为方便起见,以 100 千克饲料为单位,计算上述 6 种原料应取多少千克进行配方生产。于是 x_1,x_2,x_3,x_4,x_5,x_6 的单位为千克。

这样,100 千克饲料的原料成本应该为:

$$\min z = 0.314x_1 + 0.54x_2 + 0.22x_3 + 1.20x_4 + 0.40x_5 + 0.50x_6$$

由于配方饲料必须满足肉用猪所需的营养成分,故根据表 3 – 7 和表 3 – 8 可列出相应的 7 种营养成分应满足的不等式约束,加上配方条件即:$x_1 + x_2 + x_3 + x_4 + x_5 + x_6 = 100$,因此可得出如下的线性规划模型:

$$\min z = 0.314x_1 + 0.54x_2 + 0.22x_3 + 1.20x_4 + 0.40x_5 + 0.50x_6$$

约束条件:

(1)$8.6\% x_1 + 43\% x_2 + 15.4\% x_3 + 62\% x_4 \geqslant 19\% \times 100$(粗蛋白)

(2)$0.04\% x_1 + 0.32\% x_2 + 0.14\% x_3 + 3.91\% x_4 + 36.4\% x_5 + 31.5\% x_6 \geqslant 1\% \times 100$(钙)

(3)$0.21\% x_1 + 0.5\% x_2 + 1.06\% x_3 + 2.9\% x_4 + 16.4\% x_5 + 4.5\% x_6 \geqslant 0.7\% \times 100$(总磷)

(4)$0.27\% x_1 + 2.45\% x_2 + 0.54\% x_3 + 4.35\% x_4 \geqslant 0.94\% \times 100$(赖氨酸)

(5)$0.13\% x_1 + 0.48\% x_2 + 0.18\% x_3 + 1.65\% x_4 \geqslant 0.36\% \times 100$(蛋氨酸)

（6） $0.08\%x_1 + 0.60\%x_2 + 0.27\%x_3 + 0.80\%x_4 \geqslant 0.19\% \times 100$ （色氨酸）

（7） $0.18\%x_1 + 0.60\%x_2 + 0.40\%x_3 + 0.56\%x_4 \geqslant 0.32\% \times 100$ （胱氨酸）

（8） $x_1 + x_2 + x_3 + x_4 + x_5 + x_6 = 100$

（9） $x_j \geqslant 0$，$j = 1, 2, \cdots, 6$

上述约束条件中（1）~（7）为营养要求限制，（8）为配比条件，（9）为非负条件。

为了便于计算，将上述模型约束条件（1）~（7）两端各乘以100，则经过整理以后可以得到如下模型：

$$\min z = 0.314x_1 + 0.54x_2 + 0.22x_3 + 1.20x_4 + 0.40x_5 + 0.50x_6$$

$$\text{s. t.} \begin{cases} 8.6x_1 + 43x_2 + 15.4x_3 + 62x_4 \geqslant 1900 \\ 0.04x_1 + 0.32x_2 + 0.14x_3 + 3.91x_4 + 36.4x_5 + 31.5x_6 \geqslant 100 \\ 0.21x_1 + 0.5x_2 + 1.06x_3 + 2.9x_4 + 16.4x_5 + 4.5x_6 \geqslant 70 \\ 027x_1 + 2.45x_2 + 0.54x_3 + 4.35x_4 \geqslant 94 \\ 0.13x_1 + 0.48x_2 + 0.18x_3 + 1.65x_4 \geqslant 36 \\ 0.08x_1 + 0.60x_2 + 0.27x_3 + 0.80x_4 \geqslant 19 \\ 0.18x_1 + 0.60x_2 + 0.40x_3 + 0.56x_4 \geqslant 32 \\ x_1 + x_2 + x_3 + x_4 + x_5 + x_6 = 100 \\ x_j \geqslant 0, j = 1, 2, \cdots, 6 \end{cases}$$

根据上述模型，可利用线性规划求解程序，得到最优解和最优目标函数值：

$x_1 = 0$，$x_2 = 0$，$x_3 = 86.53744$，$x_4 = 12.37773$，$x_5 = 1.08483$，$x_6 = 0$，$z_{\min} = 34.32545$。

对于问题（1）：上述最优解表明，配方饲料选用麦麸、鱼粉和骨粉3种原料，并用86.53：12.38：1.09的配比生产，在保证肉用猪的营养要求的同时使饲料成本最低，为0.3432545元/千克。即饲料成本从原来的0.42元/千克降低到0.34元/千克，按当前全年饲料销售量1000万千克计算，共可节约成本80万元/年。

对于问题（2）：使用Excel求解，可以求得前7个约束条件的剩余变量 x_{l1}，x_{l2}，$\cdots$，x_{l7} 如下所示：$x_{l1} = 200.0960$（粗蛋白），$x_{l2} = 0$（钙），$x_{l3} = 75.4163$（总磷），$x_{l4} = 6.5734$（赖氨酸），$x_{l5} = 0$（蛋氨酸），$x_{l6} = 14.2673$（色氨酸），$x_{l7} = 9.5465$（胱氨酸）。上述数据说明，钙和蛋氨酸刚好满足要求，而其他5种营养成分超过基本要求，其中以粗蛋白 x_{l1} 为最甚，每100千克配方饲料中超标200.096%，即超标2千克多粗蛋白。

对于问题（3）：每100千克配方饲料中，粗蛋白成分超标了2千克多。如果有某种价格较低的原料，与现有原料相比，其粗蛋白成分含量相对较低，其他6种营养成分含量相当。那么，选用这种原料作为替代品，总成本还可以下降。

对于问题（4）：由于厂里最关心的是成本问题，故进一步对原料价格做简单的灵敏度分析。通过Excel求解，可以得到保持当前最优配方不变，即最优解不变的情况下，原料价格允许波动的范围，如表3-24所示。

表 3 - 24 原材料价格灵敏度

原料名称	原料的价格	允许的增量	允许的减量
玉米	0.314	1×10^{30}	0.127102696
豆饼	0.54	1×10^{30}	0.124815045
麦麸	0.22	0.123024355	1×10^{30}
鱼粉	1.2	0.617540695	0.961285163
骨粉	0.4	0.16159332	0.3
鸡促进素	0.5	1×10^{30}	0.1400309

上述计算结果表明，当：玉米价格≥0.1870 元/千克，豆饼价格≥0.4152 元/千克，麦麸价格≤0.3430 元/千克，0.2388 元/千克≤鱼粉价格≤1.8176 元/千克，0.10 元/千克≤骨粉价格≤0.5616 元/千克，鸡促进素价格≥0.3600 元/千克时，上述的饲料配方即是成本最低的最优配方。

最优配方选用的是麦麸、鱼粉和骨粉 3 种原料。这 3 种原料中，鱼粉依靠进口，相对而言价格比较昂贵。如果能在国内寻求生产厂家或自行开发生产，可使原料价格有较大幅度降低。以全年销售 1000 万千克肉用猪饲料计算，每千克鱼粉若能降低价格 0.02 元，就可使总成本下降：

$$0.02 \times (12.38\% \times 1 \times 10^7) = 24760 （元）$$

此外，骨粉也是加工产品，如果能从生产工艺着手降低其成本，每千克降低 0.02 元，可使总成本下降：

$$0.02 \times (1.0848\% \times 1 \times 10^7) = 2169.6 （元）$$

人工合成的鸡促进素没有进入配方中的原因在于价格过于昂贵，但如果设法使其价格降到 0.36 元/千克以下，则最优方案中就会包含鸡促进素。否则这种人工合成原料就没有推广应用价值。

如果麦麸的价格上涨到 0.3430 元/千克以上，就不宜再选用，必须重新调整，并计算新的最优配方来。

对于问题（5）：降低成本的途径分析。从上面的讨论可以知道，要降低配方饲料的原料成本，主要应从加工原料和人工合成原料上找出路。因为自然原料降低价格比较困难，而加工原料和人工合成原料则可通过改进工艺、技术革新、寻求新的人工合成方法等途径使成本以较大的幅度降下来。

配方饲料厂还准备开发蛋鸡和种鸡等配合饲料。因此，在饲料开发过程中若能应用前面的思路和方法分别制定出各自的最优配方，并兼顾考虑各种配方饲料之间所需原料的综合利用，则降低成本、提高经济效益方面必将有更多的潜力可挖。

习 题

1. 判断题。

（1）如果原问题具有无界解，那么对偶问题一定无可行解；如果对偶问题无可行解，那么原问题一定具有无界解。

（2）对偶问题的对偶问题不一定是原问题。

（3）已知 y_i^* 是对偶问题的最优解，如果 $y_i^* > 0$，说明在最优生产计划中，第 i 种资源已经完全耗尽。

（4）已知 y_i^* 是对偶问题的最优解，如果 $y_i^* = 0$，说明在最优生产计划中，第 i 种资源一定有剩余。

（5）任何线性规划问题存在并具有唯一对偶问题。

2. 写出下列线性规划问题的对偶问题。

（1）
$$\max z = 5x_1 + 8x_2 + 7x_3 + 4x_4 + 6x_5$$
$$\text{s. t.} \begin{cases} 2x_1 + 3x_2 + 3x_3 + 2x_4 + 2x_5 \leqslant 20 \\ 3x_1 + 5x_2 + 4x_3 + 2x_4 + 4x_5 \leqslant 30 \\ x_i \geqslant 0, \ i = 1, \ 2, \ \cdots, \ 5 \end{cases}$$

（2）
$$\max z = 4x_1 + 7x_2 + 2x_3$$
$$\text{s. t.} \begin{cases} x_1 + 2x_2 + x_3 \leqslant 10 \\ 2x_1 + 3x_2 + 3x_3 \leqslant 10 \\ x_1, \ x_2, \ x_3 \geqslant 0 \end{cases}$$

（3）
$$\min z = 3x_1 + 2x_2 - 3x_3 + 4x_4$$
$$\text{s. t.} \begin{cases} x_1 - 2x_2 + 3x_3 + 4x_4 \leqslant 3 \\ x_2 + 3x_3 + 4x_4 \geqslant -5 \\ 2x_1 - 3x_2 - 7x_3 - 4x_4 = 2 \\ x_1 \geqslant 0, \ x_2, \ x_3 \ \text{无约束}, \ x_4 \leqslant 0 \end{cases}$$

3. 已知线性规划问题：

$$\max z = x_1 - x_2 + x_3$$
$$\text{s. t.} \begin{cases} x_1 - x_3 \geqslant 4 \\ x_1 - x_2 + 2x_3 \geqslant 3 \\ x_1, x_2, x_3 \geqslant 0 \end{cases}$$

写出该线性规划问题的对偶问题，并应用对偶问题性质证明上述线性规划问题无最优解。

4. 已知线性规划问题：

$$\max z = 3x_1 + 2x_2$$
$$\text{s. t.} \begin{cases} -x_1 + 2x_2 \leqslant 4 \\ 3x_1 + 2x_2 \leqslant 14 \\ x_1 - x_2 \leqslant 3 \\ x_1, x_2 \geqslant 0 \end{cases}$$

写出该线性规划问题的对偶问题，并应用对偶问题性质证明上述线性规划问题和其对偶问题均存在最优解。

5. 已知线性规划问题：

$$\max z = 10x_1 + 24x_2 + 20x_3 + 20x_4 + 25x_5$$

$$\text{s. t.} \begin{cases} x_1 + x_2 + 2x_3 + 3x_4 + 5x_5 \leqslant 19 \\ 2x_1 + 4x_2 + 3x_3 + 2x_4 + x_5 \leqslant 57 \\ x_1, x_2, x_3, x_4, x_5 \geqslant 0 \end{cases}$$

要求：（1）写出该线性规划问题的对偶问题。（2）若其对偶问题的最优解为 $Y^* = (4, 5)^T$，试用对偶问题性质求出原问题的最优解。

6. 用对偶单纯形法求解下面线性规划问题。

$$\min z = 3x_1 + 2x_2 + x_3$$

$$\text{s. t.} \begin{cases} x_1 + x_2 + x_3 \leqslant 6 \\ x_1 - x_3 \geqslant 4 \\ x_2 - x_3 \geqslant 3 \\ x_1, x_2 \geqslant 0 \end{cases}$$

7. 已知表 3 – 25 是求解某线性规划问题的最终单纯形表，表中 x_4、x_5 为松弛变量，问题的约束为"$\leqslant$"形式，目标函数为求极大。

表 3 – 25　　　　　　　　　　某线性规划问题的最终单纯形表

		x_1	x_2	x_3	x_4	x_5
x_3	5/2	0	1/2	1	1/2	0
x_1	5/2	1	$-1/2$	0	$-1/6$	1/3
σ_j		0	-4	0	-4	-2

要求：（1）写出原线性规划问题。（2）写出原问题的对偶问题。（3）直接由表 3 – 25 写出对偶问题的最优解。

8. 某工厂生产 I、II 两种产品，分别经过 A、B、C 三种设备加工。生产单位各种产品所需的设备台时、设备的现有加工能力及每件产品的预期利润如表 3 – 26 所示。

表 3 – 26　　　　　　　　　　产品的生产数据及单位利润

项目	每件 I 产品	每件 II 产品	设备能力
设备 A（台时）	1	1	100
设备 B（台时）	2	4	160

续表

项目	每件Ⅰ产品	每件Ⅱ产品	设备能力
设备 C（台时）	2	1	300
单位利润（元）	10	6	

要求：（1）求获利最大的产品生产计划。（2）如有一种新产品，加工一件需 A、B、C 三种设备的台时各为 1 小时、2 小时、4 小时，预期每件的利润为 12 元，是否值得安排生产？（3）Ⅰ产品的利润在什么范围内变动时，最优生产计划不变？

9. 已知线性规划问题：

$$\max z = -5x_1 + 5x_2 + 13x_3$$

$$\text{s. t.} \begin{cases} -x_1 + x_2 + 3x_3 \leqslant 20 & (1) \\ 12x_1 + 4x_2 + 10x_3 \leqslant 90 & (2) \\ x_1, x_2, x_3 \geqslant 0 & (3) \end{cases}$$

先用单纯形法求出最优解，再分析在下列条件单独变化的情况下最优解的变化：（1）第 2 个约束条件的右端项由 90 变为 70；（2）目标函数中 x_3 的系数由 13 变为 8；（3）变量 x_1 的系数（包括目标函数）由 $\begin{bmatrix} -5 \\ -1 \\ 12 \end{bmatrix}$ 变为 $\begin{bmatrix} -2 \\ 0 \\ 5 \end{bmatrix}$；（4）变量 x_2 的系数（包括目标函数）由 $\begin{bmatrix} 5 \\ 1 \\ 4 \end{bmatrix}$ 变为 $\begin{bmatrix} 6 \\ 2 \\ 5 \end{bmatrix}$；（5）增加一个约束条件 $2x_1 + 3x_2 + 5x_3 \leqslant 50$；（6）原约束条件（2）变为 $10x_1 + 5x_2 + 10x_3 \leqslant 100$。

10. 已知某工厂计划生产甲、乙、丙三种产品，各产品需要在 A、B、C 三种设备上加工，有关数据如表 3-27 所示。

表 3-27　　　　　　　　　　产品的加工数据及单位利润

项目		每件产品			工时限制
		甲	乙	丙	
设备	A（台时）	8	16	10	304
	B（台时）	10	5	8	400
	C（台时）	2	13	10	420
单位产品利润（千元）		3	2	2.9	

要求：（1）建立使该厂利润最大的产品生产计划的线性规划模型，并求出获利最大的产品生产计划和对应利润。（2）若为了增加产量，可以借用其他工厂的 A 设备，每月可借

用 60 台时, 租金 1.8 万元, 是否合算? (3) 若另有丁、戊两种新产品, 其中每件丁产品需用 A、B、C 设备分别为 12 台时、5 台时、10 台时, 每件预期获利 2.1 千元; 每件戊产品需用 A、B、C 设备分别为 4 台时、4 台时、12 台时, 每件预期获利 1.87 千元; 如果甲、乙、丙三种产品所需台时不增加, 分别回答这两种新产品投产是否合算? (4) 增加乙设备的台时是否可使企业的总利润进一步增加? 为什么?

单纯形法的矩阵描述

灵敏度分析

部分习题答案

第4章 线性运输问题

本章导读

在生产活动和日常生活中，我们常常需要将某些物资从产地运送到销地去，这就发生了运输。随着经济社会的发展，如何科学组织运输就变得尤为重要。

运输问题（transportation problem）是现代物流与供应链管理的基本问题，也是运筹学研究的主要问题之一。当运输费用与运输量呈线性关系时，运输问题就是一类特殊的线性规划问题，前面章节中介绍的单纯形法对它也同样适用。但是，由于运输问题的约束条件系数矩阵有着特殊的结构和性质，可以找到比单纯形法更有效的方法来求解。

本章知识点之间的逻辑关系如图 4-1 所示。

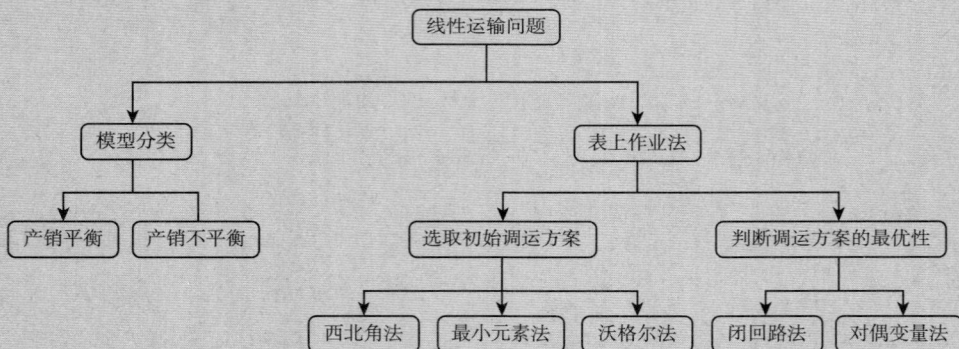

图 4-1　第 4 章知识点逻辑关系

4.1　运输问题及其线性规划模型

本章讨论的是单一品种物资的运输调度问题，下面举例来加以说明。

【例 4.1】有 A_1、A_2、A_3 三个产地，每天要把生产出来的产品运往 B_1、B_2、B_3、B_4 四个销地。各产地的产量（吨/天），各销地的销量（吨/天），以及将产品从各产地运至各销地的单位运价（元/吨）如表 4-1 所示。问：应如何组织调运才能使总的运费最小？

表 4 - 1　　　　　　　　　　　　　产量、销量以及单位运价

运价（元/吨）产地＼销地	B_1	B_2	B_3	B_4	产量（吨/天）
A_1	6	3	2	5	5
A_2	7	5	8	4	2
A_3	3	2	9	7	3
销量（吨/天）	2	3	1	4	

解： 从表 4 - 1 的数据中可以看到，A_1、A_2、A_3 三个产地每天的产量和为 10 吨，B_1、B_2、B_3、B_4 四个销地每天的销量和也为 10 吨，即产量和等于销量和。

如果产地 A_i 的产量为 a_i（吨/天），$i = 1，2，3$；销地 B_j 的销量为 b_j（吨/天），$j = 1，2，3，4$；我们称 $\sum_{i=1}^{3} a_i = \sum_{j=1}^{4} b_j$ 为产销平衡条件。

假设 x_{ij} 为每天从产地 A_i 运往销地 B_j 的产品数量（吨），z 为总运费（元），上述问题的数学模型如下所示：

$$\min z = 6x_{11} + 3x_{12} + 2x_{13} + 5x_{14} + 7x_{21} + 5x_{22} + 8x_{23}$$
$$+ 4x_{24} + 3x_{31} + 2x_{32} + 9x_{33} + 7x_{34}$$

$$\text{s. t.} \begin{cases} x_{11} + x_{12} + x_{13} + x_{14} = 5 \\ x_{21} + x_{22} + x_{23} + x_{24} = 2 \\ x_{31} + x_{32} + x_{33} + x_{34} = 3 \\ x_{11} + x_{21} + x_{31} = 2 \\ x_{12} + x_{22} + x_{32} = 3 \\ x_{13} + x_{23} + x_{33} = 1 \\ x_{14} + x_{24} + x_{34} = 4 \\ x_{ij} \geq 0, i = 1, \cdots, 3; j = 1, \cdots, 4 \end{cases}$$

显然，这是一个线性规划问题。因为产销平衡，即 $\sum_{i=1}^{3} a_i = \sum_{j=1}^{4} b_j$，所以，除非负条件之外的 7 个约束条件中，任何一个式子都可以用其他 6 个式子的线性组合来表示，即约束条件的系数矩阵 A 的秩为 6。

若用单纯形法求解上述线性规划问题，决策变量共有 $3 \times 4 = 12$ 个，其中基变量的个数为 $3 + 4 - 1 = 6$。也就是说：该线性规划问题的基可行解中，一共有 $3 \times 4 = 12$ 个分量，其中 $3 + 4 - 1 = 6$ 个基变量可能是 ≥ 0 的数，其他分量均为零。

4.1.1 运输问题的线性规划模型

将例 4.1 的线性规划模型推广到一般形式：即有 m 个产地，n 个销地；c_{ij} 为从产地 A_i 运往销地 B_j 的单位运价，$i = 1, \cdots, m$，$j = 1, \cdots, n$；第 i 个产地的产量为 a_i，$i = 1, \cdots, m$；第 j 个销地的销量为 b_j，$j = 1, \cdots, n$；且 $\sum\limits_{i=1}^{m} a_i = \sum\limits_{j=1}^{n} b_j$，$x_{ij}$ 为每天从产地 A_i 运往销地 B_j 的产品数量，如表 4-2 所示。

表 4-2   运输问题

运价 销地 产地	B_1	B_2	$\cdots$	B_n	产量
A_1	c_{11} x_{11}	c_{12} x_{12}		c_{1n} x_{1n}	a_1
A_2	c_{21} x_{21}	c_{22} x_{22}		c_{2n} x_{2n}	a_2
$\vdots$					$\vdots$
A_m	c_{m1} x_{m1}	c_{m2} x_{m2}		c_{mn} x_{mn}	a_m
销量	b_1	b_2	$\cdots$	b_n	

这样，产销平衡运输问题的数学模型如下所示：

$$\min z = \sum_{i=1}^{m} \sum_{j=1}^{n} c_{ij} x_{ij}$$

$$(\text{P}) \quad \text{s. t.} \begin{cases} \sum\limits_{j=1}^{n} x_{ij} = a_i, & i = 1, 2, \cdots, m \\ \sum\limits_{i=1}^{m} x_{ij} = b_j, & j = 1, 2, \cdots, n \\ x_{ij} \geq 0, & i = 1, \cdots, m; j = 1, \cdots, n \end{cases}$$

用单纯形法求解上述线性规划问题，决策变量共 $m \times n$ 个，其中基变量的个数为 $m + n - 1$。即该线性规划问题的基可行解中，最多有 $m + n - 1$ 个分量可能是 ≥ 0，其他分量均为 0。

对于上述产销平衡的运输问题，除了非负条件之外的所有约束条件均为等式，且各产地的产量之和严格等于各销地的销量之和。如果用单纯形法求解，需先在每个约束条件中引入一个人工变量，这样，决策变量共有 $m \times n + (m + n)$ 个。像例 4.1 这样简单的运输问题，$m = 3$，$n = 4$，决策变量就有 $3 \times 4 + (3 + 4) = 19$ 个之多。因此，希望能在分析运输问题数学模型特点的基础上找到更适合有效的求解方法。

4.1.2　运输问题数学模型的特点

4.1.2.1　运输问题解的特点

对于线性规划问题，解有以下四种形式：唯一最优解，无穷多最优解，无界解，无解。那么对于运输问题来说呢？

（1）若令 $Q = \sum\limits_{i=1}^{m} a_i = \sum\limits_{j=1}^{n} b_j$，那么 $x_{ij} = \dfrac{a_i \cdot b_j}{Q}$ 是运输问题（P）的一个可行解。既然（P）有可行解，那么无解这种情况对于运输来说就不存在。

（2）$\min z = \sum\limits_{i=1}^{m} \sum\limits_{j=1}^{n} c_{ij} x_{ij}$ 是有下界的。由任一产地运往任一销地的单位运价从理论上说不应该 < 0，也就是说目标函数不可能 < 0。所以，$\min z = \sum\limits_{i=1}^{m} \sum\limits_{j=1}^{n} c_{ij} x_{ij}$ 是有下界的，也就是说无界解这种情况不存在。

综上，对于运输问题来说，解的形式只有两种：唯一最优解和无穷多最优解。

4.1.2.2　运输问题的系数矩阵

根据运输问题的数学模型（P），其约束条件的系数矩阵 A 共 $m + n$ 行、$m \times n$ 列。

$$
A = \begin{array}{c}
\begin{array}{ccccccccccc}
x_{11} & x_{12} & \cdots & x_{1n} & x_{21} & x_{22} & \cdots & x_{2n} & \cdots & x_{m1} & x_{m2} & \cdots & x_{mn}
\end{array} \\
\begin{array}{c}
1 \\ 2 \\ \vdots \\ m \\ m+1 \\ m+2 \\ \vdots \\ m+n
\end{array}
\left(
\begin{array}{cccc:cccc:c:cccc}
1 & 1 & \cdots & 1 & 0 & 0 & \cdots & 0 & \cdots & 0 & 0 & \cdots & 0 \\
0 & 0 & \cdots & 0 & 1 & 1 & \cdots & 1 & \cdots & 0 & 0 & \cdots & 0 \\
\vdots & \vdots & & \vdots & \vdots & \vdots & & \vdots & & \vdots & \vdots & & \vdots \\
0 & 0 & \cdots & 0 & 0 & 0 & \cdots & 0 & \cdots & 1 & 1 & \cdots & 1 \\
\hdashline
1 & 0 & \cdots & 0 & 1 & 0 & \cdots & 0 & \cdots & 1 & 0 & \cdots & 0 \\
0 & 1 & \cdots & 0 & 0 & 1 & \cdots & 0 & \cdots & 0 & 1 & \cdots & 0 \\
\vdots & \vdots & & \vdots & \vdots & \vdots & & \vdots & & \vdots & \vdots & & \vdots \\
0 & 0 & \cdots & 1 & 0 & 0 & \cdots & 1 & \cdots & 0 & 0 & \cdots & 1
\end{array}
\right)
\end{array}
$$

可以看到，系数矩阵中的分量不是等于 1 就是等于 0；且矩阵每一列系数中只有两个为 1，其他元素均为 0；等于 1 的两个元素的位置是：第 i 个元素和第 $(m + j)$ 个元素，即在前 m 个约束方程中出现一次，在后 n 个约束方程中出现一次。

4.1.2.3 求解运输问题的思路

运输问题的解 $X = (x_{11}, x_{12}, \cdots x_{1n}, x_{21}, x_{22}, \cdots, x_{2n}, \cdots, x_{m1}, x_{m2}, \cdots, x_{mn})^T$ 表示一种运输方案（调运方案），每一个 x_{ij} 的值表示在调运方案中从产地 A_i 运到销地 B_j 的产品数量。

由于运输问题是特殊的线性规划问题，求解流程同第 2 章图 2 - 4 所示，即我们的求解步骤分为以下三步：

步骤 1：选取初始基可行解（即初始调运方案）。

步骤 2：检验该基可行解（即调运方案）是否为最优解。

步骤 3：如果是，那么该基可行解即为所求运输问题的最优解；如果不是，那么对该非最优基可行解进行调整，得到一个新的基可行解，再转步骤 2，直至得到最优解为止（运输问题一定能找到最优解）。

接下来，我们一步一步地讨论解决的方法。

4.2 表上作业法

4.2.1 初始基可行解的选取

从 4.1 节的讨论中可以知道，运输问题的数学模型共有 $m \times n$ 个决策变量，其中基变量的个数为 $m + n - 1$。在例 4.1 中，$m = 3$，$n = 4$，共 12 个决策变量，x_{ij} 表示从产地 A_i 运往销地 B_j 的产品的数量（吨），$i = 1, \cdots, 3$；$j = 1, \cdots, 4$。如果求解的过程在运输表上进行的话，那么，表 4 - 3 中的 12 个决策变量（$m \times n = 3 \times 4 = 12$），至多只有其中 6 个变量（基变量 $m + n - 1 = 3 + 4 - 1 = 6$）的取值可能大于零，其余的 6 个变量（非基变量）均等于零。

表 4 - 3   运输平衡表

销地 运价 产地	B_1	B_2	B_3	B_4	产量
A_1	6 x_{11}	3 x_{12}	2 x_{13}	5 x_{14}	5
A_2	7 x_{21}	5 x_{22}	8 x_{23}	4 x_{24}	2
A_3	3 x_{31}	2 x_{32}	9 x_{33}	7 x_{34}	3
销量	2	3	1	4	

下面介绍三种常用的选取初始基可行解（初始调运方案）的方法。

4.2.1.1　西北角法（northwest corner method）

西北角法是指优先满足运输表中西北角上（即左上角）的空格为调运原则选取初始基可行解（初始调运方案）的方法。下面用西北角法选取例 4.1 的初始基可行解。

由表 4 - 3 可知，运输表中西北角的格子（A_1，B_1）代表 A_1 到 B_1 的运量 x_{11}。由于 $\min\{a_1, b_1\} = b_1 = 2$，所以 $x_{11} = 2$，即在表 4 - 4 中对应的空格里填入数字 2；这样 A_1 的可供产量剩下 $5 - 2 = 3$；B_1 的销量已得到满足，划去 B_1 一列。接下来在运输表中尚未划去的部分中，西北角的格子变为（A_1，B_2），代表的是 A_1 到 B_2 的运量 x_{12}。由于 $\min\{a_1, b_2\} = \min\{3,3\} = a_1 = b_1 = 3$，所以 $x_{12} = 3$，即在表 4 - 4 中对应的空格里填入数字 3；这样 A_1 剩下的可供产量已经用完，B_2 的销量也已得到满足，同时划去 A_1 一行和 B_2 一列。如果在迭代过程中遇到在某一格填入一个运量时需同时划去运输表里的一行和一列，为了能使迭代顺利进行，应在同时划去的一行一列中任意一个空格填入数字 0，表示这个格中的变量是取值为 0 的基变量，使迭代过程中基变量的个数恰好为 $m + n - 1$ 个。这里，选择 $x_{13} = 0$。这时运输表的西北角格子为（A_2，B_3），由于 $\min\{a_2, b_3\} = b_3 = 1$，所以 $x_{23} = 1$，即在表 4 - 4 中对应的空格里填入数字 1；这样 A_2 的可供产量剩下 $2 - 1 = 1$；B_3 的销量已得到满足，划去 B_3 一列。这时运输表的西北角格子为（A_2，B_4），由于 $\min\{a_2, b_4\} = \min\{1 \quad 4\} = a_2 = 1$，所以 $x_{24} = 1$，即在表 4 - 4 中对应的空格里填入数字 1；这样 A_2 剩下的可供产量已经全部用完；B_4 的销量还剩 $4 - 1 = 3$ 未被满足，划去 A_2 一行。这时整张运输表只剩下（A_3，B_4），所以在（A_2，B_3）格中填入尽可能大的运量，即 $x_{34} = 3$；这样 A_3 的可供产量已经用完，B_4 的销量也已全部得到满足，同时划去 A_3 一行和 B_4 一列。这时运输表中所有格子均被划去，表示所有产销需求均已满足。表 4 - 4 描述了上述过程，虚线右侧和下方圆圈中的数字表示各行各列被划去的先后顺序。

表 4 - 4　　　　　　　　　　西北角法的初始基可行解

运价　销地　产地	B_1	B_2	B_3	B_4	产量	
A_1	6	3	2	5	5	②
	2	3	0			
A_2	7	5	8	4	2	④
			1	1		
A_3	3	2	9	7	3	⑤
				3		
销量	2	3	1	4		
	①	②	③	⑤		

表 4-4 对应的基可行解为 $X = (x_{11}, x_{12}, x_{13}, x_{14}, x_{21}, x_{22}, x_{23}, x_{24}, x_{31}, x_{32}, x_{33}, x_{34})^T$，具体地，$X = (2, 3, 0, 0, 0, 0, 1, 1, 0, 0, 0, 3)^T$。该基可行解表示的是一组运输方案（调运方案），对应的总运费为 $2 \times 6 + 3 \times 3 + 0 \times 2 + 1 \times 8 + 1 \times 4 + 3 \times 7 = 54$（元）。

表中填有数字的格子数量为 $m + n - 1 = 3 + 4 - 1 = 6$，表示这 6 个格子对应的决策变量为该基可行解中的基变量；其余格子对应的决策变量为该基可行解中的非基变量，对应的值均为零。

4.2.1.2　最小元素法（minimum element method）

最小元素法指的是按照运价最小优先的调运原则选取初始基可行解（初始调运方案）的方法。下面用最小元素法选取例 4.1 的初始基可行解。

例 4.1 中，A_1 到 B_3 的单位运价和 A_3 到 B_2 的单位运价 c_{13} 和 $c_{32} = 2$ 最小，任选一项先考虑。这里，首先考虑 A_1 到 B_3 的运量，即（A_1，B_3）对应的格子。由于 $\min\{a_1, b_3\} = b_3 = 1$，所以 $x_{13} = 1$，即在表 4-5 的空格中填入数字 1；这样 A_1 的可供产量剩下 $5 - 1 = 4$；B_3 的销量已得到满足，划去 B_3 一列。接着考虑 A_3 到 B_2 的运量，即（A_3，B_2）对应的格子。由于 $\min\{a_3, b_2\} = a_3 = b_2 = 3$，所以 $x_{32} = 3$；这样 A_3 的产量已运完，B_2 的销量也已得到满足，同时划去 A_3 一行和 B_2 一列，为保证表中有 $m + n - 1$ 个数字格，应在同时划去的其他格子中任选一空格填入数字 0。这里，选择 $x_{12} = 0$。接下来，在运输表中尚未划去的部分中，单位运价最小的是 $c_{24} = 4$，即（A_2，B_4）对应的格子。由于 $\min\{a_2, b_4\} = a_2 = 2$，所以 $x_{24} = 2$，即在表 4-5 的空格中填入数字 2；这样 A_2 的可供产量已经全部用完；B_4 的销量还剩 $4 - 2 = 2$ 未被满足，划去 A_2 一行。接下来，在运输表中尚未划去的部分中，单位运价最小的是 $c_{14} = 5$，即（A_1，B_4）对应的格子。由于 $\min\{a_1, b_4\} = a_1 = 2$，所以 $x_{14} = 2$，即在表 4-5 的空格中填入数字 2；这样 A_1 的可供产量剩下 $4 - 2 = 2$；B_4 的销量已得到满足，划去 B_4 一列。这时运输表中只剩下 $c_{11} = 6$，即（A_1，B_1）对应的格子。所以在（A_1，B_1）格中填入尽可能大的运量，即 $x_{11} = 2$；这样 A_1 的可供产量已经用完，B_1 的销量也已全部得到满足，同时划去 A_1 一行和 B_1 一列。这时运输表中所有格子均被划去，表示所有产销需求均已满足。

表 4-5 描述了上述过程，虚线右侧和下方圆圈中的数字表示各行各列被划去的先后顺序。表 4-5 对应的基可行解为 $X = (x_{11}, x_{12}, x_{13}, x_{14}, x_{21}, x_{22}, x_{23}, x_{24}, x_{31}, x_{32}, x_{33}, x_{34})^T$，具体地，$X = (2, 0, 1, 2, 0, 0, 0, 2, 0, 3, 0, 0)^T$。该基可行解表示的是一组运输方案（调运方案），对应的总运费为 $2 \times 6 + 0 \times 3 + 1 \times 2 + 2 \times 5 + 2 \times 4 + 3 \times 2 = 38$（元）。

表中填有数字的格子数量为 $m + n - 1 = 3 + 4 - 1 = 6$，表示这 6 个格子对应的决策变量为该基可行解中的基变量；其余格子对应的决策变量为该基可行解中的非基变量，对应的值均为零。

表 4 – 5　　　　　　　　　　　　最小元素法的初始基可行解

运价　销地 产地	B_1	B_2	B_3	B_4	产量
A_1	6	3	2	5	5 ⑤
	2	0	1	2	
A_2	7	5	8	4	2 ③
			2		
A_3	3	2	9	7	3 ②
	3				
销量	2	3	1	4	
	⑤	②	①	④	

4.2.1.3　沃格尔法（Vogel method）

沃格尔法，又称最小元素差异法，其选取步骤为：

步骤 1：分别计算运输表中各行和各列最小运费和次小运费之间的差额，该差额称为各产地或各销地的罚数，填入表中最右列和最下行。

步骤 2：在所有差额中选出最大值，满足其所对应行或列中单位运价最小的运量，然后划去相应的行或列。

步骤 3：对表中未被划去的格子，重复步骤 1、步骤 2，直至所有的行和列均被划去。

下面用沃格尔法选取例 4.1 的初始基可行解。

首先，计算各行和各列最小运费和次小运费之间的差额，填入运输表中最右列和最下行，见图 4 – 2。在全部罚数中最大的 = 6，位于 B_3 列。在 B_3 列中，单位运价最小的是 c_{13} = 2，对应的是即（A_1，B_3）对应的格子 x_{13}。由于 $\min\{a_1, b_3\} = b_3 = 1$，所以 $x_{13} = 1$，即在图 4 – 2 的相应空格中填入数字 1；这样 A_1 的可供产量剩下 5 – 1 = 4；B_3 的销量已得到满足，划去 B_3 一列。接下来，在运输表中尚未划去的部分中，重新计算各行各列的罚数，填入运输表中。这时在全部罚数中最大的 = 3，位于 B_1 列。在 B_1 列中，单位运价最小的是 c_{31} = 3，即（A_3，B_1）对应的格子 x_{31}。由于 $\min\{a_3, b_1\} = b_1 = 2$，所以 $x_{31} = 2$，即在图 4 – 2 相应的空格中填入数字 2；这样 A_3 的可供产量剩下 3 – 2 = 1；B_1 的销量已经全部被满足，划去 B_1 一列。接下来在运输表中尚未划去的部分中，重新计算各行各列的罚数，填入运输表中。这时在全部罚数中最大的 = 5，位于 A_3 行。在 A_3 行中，单位运价最小的是 c_{32} = 2，即（A_3，B_2）对应的格子。由于 $\min\{a_3, b_2\} = a_3 = 1$，所以 $x_{32} = 1$，即在图 4 – 2 相应的空格中填入数字 1；这样 A_3 的可供产量已经全部用完；B_2 的销量还剩 $3-1=2$ 未被满足，划去 A_3 一行。接下来在运输表中尚未划去的部分中，重新计算各行各列的罚数，填入运输表中。这时在全部罚数中最大的 $=2$，位于 A_1 行和 B_2 列，任选一格继续，我们这里选择 B_2 列。在 B_2 列未被划掉的格子中，单位运价最小的是 $c_{12}=3$，即（A_1，B_2）对应的格子 x_{12}。由于 $\min\{a_1,\ b_2\}=2$，所以 $x_{12}=2$，即在图 4-2 相应的空格中填入数字 2；这样 A_1 的可供产量剩下 $4-2=2$；B_2 的销量已经全部被满足，划去 B_2 一列。这时运输表中只剩下（A_1，B_4）和（A_2，B_4）两个空格。所以在（A_1，B_4）和（A_2，B_4）两格中填入尽可能大的运量，即 $x_{14}=2$ 和 $x_{24}=2$；这样 A_1 和 A_2 的可供产量已经用完，同时，B_4 的销量也已全部得到满足，划去 A_1、A_2 两行和 B_1 一列。这时运输表中所有格子均被划去，表示所有产销需求均已满足。

运价 销地／产地	B₁	B₂	B₃	B₄	产量	1	2	3	4
A₁	6	3 / 2	2 / 1	5 / 2	5	1	2	2	2 ⑤
A₂	7	5	8 / 2	4	2	1	1	1	1 ⑥
A₃	3 / 2	2 / 1	9	7	3	1	1	(5)	③
销量	2	3		4					
1	3	1	(6)	1					
2	(3)	1		1					
3		1							
4		(2)		1					
	②	④	①	⑥					

图 4-2　沃格尔法的初始基可行解

图 4-2 描述了上述过程，虚线右侧和下方圆圈中的数字表示各行各列被划去的先后顺序。图 4-2 对应的基可行解为 $X=(x_{11},\ x_{12},\ x_{13},\ x_{14},\ x_{21},\ x_{22},\ x_{23},\ x_{24},\ x_{31},\ x_{32},\ x_{33},\ x_{34})^T$，具体地，$X=(0,\ 2,\ 1,\ 2,\ 0,\ 0,\ 0,\ 2,\ 2,\ 1,\ 0,\ 0)^T$。该基可行解表示的是一组运输方案（调运方案），对应的总运费为 $2\times3+1\times2+2\times5+2\times4+2\times3+1\times2=34$（元）。

比较上述三种方法挑选的例 4.1 的初始基可行解，用沃格尔法求得的基可行解对应的目标函数值（总运费）最小，最小元素法次之，西北角法最大。一般来说，三种方法中，用沃格尔法求得的初始基可行解质量最好。

4.2.2　基可行解（即调运方案）最优性检验

找到初始基可行解之后，接着就需要检验该基可行解是否为最优解。在用单纯形法求解线性规划问题时，面对最大化 max 的目标函数，如果一个基可行解中的所有非基变量的检验数均≤0，那么我们说该基可行解一定是最优解或最优解之一。为什么这么说？因为面对最大化的目标函数，非基变量 x_j 的检验数 σ_j 表示的是每多生产 1 个单位的产品 x_j，目标函数能增加的数额。所以，当所有非基变量的检验数均小于零时，说明总目标无法再增加，也就是找到了最优解。

运输问题的目标函数是总运费最小化（min），那么，对于运输问题来说，每一个非基变量 x_{ij} 的检验数 σ_{ij} 代表的是：由产地 A_i 多运 1 个单位的产品至销地 B_j，总运费能减少的数额。所以，当所有非基变量的检验数均≥0 时，说明总运费无法再减少，也就是找到了最优解。

下面介绍判断某一基可行解是否为最优解的两种常用的方法：闭回路法和对偶变量法。

4.2.2.1　闭回路法

（1）闭回路法（closed circuit method）的概念。从运输表中任意一个非基变量（空格）出发，沿水平或垂直方向前进，遇到基变量时，可以转 90°继续前进（这时拐弯角上的那个基变量称为顶点），也可以继续沿原方向前进（这时路过但不是拐弯角的基变量就不能称为顶点），一直按照这样的方式前进，直至回到原来的出发点。按照上述方式得到的回路就称为该非基变量对应的闭回路。每个非基变量（空格）对应的闭回路是**唯一**的。

下面通过例 4.1 来具体说明。表 4-6 是例 4.1 中使用西北角法找到的初始基可行解。

表 4-6　　　　　　　　　　　初始基可行解（西北角法）

运价　销地 产地	B_1	B_2	B_3	B_4	产量
A_1	6 2	3 3	2 0	5	5
A_2	7	5	8 1	4 1	2
A_3	3	2	9 3	7	3
销量	2	3	1	4	

以非基变量 x_{21} 为起点的闭回路：$x_{21} \Rightarrow x_{11} \Rightarrow x_{13} \Rightarrow x_{23} \Rightarrow x_{21}$。如表 4-7 中虚线所示。

表 4-7 　　　　　　　　　　　　　　非基变量 x_{21} 为起点的闭回路

运价　销地 产地	B_1	B_2	B_3	B_4	产量
A_1	6	3	2	5	5
	2	3	0		
A_2	7	5	8	4	2
			1	1	
A_3	3	2	9	7	3
				3	
销量	2	3	1	4	

以非基变量 x_{31} 为起点的闭回路：$x_{31} \Rightarrow x_{34} \Rightarrow x_{24} \Rightarrow x_{23} \Rightarrow x_{13} \Rightarrow x_{11} \Rightarrow x_{31}$。如表 4-8 中虚线所示。

表 4-8 　　　　　　　　　　　　　　非基变量 x_{31} 为起点的闭回路

运价　销地 产地	B_1	B_2	B_3	B_4	产量
A_1	6	3	2	5	5
	2	3	0		
A_2	7	5	8	4	2
			1	1	
A_3	3	2	9	7	3
				3	
销量	2	3	1	4	

同样，可以得到以非基变量 x_{22} 为起点的闭回路：$x_{22} \Rightarrow x_{12} \Rightarrow x_{13} \Rightarrow x_{23} \Rightarrow x_{22}$。以非基变量 x_{32} 为起点的闭回路：$x_{32} \Rightarrow x_{12} \Rightarrow x_{13} \Rightarrow x_{23} \Rightarrow x_{24} \Rightarrow x_{34} \Rightarrow x_{32}$。以非基变量 x_{33} 为起点的闭回路：$x_{33} \Rightarrow x_{23} \Rightarrow x_{24} \Rightarrow x_{34} \Rightarrow x_{33}$。以非基变量 x_{14} 为起点的闭回路：$x_{14} \Rightarrow x_{24} \Rightarrow x_{23} \Rightarrow x_{13} \Rightarrow x_{14}$。

（2）用闭回路计算非基变量的检验数。对于运输问题来说，非基变量 x_{ij} 的检验数表示

由产地 A_i 多运 1 个单位的产品至销地 B_j 时，总运费减少的数额。所以，当所有非基变量的检验数均 ≥ 0 时，说明总运费无法再减少，也就是找到了最优解。

下面通过例 4.1 来说明如何用闭回路计算非基变量的检验数。表 4－9 是例 4.1 中使用西北角法找到的初始基可行解。

表 4－9　　　　　　　　　　　　初始基可行解（西北角法）

运价　销地 产地	B₁	B₂	B₃	B₄	产量
A₁	6 2	3 3	2 0	5	5
A₂	7	5	8 1	4 1	2
A₃	3	2	9	7 3	3
销量	2	3	1	4	

以非基变量 x_{21} 为起点的闭回路：$x_{21} \Rightarrow x_{11} \Rightarrow x_{13} \Rightarrow x_{23} \Rightarrow x_{21}$。通过这条闭回路我们可以看到，如果由产地 A_2 运 1 个单位的产品到销地 B_1，运费可以减少 5 元，所以非基变量 x_{21} 的检验数为 -5。

以非基变量 x_{31} 为起点的闭回路：$x_{31} \Rightarrow x_{34} \Rightarrow x_{24} \Rightarrow x_{23} \Rightarrow x_{13} \Rightarrow x_{11} \Rightarrow x_{31}$。通过这条闭回路我们可以看到，如果由产地 A_3 运 1 个单位的产品到销地 B_1，运费可以减少 12 元，所以非基变量 x_{31} 的检验数为 -12。

以非基变量 x_{22} 为起点的闭回路：$x_{22} \Rightarrow x_{12} \Rightarrow x_{13} \Rightarrow x_{23} \Rightarrow x_{22}$。通过这条闭回路我们可以看到，如果由产地 A_2 运 1 个单位的产品到销地 B_2，运费减少 4 元，所以非基变量 x_{22} 的检验数为 -4。

以非基变量 x_{32} 为起点的闭回路：$x_{32} \Rightarrow x_{12} \Rightarrow x_{13} \Rightarrow x_{23} \Rightarrow x_{24} \Rightarrow x_{34} \Rightarrow x_{32}$。通过这条闭回路我们可以看到，如果由产地 A_3 运 1 个单位的产品到销地 B_2，运费可以减少 10 元，所以非基变量 x_{32} 的检验数为 -10。

以非基变量 x_{33} 为起点的闭回路：$x_{33} \Rightarrow x_{23} \Rightarrow x_{24} \Rightarrow x_{34} \Rightarrow x_{33}$。通过这条闭回路我们可以看到，如果由产地 A_3 运 1 个单位的产品到销地 B_3，运费可以减少 2 元，所以非基变量 x_{32} 的检验数为 -2。

以非基变量 x_{14} 为起点的闭回路：$x_{14} \Rightarrow x_{24} \Rightarrow x_{23} \Rightarrow x_{13} \Rightarrow x_{14}$。通过这条闭回路我们可以看到，如果由产地 A_1 运 1 个单位的产品到销地 B_4，运费增加 7 元，所以非基变量 x_{31} 的检验数为 7。

表 4－10 列出了通过闭回路计算所得的所有非基变量的检验数。

表 4 – 10　　　　　　　　　　　　　闭回路法计算所得的各非基变量的检验数

运价 销地 产地	B₁	B₂	B₃	B₄	产量	v_j
A₁	6	3	2	5 (7)	5	0
A₂	7 (−5)	5 (−4)	8	4	2	6
A₃	3 (−12)	2 (−10)	9 (−2)	7	3	9
销量	2	3	1	4		
u_i	6	3	2	−2		

按照这个规则可以求得一个基可行解中全部非基变量的检验数，如果所有非基变量的检验数均≥0，那么该基可行解即为最优解；否则，就还不是最优解，需要进一步调整，得到另一组新的基可行解。显然，表 4 – 10 表明得到的初始基可行解不是最优解，需要进一步改进。

4.2.2.2　对偶变量法

首先给出下面产销平衡运输问题的数学模型（P）及其对偶问题（D）：

产销平衡运输问题的数学模型，即原问题：

$$\min z = \sum_{i=1}^{m} \sum_{j=1}^{n} c_{ij} x_{ij}$$

$$(\text{P}) \quad \text{s. t.} \begin{cases} \sum_{j=1}^{n} x_{ij} = a_i, i = 1, 2, \cdots, m \\ \sum_{i=1}^{m} x_{ij} = b_j, j = 1, 2, \cdots, n \\ x_{ij} \geq 0, i = 1, 2, \cdots, m; j = 1, 2, \cdots, n \end{cases}$$

原问题一共有 $m + n$ 个约束条件，设前 m 个约束对应的对偶变量为 u_i，$i = 1$, 2, $\cdots$, m，后 n 个约束对应的对偶变量为 v_j，$j = 1$, 2, $\cdots$, n，其对偶问题如下所示：

$$\max w = \sum_{i=1}^{m} a_i u_i + \sum_{j=1}^{n} b_j v_j$$

$$(\text{D}) \quad \text{s. t.} \begin{cases} u_i + v_i \leq C_{ij}, i = 1, 2, \cdots, m; j = 1, 2, \cdots, n \\ u_i, v_i \text{ 无约束 } i = 1, 2, \cdots, m; j = 1, 2, \cdots n \end{cases}$$

由第 2 章的内容可知，原问题决策变量 x_{ij} 的检验数 $\sigma_{ij} = c_{ij} - C_B B^{-1} P_{ij}$，对偶问题的最优解 $Y^T = C_B B^{-1}$，其中，P_{ij} 为决策变量 x_{ij} 在约束条件系数矩阵中对应的系数列向量。原问题（P）的约束条件系数矩阵 A 如下所示：

$$
A = \begin{array}{c}
\begin{array}{cccccccccccc}
x_{11} & x_{12} & \cdots & x_{1n} & x_{21} & x_{22} & \cdots & x_{2n} & \cdots & x_{m1} & x_{m2} & \cdots & x_{mn}
\end{array}\\
\begin{array}{c}1\\2\\\vdots\\m\\m+1\\m+2\\\vdots\\m+n\end{array}
\left(\begin{array}{cccc:cccc:c:cccc}
1 & 1 & \cdots & 1 & 0 & 0 & \cdots & 0 & \cdots & 0 & 0 & \cdots & 0\\
0 & 0 & \cdots & 0 & 1 & 1 & \cdots & 1 & \cdots & 0 & 0 & \cdots & 0\\
\vdots & \vdots & & \vdots & \vdots & \vdots & & \vdots & & \vdots & \vdots & & \vdots\\
0 & 0 & \cdots & 0 & 0 & 0 & \cdots & 0 & \cdots & 1 & 1 & \cdots & 1\\
\hdashline
1 & 0 & \cdots & 0 & 1 & 0 & \cdots & 0 & \cdots & 1 & 0 & \cdots & 0\\
0 & 1 & \cdots & 0 & 0 & 1 & \cdots & 0 & \cdots & 0 & 1 & \cdots & 0\\
\vdots & \vdots & & \vdots & \vdots & \vdots & & \vdots & & \vdots & \vdots & & \vdots\\
0 & 0 & \cdots & 1 & 0 & 0 & \cdots & 1 & \cdots & 0 & 0 & \cdots & 1
\end{array}\right)
\end{array}
$$

从矩阵 A 中可以看到，决策变量 x_{ij} 的系数列向量 $P_{ij} = $

$$
\begin{pmatrix} 0 \\ \vdots \\ 0 \\ 1 \\ 0 \\ \vdots \\ 0 \\ 1 \\ 0 \\ \vdots \\ 0 \end{pmatrix}
\begin{array}{l} \\ \\ \\ \longrightarrow 第\ i\ 个 \\ \\ \\ \\ \longrightarrow 第\ m+i\ 个 \\ \\ \\ \end{array}
$$

所以检验数 $\sigma_{ij} = c_{ij} - Y^T P_{ij} = c_{ij} - (u_1^*, u_2^*, \cdots, u_m^*, v_1^*, v_2^*, \cdots, v_n^*) P_{ij} = c_{ij} - (u_i^* + v_j^*)$。

又已知一个基可行解中所有基变量的检验数均 $=0$，所以 $m+n-1$ 个基变量对应了 $m+n-1$ 个等式。令 $s = m+n-1$，设基变量为 $x_{i_1 j_1}$，$x_{i_2 j_2}$，$\cdots$，$x_{i_s j_s}$，则等式为：

$$
\begin{cases}
c_{i_1 j_1} - (u_{i_1} + v_{j_1}) = 0 \Rightarrow c_{i_1 j_1} = (u_{i_1} + v_{j_1})\\
c_{i_2 j_2} - (u_{i_2} + v_{j_2}) = 0 \Rightarrow c_{i_2 j_2} = (u_{i_2} + v_{j_2})\\
\qquad\qquad\qquad \vdots\\
c_{i_s j_s} - (u_{i_s} + v_{j_s}) = 0 \Rightarrow c_{i_s j_s} = (u_{i_s} + v_{j_s})
\end{cases}
$$

这 $m+n-1$ 个等式对应了 $m+n$ 个未知数，未知数比方程多一个，故解不唯一。我们令其中一个变量等于 0（当然，也可以令这个变量为 1 或 2，或其他的数值），其他变量即可用上面 $m+n-1$ 个等式求得。这样，就可以通过 $\sigma_{ij} = c_{ij} - (u_i^* + v_j^*)$ 求得各非基变量的检验数。下面通过例 4.1 来说明如何用对偶变量法计算非基变量的检验数。表 4-9 是例 4.1 中使用西北角法找到的初始基可行解。

基变量的检验数均等于0，所以有如下6个等式：

$$\begin{cases} 6 - (u_1^* + v_1^*) = 0 \\ 3 - (u_1^* + v_2^*) = 0 \\ 2 - (u_1^* + v_3^*) = 0 \\ 8 - (u_2^* + v_3^*) = 0 \\ 4 - (u_2^* + v_4^*) = 0 \\ 7 - (u_3^* + v_4^*) = 0 \end{cases}$$

令 $u_1 = 0$，可得，$u_2 = 6$，$u_3 = 9$，$v_1 = 6$，$v_2 = 3$，$v_3 = 2$，$v_4 = -2$。将其列于运输表中最后一行和最右一列，如表4-11所示。

表4-11　　　　　　　　　　　　　对偶变量法检验数的计算

运价 / 销地 / 产地	B_1	B_2	B_3	B_4	产量	u_i
A_1	6 2	3 3	2 0	5	5	0
A_2	7	5	8 1	4 1	2	6
A_3	3	2	9	7 3	3	9
销量	2	3	1	4		
v_j	6	3	2	-2		

对于表4-11中的非基变量 x_{ij} 的检验数 $\sigma_{ij} = c_{ij} - (u_i^* + v_j^*)$，根据表4-11中列出的 u_i 和 v_j 的值，计算各非基变量的检验数。

非基变量 x_{21} 的检验数：$\sigma_{21} = c_{21} - (u_2^* + v_1^*) = 7 - (6 + 6) = -5$。

非基变量 x_{31} 的检验数：$\sigma_{31} = c_{31} - (u_3^* + v_1^*) = 3 - (9 + 6) = -12$。

非基变量 x_{22} 的检验数：$\sigma_{22} = c_{22} - (u_2^* + v_2^*) = 5 - (6 + 3) = -4$。

非基变量 x_{32} 的检验数：$\sigma_{32} = c_{32} - (u_3^* + v_2^*) = 2 - (9 + 3) = -10$。

非基变量 x_{33} 的检验数：$\sigma_{33} = c_{33} - (u_3^* + v_3^*) = 9 - (9 + 2) = -2$。

非基变量 x_{14} 的检验数：$\sigma_{14} = c_{14} - (u_1^* + v_4^*) = 5 - (0 - 2) = 7$。

将计算所得各非基变量的检验数列于表4-12中。

表 4 – 12　　　　　　　　　对偶变量法计算所得的各非基变量的检验数

运价 销地 产地	B_1	B_2	B_3	B_4	产量	u_i
A_1	6	3	2	5	5	0
				(7)		
A_2	7	5	8	4	2	6
	(–5)	(–4)				
A_3	3	2	9	7	3	9
	(–12)	(–10)	(–2)			
销量	2	3	1	4		
v_j	6	3	2	–2		

对比表 4 – 10 和表 4 – 12，可以看到不论是用闭回路法还是对偶变量法，得到的各非基变量的检验数一定是相同的，但对偶变量法可以相对较容易地求得非基变量的检验数。

4.2.3　基可行解的改进

通过闭回路法或对偶变量法可以求得所有非基变量的检验数，即可以判断一个基可行解是否为最优解。如果有一个或一个以上的检验数是小于零的，说明该基可行解不是最优解，需要对该基可行解进行调整，找到另一个基可行解。具体步骤如下。

步骤 1：找到 $\sigma_{ij} = \min\{\sigma_{ij} \mid \sigma_{ij} < 0\}$，该非基变量 x_{ij} 即为进基变量，找到以该非基变量 x_{ij} 为顶点的闭回路。

步骤 2：给闭回路上的顶点编号。以非基变量 x_{ij} 为起点（给编号 1），按照顺时针或逆时针方向依次给各顶点编号。

步骤 3：在该闭回路上，所有编号为偶数的顶点中，挑选运输量最小的顶点 x_{ij}，该点对应的基变量 x_{ij} 即为出基变量，且该出基变量的取值（运量）为闭回路上的最大调整量，即最大调整量 $\theta = \min\{$闭回路中偶数顶点对应的运量$\}$。

在该闭回路上，所有奇数顶点对应的运量都加上 θ，所有偶数顶点对应的运量都减去 θ，得到一新的运输方案，即得到一个新的基可行解。

步骤 4：然后再对这个新得到的基可行解进行最优性检验，如果还不是最优解，则重复以上步骤进行调整，直至得到最优解为止。

下面通过例 4.1 来说明如何调整得到新的基可行解。表 4 – 12 是例 4.1 中使用对偶变量法找到的初始基可行解对应的检验数。

$\sigma_{ij} = \min\{\sigma_{ij} \mid \sigma_{ij} < 0\} = \sigma_{31} = -12$，所以选择 x_{31} 为进基变量。找到以 x_{31} 为顶点的闭回

路：$x_{31} \Rightarrow x_{11} \Rightarrow x_{13} \Rightarrow x_{23} \Rightarrow x_{24} \Rightarrow x_{34} \Rightarrow x_{31}$。按照顺时针给该闭回路上的点编号：编号是奇数的依次为：x_{31}，x_{13}，x_{24}，编号是偶数的依次为：x_{11}，x_{23}，x_{34}。偶数编号的顶点 x_{11}，x_{23}，x_{34} 这三个基变量的运输量依次为：2，1，3，$\theta = \min\{2, 1, 3\} = 1$，所以对应的出基变量为 x_{23}（即 x_{23} 在新的基可行解中为非基变量，$\sigma_{23} = 0$）。编号为奇数的点对应的运输量加上 $\theta = 1$，编号为偶数的点对应的运输量减去 $\theta = 1$，即为调整后的新基可行解，如表 4-13 所示。

表 4-13 调整后的新基可行解

运价 销地 产地	B_1		B_2		B_3		B_4		产量
A_1	6		3		2		5		5
	1		3		1				
A_2	7		5		8		4		2
							2		
A_3	3		2		9		7		3
	1						2		
销量	2		3		1		4		

用对偶变量法计算这个基可行解中非基变量的检验数，结果见表 4-14。

表 4-14 对偶变量法所得基可行解中非基变量的检验数

运价 销地 产地	B_1		B_2		B_3		B_4		产量	v_j
A_1	6		3		2		5		5	0
							(-5)			
A_2	7		5		8		4		2	-6
	(7)		(8)		(12)					
A_3	3		2		9		7		3	-3
			(2)		(10)					
销量	2		3		1		4			
u_i	6		3		2		10			

由于 $\sigma_{14} = -5 < 0$，所以表 4-13 中对应的基可行解还不是最优解，需要进一步调整。$\sigma_{ij} = \min\{\sigma_{ij} | \sigma_{ij} < 0\} = \sigma_{14} = -5$，所以选择 x_{14} 为进基变量。找到以 x_{14} 为顶点的闭回路：

$x_{14} \Rightarrow x_{11} \Rightarrow x_{31} \Rightarrow x_{34} \Rightarrow x_{14}$。按照顺时针给该闭回路上的点编号：编号是奇数的依次为：x_{14}，x_{31}，编号是偶数的依次为：x_{11}，x_{34}。偶数编号的顶点 x_{11}，x_{34} 这两个基变量的运输量依次为：1，2，$\theta = \min\{1, 2\} = 1$，所以对应的出基变量为 x_{11}。编号为奇数的点对应的运输量加上 $\theta = 1$，编号为偶数的点对应的运输量减去 $\theta = 1$，即为调整后的新基可行解，如表 4 − 15 所示。

表 4 − 15　　　　　　　　　　　　　　　调整后的新基可行解

运价　销地　产地	B_1	B_2	B_3	B_4	产量
A_1	6 3	3 1	2 1	5	5
A_2	7	5	8	4 2	2
A_3	3 2	2	9	7 1	3
销量	2	3	1	4	

用对偶变量法计算该基可行解中非基变量的检验数，结果见表 4 − 16。

表 4 − 16　　　　　　　　　　　对偶变量法所得基可行解中非基变量的检验数

运价　销地　产地	B_1	B_2	B_3	B_4	产量	v_j
A_1	6 (5)	3	2	5	5	0
A_2	7 (7)	5 (3)	8 (7)	4	2	−1
A_3	3	2 (−3)	9 (5)	7	3	2
销量	2	3	1	4		
u_i	1	3	2	5		

由于 $\sigma_{32} = -3 < 0$，所以表 4 − 15 中对应的基可行解还不是最优解，需要进一步调整。$\sigma_{ij} = \min\{\sigma_{ij} \mid \sigma_{ij} < 0\} = \sigma_{32} = -3$，所以选择 x_{32} 为进基变量。找到以 x_{32} 为顶点的闭回路：$x_{32} \Rightarrow$ $x_{12} \Rightarrow x_{14} \Rightarrow x_{34} \Rightarrow x_{32}$。按照顺时针给该闭回路上的点编号：编号是奇数的依次为：x_{32}，x_{14}，编号

是偶数的依次为：x_{12}，x_{34}。偶数编号的顶点 x_{12}，x_{34} 这两个基变量的运输量依次为：3，1，$\theta = \min\{3,1\} = 1$，所以对应的出基变量为 x_{34}。编号为奇数的点对应的运输量加上 $\theta = 1$，编号为偶数的点对应的运输量减去 $\theta = 1$，即为调整后的新基可行解，如表 4 – 17 所示。

表 4 – 17 　　　　　　　　　　　调整后的新基可行解

运价　销地／产地	B₁	B₂	B₃	B₄	产量
A₁	6 / 2	3 / 1	2 /	5 / 2	5
A₂	7 /	5 /	8 /	4 / 2	2
A₃	3 / 2	2 / 1	9 /	7 /	3
销量	2	3	1	4	

用对偶变量法计算这个基可行解中非基变量的检验数，结果见表 4 – 18。

表 4 – 18 　　　　　　　　对偶变量法所得基可行解中非基变量的检验数

运价　销地／产地	B₁	B₂	B₃	B₄	产量	v_j
A₁	6 / (2)	3 /	2 /	5 /	5	0
A₂	7 / (4)	5 / (3)	8 / (7)	4 /	2	–1
A₃	3 /	2 /	9 / (8)	7 / (3)	3	–1
销量	2	3	1	4		
u_i	4	3	2	5		

这时，该基可行解中全部非基变量的检验数均大于 0，所以，该基可行解就是最优解（最优调运方案）：$X^* = (0, 2, 1, 2, 0, 0, 0, 2, 2, 1, 0, 0)^T$。该基可行解表示的是最优调运方案，即：$A_1$ 运往 B_2 的产品为 2 个单位，A_1 运往 B_3 的产品为 1 个单位，A_1 运往 B_4 的产品为 2 个单位，A_2 运往 B_4 的产品为 2 个单位，A_3 运往 B_1 的产品是 2 个单位，A_3 运往 B_2 的产品是 1 个单位。对应的最小总运费为 $2 \times 3 + 1 \times 2 + 2 \times 5 + 2 \times 4 + 2 \times 3 + 1 \times 2 = 34$（元）。

4.3　产销不平衡的运输问题

前面讨论的表上作业法是以 $\sum_{i=1}^{m} a_i = \sum_{j=1}^{n} b_j$ 为前提的，只适用于产销平衡的运输问题。但很多实际的运输问题却是产销不平衡的，即总产量并不一定等于总销量。如何把产销不平衡的运输问题转化为产销平衡的运输问题，然后用表上作业法求解，是本节要解决的问题。产销不平衡的运输问题分为两类：总产量 > 总销量，总销量 > 总产量。

4.3.1　总产量 > 总销量 $\left(\sum_{i=1}^{m} a_i > \sum_{j=1}^{n} b_j \right)$

如果 $\sum_{i=1}^{m} a_i > \sum_{j=1}^{n} b_j$，运输问题的数学模型如下所示：

$$\min z = \sum_{i=1}^{m} \sum_{j=1}^{n} c_{ij} x_{ij}$$

$$\text{s. t.} \begin{cases} \sum_{j=1}^{n} x_{ij} \leqslant a_i, & i = 1,2,\cdots,m \\ \sum_{i=1}^{m} x_{ij} = b_j, & j = 1,2,\cdots,n \\ x_{ij} \geqslant 0, & i = 1,2,\cdots,m; j = 1,2,\cdots,n \end{cases}$$

为了能采用表上作业法来求解产销不平衡的运输问题，可以增加一个虚拟的销地 B_{n+1}，这个销地事实上并不存在，由产地 A_i 运到这个虚拟的销地 B_{n+1} 的商品数量实际上是留在产地没有运出去的数量，即销地 B_{n+1} 的销量为 $\sum_{i=1}^{m} a_i - \sum_{j=1}^{n} b_j$。这些产品因为是留在产地而没有运走，所以运输费用为 0，即 $c_{i,n+1} = 0$。

这样，总产量 > 总销量的运输问题的数学模型为：

$$\min z = \sum_{i=1}^{m} \sum_{j=1}^{n+1} c_{ij} x_{ij}$$

$$\text{s. t.} \begin{cases} \sum_{j=1}^{n+1} x_{ij} = a_i, & i = 1,2,\cdots,m \\ \sum_{i=1}^{m} x_{ij} = b_j, & j = 1,2,\cdots,n+1 \\ x_{ij} \geqslant 0, & i = 1,2,\cdots,m; j = 1,2,\cdots,n+1 \end{cases}$$

这样，就将不平衡的问题转化成平衡的运输问题了，可以用表上作业法来求解。

4.3.2　总销量 > 总产量 $\left(\sum\limits_{j=1}^{n} b_j > \sum\limits_{i=1}^{m} a_i \right)$

如果 $\sum\limits_{j=1}^{n} b_j > \sum\limits_{i=1}^{m} a_i$，运输问题的数学模型如下所示：

$$\min z = \sum_{i=1}^{m} \sum_{j=1}^{n} c_{ij} x_{ij}$$

$$\text{s. t.} \begin{cases} \sum\limits_{j=1}^{n} x_{ij} = a_i, & i = 1, 2, \cdots, m \\ \sum\limits_{i=1}^{m} x_{ij} \leqslant b_j, & j = 1, 2, \cdots, n \\ x_{ij} \geqslant 0, & i = 1, 2, \cdots, m; j = 1, 2, \cdots, n \end{cases}$$

同样地，为了能使用表上作业法来求解总销量 > 总产量的运输问题，可以增加一个虚拟的产地 A_{m+1}，这个产地事实上并不存在，由产地 A_{m+1} 运到各个销地的商品数量实际上是各个销地的销量缺口，即产地 A_{m+1} 的产量为 $\sum\limits_{j=1}^{n} b_j - \sum\limits_{i=1}^{m} a_i$。这些产品因为并不真正存在，所以运输费用为 0，即 $c_{m+1,j} = 0$。

这样，总销量 > 总产量的运输问题的数学模型为：

$$\min z = \sum_{i=1}^{m+1} \sum_{j=1}^{n} c_{ij} x_{ij}$$

$$\text{s. t.} \begin{cases} \sum\limits_{j=1}^{n} x_{ij} = a_i, & i = 1, 2, \cdots, m + 1 \\ \sum\limits_{i=1}^{m+1} x_{ij} = b_j, & j = 1, 2, \cdots, n \\ x_{ij} \geqslant 0, & i = 1, 2, \cdots, m + 1; j = 1, 2, \cdots, n \end{cases}$$

这样，这个问题就是产销平衡的运输问题了，可以用表上作业法来求解。

【例 4.2】有 A_1、A_2、A_3 三个面粉厂，每天要把生产出来的面粉运往 B_1、B_2、B_3 三个面食加工厂。各面粉厂的产量（千克/天），各面食加工厂的需求量（千克/天），以及将面粉从各面粉厂运至各面食加工厂的单位运价（元/千克）如表 4 – 19 所示。请问：（1）应如何组织调运才能使总的运费最小？（2）如果面食加工厂 B_2 的需求量必须被满足，那么，又应如何组织调运才能使总的运费最小？

表 4 - 19　　　　　　　　　　　产量、销量以及单位运价

运价 （元/千克） 产地 ＼ 销地	B₁	B₂	B₃	产量（千克/天）
A₁	3	10	2	15
A₂	4	11	8	25
A₃	8	11	4	20
销量（千克/天）	20	30	20	

解： 总销量 ＝ 70，总产量 ＝ 60，总销量 ＞ 总产量。

（1）增加一个虚拟的面粉厂 A_4，A_4 的产量为 $\sum_{j=1}^{n} b_j - \sum_{i=1}^{m} a_i = 70 - 60 = 10$。面粉厂 A_4 的产量并不真正存在，所以运输单价为 0，即 $c_{4j} = 0$，$j = 1$，2，3。用沃格尔法求得初始基可行解列于表 4 - 20。

表 4 - 20　　　　　　　　　　　沃格尔法求得初始基可行解

销地 产地 ＼	B₁	B₂	B₃	产量
A₁	3	10	2 15	15
A₂	4 20	11 5	8	25
A₃	8	11 15	4 5	20
A₄	0 10	0	0	10
销量	20	30	20	

经检验，上述基可行解即为最优解。

（2）面食加工厂 B_2 的需求量必须被满足，而面粉厂 A_4 是虚拟的，也就表示 B_2 的面粉不能由 A_4 来提供，所以设 $c_{42} = M$，M 为一充分大的正数，$c_{41} = 0$，$c_{43} = 0$，运输表如表 4 - 21 所示。接下来就可以用表上作业法求出最优解。

表 4 – 21　　　　　　　　求解例 4.2 第（2）问的单位运价

运价　销地　产地	B₁	B₂	B₃	产量
A₁	3	10	2	15
A₂	4	11	8	25
A₃	8	11	4	20
A₄	0	M	0	10
销量	20	30	20	

对于决策变量较多的线性规划问题来说，运输问题的表上作业法通常比一般单纯形法计算简单，所以，在解决有些实际问题时，常设法将问题转化为运输问题的数学模型来求解。

【例 4.3】某造船厂根据合同要求，需在当年算起的连续三年年末各提供三条规格相同的大型货轮。已知该厂今后三年的生产能力及生产成本如表 4 – 22 所示（注：加班生产时完成的货轮数不包括正常生产时完成的货轮数）。

表 4 – 22　　　　　　　　　　生产能力及生产成本

年度	正常生产时可完成的货轮数（条）	加班生产时可完成的货轮数（条）	正常生产时每条货轮成本（万元）
第一年	2	3	500
第二年	4	2	600
第三年	1	3	550

加班生产情况下每条货轮的成本比正常生产时高出 80 万元，造出的货轮如果当年不交货，每条货轮积压一年增加维修保养等费用 40 万元。同时，该厂希望在第三年末合同任务结束后能储存一条货轮备用。请问：该厂应如何安排计划，使得在满足上述要求的条件下，总的费用支出最少？

解：设 x_{ij}，$i = 1$，2，3 为第 i 年正常生产第 j 年末交货的货轮数量，x_{ij}，$i = 4$，5，6 为第 i 年加班生产第 j 年末交货的货轮数量。c_{ij}，$i = 1$，2，3 为第 i 年正常生产第 j 年末交货的货轮所需生产成本和维修保养费用，c_{ij}，$i = 4$，5，6 为第 i 年加班生产第 j 年末交货的货轮所需。生产成本和维修保养费用。当 $i > j$ 时，$c_{ij} = M$，M 为一充分大的正数。相关数据列于表 4 – 23。

表 4-23　　　　　　　　　　　　　生产与交货供给分析

项目	第 1 年末交货	第 2 年末交货	第 3 年末交货	产量
第 1 年正常生产	500	540	580	2
第 2 年正常生产	M	620	660	4
第 3 年正常生产	M	M	680	1
第 1 年加班生产	680	720	760	3
第 2 年加班生产	M	590	630	2
第 3 年加班生产	M	M	710	3
需求量	3	3	4	

将上述问题转化成产销平衡问题后，用表上作业法即可求得最优解。

【例 4.4】 有三个制造商生产的同一种物资需运往三个地区进行销售，单位运价如表 4-24 所示。三个地区的需求量分别为 8 单位、6 单位和 6 单位。制造商 A_1 可提供的物资数量最少是 4 单位，最多是 10 单位，制造商 A_2 可提供的物资数量为 7 单位，制造商 A_3 可提供的物资数量至少是 5 单位。试求满足各地需求且总运费最小的运输方案。

表 4-24　　　　　　　　　　　　产量、需求量以及单位运价

运价　　销地 制造商	B_1	B_2	B_3	产量
A_1	1	3	4	$4 \leqslant a_1 \leqslant 10$
A_2	2	5	3	7
A_3	3	4	6	$a_3 \geqslant 5$
需求量	8	6	6	

解： 由表 4-24 可知，总需求量为 20 单位。如果制造商 A_1 只能供给 4 单位，那么制造商 A_3 最多供给 9 单位就能满足需求。如果制造商 A_1 供给最大值 10 单位，制造商 A_3 供给 9 单位，那么总产量将达到 26，此时需要增设一个虚拟的地区 B_4，其需求量为 6。

为了考虑可能出现的各种情况，将 A_1 和 A_3 分别分成两部分，其中一部分对应产量的最小值，这部分需要运往已有的三个地区，不能运往虚拟的地区 B_4；另一部分可以运往虚拟的地区，但是由于这部分实际上不需要运输，因而相应的运价为零。

该运输问题可表示为表 4-25 的形式，求解过程请读者完成。

表 4-25   产量、需求量以及单位运价

运价 销地／产地	B_1	B_2	B_3	B_4	产量
A_1	1	3	4	M	4
A_1'	1	3	4	0	6
A_2	2	5	3	M	7
A_3	3	4	6	M	5
A_3'	3	4	6	0	4
需求量	8	6	6	6	

4.4   案例分析：发动机更换计划安排问题

4.4.1   问题背景

为保证飞行安全和作战性能，某型号战斗机的发动机每隔半年必须更换。更换可以有两种方式：换上新发动机；或者使用经过大修的旧发动机。已知新发动机的购置费用为每台100 万元。旧发动机的大修方式有两种：快修，每台 30 万元，0.5 年内可以交货；或者，慢修，每台 20 万元，0.75 ~ 1 年交货。

根据上级部门要求，该型号战斗机在四年后将退役不再使用。估计对该型号战斗机在今后四年内的每半年发动机的更换需求数量（单位：台）分别为：200，160，140，180，230，250，300，270。现在，A 维修厂接受了该项发动机的更换和维修任务。请问 A 厂如何制定发动机的购买和维修安排计划，使四年内的总费用最低。

4.4.2   模型构造

该问题涉及物资的需求与供给，可以看作为一个运输问题，采用表上作业法的思路进行分析与求解。将每半年作为一期，四年共分为 8 期，第 i 期的发动机需求量分别为：200，160，140，180，230，250，300，270；$i = 1, 2, \cdots, 8$。

分析发动机的供应情况如下。发动机在第 i 期使用完毕后需要更换，第 i 期使用过的发动机可以送往 A 厂进行维修。如果快修，这批发动机将在第 $i+1$ 期进行维修，维修费用为每台 30 万元，第 $i+2$ 期后才能更换使用；如果进行慢修，则这批发动机将在第 $i+1$ 期和第 $i+2$ 期进行维修，维修费用为每台 20 万元，在第 $i+3$ 期后才能使用。由于该型号战斗机将在第 8 期后退役，第 7 期及以后更换下来的发动机将不被再次使用。因此，第 i 期送维修的发动机数量可以分别为 200，160，140，180，230，250；$i=1$，2，$\cdots$，6。在第 1 期和第 2 期中，该型号战斗机的发动机只能采用新购的方式获得，每台发动机的购置费为 100 万元，新购发动机总量可以为 8 期需求量的总和 1730 台。构建表式模型如表 4 - 26 所示，其中 M 表示充分大的正数。

表 4 - 26　　　　　　　　　　发动机更换计划安排问题的表式模型

需求期 / 供应情况	第 1 期	第 2 期	第 3 期	第 4 期	第 5 期	第 6 期	第 7 期	第 8 期	供应量
新购	100	100	100	100	100	100	100	100	1730
第 1 期送维修的发动机	M	M	30	20	20	20	20	20	200
第 2 期送维修的发动机	M	M	M	30	20	20	20	20	160
第 3 期送维修的发动机	M	M	M	M	30	20	20	20	140
第 4 期送维修的发动机	M	M	M	M	M	30	20	20	180
第 5 期送维修的发动机	M	M	M	M	M	M	30	20	230
第 6 期送维修的发动机	M	M	M	M	M	M	M	30	250
需求量	200	160	140	180	230	250	300	270	

4.4.3　问题求解

由于表式模型供需不平衡，供大于求，因此增加一个假想的需求期——第 f 期，需求量为 1160 台，更换费用为 0，得到产销平衡下的表式模型如表 4 - 27 所示。

表 4 – 27　　　　　　　　　　发动机更换计划的产销平衡表式模型

需求期／供应情况	第1期	第2期	第3期	第4期	第5期	第6期	第7期	第8期	第f期	供应量
新购	100	100	100	100	100	100	100	100	0	1730
第1期送维修的发动机	M	M	30	20	20	20	20	20	0	200
第2期送维修的发动机	M	M	M	30	20	20	20	20	0	160
第3期送维修的发动机	M	M	M	M	30	20	20	20	0	140
第4期送维修的发动机	M	M	M	M	M	30	20	20	0	180
第5期送维修的发动机	M	M	M	M	M	M	30	20	0	230
第6期送维修的发动机	M	M	M	M	M	M	M	30	0	250
需求量	200	160	140	180	230	250	300	270	1160	

采用表上作业法进行求解，过程从略，得到 3 个最优解，分别如表 4 – 28 ～表 4 – 30 所示。

表 4 – 28　　　　　　　　　　发动机更换计划安排问题最优解 1

需求期／供应情况	第1期	第2期	第3期	第4期	第5期	第6期	第7期	第8期	第f期
新购	200	160	140		70				1160
第1期送维修的发动机				180	20				
第2期送维修的发动机					140	20			
第3期送维修的发动机						140			
第4期送维修的发动机						90	90		
第5期送维修的发动机							210	20	
第6期送维修的发动机							250		

表 4－29　　　　　　　　　　发动机更换计划安排问题最优解 2

供应情况＼需求期	第 1 期	第 2 期	第 3 期	第 4 期	第 5 期	第 6 期	第 7 期	第 8 期	第 f 期
新购	200	160	140		50	20			1160
第 1 期送维修的发动机				180	20				
第 2 期送维修的发动机					160				
第 3 期送维修的发动机						140			
第 4 期送维修的发动机						90	90		
第 5 期送维修的发动机							210	20	
第 6 期送维修的发动机								250	

表 4－30　　　　　　　　　　发动机更换计划安排问题最优解 3

供应情况＼需求期	第 1 期	第 2 期	第 3 期	第 4 期	第 5 期	第 6 期	第 7 期	第 8 期	第 f 期
新购	200	160	140		70				1160
第 1 期送维修的发动机				180		20			
第 2 期送维修的发动机					160				
第 3 期送维修的发动机						140			
第 4 期送维修的发动机						90	90		
第 5 期送维修的发动机							210	20	
第 6 期送维修的发动机								250	

4.4.4 结果分析

由表 4-28~表 4-30 所示的最优安排计划可以看出：在第 1~3 期发动机的更换都将采用新购的方式，购置数量分别为 200 台、160 台和 140 台，第 5~6 期需要新购的发动机总量为 70 台；第 4~6 期中分别有 90 台、210 台、250 台发动机经过快修被使用在第 6~8 期中；其他需要的发动机都将采用慢修的方式，安排方式有 3 种，分别如表 4-28~表 4-30 所示，可进一步结合实际需求选取其中一种安排计划。四年期的总费用为 85700万元。

习 题

1. 某运输问题的产销平衡表及一个调运方案、单位运价分别见表 4-31 和表 4-32，请判断所给出的调运方案是否为最优？并说明理由。

表 4-31 产销平衡表及某一调运方案

产地 \ 销地	B_1	B_2	B_3	B_4	B_5	B_6	产量
A_1		40			10		50
A_2	5	10	20		5		40
A_3	25			24		11	60
A_4				16	15		31
销量	30	50	20	40	30	11	

表 4-32 单位运价

运价 \ 销地 \ 产地	B_1	B_2	B_3	B_4	B_5	B_6
A_1	2	1	3	3	2	5
A_2	3	2	2	4	3	4
A_3	3	5	4	2	4	1
A_4	4	2	2	1	2	2

2. 已知某运输问题的产销平衡表与单位运价如表 4-33 所示。要求：（1）用沃格尔法计算初始基可行解。（2）用对偶变量法计算各非基变量的检验数。（3）求出该运输问题的最优调运方案。

表 4-33　　　　　　　　　　　产销平衡表与单位运价

运价　销地 产地	B_1	B_2	B_3	B_4	产量
A_1	10	5	2	3	70
A_2	4	3	1	2	80
A_3	5	6	4	4	30
销量	60	60	40	20	

3. 某地区有三个化肥厂，除供应外地区需要外，估计每年可供应本地区的数量分别为：化肥厂 A 7 万吨，化肥厂 B 8 万吨，化肥厂 C 3 万吨。有四个产粮区需要该种化肥，需要量分别为：甲地区 6 万吨，乙地区 6 万吨，丙地区 3 万吨，丁地区 3 万吨。已知从各化肥厂到各产粮区的每吨化肥的运价如表 4-34 所示。试根据以上资料制订一个使总运费为最少的化肥调拨方案。

表 4-34　　　　　各化肥厂到各产粮区的每吨化肥的运价　　　　　单位：元/吨

运价　产粮区 化肥厂	甲	乙	丙	丁
A	5	8	7	3
B	4	9	10	7
C	8	4	2	9

4. 表 4-35 展示了各产地到各销地的供需信息及单位运价，其中，A_2 不可达 B_2，试求解该运输问题。

表 4-35　　　　　各产地到各销地的供需信息及单位运价

运价　销地 产地	B_1	B_2	B_3	B_4	B_5	产量
A_1	8	6	3	7	5	20
A_2	5	—	8	4	7	30
A_3	6	3	9	6	8	30
销量	25	25	20	10	20	

5. 已知某运输问题的产销平衡表与单位运价如表 4-36 所示。要求：（1）求最优调拨方案。（2）如产地Ⅲ的产量变为 130 单位，又 B 地区需要的 115 单位必须满足，试重新确定最优调拨方案。

表 4 – 36　　　　　　　　　　　产销平衡表与单位运价

运价＼销地 产地	A	B	C	D	E	产量
Ⅰ	10	15	20	20	40	50
Ⅱ	20	40	15	30	30	100
Ⅲ	30	35	40	55	25	150
销量	25	115	60	30	70	

6. 已知某运输问题的供需关系及单位运价如表 4 – 37 及表 4 – 38 所示。要求：（1）用表上作业法找出最优调运方案。（2）分析从产地 A_1 到销地 B_1 的单位运价 c_{11} 的可能变化范围，使上面的最优调运方案保持不变。（3）分析使该最优调运方案不变时从产地 A_2 到销地 B_3 的单位运价 c_{23} 的变化范围。

表 4 – 37　　　　　　　　　　　运输问题的供需关系

销地＼产地	B_1	B_2	B_3	产量
A_1				8
A_2				7
A_3				4
销量	4	8	5	

表 4 – 38　　　　　　　　　　　运输问题的单位运价

运价＼销地 产地	B_1	B_2	B_3
A_1	4	2	5
A_2	3	5	3
A_3	1	3	2

7. 某运输问题的产销平衡表和最优调运方案如表 4 – 39 所示，单位运价如表 4 – 40 所示。试确定单位运价表（见表 4 – 40）中的 c_{12}、c_{35} 和 c_{41} 分别在什么范围内变动时，表 4 – 39 中给出的最优调运方案不变。

表 4 – 39　　　　　　　　　　　产销平衡表和最优调运方案

销地＼产地	B_1	B_2	B_3	B_4	B_5	B_6	产量
A_1	20	30	—				50
A_2	—	20	20	—	—	—	40

续表

产地＼销地	B₁	B₂	B₃	B₄	B₅	B₆	产量
A₃	10	—		39		11	60
A₄	—	—	—	1	30	—	31
销量	30	50	20	40	30	11	

注：表中"—"表示两地之间无产销关系。

表 4－40　　　　　　　　　　单位运价

运价＼销地　产地	B₁	B₂	B₃	B₄	B₅	B₆
A₁	2	1	3	3	3	5
A₂	4	2	2	4	4	4
A₃	3	5	4	2	4	1
A₄	4	2	2	1	2	2

8. 西北某市属公司有三个区，即一区、二区、三区，每年分别需要生活用煤和取暖用煤 3000 千克、1000 千克、2000 千克，由河北临城、山西盂县两处煤矿负责供应，这两处煤矿的价格相同。煤的质量也基本相同。两处煤矿能供应给该公司的煤的数量为：山西盂县 4000 千克，河北临城 1500 千克。由煤矿至 3 个用煤区的单位运价（单位：百元/千克）如表 4－41 所示。由于需大于供，经公司研究决定，一区供应量可减少 0～400 千克，二区需要量应全部满足，三区供应量不少于 1600 千克。试确定总运输成本最低的运输方案。

表 4－41　　　　　　　　　　运价

运价＼销地　产地	一区	二区	三区	供应量（千克）
山西盂县	1.65	1.70	1.75	4000
河北临城	1.60	1.65	1.70	1500
需求量（千克）	3000	1000	2000	

9. 某公司在三个地方有三个分厂，生产同一种产品，其产量分别为 300 箱、400 箱、500 箱；需要销往四个地方，甲、乙、丙、丁四地的产品需求分别为 400 箱、250 箱、350 箱、200 箱。三个分厂到四个销地的单位运价如表 4－42 所示。要求：（1）应如何安排运输方案，使得总运费为最小？（2）如果二分厂的产量从 400 箱提高到了 600 箱，那么应如何安排运输方案，使得总运费为最小？（3）如果销地甲的需求从 400 箱提高到 550 箱，而其他情况不变，那该如何安排运输方案，使得运费最小？

表 4-42　　　　　　　　　　　　三个分厂到四个销地的单位运价

运价　销地　产地	甲	乙	丙	丁
一分厂	21	17	23	25
二分厂	10	15	30	19
三分厂	23	21	20	22

10. 某公司由甲、乙、丙、丁四个分厂生产同一种产品，产量分别为 300 吨、500 吨、400 吨、100 吨，供应Ⅰ、Ⅱ、Ⅲ、Ⅳ、Ⅴ、Ⅵ六个地区的需要，各地区的需要量分别为 300 吨、250 吨、350 吨、200 吨、250 吨、150 吨。由于原料、工艺、技术的差别，各厂每千克产品的成本分别为 1.3 元、1.4 元、1.35 元、1.5 元。又由于行情不同，各地区销售价分别为每千克 2.0 元、2.2 元、1.9 元、2.1 元、1.8 元、2.3 元。

已知从各厂运往各销售地区每千克运价如表 4-43 所示。

表 4-43　　　　　　　　　　各厂运往各销售地区的运价　　　　　　　　　单位：元/千克

运价　销地　产地	Ⅰ	Ⅱ	Ⅲ	Ⅳ	Ⅴ	Ⅵ
甲分厂	0.4	0.5	0.3	0.4	0.4	0.1
乙分厂	0.3	0.7	0.9	0.5	0.6	0.3
丙分厂	0.6	0.8	0.4	0.7	0.5	0.4
丁分厂	0.7	0.4	0.3	0.7	0.4	0.7

从上面已知情况可知，销大于产，如果要求Ⅰ和Ⅱ两销地至少供应 150 吨，Ⅴ销地的需要必须全部满足，Ⅲ、Ⅳ和Ⅵ三个销地只要求供应量不超过需求量，请确定一个运输方案使该公司获利最多。

沃格尔法视频　　　　　产销不平衡运输　　　　　部分习题答案
　　　　　　　　　　　问题建模视频

第5章　线性整数规划

本章导读

　　在现实生活中有许多实际问题建立的线性规划模型的决策变量只能取整数，如人员排班问题中的人员数量、生产计划问题中要求的产品数量、任务派遣机械设备需求数量等，都是不可分割的整数。用单纯形法求解这样的线性规划，得到的结果往往是小数解，单纯形算法只适用于连续型线性规划问题。然而，对于许多决策变量只取整数的线性规划问题而言，一部分或全部变量的取值必须是整数。由此，我们引入**整数规划**（integer programming，IP），即要求一部分或全部决策变量必须取整数值的规划问题。

　　本章知识点之间的逻辑关系如图5-1所示。

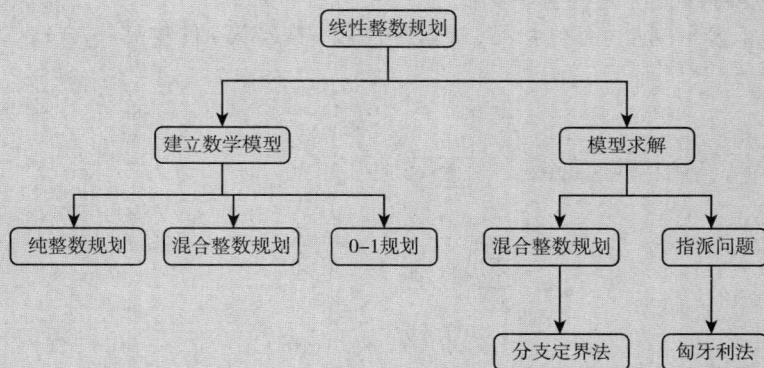

图5-1　第5章知识点逻辑关系

5.1　线性整数规划问题

　　若给定的优化问题是一个取值为整数或部分整数的**线性规划**，则称该整数规划为**线性整数规划**。如果不考虑整数约束条件，由剩下的目标函数和约束条件构成的规划问题称为该整数规划问题对应的**松弛问题**。

我们先讨论下面的线性整数规划模型的一般形式：

$$\max(\text{或 } \min)z = \sum_{j=1}^{n} c_j x_j$$

$$\text{s. t.} \begin{cases} \sum_{j=1}^{n} a_{ij} x_{ij} \leqslant (\text{或 } =, \text{或} \geqslant) b_i & i = 1, 2, \cdots, m \\ x_j \geqslant 0 & j = 1, 2, \cdots, n \\ x_1, x_2, \cdots, x_n \text{ 中部分或全部取整数} \end{cases} \qquad (5-1)$$

整数规划按其变量全部或部分限制为整数而分成两类：全部变量取整数的称为**纯整数规划**，部分变量取整数的称为**混合整数规划**。特别是所有的变量仅取值为 0 或 1 的一种纯整数规划，我们称为 **0 − 1 型整数规划**。

【例 5.1】背包问题（0 − 1 型整数规划）。有一个旅行者为了准备旅行时必须带的用品，需要在他的背包中装一些最有用的物品，但是有个限制，最多只能装总重量或容量为 b（单位：千克或立方米）的物品，而每件物品只能按整件携带，旅行者给每件物品规定了一个"价值"，表示其有用的程度。如果一共有 n 件物品，第 j 件物品重量或容量为 a_j（单位：千克或立方米；$j = 1, 2, \cdots, n$），其价值为 c_j。问他在携带的物品总重量或容量不超过 b 的条件下，携带哪些物品可使总价值最大？

解：设 $x_j = 1$ 表示携带第 j 件物品，$x_j = 0$ 表示不携带第 j 件物品（$j = 1, 2, \cdots, n$），则问题可表示为：

$$\max z = \sum_{j=1}^{n} c_j x_j$$

$$\text{s. t.} \begin{cases} \sum_{j=1}^{n} a_j x_j \leqslant b \\ x_j = 0 \text{ 或 } 1, j = 1, 2, \cdots, n \end{cases}$$

上述问题是一个典型的 0 − 1 型整数规划问题，它的所有决策变量只能取 0 或 1。

【例 5.2】工厂选址问题（混合整数规划）。一家公司计划在 m 个地点中选择若干地点建造分公司，为了满足 n 个地区对其产品的需求，选择建造地点时，需要考虑以下因素：（1）固定成本 f_i（$i = 1, 2, \cdots, m$）；（2）生产能力 t_i（$i = 1, 2, \cdots, m$）；（3）在 n 个区中，第 j 个地区的需求量为 d_j（$j = 1, 2, \cdots, n$）；（4）第 i 个分公司至第 j 个区的商品运输成本为 c_{ij}。该公司应在哪些地点建分公司，可使得公司的产品满足需求且总费用最少？

解：以 ω_i 表示第 i 个地点被选择的状况，即：

$$\omega_i = \begin{cases} 1, & \text{选择第 } i \text{ 个地点} \\ 0, & \text{不选择第 } i \text{ 个地点} \end{cases}$$

设 x_{ij} 表示从第 i 个分公司运往第 j 地区的商品数量，则：

$$\min z = \sum_{i=1}^{m} f_i \omega_i + \sum_{i=1}^{m} \sum_{j=1}^{n} c_{ij} x_{ij}$$

$$\text{s. t.} \begin{cases} \sum_{j=1}^{n} x_{ij} \leqslant t_i \omega_i, & i = 1, \cdots, m, \\ \sum_{i=1}^{m} x_{ij} \geqslant d_j, & j = 1, \cdots, n, \\ x_{ij} \geqslant 0, & \omega_i = 0 \text{ 或 } 1 \end{cases}$$

本例中，决策变量一部分可取非负实数，另一部分只能取非负整数，属于混合整数规划问题。

求解整数规划问题往往非常困难。从解的特点上来说，线性整数规划及其松弛问题应该有着联系，也许有人认为若求出其松弛问题的最优解，那么原问题的最优解就应该在松弛问题的附近，但是实际中并非如此。

虽然松弛问题作为线性规划问题，其可行解的集合是一个凸集，并且任意两个可行解的凸组合仍为可行解，但是整数规划问题的可行解集合是它的松弛问题的可行解集合的子集，而任意两个可行解的凸组合却不一定为整数规划问题的可行解。因此，松弛问题的最优解一般不是整数规划问题的最优解，并且往往也不在附近，而整数规划的最优解的目标函数值一般不会优于其松弛问题的最优解的目标函数值。因此，当所得的松弛问题的最优解非整时，若对这个最优解简单地取整，所得的解不一定是对应的整数规划问题的最优解，而且不一定是整数规划问题的可行解。

整数规划是数学规划中一个尚未完善的分支，至今只能求解中等规模的线性整数规划问题，而对于非线性整数规划问题，仍没有好的求解方法。本书仅讨论线性整数规划，后面提到的整数规划，一般都是指线性整数规划。

5.2 线性整数规划的分支定界法

在整数规划问题中，变量只能取有限个离散的整数值。从有限多的可行解中寻找最优解的最直观、最简单的方法就是枚举法，即把问题的解全部列举出来，然后进行比较得到最优解。但随着问题规模的扩大，其可行解的数目也将急剧增加，这使得枚举法失去意义。**分支定界法**（branch and bound method）是在枚举法基础上改进的隐枚举法，即通过分支和定界大大减少计算量。该方法是求解一般整数规划的通用方法，既可用于纯整数规划，又可用于混合整数规划。分支定界法的关键是分支和定界。

5.2.1　分支与定界

5.2.1.1　分支

若整数规划的松弛问题的最优解不满足整数条件，假设某一决策变量 $x_i = b_i$ 为非整数，$[b_i]$ 是不超过 b_i 的最大整数，则构造两个约束条件：

$$x_i \leqslant [b_i]; x_i \geqslant [b_i] + 1$$

分别将其并入上述松弛问题中，从而形成两个分支子规划问题。两个分支子规划问题的可行域包含原整数规划问题的所有可行解。而在原松弛问题的可行域中，区域 $[b_i] < x_i < [b_i] + 1$ 在以后的求解中被舍弃。因此，以后的分支子规划问题可以用类似方法产生自己的分支子规划问题，如此不断重复分支过程，直到获得原整数规划问题的最优解为止，我们把这个过程称为"分支"。

5.2.1.2　定界

在分支过程中，若某个分支子规划问题刚好获得整数规划问题的一个整数可行解，那么，它的目标函数值就成为一个"界"，可作为判断其他分支子规划问题能否进一步分支的依据，那么，对于对应松弛问题最优目标函数值一般劣于上述"界"的分支子规划问题，就可不再继续分支。如果以后的分支过程中某一分支子规划问题的最优目标值出现了更好的"界"，则以它来取代原来的"界"，这样就可以提高定界的效率。

5.2.1.3　分支与定界的作用

"分支"的主要目的是寻找整数规划的整数可行解；"定界"的目的是更快地寻找接近最优解的整数可行解。经验表明，"定界"可以大大地提高分支定界法搜索整数最优解的实际效率。

5.2.2　分支定界法的基本步骤

分支定界法求解整数规划的基本步骤如下。

步骤 1：求解原整数规划的松弛问题，若松弛问题没有可行解，则整数规划也无可行解，计算停止；若松弛问题有最优解，且为整数解，则该解就是原整数规划问题的最优解，计算停止；若松弛问题有最优解，但为非整数解，则转下一步。

步骤 2：在松弛问题最优解中任选一个不符合整数条件的变量进行分支。若选择 $x_j = b_j$，设 $[b_i]$ 是不超过 b_i 的最大整数，构造两个约束条件：

$$x_i \leqslant [b_i], x_i \geqslant [b_i] + 1$$

分别加在松弛问题的约束条件上，形成两个分支子规划问题，并分别进行求解。

步骤 3：若分支子规划问题中存在满足原问题的整数最优解，找出最优的目标函数值作为整数规划问题最优目标函数值的界 z_0（若原问题是最大化问题，则 z_0 为下界；反之，若原问题是最小化问题，则 z 为上界）。

步骤 4：各分支子规划问题中无可行解或最优目标函数值不比界 z_0 更优，则无需再考虑分支。对于最优目标函数值优于界 z_0，但最优解不满足整数要求的解继续进行分支，同时将新的最优目标函数值代替原来的界 z_0。

步骤 5：若所有分支子规划问题都无需继续分支，即得到整数规划问题的最优解。

下面通过具体的例子来说明分支定界法的基本思想和步骤。

【例 5.3】一家设备生产企业，主要生产两种设备：A 和 B。这两种设备所需的材料相同，技术上也比较相似，对材料和技术人员的需求如表 5-1 所示。现在该公司需要作出一个设备生产计划，以使利润值达到最大。

表 5-1　　　　　　　某公司生产设备 A 和设备 B 所需资源及所得利润

项目	材料	技术人员	利润
一台设备 A	1	4	3
一台设备 B	2	3	4
资源总数量	8	15	—

解：设生产 x 台设备 A，y 台设备 B，则该问题的整数规划模型为：

$$\max z = 3x + 4y$$
$$\text{s. t.} \begin{cases} x + 2y \leq 8 \\ 4x + 3y \leq 15 \\ x, y \geq 0 \text{ 且为整数} \end{cases}$$

记该整数规划问题为（IP），它的松弛问题为（LP）。用单纯形法求解（LP），得最优解：

$$(x, y)^{(0)} = (1.2, 3.4)^T, z_0 = 17.2$$

因为（LP）的最优解不符合整数要求，所以任选一个变量进行分支。选取 $y = 3.4$，则可构造两个约束条件。将这两个约束条件分别并入松弛问题（LP）中，形成两个分支子规划问题（LP$_1$）和（LP$_2$），如下：

$$(\text{LP}_1) \quad \max z = 3x + 4y \qquad\qquad (\text{LP}_2) \quad \max z = 3x + 4y$$
$$\text{s. t.} \begin{cases} x + 2y \leq 8 \\ 4x + 3y \leq 15 \\ y \leq 3 \\ x, y \geq 0 \end{cases} \qquad \text{s. t.} \begin{cases} x + 2y \leq 8 \\ 4x + 3y \leq 15 \\ y \geq 4 \\ x, y \geq 0 \end{cases}$$

同样用单纯形法求解上述两个模型，得到（LP$_1$）的最优解为：$x = 1.5$，$y = 3$，对应的目标函数值为 $z = 16.5$；（LP$_2$）的最优解为：$x = 0$，$y = 4$，对应的目标函数值为 $z = 16$。上述（LP_1）的解仍不符合整数解要求，（LP_2）的解为整数解，且（LP_1）的目标函数值优于（LP_2）的目标函数值，所以继续分支。

构造两个新的约束条件 $x \leqslant 1$ 和 $x \geqslant 2$。将这两个约束条件分别添加到松弛问题（LP_1）中，形成（LP_1）的两个分支子规划问题（LP_{11}）和（LP_{12}）：

$$(LP_{11}) \quad \max z = 3x + 4y \qquad (LP_{12}) \quad \max z = 3x + 4y$$

$$\text{s.t.} \begin{cases} x + 2y \leqslant 8 \\ 4x + 3y \leqslant 15 \\ y \leqslant 3 \\ x \leqslant 1 \\ x, y \geqslant 0 \end{cases} \qquad \text{s.t.} \begin{cases} x + 2y \leqslant 8 \\ 4x + 3y \leqslant 15 \\ y \leqslant 3 \\ x \geqslant 2 \\ x, y \geqslant 0 \end{cases}$$

同样用单纯形法求解上述两个模型，得到（LP_{11}）的最优解为：$x = 1$，$y = 3$，对应的目标函数值为 $z = 15$；（LP_{12}）的最优解为：$x = 2$，$y = 7/3$，对应的目标函数值为 $z = 46/3$。以上（LP_{11}）的最优解满足整数要求，即都是原问题的可行解，因（LP_{12}）的最优解为非整数，将（LP_2）的目标函数值 $z = 16$ 作为一个界，（LP_{12}）目标函数值 $z = 46/3$ 劣于（LP_2）的目标函数值，所以不再对（LP_{12}）进行分支，因此该问题的分支搜索结束。

综上所述，我们已经求得了整数规划（IP）的最优解 $x = 0$，$y = 4$，$z = 16$。图 5-2 给出了本例用分支定界法寻求最优解的全部过程。这个例子告诉我们整数规划的最优解并不在它的松弛问题的最优解附近。

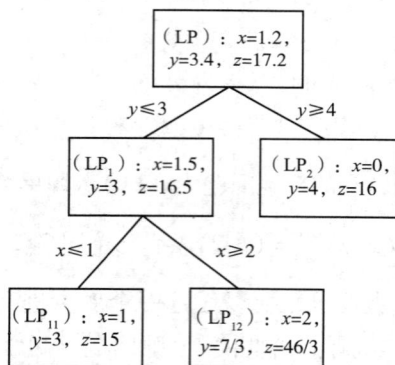

图 5-2　分支定界法求解过程

5.3　线性 0-1 型整数规划

5.3.1　0-1 变量的定义

当线性整数规划的决策变量只取 0 或 1 值，把这样的纯整数规划称为 0-1 型整数规划。

现实决策模型中经常会碰到取值为 0 或 1 这样的决策问题，例如，1 表示选择某种方案，0 表示不选择某种方案，因此 0 - 1 变量可以看成是一种逻辑变量，表示系统是否处于某个特定状态，或者决策者是否取某个特定方案。例如：

$$x = \begin{cases} 1, & \text{当决策选择方案 } A \\ 0, & \text{当决策不选择方案 } A \end{cases}$$

当问题含有多个方案需要选择，且每种方案都有两种选择时，可用一组 0 - 1 变量来描述这种问题，例如后面的指派问题。一般地，设问题有有限项方案 S_1，S_2，$\cdots$，S_n，其中每种方案 S_j 有两种选择 A_j 和 $\overline{A}_j$（$j = 1$，2，$\cdots$，n），则可令：

$$x_j = \begin{cases} 1, & \text{若 } E_j \text{ 选择 } A_j \\ 0, & \text{若 } E_j \text{ 选择 } \overline{A}_j \end{cases}$$

那么，向量 $(x_1, x_2, \cdots, x_n)^T$ 就描述了问题的特定状态或方案，即：

$$(x_1, x_2, \cdots, x_n)^T = \begin{cases} (1,1,\cdots,1,1)T, & \text{若选择} (A_1,A_2,\cdots,A_{n-1},A_n)^T \\ (1,1,\cdots,1,0)T, & \text{若选择} (A_1,A_2,\cdots,A_{n-1},\overline{A}_n)^T \\ \vdots \\ (1,0,\cdots,0,0)T, & \text{若选择} (A_1,\overline{A}_2,\cdots,\overline{A}_{n-1},\overline{A}_n)^T \\ (0,0,\cdots,0,0)T, & \text{若选择} (\overline{A}_1,\overline{A}_2,\cdots,\overline{A}_{n-1},\overline{A}_n)^T \end{cases}$$

在实际问题中，有时会遇到变量可以取多个整数值的问题。这时，利用 0 - 1 变量是二进制变量的性质，可以用一组 0 - 1 变量来取代该变量。例如，若变量 x 取 0 ~ 9 之间的任意整数值，则可令 $x = 2^0 x_0 + 2^1 x_1 + 2^2 x_2 + 2^3 x_3 \leqslant 9$，其中 x_0，x_1，x_2，x_3 皆为 0 - 1 变量。这样一般整数规划都可以转化成 0 - 1 型整数规划问题。

事实上，0 - 1 型整数规划问题在经济管理问题中普遍存在。0 - 1 变量在建模中有着广泛的应用，在构成有特殊要求的约束条件中，可以利用 0 - 1 变量构造满足约束条件的等式或不等式，体现其强大的功能。

【例 5.4】投资问题。某公司有机会对五个项目 A_i（$i = 1$，2，$\cdots$，5）进行投资，三年内每年可投资 25 万元，已知每个项目所需年投资额和所获利润如表 5 - 2 所示，问：应怎样投资，才能使公司利润最大化？

表 5 - 2　　　　　　　　各投资项目投资额及利润　　　　　　　　单位：万元

项目	第 1 年	第 2 年	第 3 年	利润
A_1	5	1	7	21
A_2	3	7	10	30
A_3	3	10	2	23
A_4	7	3	1	16
A_5	7	5	11	27

解：引进 $0-1$ 变量：

$$x_i = \begin{cases} 1, & \text{当投资于 } A_i \text{ 时} \\ 0, & \text{当不投资于 } A_i \text{ 时} \end{cases}, i = 1, 2, \cdots, 5$$

得数学模型为：

$$\max z = 21x_1 + 30x_2 + 23x_3 + 16x_4 + 27x_5$$

$$\text{s. t.} \begin{cases} 5x_1 + 3x_2 + 3x_3 + 7x_4 + 7x_5 \leqslant 25 \\ x_1 + 7x_2 + 10x_3 + 3x_4 + 5x_5 \leqslant 25 \\ 7x_1 + 10x_2 + 2x_3 + x_4 + 11x_3 \leqslant 25 \\ x_i \in \{0,1\}, i = 1, 2, \cdots, 5 \end{cases}$$

5.3.2　0-1 变量的应用

5.3.2.1　0-1 变量在约束条件中的选项问题的应用

例如，设有三项活动 A_j（$j = 1$，2，3），引进 $0-1$ 变量：

$$x_j = \begin{cases} 1, & \text{当选择 } A_j \text{ 时} \\ 0, & \text{当不选择 } A_j \text{ 时} \end{cases}, j = 1, 2, 3$$

若从中只能选择一项，则可表示为 $x_1 + x_2 + x_3 = 1$；若从中至少选择一项，则可表示为 $x_1 + x_2 + x_3 \geqslant 1$；若从中至多选择一项，则可表示为 $x_1 + x_2 + x_3 \leqslant 1$；若从中至多选择两项，则可表示为 $x_1 + x_2 + x_3 \leqslant 2$。$j$ 取任何值都可依上述假设方法类推。

【**例5.5**】设变量只能取 1、3、5、7 中的一个，试用 $0-1$ 变量来表示此要求。

解：引进 $0-1$ 变量 x_i（$i = 1$，2，3，4），则：

$$x = x_1 + 3x_2 + 5x_3 + 7x_4$$

$$\begin{cases} x_1 + x_2 + x_3 + x_4 = 1 \\ x_i \in \{0,1\}, i = 1, 2, 3, 4 \end{cases}$$

【**例5.6**】某公司计划在市区的东、南、西、北、中五区建立销售门市部，拟议中有 12 个位置 A_j（$j = 1$，2，$\cdots$，12）可供选择，考虑到各地区居民的消费水平及居民居住密集度，规定：在东区由 A_1、A_2、A_3 三个点中至多选两个；在南区由 A_4、A_5、A_6 三个点中至多选一个；在西区由 A_7、A_8 两个点中至少选一个；在北区由 A_9、A_{10} 两个点中至少选一个；在中区由 A_{11}、A_{12} 两个点中至少选一个。A_j 各点的设备投资及每年可获利润由于地点不同都是不一样的，预测情况如表 5-3 所示。但投资总额不能超过 920 万元。问：应选择哪几个销售点，可使公司年利润最大？

表 5－3					各投资方案投资额及利润						单位：万元	
项目	A_1	A_2	A_3	A_4	A_5	A_6	A_7	A_8	A_9	A_{10}	A_{11}	A_{12}
投资额	110	100	160	85	74	93	80	142	168	188	171	135
利润	36	42	51	22	26	32	27	49	55	66	67	43

解：设 0－1 变量 $x_i = 1$（A_j 点被选用）或 0（A_j 点没被选用）。

这样我们可建立如下的数学模型：

$$\max z = 36x_1 + 42x_2 + 51x_3 + 22x_4 + 26x_5 + 32x_6 + 27x_7 + 49x_8$$
$$+ 55x_9 + 66x_{10} + 67x_{11} + 43x_{12}$$

$$\text{s. t.} \begin{cases} 110x_1 + 100x_2 + 160x_3 + 85x_4 + 74x_5 + 93x_6 + 80x_7 + 142x_8 \\ \quad + 168x_9 + 188x_{10} + 171x_{11} + 135x_{12} \leqslant 920 \\ x_1 + x_2 + x_3 \leqslant 2 \\ x_4 + x_5 + x_6 \leqslant 1 \\ x_7 + x_8 \geqslant 1 \\ x_9 + x_{10} \geqslant 1 \\ x_{11} + x_{12} \geqslant 1 \\ x_j = 0 \text{ 或 } 1, j = 1, 2, \cdots, 12 \end{cases}$$

5.3.2.2　0－1 变量在含有相互排斥约束条件问题的应用

【例 5.7】设工序 A 原来有一种加工方式的每周工时约束条件为：

$$0.4x_1 + 0.5x_2 \leqslant 140$$

后来采用一种新的加工方式，相应的每周工时约束条件为：

$$0.1x_1 + 0.3x_2 \leqslant 110$$

如果工序 A 只能从上述两种加工方式中选择一种，那么以上两个约束条件就成了相互排斥的约束条件。为了将两个互斥约束条件归入一个问题当中，可以引入 0－1 变量：

$$y_1 = \begin{cases} 1, & \text{若工序 A 不采用原加工方式} \\ 0, & \text{若工序 A 采用原加工方式} \end{cases}$$

和

$$y_2 = \begin{cases} 1, & \text{若工序 A 不采用新加工方式} \\ 0, & \text{若工序 A 采用新加工方式} \end{cases}$$

于是，上述相互排斥的约束条件可用下列三个约束条件统一成下面形式：

$$\begin{cases} 0.4x_1 + 0.5x_2 \leqslant 140 + M_1 y_1 & (1) \\ 0.1x_1 + 0.3x_2 \leqslant 110 + M_2 y_2 & (2) \\ y_1 + y_2 = 1 \end{cases}$$

其中，M_1 和 M_2 都是充分大的正数。由于 y_1 和 y_2 中必定有一个是 1，另一个是 0。若 $y_1 = 1$，而 $y_2 = 0$，即采用新加工方式，此时式（1）自然成立，因而是多余的条件；反之，若 $y_1 = 0$，而 $y_2 = 1$，即采用原加工方式，此时式（2）自然成立，因而是多余的条件。

一般地，若需要从给定的 p 个约束条件：

$$\sum_{j=1}^{n} a_{ij} x_j \leqslant b_i, i = 1,2,\cdots,p$$

中恰好选择 q 个约束条件满足，类似地可以引入 p 个 $0-1$ 变量：

$$y_i = \begin{cases} 1, & \text{若不选择第 } i \text{ 个约束条件} \\ 0, & \text{若选择第 } i \text{ 个约束条件} \end{cases}, i = 1,2,\cdots,p$$

那么，可以构成如下的约束条件组：

$$\begin{cases} \sum_{j=1}^{n} a_{ij} x_j \leqslant b_i + M_i y_i \\ \sum_{i=1}^{p} y_i = p - q \end{cases}, i = 1,2,\cdots,p$$

其中，M_i 是充分大的整数，即达到了问题的要求。因为上述约束条件组保证了在 p 个 $0-1$ 变量中有 $p-q$ 个为 1，q 个为 0。凡取 0 值的 y_i 对应的约束条件即为原约束条件；而取 1 值的 y_i 对应的约束条件必定成立，因此是多余的。

在实际问题中，各 x_j 的取值范围往往可以根据它们的实际意义进行估计。为各个约束条件选取足够大的数 M_i 必须保证

$$\sum_{j=1}^{n} a_{ij} x_j \leqslant b_i + M_i y_i$$

恒成立，实际上，上述条件是一个无效约束。有时，为了方便，可以适当选取一个共同的数 M 来取代各个 M_i。此时有：

$$M \geqslant \max(M_1, M_2, \cdots, M_P)$$

5.3.2.3 $0-1$ 变量在目标函数中的选择问题的应用

【例 5.8】某公司制造小、大两种尺寸的产品，所需资源 A、B、C，制造该产品所需的各种资源的数量如表 5-4 所示。每种产品所得的利润分别为 4 和 6（不考虑固定费用），可使用的资源 A、B、C 分别有 400、300、200，此外生产该产品需支付一笔固定的费用：小号为 100，大

号为 200。现在要制订一个生产计划，使获得的利润为最大（本题不考虑各物理量的单位）。

表 5 - 4 　　　　　　　生产不同尺寸产品的资源单位消耗量和总资源数量

资源	小尺寸产品	大尺寸产品	总资源量
A	2	5	400
B	1	2	300
C	3	4	200

解：这是一个整数规划的问题。

设 x_1，x_2 分别为小号产品、大号产品的生产数量。令：

$$y_j = \begin{cases} 1, & \text{若生产第 } j \text{ 种产品（即 } x_j > 0） \\ 0, & \text{若不生产第 } j \text{ 种产品（即 } x_j = 0） \end{cases}, \quad j = 1, 2$$

引入约束 $x_i \le M_i y_i$，$i = 1$，2，M_i 充分大，以保证当 $y_i = 0$ 时，$x_i = 0$。则问题的整数规划模型为：

$$\max z = 4x_1 + 6x_2 - 100y_1 - 200y_2$$

$$\text{s. t.} \begin{cases} 2x_1 + 5x_2 \le 400 & (1) \\ x_1 + 2x_2 \le 300 & (2) \\ 3x_1 + 4x_2 \le 200 & (3) \\ x_1 \le M_1 y_1 & (4) \\ x_2 \le M_2 y_2 & (5) \\ x_i \ge 0 \text{ 且为整数，} i = 1, 2 & (6) \\ y_i = 0 \text{ 或 } 1, i = 1, 2 & (7) \end{cases}$$

其中，M_i 为 x_i 的某个上界。例如，根据约束条件（2），可取 $M_1 = 300$，$M_2 = 150$。

5.3.3　0 - 1 型整数规划的解法

先前介绍的分支定界法能用来求解 0 - 1 型整数规划，由于其解向量是 0 和 1 的分量组合，所以可以采用枚举法求解。若有 n 个变量，则可以产生 2^n 个可能的变量组合，当 n 较大时，采用完全枚举法解题几乎是不可能的。但是在 2^n 个可能的变量组合中，往往只有一部分是可行解。只要发现某个变量组合不满足其中一个约束条件时，该变量组合即为非可行解，不必再去检验它是否满足其他约束条件。对于已发现的一个可行解，则可根据它的目标函数值产生一个过滤条件：$z_{max} \ge c$ 或 $z_{min} \le c$，对于目标函数值劣于它的变量组合的可行性就不必再做检验。在之后的求解过程中，若发现优于原来的可行解，则将新的目标函数值替换原来的过滤条件成为新的过滤条件。这种通过设置一些条件来减少运算次数的方法，能更快地找到问题的最优解。

【例 5.9】求解 0 - 1 型整数规划。

$$\max z = 4x_1 - 3x_2 + 6x_3$$

$$\text{s. t.} \begin{cases} x_1 + 2x_2 - x_3 \leq 2 \\ x_1 + 4x_2 + x_3 \leq 4 \\ x_1 + x_2 \leq 3 \\ 4x_2 + x_3 \leq 6 \\ 2x_1 + 2x_2 + x_3 \leq 5 \\ x_j = 0 \text{ 或 } 1, j = 1,2,3 \end{cases}$$

解：将式中的约束条件从上到下依次记为 a、b、c、d、e，求解过程可以通过列表进行计算（见表 5 - 5）。

表 5 - 5   0 - 1 型整数规划的求解过程

(x_1, x_2, x_3)	z 值	a	b	c	d	e	过滤条件
(0, 0, 0)	0	√	√	√	√	√	$z \geq 0$
(1, 0, 0)	4	√	√	√	√	√	$z \geq 4$
(0, 1, 0)	- 3						
(0, 0, 1)	6	√	√	√	√	√	$z \geq 6$
(1, 1, 0)	1						
(0, 1, 1)	3						
(1, 0, 1)	10	√	√	√	√	√	$z \geq 10$
(1, 1, 1)	7						

由表 5 - 5 可以得出，最优解 $(x_1, x_2, x_3)^T = (1, 0, 1)^T$，最优目标函数值 $\max z = 10$。

5.4   指派问题

5.4.1   指派问题的数学模型

指派问题（assignment problem）又称为分配问题，是一种特殊的 0 - 1 型整数规划问题。例如，有若干项工作需要分配给若干人（或部门）来完成，有若干产品需要安排在若干机器上加工等。诸如此类问题，在满足特定的指派要求下，如何进行分配使得总体效果最佳是指派问题主要研究的内容。

指派问题的标准形式是：有 n 个人和 n 件事，已知第 i 个人做第 j 件事的费用或成本为 c_{ij} $(i, j = 1, 2, \cdots, n)$，要求确定人和事之间的一一对应关系，使完成这 n 件事的总费用或总成本达到最少。

指派问题是一个标准的组合优化问题，为了建立指派问题的一般数学模型，引入 n^2 个 $0-1$ 变量，令：

$$x_{ij} = \begin{cases} 1, & \text{若指派第 } i \text{ 个人做第 } j \text{ 件事} \\ 0, & \text{若不指派第 } i \text{ 个人做第 } j \text{ 件事} \end{cases}, i, j = 1, 2, \cdots, n$$

这样，指派问题的数学模型可写成：

$$\min z = \sum_{i=1}^{n} \sum_{j=1}^{n} c_{ij} x_{ij} \tag{5-2}$$

$$\text{s. t.} \begin{cases} \sum_{i=1}^{n} x_{ij} = 1, & j = 1, 2, \cdots, n & (5-3) \\ \sum_{j=1}^{n} x_{ij} = 1, & i = 1, 2, \cdots, n & (5-4) \\ x_{ij} = 0 \text{ 或 } 1, & i, j = 1, 2, \cdots, n & (5-5) \end{cases}$$

一般称矩阵

$$C = (c_{ij})_{n \times n} = \begin{bmatrix} c_{11} & c_{12} & \cdots & c_{1n} \\ c_{21} & c_{22} & \cdots & c_{2n} \\ \vdots & \vdots & & \vdots \\ c_{n1} & c_{n2} & \cdots & c_{nn} \end{bmatrix} \tag{5-6}$$

为指派问题的系数矩阵。在实际问题中，根据 c_{ij} 的具体意义，矩阵 C 有不同的含义，如时间、费用、成本等。当 C 表示费用时，系数矩阵 C 中，第 i 行各元素表示第 i 人做事的费用或成本，第 j 列各元素表示各人做第 j 事的费用或成本。

指派问题的解可用解矩阵 $X = (x_{ij})_{n \times n}$ 来表示。当矩阵每列各元素中都有且只有一个 1 满足约束条件式（5-3），每行各元素中都有且只有一个 1 满足约束条件（5-4）时，该矩阵为指派问题的可行解。以下实例说明。

【例 5.10】某车间要加工四种零件 B_j（$j = 1, 2, 3, 4$），该车间有四台机床 A_i（$i = 1, 2, 3, 4$），每台机床加工一种零件。已知各机床加工零件的工时（单位：小时）如表 5-6 所示，问：应如何安排，才能使加工总时最少？

表 5-6　　　　　　　　　　　　　　各零件加工时间　　　　　　　　　　　　　单位：小时

机床	零件 B_1	零件 B_2	零件 B_3	零件 B_4
A_1	2.0	4.2	3.4	4.0
A_2	3.5	4.5	1.0	3.6
A_3	3.6	1.8	2.5	1.9
A_4	3.0	2.1	1.8	3.0

解：这是一个标准的指派问题。若设 0 – 1 变量：

$$x_{ij} = \begin{cases} 1, & \text{当 A}_i \text{ 加工 B}_j \text{ 时} \\ 0, & \text{当 A}_i \text{ 不加工 B}_j \text{ 时} \end{cases}, i,j = 1,2,3,4$$

则可列出该问题的数学模型：

$$\min z = 2.0x_{11} + 4.2x_{12} + \cdots + 1.8x_{43} + 3.0x_{44}$$

$$\text{s. t.} \begin{cases} \sum_{j=1}^{4} x_{ij} = 1, & i = 1,2,3,4 \\ \sum_{i=1}^{4} x_{ij} = 1, & j = 1,2,3,4 \\ x_{ij} \in \{0,1\}, & i,j = 1,2,3,4 \end{cases}$$

5.4.2　匈牙利算法

由模型可知，指派问题是一类特殊的 0 – 1 型整数规划问题。根据指派问题的特殊结构与性质，库恩利用匈牙利数学家康尼格关于矩阵中独立零元素的定理，提出了求解指派问题的一种通用算法，我们称为匈牙利算法。

匈牙利算法的设计思路基于指派问题的一个重要性质：若将指派问题的系数矩阵 $C = (c_{ij})_{n \times n}$ 的某行（或某列）各元素减去一个相同的常数 k，得到一个新的矩阵 $C' = (c'_{ij})_{n \times n}$。由于系数矩阵的这种变化并不影响数学模型的约束方程组，只是使目标函数值减少了常数 k，而最优解并不发生改变，所以以 C 和 C' 为系数矩阵的两个指派问题有相同的最优解。利用这个性质，我们可以将效率矩阵简化为每一行与每一列至少含一个 0 元素。当系数矩阵的不同行与不同列的位置都有一个 0 元素，这个 0 元素的位置就是最优解，因为他们的总效率为 0。

对于标准的指派问题，匈牙利算法的一般步骤如下。

步骤 1：费用矩阵中的每一行分别减去该行的最小元素，然后，每一列也分别减去该列的最小元素，得到新的费用矩阵 C'，使得该费用矩阵 C' 的每一行以及每一列都至少出现一个 0 元素。

步骤 2：进行试指派（对 0 元素画○）。从含 0 元素最少的行或列开始，圈出一个 0 元素，用○表示，然后划去该○所在的行和列中的其余 0 元素，用/表示，依次类推。若矩阵中的○的个数等于 n（n 为费用矩阵的阶数），则○对应的决策变量等于 1 即为最优解；若矩阵中的○的个数小于 n，则转入步骤 3。

步骤 3：画出能覆盖所有 0 元素的最小直线集合：（1）对没有○的行画√号；（2）对画√号的行上所有有 0 元素的列画√号；（3）再对画√号的列上所有有○的行画√号；（4）重复（2）、（3），直到画不出新的√号为止；（5）对全部没有画√号的行画横线，全部画√号的列画纵线，所得到的直线集合就是覆盖所有 0 元素的最小直线集合。

步骤 4：在没有被直线覆盖的元素中找出一个最小元素，让画√号的列加上这个元素，画√号的行减去这个元素。转步骤 2，直至找到最优解为止。

下面，根据匈牙利算法的步骤来求解例 5.10。

已知例 5.10 问题的系数矩阵为：

$$C = \begin{bmatrix} 2.0 & 4.2 & 3.4 & 4.0 \\ 3.5 & 4.5 & 1.0 & 3.6 \\ 3.6 & 1.8 & 2.5 & 1.9 \\ 3.0 & 2.1 & 1.8 & 3.0 \end{bmatrix}$$

先在各行元素分别减去本行最小元素，然后对各列也作如此运算，得：

$$C \rightarrow \begin{bmatrix} 0 & 2.2 & 1.4 & 2.0 \\ 2.5 & 3.5 & 0 & 2.6 \\ 1.8 & 0 & 0.7 & 0.1 \\ 1.2 & 0.3 & 0 & 1.2 \end{bmatrix} \rightarrow \begin{bmatrix} 0 & 2.2 & 1.4 & 1.9 \\ 2.5 & 3.5 & 0 & 2.5 \\ 1.8 & 0 & 0.7 & 0 \\ 1.2 & 0.3 & 0 & 1.1 \end{bmatrix} = C'$$

此时，C' 中各行各列中都已出现 0 元素。

为了确定 C' 中的独立 0 元素，对 C' 加圈，即：

$$C' = \begin{bmatrix} ⓪ & 2.2 & 1.4 & 1.9 \\ 2.5 & 3.5 & ⓪ & 2.5 \\ 1.8 & ⓪ & 0.7 & \emptyset \\ 1.2 & 0.3 & \emptyset & 1.1 \end{bmatrix}$$

由于只有 3 个独立 0 元素，少于系数矩阵阶数 4，故需要确定能覆盖所有 0 元素的最少直线数目的直线集合。采用步骤 3 的方法，得：

$$C' = \begin{bmatrix} ⓪ & 2.2 & 1.4 & 1.9 \\ 2.5 & 3.5 & ⓪ & 2.5 \\ 1.8 & ⓪ & 0.7 & \emptyset \\ 1.2 & 0.3 & \emptyset & 1.1 \end{bmatrix} \begin{matrix} \\ \checkmark \\ \\ \checkmark \end{matrix}$$

在未被直线覆盖的元素中最小元素是 0.3，按照步骤 4，可得一个新系数矩阵

$$\begin{bmatrix} ⓪ & 2.2 & 1.7 & 1.9 \\ 2.2 & 3.2 & ⓪ & 2.2 \\ 1.8 & \emptyset & 1.0 & ⓪ \\ 0.9 & ⓪ & \emptyset & 0.8 \end{bmatrix}$$

而新的系数矩阵有 4 个独立 0 元素，故最优解为：

$$X^* = \begin{bmatrix} 1 & 0 & 0 & 0 \\ 0 & 0 & 1 & 0 \\ 0 & 0 & 0 & 1 \\ 0 & 1 & 0 & 0 \end{bmatrix}$$

即，指派方案应为 $A_1 \rightarrow B_1$，$A_2 \rightarrow B_3$，$A_3 \rightarrow B_4$，$A_4 \rightarrow B_2$。最小加工总工时为：

$$z^* = 2.0 + 1.0 + 1.9 + 2.1 = 7 \text{（小时）}$$

5.4.3 非标准形式的指派问题

在实际的应用中，常会遇到各种非标准形式的指派问题，如最大化指派问题、人数和任务数不相等的情况等问题。通常的处理方法，先将它们转化为标准形式，然后再用匈牙利算法求解。

5.4.3.1 最大化指派问题

考虑最大化指派问题：

$$\max z = \sum_{i=1}^{n} \sum_{j=1}^{n} c_{ij} x_{ij}$$

$$\text{s. t.} \begin{cases} \sum_{i=1}^{n} x_{ij} = 1, & j = 1, 2, \cdots, n \\ \sum_{j=1}^{n} x_{ij} = 1, & i = 1, 2, \cdots, n \\ x_{ij} = 0 \text{ 或 } 1, & i, j = 1, 2, \cdots, n \end{cases}$$

对于上述模型而言，有以下等价关系：

$$\max \sum_{i=1}^{n} \sum_{j=1}^{n} c_{ij} x_{ij} = \min \sum_{i=1}^{n} \sum_{j=1}^{n} - c_{ij} x_{ij}$$

也可以重新构造效益系数矩阵 $B = (b_{ij})_{n \times n} = (m - c_{ij})_{n \times n}$，其中，$m = \max_{i,j}(c_{ij})$，则以 B 为系数矩阵的最小化指派问题和以 C 为系数矩阵的最大化指派问题有相同最优解。

5.4.3.2 人数和任务数不相等的指派问题

此类问题主要有以下四种情况，它们都可以通过一定的手段化为标准模型。

（1）人少事多的情况，可以添加一些虚拟的"人"，这些虚拟的"人"做各事的费用系数可取 0，理解为这些费用实际上不会发生。

（2）人多事少的情况，可以添加一些虚拟的"事"，所有人做这些虚拟"事"的费用同样可以取 0。

（3）一个人可以做多件事，可以添加若干个效益系数相同的虚拟"人"来接受指派。

（4）某人不宜做某事的情况，可以将相应的费用系数设置为充分大的正数 M。

【例 5.11】某项制造任务 B_j（$j=1$，2，3，4，5）可由三家制造公司分别完成，每家公司 A_i（$i=1$，2，3）可以承担一项或两项任务。每家公司完成各项制造任务的费用如表 5-7 所示，求总费用最小的指派方案。

表 5-7　　　　　　　　　　三家制造公司完成各项任务的费用

制造公司	B_1	B_2	B_3	B_4	B_5
A_1	4	7	8	11	14
A_2	6	8	13	9	12
A_3	7	9	11	8	10

解：由于每家公司可以承担一项或两项任务，因此，把每家制造公司化作相同的两家制造公司 A_i 和 A_i'（$i=1$，2，3），这样系数矩阵为：

$$C=\begin{array}{c}\\B_1\ B_2\ B_3\ B_4\ B_5\end{array}\begin{bmatrix}4&7&8&11&14\\4&7&8&11&14\\6&8&13&9&12\\6&8&13&9&12\\7&9&11&8&10\\7&9&11&8&10\end{bmatrix}\begin{array}{l}A_1\\A_1'\\A_2\\A_2'\\A_3\\A_3'\end{array}$$

上面的系数矩阵 6 行 5 列，为了转化为标准形式的指派问题，引入一件虚拟的制造任务 B_6，这样系数矩阵变为：

$$C'=\begin{array}{c}\\B_1\ B_2\ B_3\ B_4\ B_5\ B_6\end{array}\begin{bmatrix}4&7&8&11&14&0\\4&7&8&11&14&0\\6&8&13&9&12&0\\6&8&13&9&12&0\\7&9&11&8&10&0\\7&9&11&8&10&0\end{bmatrix}\begin{array}{l}A_1\\A_1'\\A_2\\A_2'\\A_3\\A_3'\end{array}$$

用匈牙利算法求解，可得最小的总制造费用为 38，对应的分配方案为制造公司 A_1 承担制造任务 B_1 和 B_3，制造公司 A_2 承担制造任务 B_2，制造公司 A_3 承担制造任务 B_4 和 B_5。

5.5 案例分析：地区电网最优化规划方案研究

研究合理的电网建设（特别是电源变电所布点）问题十分关键，如何设计最优建设方案更为关键。本案例利用混合整数规划方法对地区规划中选取变电所建设最优方案问题进行探讨。

5.5.1 问题背景

据电力市场调查与预测，A 省某地区 2030 年最大发电功率将达 1500 兆瓦，供电量为 6579 吉瓦时，地区电网规划拟以 220 千伏变电所做主供电源，技术方案有三种（见表 5–8）。

表 5–8　　　　　　　　　　各技术方案

工程方案	变电所数量（座）	单台主变压器容量（兆伏安）	允许安装主变压器数量（台）	前期工程投资（万元）		回收系数 r	供电成本（元/千瓦时）	主变压器经济负荷系数 k_2
				设备	建设安装			
1 原3座主变压器增容、新建3座	6	240	12	5008	8653	0.1102	0.5571	0.65
2 原3座主变压器增容、新建5座	8	180	16	4459	11229	0.1102	0.5597	0.65
3 原3座主变压器增容、新建5座	8	120	24	3382	12381	0.1102	0.5607	0.87

5.5.2 优化模型构造

5.5.2.1 决策变量 x_j 设置

方案 1、方案 2 和方案 3 的变电所座数分别为 x_1、x_2 和 x_3，供电能力为 x_7、x_8 和 x_9。原有变电所的扩建、主变压器增容与新建变电所都将进行前期建筑安装工程等。每个方案的前期工程是否施工分别以 x_4、x_5 和 x_6 表示。

5.5.2.2　约束条件

（1）最大电力需求：

$$k_1(B_1x_1 + B_2x_2 + B_3x_3)\cos\varphi \geq P_{\max}$$

式中，k_1 表示供电同时率，$\cos\varphi$ 表示平均功率因素，B_1、B_2 和 B_3 分别对应方案 1、方案 2 和方案 3 的变电所主变压器容量，$P_{\max}$ 表示地区综合最大发电功率。

（2）满足目标年用电量需求：

$$x_7 + x_8 + x_9 \geq Q$$

式中，Q 表示某地区目标年供电量。

（3）各变电所主变压器容量与供电负荷平衡：

$$x_7 = k_{21}B_1Tx_1\cos\varphi_1 \times 10^{-4}$$
$$x_8 = k_{22}B_2Tx_2\cos\varphi_2 \times 10^{-4}$$
$$x_9 = k_{23}B_3Tx_3\cos\varphi_3 \times 10^{-4}$$

式中，k_{21}、k_{22} 和 k_{23} 分别表示主变压器经济负荷系数，T 表示最大负荷利用时间。

（4）各方案最多变电所座数约束：如果前期工程不施工，则该方案变电所座数一定为零；如果前期工程施工，则变电所座数必须小于其最大允许数。故约束方程式为：

$$x_1 - 6x_4 \leq 0$$
$$x_2 - 8x_5 \leq 0$$
$$x_3 - 8x_6 \leq 0$$

（5）x_j 取值限制：x_1、x_2 和 x_3 均为大于或等于零的整数。若前期工程不施工，x_4、x_5、x_6 均等于 0；若前期工程施工，x_4、x_5、x_6 均等于 1。x_7、x_8 和 x_9 均为大于或等于零的实数。

5.5.2.3　目标函数的设计

该问题的目标函数设计为年总费用最小，并采用年总费用最小法把收益相同的各方案的开支流贴现后进行比较，最小者即为最优方案。年总费用为：

$$Z = rK + u$$

式中：Z 为年总费用；K 为逐年投资额；r 为回收系数，$r = i(1+i)^n/(1+i)^{n-1}$；u 为等年值的年运行费用。

成本包括不变成本和可变成本。本问题中不变成本指与变电所设备投资及前期建筑安装工程投资有关的材料费、折旧费及维护费等成本，分别计算后计入 Z。可变成本指购入电力的成本，在电价一定的条件下，它随着供电量 Q 增加而增大，即表 5－8 中给出的年供电成本。

方案 1、方案 2 和方案 3 平均每座变电所设备的年投资费用 c_1、c_2、c_3 分别为 551.88 万元、491.38 万元和 372.7 万元；前期建筑安装工程分年计算得年投资费用 c_4、c_5、c_6 分别为 953.56 万元、1237.44 万元和 1364.39 万元。而三个方案每千瓦时的供电成本 c_7、c_8、c_9 分别为 0.557 元、0.560 元和 0.561 元。上述 c_1，c_2，$\cdots$，c_9 即为目标函数中的价值系数 c_j。因此，该问题的目标函数 $z = c_j x_j$（$j = 1$，2，$\cdots$，9）即为：

$$\max z = 551.88x_1 + 491.38x_2 + 372.7x_3 + 953.56x_4 + 1237.44x_5$$
$$+ 1364.39x_6 + 0.557x_7 + 0.560x_8 + 0.561x_9$$

5.5.3 模型参数的确定

5.5.3.1 技术参数 a_{ij}

a_{ij} 构成了约束条件的系数矩阵。变电所主变压器容量规格及规模的设置，以及 k_1、k_2、T、$\cos\varphi$ 等参数都是影响 a_{ij} 的主要因素，均依该地区的具体情况而定。

规划设计中，按照满足安全准则的要求，变电所一般应配置 2 台或以上同容量主变压器及相应的电源进线。主变压器在一定条件下可过负荷 30%。考虑到满足安全准则后，2 台主变压器的 k_2 取 65%，3 台取 87%。随着地区电力负荷的发展和用电构成的变化，最大负荷利用时间 T 将不断缩短，负荷率将有所回落，k_1 随着供电充足程度的提高而下降。据测算，该地区 2030 年 220kV 对应的 k_1 为 77%，T 为 4335 小时。

5.5.3.2 资源变量 b_r

b_r 构成了约束条件的右端常数，也称外生变量。本问题中，2030 年该地区的 $P_{\max}$ 与 Q 就是地方政府和供电部门根据该地区工业、农业、交通运输等产业发展以及人口增长对电力发展的要求研究制定的。

5.5.3.3 价值系数 c_j

c_j 是反映整个系统成本和效率的参数，也称效果系数，主要表现为目标函数的系数。工程建设投资应在电力设施使用年限 n 内全部回收。若工程开始投资现值为 P_0，且全部投资均从银行贷款，年利率为 i，则每年等额收回资金 P 与 P_0 有如下关系：

$$P_0 = P \sum_{j=1}^{n} \frac{1}{(1+i)^j}$$

式中，P_0 为现值，P 为终值，$\sum_{j=1}^{n} \frac{1}{(1+i)^j}$ 为贴现率。

贴现率 $\sum_{j=1}^{n} \frac{1}{(1+i)^j} = \frac{(1+i)^{n-1}}{i(1+i)^n}$ 可计算出来，也可通过复利贴现表查得，则 $P =$

$P_0 \dfrac{i(1+i)^n}{(1+i)^{n-1}}$。因此，这个与 i 及 n 有关的比例系数 $\dfrac{i(1+i)^n}{(1+i)^{n-1}}$ 也可称为回收系数 r，或称资本回收系数。本问题中 n 取 25 年，电力工业投资利润率 $i=10\%$，则可求得 $r=0.1102$。在变电所综合投资构成中，设备（包括工器具）投资约占 68.6%，建筑安装（含其他费用）投资约占 31.4%，c_1、c_2、c_3、c_4、c_5、c_6 即可得知。由该供电企业 1990～1997 年固定资产、供电成本分类构成统计资料分析，变电设备约占固定资产的 23.7%，购电成本约占总成本的 89.48%。经测算，2030 年购电价为 0.5167 元/千瓦时，工资与职工福利费、材料费、折旧费、大修理费均按国家及主管总公司规定提取。因此，可求得方案 1、方案 2 和方案 3 的供电单位成本 c_7、c_8 和 c_9。

5.5.4　优化模型及算法

本变电所布点方案设计的规划问题优化模型，经归纳得：

$$\max z = 551.88x_1 + 491.38x_2 + 372.7x_3 + 953.56x_4 + 1237.44x_5$$
$$+ 1364.39x_6 + 0.557x_7 + 0.560x_8 + 0.561x_9$$

$$\text{s. t.} \begin{cases} 4x_1 + 3x_2 + 3x_3 \geq 17.09 \\ x_7 + x_8 + x_9 \geq 65.79 \\ 12.85x_1 - x_7 = 0 \\ 9.64x_2 - x_8 = 0 \\ 12.9x_3 - x_9 = 0 \\ x_1 - 6x_4 \leq 0 \\ x_2 - 8x_5 \leq 0 \\ x_3 - 8x_6 \leq 0 \\ x_1, x_2, x_3 \geq 0 \text{ 且为整数} \\ x_4, x_5, x_6 = 0 \text{ 或 } 1 \\ x_7, x_8, x_9 \geq 0 \end{cases}$$

根据上述模型，可利用混合整数规划求解程序，得到最优解：$x = [0, 0, 6, 0, 0, 1, 0, 0, 77.4]^T$，对应的目标函数值 $z = -3642.9$，即 $z^* = 3642.9$。

5.5.5　最优方案分析

最优解对应于以下方案，可供有关部门在决策时参考：

（1）原有变电所应再扩建成 3×120 兆伏安；

（2）新建变电所 3 座，主变压器容量均为 3×120 兆伏安。若按这个方案进行地区电网

220kV 变电所布点建设，年总费用为 3642.9 万元。这比原来该地区初步研究的任一建设方案的投资费用都低（见表 5－9 和表 5－10）。

表 5－9 初选方案与最优方案的经济比较－1

变电所主变压器容量配置		初始方案 1	初始方案 2	初始方案 3	初始方案 4	初始方案 5	初始方案 6
变电所建设情况	每座变电所安装主变压器 2×240 兆伏安	1	2	0	0	0	0
	每座变电所安装主变压器 2×180 兆伏安	0	0	1	2	3	0
	每座变电所安装主变压器 3×120 兆伏安	5	4	5	4	3	7
主变压器总容量（兆伏安）		2280	2400	2160	2160	2160	2520

表 5－10 初选方案与最优方案的经济比较－2

投资费用		初始方案 1	初始方案 2	初始方案 3	初始方案 4	初始方案 5	初始方案 6
年供电量（吉瓦时）		7735	7730	7415	7090	6765	9030
分年计算投资费用	前期投资（万元）	10247	10330	10052	9940	9828	11859
	主变压器设备投资（万元）	3183	3209	3122	3088	3053	3683
	年供电成本（元/千瓦时）	0.557	0.557	0.557	0.557	0.557	0.559
年总费用合计（万元）		4775.5	4954.5	4997	5113.8	5230.6	4973.29
与最优方案总费用差额（万元）		1132.7	1311.8	1132.7	1311.8	1490.9	1381
与最优方案节约总费用比率（%）		31.09	36.01	37.17	40.37	43.58	36.52

在复杂的规划问题中，如果仅以变电所座数或 Q 来选择建设方案，不一定能保证有好的经济效果。例如初始方案 1～方案 6 的变电所座数都低于规划要求，并且年供电能力也满足要求，而 z 仍高于最优方案的 31.09%～43.58%。

习 题

1. 试分别引入 0－1 型整数变量，将下述约束化为线性约束。

（1）变量 x 只能取 0、5、7 和 10 四个数字中的某一个。

（2）下述四个约束中至少有两个起作用：$x_1 - x_2 \leq 3$；$x_1 \leq 6$；$x_2 \leq 4$；$x_1 + x_2 \leq 11$。

2. 某个中型百货商场对售货人员（周工资 200 元）的需求统计如表 5－11 所示。为了保证销售人员充分休息，销售人员每周工作 5 天，休息 2 天。问应如何安排销售人员的工作时间，使得所配售货人员的总费用最小？

表 5 – 11　　　　　　　　　　　售货人员的需求统计　　　　　　　　　　　单位：人

星期	一	二	三	四	五	六	七
人数	11	15	12	14	16	18	19

3. 某企业在 A_1 地区已有一个工厂，其产品的生产能力为 30 千箱，为了扩大生产，打算在 A_2、A_3、A_4、A_5 地区中再选几个地方建厂。已知在 A_2、A_3、A_4、A_5 地区建厂的固定成本分别为 165 千元、310 千元、370 千元、510 千元；另外，各地工厂的产量、销地的销量以及产地到销地的单位运价（每千箱运费）如表 5 – 12 所示。问：应该在哪几个地方建厂，才能在满足销量的前提下，使得其总的固定成本和总的运输费用之和最小？

表 5 – 12　　　　　　产地的产量、销地的销量以及产地到销地的单位运价

项目		销地			产量（千吨）
		B_1	B_2	B_3	
产地	A_1	8	4	3	30
	A_2	5	2	3	10
	A_3	4	3	4	20
	A_4	9	7	5	20
	A_5	10	4	2	20
销量（千吨）		32	20	17	

4. 用分支定界法求解下列整数规划问题。

(1)
$$\max z = 3x_1 + x_2$$
$$\text{s. t.} \begin{cases} 15x_1 + 8x_2 \leq 50 \\ -6x_1 + 3x_2 \leq 1 \\ x_1, \ x_2 \geq 0 \ 且为整数 \end{cases}$$

(2)
$$\min z = 3x_1 + 7x_2$$
$$\text{s. t.} \begin{cases} 4x_1 + x_2 \geq 12 \\ x_1 + x_2 \geq 6 \\ x_1 + 9x_2 \geq 9 \\ x_1, \ x_2 \geq 0 \ 且为整数 \end{cases}$$

5. 解下列 0 – 1 型整数规划。

(1)
$$\min z = 5x_1 + 3x_2 + 9x_3 + 4x_4 + 2x_5$$
$$\text{s. t.} \begin{cases} x_1 - 2x_2 + 6x_3 + x_4 - 5x_5 \geq 3 \\ 2x_1 - 3x_2 + 5x_3 + 3x_4 + 2x_5 \geq 1 \\ x_1 - 3x_3 + 2x_4 - x_5 \geq 1 \\ x_1, \ x_2, \ x_3, \ x_4, \ x_5 = 0 \ 或 1 \end{cases}$$

(2)
$$\max z = 4x_1 + 3x_2 - x_3$$
$$\text{s. t.} \begin{cases} x_1 + 5x_2 + 3x_3 \leq 5 \\ x_1 + 2x_2 + x_3 \leq 6 \\ x_1 + 3x_3 - x_3 \leq 3 \\ 2x_1 + 7x_2 - 2x_3 \leq 4 \\ x_1, \ x_2, \ x_3 = 0 \ 或 1 \end{cases}$$

6. 某钻井队要从 10 个可供选择的井位中确定 5 个钻井探油，问：应怎样选择，才能使钻探总费用最小？已知 10 个井位的代号为 s_j（$j=1$，2，…，10），相应的钻探费用为 c_j（$j=1$，2，…，10），并且井位选择上须满足下列限制条件：（1）或选择 s_1 和 s_7，或选择 s_8；（2）选择了 s_3 或 s_4 就不能选 s_5，反之，选择了 s_5 就不能选择 s_3 或 s_4；（3）在 s_2、s_6、s_9、s_{10} 中最多只能选两个。试建立此问题的 0−1 型整数规划模型。

7. 四个工厂 A_1、A_2、A_3、A_4，生产四种产品 B_1、B_2、B_3、B_4，相应利润如表 5−13 所示。试求使总利润最大的分配方案。

表 5−13　　　　　　　　各产品生产利润

工厂	产品利润			
	产品 B_1	产品 B_2	产品 B_3	产品 B_4
A_1	88	84	87	85
A_2	78	72	76	74
A_3	64	59	66	60
A_4	53	50	58	51

8. 已知 5 名运动员，其各种姿势的 50 米游泳成绩如表 5−14 所示。问：如何选拔一支 200 米混合泳接力队，使预期比赛成绩为最好？

表 5−14　　　　　　　　各运动员各种姿势成绩　　　　　　　　单位：秒

项目	运动员成绩				
	A	B	C	D	E
仰泳	37.7	32.9	33.8	37.0	35.4
蛙泳	43.4	33.1	42.2	34.7	41.8
蝶泳	33.3	28.5	38.9	30.4	33.6
自由泳	29.2	26.4	29.6	28.5	31.1

9. 运用变量代换，将下述非线性 0−1 型整数规划转换成线性 0−1 型整数规划。

$$\max z = x_1^2 + x_2 x_3 - x_1 x_2 x_3$$
$$\text{s.t.} \begin{cases} -3x_1 + 4x_2 + x_3 \leqslant 3 \\ x_j = 0 \text{ 或 } 1, j = 1,2,3 \end{cases}$$

10. 一种产品可分别在 A、B、C、D 四种设备的任意一种上加工。已知每种设备启用时的准备结束费用、生产上述产品时的单件成本以及每种设备的最大加工能力如表 5−15 所示。如需生产该产品 2000 件，如何使总费用最少？试建立数学模型。

表 5 – 15　　　　　　　　　　　产品相关成本及设备信息

设备	准备结束费（元）	生产成本（元/件）	最大加工能力（件）
A	1000	20	900
B	920	24	1000
C	800	16	1200
D	700	28	1600

11. 有四位用户，每年的需求量分别为 D_1、D_2、D_3、D_4，拟在最大容量分别为 A_1、A_2、A_3 的三个备选地点建立两处仓库。C_{ij} 为从仓库 i（$i=1$，2，3）到用户 j（$j=1$，2，3，4）单位物资的调运费用，且仓库 1 不能为用户 3 供应物资，仓库 3 不能为用户 1 供应物资。设三处仓库的建设投资分别为 k_1、k_2、k_3，投资均匀分摊到 10 年回收，不计利息。单位物资在各仓库周转保管费分别为 p_1、p_2、p_3。问选择哪两处建仓库，使每年的各项费用和为最小？要求建立数学模型。

0 – 1 建模（选址）视频　　　　非标准指派问题建模视频　　　　部分习题答案

第6章　线性目标规划

📖本章导读

　　线性目标规划是一种目标规划（问题），是指目标函数和约束函数均为决策变量的线性函数的目标规划。目标规划是一种用来分析含有单目标和多目标的决策问题的数学规划方法，是线性规划的一种特殊类型。它是在线性规划基础上发展起来的，多用来解决线性规划解决不了的经济、军事等实际问题。它的基本原理、数学模型结构与线性规划相同，也使用线性规划的单纯形法作为计算的基础。不同之处在于，它从试图使目标离规定值的偏差最小入手解题，并将这种目标和为了表示与目标的偏差而引进的变量规定在表达式的约束条件之中。

　　本章知识点之间的逻辑关系见图6-1。

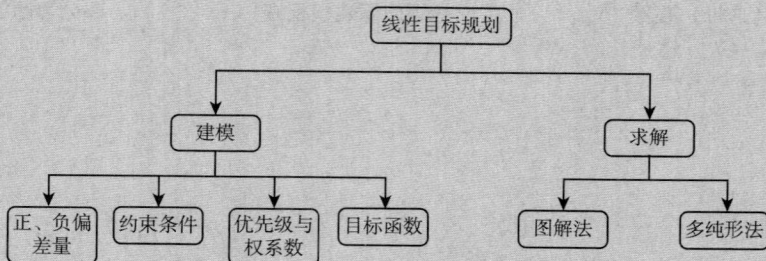

图6-1　第6章知识点逻辑关系

6.1　线性目标规划模型

　　线性规划是在单目标下非常有效地解决资源优化配置的方法，但是，在复杂多变的经营环境中，往往需要综合多项指标的要求。例如，企业生产计划中就包括由产量、质量、利润、交货期等多项指标组成的指标体系。在我们制定相应的线性规划问题时，需要同时考虑以上多个指标，这样，前述的线性规划就不再有效了。此外，线性规划的约束条件刚性太强，缺乏柔性，其对资源的过分约束往往限制了问题解决方案的寻找。

针对线性规划单目标、单一最优解的局限性以及约束条件缺乏柔性，1961 年，查恩斯（A. Charnes）和库珀（W. W. Cooper）首次提出了线性目标规划（linear goal programming）这一相较线性规划更接近于实际决策过程的决策工具。有时为简便起见，后面提到的目标规划，都是指线性目标规划。

6.1.1　线性目标规划问题的提出

为了具体说明线性目标规划与线性规划在处理问题方法上的区别，先通过一个例子来介绍线性目标规划的有关概念及其数学模型。

【例 6.1】腾飞公司计划生产 A 和 B 两种产品，有关生产数据如表 6 - 1 所示。试给出获利最大的生产方案。

表 6 - 1　　　　　　　　　　单件产品 A 和 B 的生产及利润数据

项目	产品 A	产品 B	资源总量
原材料（千克）	2	1	11
设备（台时）	1	2	10
利润（万元/件）	8	10	

解：这是一个单目标的线性规划问题，设每天生产 A、B 两种产品各 x_1、x_2 件，则确定该生产方案的线性规划模型为：

$$\max z = 8x_1 + 10x_2$$

$$\text{s. t.} \begin{cases} 2x_1 + x_2 \leqslant 11 \\ x_1 + 2x_2 \leqslant 10 \\ x_1, x_2 \geqslant 0 \end{cases}$$

用图解法或单纯形法可求得最优解（最优生产方案）为：$x_1 = 4$，$x_2 = 3$，$z = 62$。即安排生产产品 A 和 B 的产量分别为 4 件和 3 件，最大利润为 62 万元。

但实际上企业在作决策时，要考虑市场等一系列其他因素，如：

（1）根据市场信息，产品 A 的销售量有下降的趋势，故考虑产品 A 的产量尽量不大于产品 B 的产量。

（2）原材料超过计划供应时，需用高价采购，从而导致成本增加。

（3）应尽可能充分利用设备，但不希望加班。

（4）应尽可能达到并超过计划利润指标 56 万元。

这样在考虑产品生产决策时，不再是单目标的线性规划问题了，线性目标规划将是解决此类问题的有效方法。

6.1.2 线性目标规划的相关概念

6.1.2.1 正差变量和负偏变量

设 x_1，x_2 为决策变量，表示产品 A 和 B 的生产量，为了进一步描述上述需要考虑的其他因素，需引进正、负偏差变量 d^+ 和 d^-。正偏差变量 d^+ 表示实际决策达到的目标值超出与理想目标值的差值；负偏差变量 d^- 表示实际决策达到的目标值未达理想目标值的差值。

由于，决策值不可能既超过目标值，同时又未达目标值，因此，两者中必有一个等于零，另一个大于或等于零，即，恒有 $d^+ \times d^- = 0$。

6.1.2.2 系统约束与目标约束

必须严格满足的约束条件称为系统约束（或称硬约束），例如线性规划问题的所有约束条件都是系统约束，不满足这些约束条件的解就是不可行解，甚至线性规划问题无可行解。然而，目标规划中容许存在超出目标值或未达目标值的情况发生，因此，在约束条件中引进正、负偏差变量，形成的等式约束条件称为目标约束（或称软约束）。例如线性规划问题的目标函数，在给定目标值和加入正、负偏差变量后可转换为目标约束，如例 6.1 的目标函数 $\text{Max } z = 8x_1 + 10x_2$ 可转换为目标约束：$8x_1 + 10x_2 + d_1^- - d_2^+ = 56$。

也可根据问题的需要将系统约束加入正、负偏差变量转换为目标约束。因此，线性规划数学模型中的目标函数和约束条件都可以通过加入正、负偏差变量转换为目标约束。

6.1.2.3 目标约束的优先级与权系数

一个规划问题常常有若干个目标（多目标）。当决策者要实现多个目标时，这些目标之间有主次、轻重、缓急之分。凡要求第一位达到的目标，赋予优先因子 P_1，要求第二位达到的目标，赋予优先因子 P_2，依次类推，并规定 $P_K \gg P_{K+1}$，说明 P_K 比 P_{K+1} 有绝对的优先权。

当求解多目标规划问题时，不同的优先因子代表着不同的优先等级。并且，位于同一等级的不同目标，按其重要程度又可分别乘上不同的权系数，权系数越大，表明该目标越重要。经验表明目标规划中的优先级一般不能超过六级，否则往往是无效的。

6.1.2.4 目标函数

目标规划的目标函数是由各目标约束的正、负偏差变量及其相应的优先因子、权系数构成的，其中不含决策变量，由于决策者总希望尽可能缩小目标值的偏离值，所以目标函数总是求极小化。其有三种基本形式：

（1）要求恰好达到目标值，即正、负偏差变量要尽可能地小，此时 $\min z = d^+ + d^-$。

（2）要求低于目标值，即正偏差变量要尽可能地小，此时 $\min z = d^+$。

（3）要求高于目标值，即负偏差变量要尽可能地小，此时 $\min z = d^-$。

对于例 6.1，决策者在原材料供应受严格限制的基础上，考虑下列要求：首先是产品 B 的产量不低于产品 A 的产量；其次是充分利用设备有效时间，不加班；最后是利润额不小于 56 万元。因此，可以确定其最佳生产决策方案的目标规划模型为：

$$\min z = P_1 d_1^+ + P_2\left(d_2^+ + d_2^-\right) + P_3 d_3^-$$

$$\text{s. t.} \begin{cases} 2x_1 + x_2 \leqslant 11 \\ x_1 - x_2 + d_1^- - d_1^+ = 0 \\ x_1 + 2x_2 + d_2^- - d_2^+ = 10 \\ 8x_1 + 10x_2 + d_3^- - d_3^+ = 56 \\ x_1, x_2, d_i^-, d_i^+ \geqslant 0, i = 1,2,3 \end{cases}$$

模型中第一个约束条件（原材料供应）根据题意为系统约束，也可以将系统约束添上正、负偏差变量变为目标约束来处理，但需要将系统约束的正、负偏差变量作为第一优先等级来处理，由此上述模型可以改写为：

$$\min z = P_1 d_1^+ + P_2 d_2^+ + P_3\left(d_3^+ + d_3^-\right) + P_4 d_4^-$$

$$\text{s. t.} \begin{cases} 2x_1 + x_2 + d_1^- - d_1^+ = 11 \\ x_1 - x_2 + d_2^- - d_2^+ = 0 \\ x_1 + 2x_2 + d_3^- - d_3^+ = 10 \\ 8x_1 + 10x_2 + d_4^- - d_4^+ = 56 \\ x_1, x_2, d_i^-, d_i^+ \geqslant 0, i = 1,2,3,4 \end{cases}$$

6.1.3　线性目标规划的数学模型

对于一个具体的目标规划问题，可根据决策者的要求赋予各个目标的优先级来构造目标函数，通常线性目标规划有以下两种形式。

（1）Archimidian 目标规划。

目标函数：
$$\min z = \sum_{k=1}^{K} w_k\left(\omega_{lk}^- d_k^- + \omega_{lk}^+ d_k^+\right)$$

$$\text{s. t.} \begin{cases} \sum_{j=1}^{n} c_{kj} x_j + d_k^- - d_k^+ = g_k, & k = 1,\cdots,K \\ \sum_{j=1}^{n} a_{ij} x_j \leqslant (=, \geqslant) b_i, & i = 1,\cdots,m \\ x_j \geqslant 0, & j = 1,\cdots,n \\ d_k^-, d_k^+ \geqslant 0, & k = 1,2,3 \end{cases} \quad (6-1)$$

（2）字典序目标规划。

目标函数：
$$\min z = \sum_{l=1}^{L} P_l \sum_{k=1}^{K} (\omega_{lk}^- d_k^- + \omega_{lk}^+ d_k^+)$$

$$\text{s. t.} \begin{cases} \sum_{j=1}^{n} c_{kj} x_j + d_k^- - d_k^+ = g_k, & k = 1, \cdots, K \\ \sum_{j=1}^{n} a_{ij} x_j \leqslant (=, \geqslant) b_i, & i = 1, \cdots, m \\ x_j \geqslant 0, & j = 1, \cdots, n \\ d_k^-, d_k^+ \geqslant 0, & k = 1, 2, 3 \end{cases} \qquad (6-2)$$

Archimidian 目标规划形式上是一个单目标的线性规划，可以直接应用单纯形法求解方法。而字典序目标规划，考虑了各个目标的优先等级，需要特殊的求解方法。

6.2　线性目标规划的图解法

对于只有两个决策变量的线性目标规划问题，可以用图解方法来求解。在用图解法解线性目标规划时，首先必须满足所有的系统约束。在此基础上，再按优先等级从高到低的顺序，逐个考虑各个目标约束。一般地，若优先因子 P_j 对应的解空间为 R_j，则优先因子 P_{j+1} 对应的解空间只能在 R_j 中考虑，即 $R_{j+1} \subseteq R_j$。若 $R_j \neq \varnothing$，而 $R_{j+1} = \varnothing$，则 R_j 中的解为目标规划的满意解，它只能保证满足 P_1，P_2，$\cdots$，P_j 等级目标，而不保证满足其后的各级目标。

【例 6.2】企业计划生产甲、乙两种产品，这些产品需要使用两种材料，由于材料比较难得，故不能超用；此外，产品还需在两种不同设备上加工。各生产数据如表 6-2 所示。

表 6-2　　　　　　　　　　　　　　　　每件产品生产数据

项目	产品甲	产品乙	资源总量
材料 1（千克）	3	0	12
材料 2（千克）	0	4	16
设备 1（台时）	2	2	12
设备 2（台时）	5	3	15
利润（元/件）	20	10	

问：企业怎样安排生产计划，以尽可能满足下列目标：（1）力求利润指标不低于 80 元；

（2）考虑到市场需求，甲、乙两种产品的生产量需保持 1：1 的比例；（3）设备 1 既要充分利用，又尽可能不加班；（4）设备 2 必要时可以加班，但加班时间尽可能少。

解：设 x_1，x_2 分别为产品甲和产品乙的产量，则目标规划数学模型为：

$$\min z = P_1 d_1^- + P_2\left(d_2^- + d_2^+\right) + P_3\left(d_3^+ + d_3^-\right) + P_4 d_4^-$$

$$\text{s. t.}\begin{cases} 3x_1 \leqslant 12 & (1) \\ 4x_2 \leqslant 16 & (2) \\ 20x_1 + 40x_2 + d_1^- - d_1^+ = 80 & (3) \\ x_1 - x_2 + d_2^- - d_2^+ = 0 & (4) \\ 2x_1 + 2x_2 + d_3^- - d_3^+ = 12 & (5) \\ 5x_1 + 3x_2 + d_4^- - d_4^+ = 15 & (6) \\ x_1, x_2, d_i^-, d_i^+ \geqslant 0, i = 1, 2, 3, 4 \end{cases}$$

下面用图解法求解。

步骤 1：以 x_1，x_2 为坐标轴画出平面直角坐标系，系统约束（1）和（2）对应矩形区域，令所有偏差变量等于零，绘制出目标约束直线（3）~直线（6），然后标明偏差变量大于零时点 (x_1, x_2) 所在的区域。例如，目标约束（4），当 (x_1, x_2) 在直线（4）右下方时，$d_2^+ > 0$，$d_2^- = 0$；反之，当 (x_1, x_2) 在直线（4）左上方时，$d_2^- > 0$，$d_2^+ = 0$，如图 6-2 所示。

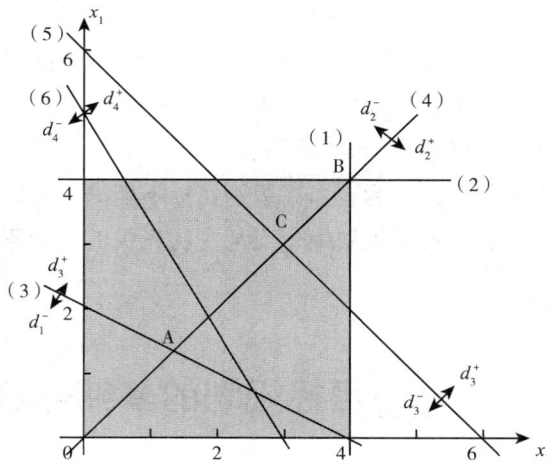

图 6-2　线性目标规划可行域示意

步骤 2：在图 6-2 的矩形区域内按目标的优先次序求目标函数的最小值。在矩形区域上，$\min d_1^-$ 的解在直线（3）的右上方，如图 6-3 的阴影部分。阴影部分中 $\min(d_2^- + d_2^+)$ 的解在线段 AB 上，在线段 AB 上 $\min(d_3^- + d_3^+)$ 的解是点 C，其后的 $\min d_4^+$ 的解也是点 C，坐标（3，3）为该线性目标规划的满意解，如图 6-3 所示。

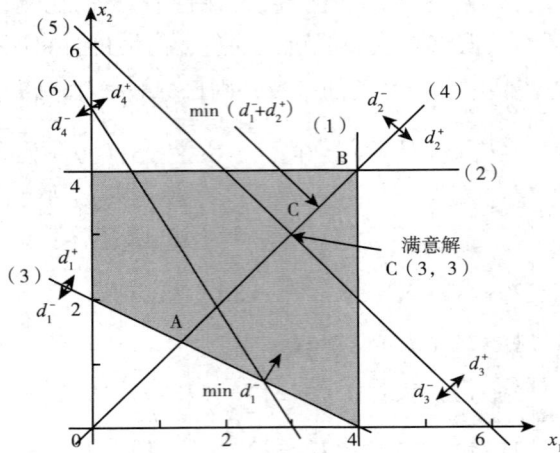

图 6 – 3　线性目标规划图解法结果

步骤 3：结果分析。满意的生产方案是产品甲、乙各生产 3 件。（1）材料 1 消耗 9 千克，材料 2 消耗 12 千克，没有超用；（2）$d_1^- = 0$，$d_1^+ = 100$，完成利润 180 元，超额 100 元；（3）$d_2^- = d_2^+ = 0$，满足产品比例要求；（4）$d_3^- = d_3^+ = 0$，设备 1 的时间恰好用完；（5）$d_4^- = 0$，$d_4^+ = 9$，设备 2 需要加班 9 小时。

当采用图解法解线性目标规划时，可能会遇到两种情况。一种情况是最后一级目标的解空间非空。这时得到的解能满足所有目标的要求。当解不唯一时，有多个最优解存在，决策者在作实际决策时究竟选择哪一个，完全取决于决策者自身的考虑。另一种情况是得到的解不能满足所有目标。这时，我们要做的是寻找满意解，使它尽可能满足高级别的目标，同时又使它对那些不能满足的较低级别目标的偏离程度尽可能地小。

必须注意的是，在考虑低级别目标时，不能破坏已经满足的高级别的目标，这是目标规划的基本原则。但是，也不能因此以为，当高级别目标不能满足时，其后的低级别目标也一定不能被满足。事实上，在有些目标规划中，当某一优先级的目标不能满足时，其后的某些低级别目标仍有可能被满足。

6.3　线性目标规划的多纯形法

线性目标规划数学模型结构与线性规划数学模型结构没有本质区别。但需要考虑线性目标规划数学模型的一些特点，也就是说线性目标规划由于有多个目标，不同的目标有不同的优先等级。每个优先等级的目标对于同一基本可行解均有相应的检验数，因此，线性目标规划的单纯形表检验数的行数由目标优先等级的个数决定。在确定入基变量时不但要根据本优先级的检验数，还要根据比它更高优先级的检验数来确定。这就是线性目标规划多纯形法（multiplex method）与线性规划单纯形法的根本区别。

【例6.3】求解下列线性目标规划数学模型的最优解。

$$\min z = P_1\left(2\,d_1^+ + 3d_2^+\right) + P_2 d_3^- + P_3 d_4^+$$

$$\text{s. t.}\begin{cases} x_1 + x_2 + d_1^- - d_1^+ = 10 \\ x_1 + d_2^- - d_2^+ = 4 \\ 5x_1 + 3x_2 + d_3^- - d_3^+ = 56 \\ x_1 + x_2 + d_4^- - d_4^+ = 12 \\ x_1, x_2, d_i^-, d_i^+ \geqslant 0, i = 1,2,3,4 \end{cases}$$

解：线性目标规划在求解时不需要做任何转换，可以直接用多纯形法求解。

步骤1：列出初始多纯形表（事实上是单纯形表的一种扩展形式），如表6-3所示，其中 $X_B = \left(d_1^-,\ d_2^-,\ d_3^-,\ d_4^-\right)$ 为初始基变量，c_{kj} 为目标函数中所有变量的系数，c_{kB} 为目标函数中基变量的系数，$k=1,2,3$ 为目标级别。

表6-3　　　　　　　　　　　　　　　初始多纯形表

P_3	P_2	P_1	b	X_B	x_1	x_2	d_1^+	d_2^+	d_3^+	d_4^+	d_1^-	d_2^-	d_3^-	d_4^-
c_{kj}				P_3	0	0	0	0	0	1	0	0	0	0
				P_2	0	0	0	0	0	0	0	0	1	0
				P_1	0	0	2	3	0	0	0	0	0	0
c_{kB}: P_3	P_2	P_1												
0	0	0	10	d_1^-	1	1	−1	0	0	0	1	0	0	0
0	0	0	4	d_2^-	【1】	0	0	−1	0	0	0	1	0	0
0	1	0	56	d_3^-	5	3	0	0	−1	0	0	0	1	0
0	0	0	12	d_4^-	1	1	0	0	0	−1	0	0	0	1
σ_{kj}			0	P_1	0	0	2	3	0	0	0	0	0	0
			56	P_2	−5	−3	0	0	−1	0	0	0	0	0
0	0	0	6	d_1^-	0	【1】	−1	1	0	0	1	−1	0	0
0	0	0	4	x_1	1	0	0	−1	0	0	0	1	0	0
0	1	0	36	d_3^-	0	3	0	5	−1	0	0	−5	1	0
0	0	0	8	d_4^-	0	1	0	1	0	−1	0	−1	0	1
σ_{kj}			0	P_1	0	0	2	3	0	0	0	0	0	0
			36	P_2	0	−3	0	−5	1	0	0	0	0	0
0	0	0	6	x_2	0	1	−1	1	0	0	1	−1	0	0
0	0	0	4	x_1	1	0	0	−1	0	0	0	1	0	0
0	1	0	18	d_3^-	0	0	3	2	−1	0	−3	−2	1	0
0	0	0	2	d_4^-	0	0	1	0	0	−1	−1	0	0	1
σ_{kj}				P_1	0	0	2	3	0	0	0	0	0	0
			18	P_2	0	0	−3	−2	1	0	3	2	0	0
				P_3	0	0	0	0	0	1	0	0	0	0

步骤2：考虑第一级目标。计算第一级目标的目标值 z_1 和检验数 σ_{1j}，得 $z_1 = 0$，$\sigma_{1j} = (0, 0, 2, 3, 0, 0, 0, 0, 0, 0)$。$z_1 = 0$ 说明第一级目标得到满足（注意目标规划问题的目标函数始终是求最小化，所以检验数需按最小化判别）。

步骤3：考虑第二级目标。计算第二级目标的目标值 z_2 和检验数 σ_{2j}，得 $z_2 = 56$，$\sigma_{2j} = (-5, -3, 0, 0, 1, 0, 0, 0, 0, 0)$。$z_2 = 56 > 0$ 说明第二级目标没有得到满足，出现目标值为56的偏差。而检验数 σ_{2j} 中有负值，说明第二级目标56的负偏差可以进一步缩小，选绝对值最大的负检验数 -5（并且该列更高级目标，即第一级目标，无正检验数，否则须选择绝对值为次大的负检验数）对应的变量 x_1 为入基变量。采用最小比值法确定出基变量为 d_2^-（但存在两个或两个以上相同的最小比值时，选择具有较高优先级别的基变量为出基变量）。以 a_{21} 为主元做相应的初等变换，即把新进基的基变量对应的系数列向量变为单位列向量。

重复步骤2，计算第二级的目标函数值和检验数，得 $z_2 = 36$，$\sigma_{2j} = (0, -3, 0, -5, 1, 0, 0, 0, 0, 0)$。$z_2 = 36 > 0$ 说明第二级目标的负偏差已缩小为36，但仍没有得到满足，需要判断是否能进一步改进。由于检验数 σ_{2j} 中仍有负检验数，但绝对值最大的负检验数 -5 的更高级目标，即同一列的第一级目标，检验数为3，因此不能选，否则会导致在改善第二级目标时，破坏第一级目标，使其劣化。因而选择绝对值次大的检验数 -3 对应变量 x_2 为入基变量。采用最小比值确定出基变量 d_1^-，并以 a_{12} 为主元做相应的初等变换，即把新进基的基变量对应的系数列向量变为单位列向量。

再重复步骤2，计算第二级的目标函数值和检验数，得 $z_2 = 18$，$\sigma_{2j} = (0, 0, -3, -2, 1, 0, 3, 2, 0, 0)$。$z_2 = 18$ 说明第二级目标的负偏差已缩小为18，仍没有得到满足。进一步判断 σ_{2j} 中仍有负检验数，但是它们的更高级目标，即第一级目标，同一列中都有正检验数，因此都不能选为入基变量，否则会使上级目标劣化。至此说明第二级目标18的负偏差不能进一步缩小了。

步骤4：考虑第三级目标。计算第三级的目标函数值和检验数，得 $z_3 = 0$，$\sigma_{3j} = (0, 0, 0, 0, 0, 1, 0, 0, 0, 0)$。由于 $z_3 = 0$，所以第三级目标已经得到满足，计算结束。解得最优解为 $X^* = (4, 6)$，$z^* = (0, 18, 0)$，即 $x_1 = 4$，$x_2 = 6$。

以上计算说明第一级和第三级目标完全达到要求，但第二级目标未能实现，z_2 的值为18而不是0，出现负偏差18。需要注意的是：如果第一级目标是系统约束，则 z_1 的值必须是0，否则得到的解将无法实现。

6.4 案例分析：S市行业结构发展规划研究

用目标规划研究和分析经济结构是一个重要的应用课题。一个国家、一个部门或一个省、市在制定经济发展规划时，必须考虑规划目标与有限资源的矛盾，必须找出各行业的优势和不足，特别要注意的是，为使经济发展达到总体最优，各行各业的发展应保持什么比例。目标规划正是解决这一类多目标决策问题的有效工具。20世纪80年代，曾有学者用目标规划建立了 S 市行业结构发展规划，就是一个很好的应用实例。

　　S 市政府 1984 年提出了要在 1985 年实现工业总产值 610 亿元的目标，为了达到这个目标，各项资源、人力、物力、财力的缺口是什么？各行各业能否按比例发展？对此要作出定量的分析。

6.4.1　选择决策变量

　　该市工业可分为十大行业，每个行业产值之和就是工业总产值。

　　定义 x_j 表示第 j 个行业的产值（$j=1$，2，$\cdots$，10）。其中，x_1 为轻工行业产值，x_2 为纺织工业行业产值，x_3 为手工业行业产值，x_4 为医药工业行业产值，x_5 为仪表工业行业产值，x_6 为机械行业总产值，x_7 为冶金工业行业总产值，x_8 为化工行业总产值，x_9 为石化工业产值，x_{10} 为高化工业产值。

6.4.2　分析约束条件

　　（1）产值目标约束：

$$\sum_{j=1}^{10} x_j + d_1^- - d_1^+ = B_1$$

其中，B_1 为 1985 年该市工业总产值计划目标。

　　（2）劳动力能力约束：

$$\sum_{j=1}^{10} a_j x_j + d_2^- - d_2^+ = B_2$$

其中，a_j 为第 j 个行业单位产值劳动力系数；B_2 为 1985 年可提供劳动力总量。

　　（3）能力高于需求约束：

$$\sum_{j=1}^{10} b_j x_j + d_3^- - d_3^+ = B_3$$

其中，b_j 为第 j 个行业单位产值能耗系数，B_3 为 1985 年可提供的能源总量（吨标煤）。

　　（4）建筑面积限制：

$$\sum_{j=1}^{10} c_j x_j + d_4^- - d_4^+ = B_4$$

其中，c_j 为第 j 个行业单位产值所需建筑面积，B_4 为 1985 年可提供的总建筑面积。

　　（5）投资约束条件：

$$\sum_{j=1}^{10} e_j x_j + d_5^- - d_5^+ = B_5$$

其中，e_j 为第 j 个行业单位产值所需投资系数，B_5 为 1985 年可提供的总投资数。

（6）各行业必须达到的下限产值：

$$x_j \geqslant L_j, \text{即 } x_j + d_{5+j}^- - d_{5+j}^+ = L_j, \quad j = 1, 2, \cdots, 10$$

其中，L_j 为第 j 个行业 1985 年至少应达到的产值。

（7）各行业允许发展的上限产值：

$$x_j \leqslant U_j, \text{即 } x_j + d_{15+j}^- - d_{15+j}^+ = U_j, \quad j = 1, 2, \cdots, 10$$

其中，U_j 为第 j 行业 1985 年允许达到的最高产值。

（8）上交税利目标：

$$\sum_{j=1}^{10} f_j x_j + d_{26}^- - d_{26}^+ = F$$

其中，f_j 为第 j 个行业单位产值上交税利，F 为 1985 年期望达到的税利目标值。

（9）比例协调关系：

$$\frac{x_j}{\sum\limits_{j=1}^{10} x_j} = \lambda_j, \text{即 } x_j - \lambda_j \sum_{j=1}^{10} x_j + d_{26+j}^- - d_{26+j}^+ = 0, \quad j = 1, 2, \cdots, 10$$

这个行业结构发展规划问题一共有 10 个决策变量，72 个偏差变量，36 个约束条件（不计变量非负约束）。

6.4.3　构造目标函数

实际计算时，由于比例约束和税利目标约束的数据不够充分，所以暂不考虑。一共设计了三个方案供参考。

6.4.3.1　第一方案

第 1 目标：保证达到总产值目标，所以求 $\min(d_1^- + d_1^+)$。第 2 目标：各行业不低于 1984 年产值，要求 $\min\sum\limits_{i=6}^{15} d_i^-$，同时要求不超过上限值，要求 $\min\sum\limits_{i=16}^{25} d_i^+$。第 3 目标：不增加新劳动力，要求 $\min d_2^+$。第 4 目标：尽可能减少能源消耗，要求 $\min d_3^+$。第 5 目标：尽可能减少建筑面积，要求 $\min d_4^+$。第 6 目标：尽可能减少投资，要求 $\min d_5^+$。

目标函数为：

$$\min z = P_1(d_1^- + d_1^+) + P_2\left(\sum_{i=6}^{15} d_i^- + \sum_{i=16}^{25} d_i^+\right) + P_3 d_2^+ + P_4 d_3^+ + P_5 d_4^+ + P_6 d_5^+$$

6.4.3.2　第二方案

第 1 目标：保证达到 1985 年总产值目标。第 2 目标：保证各行业产值超过下限，但不超过上限值。第 3 目标：尽可能减少能源消耗。第 4 目标：尽可能减少投资。第 5 目标：劳动力恰好。第 6 目标：建筑面积尽可能少。目标函数为：

$$\min z = P_1(d_1^- + d_1^+) + P_2\left(\sum_{i=6}^{15} d_i^- + \sum_{i=16}^{25} d_i^+\right) + P_3 d_3^+ + P_4 d_5^+ + P_5(d_2^- + d_2^+) + P_6 d_4^+$$

6.4.3.3　第三方案

第 1 目标：保证达到 1985 年产值目标。第 2 目标：各行业产值超过下限，但不超过上限值。第 3 目标：各行业必须按比例发展。第 4 目标：能源消耗不超过限制。第 5 目标：劳动力充分就业。第 6 目标：投资不超过总投资能力。第 7 目标：建筑面积尽可能少。

目标函数为：

$$\min z = P_1(d_1^- + d_1^+) + P_2\left(\sum_{i=6}^{15} d_i^- + \sum_{i=16}^{25} d_i^+\right) + P_3\left[\sum_{i=27}^{36}(d_i^- + d_i^+)\right]$$
$$+ P_4 d_3^+ + P_5(d_2^- + d_2^+) + P_6 d_5^+ + P_7 d_4^+$$

6.4.4　整理经济数据

根据该市"七五"规划，以及该市经济年鉴等资料，得到有关数据如表 6 - 4 和表 6 - 5 所示。

表 6 - 4　各行业系数

系数	行业 j									
	1	2	3	4	5	6	7	8	9	10
劳动力系数 a_j	0.31815	0.37265	1.0192	0.2266	0.4861	0.399	0.244	0.2146	0.155	0.1055
能耗系数 b_j	1.3	1.2	0.47	1.6	0.6	1.16	5.29	4.62	5.41	5.69
建筑系数 c_j	4.0619	5.7722	14.0453	3.813	2.738	40.7857	6.5432	9.6005	2.5504	2.5822
投资系数 e_j	0.3333	0.3333	0.3333	0.6667	0.3333	0.6667	0.6667	1	1	1

系数	行业 j									
	1	2	3	4	5	6	7	8	9	10
产值下限 L_j	68.4	125.8	49.8	12.8	25	55.7	67.5	43.2	11.9	14
产值上限 U_j	100	150	95	20	45	90	85	55	30	20
比例系数 λ_j	0.144	0.265	0.105	0.027	0.053	0.117	0.142	0.091	0.025	0.031

表 6-5　　　　　　　　　　　　　　　右端项常数

常数符号	数值	常数符号	数值	常数符号	数值	常数符号	数值	常数符号	数值
B_1	610	B_6	68.4	B_{11}	55.7	B_{16}	100	B_{21}	90
B_2	6227831	B_7	125.8	B_{12}	67.5	B_{17}	150	B_{22}	85
B_3	10457437	B_8	49.8	B_{13}	43.2	B_{18}	95	B_{23}	55
B_4	25705700	B_9	12.8	B_{14}	11.9	B_{19}	20	B_{24}	30
B_5	467093.2	B_{10}	25	B_{15}	14	B_{20}	45	B_{25}	20

6.4.5　分析计算结果

这里仅给出第一方案的计算结果，如表 6-6~表 6-8 所示。

表 6-6　　　　　　　　　　　　　各行业的总产值　　　　　　　　　　　　单位：万元

行业	产值	行业	产值
轻工行业产值	1000000.00000	机械行业总产值	557000.0625
纺织工业行业产值	1500000.0000	冶金工业行业总产值	675000.0000
手工业行业产值	950000.0625	化工行业总产值	449000.3125
医药工业行业产值	200000.0000	石化工业产值	119000.0312
仪表工业行业产值	450000.2500	高化工业产值	200000.0000

表 6-7   各约束条件的达成情况（未写出者均为 0）

偏差变量	偏差值	实际含义
d_2^-	3595555.0000	劳动力多余的人数
d_3^+	1763244.0000	能耗超额数
d_4^+	34617024.0000	建筑面积超额数
d_5^+	2555491.2500	投资超额数
d_6^+	316000.0000	轻工业产值超过下限数
d_7^+	242000.0000	纺织业产值超过下限数
d_9^+	452000.0625	医药业产值超过下限数
d_9^+	72000.0000	手工业产值超过下限数
d_{10}^+	200000.0000	仪表业产值超过下限数
d_{13}^+	17000.2715	化工业产值超过下限数
d_{15}^+	59999.9961	高化工业产值超过下限数
d_{17}^-	343000.0000	纺织业产值低于上限数
d_{20}^-	175000.0000	仪表业产值低于上限数
d_{24}^-	100999.7266	石化工业产值低于上限数
d_{25}^-	181000.0000	高化工业产值低于上限数

表 6-8   目标函数的达成情况

优先等级	目标达到情况
P_1	完全达到
P_2	完全达到
P_3	完全达到
P_4	能耗超支 1763244，未达到
P_5	建筑面积超支 34617024，未达到
P_6	投资超支 2555491.25，未达到

　　根据计算结果可知，该市 1985 年工业总产值 610 亿元的目标可以达到，各行业的产值都能在规定的上、下限范围之内，现有劳动力已够使用，可以不增加新劳动力。但是，为了保证这些目标的顺利实现，能源供应、建筑面积和投资总额都还有缺口，需要补充和增加。另外，现有劳动力尚有富余，没有充分利用，也应该想办法充分利用。这样一个定量的分析和回答，可供该市政府领导决策时参考。

习　题

1. 工厂生产甲、乙两种产品，由 A、B 两组人员来生产。A 组人员熟练工人比较多，工作效率高，成本也高；B 组人员新手较多工作效率比较低，成本也较低。有关资料如表 6–9 所示。

表 6–9　　　　　　　　　　各产品生产数据

项目	甲产品		乙产品	
	效率（件/小时）	成本（元/件）	效率（件/小时）	成本（元/件）
A 组	10	50	8	45
B 组	8	45	5	40
产品售价（元/件）	80		75	

两组人员每天正常工作时间都是 8 小时，每周 5 天。一周内每组最多可以加班 10 小时，加班生产的产品每件增加成本 5 元。工厂根据市场需求、利润及生产能力确定了下列目标顺序：P_1 为每周供应市场甲产品 400 件，乙产品 300 件；P_2 为每周利润指标不低于500 元；P_3 为两组都尽可能少加班，如必须加班的由 A 组优先加班。请建立此生产计划的数学模型。

2. 某厂生产 A、B、C 三种产品，装配工作在同一生产线上完成，三种产品的工时消耗分别为 5 小时、8 小时、10 小时，生产线每月正常工作时间为 210 小时。三种产品销售后，每台可获利分别为 600 元、750 元和 900 元。每月销售量预计为 10 台、12 台和 8 台。该厂经营目标按重要性顺序如下：（1）利润指标为每月 20000 元，争取超额完成；（2）尽量减少现有生产能力的闲置；（3）可以适当加班，但加班时间尽量不超过 24 小时；（4）产量尽量以预计销售量为准。试建立该问题的目标规划模型。

3. 某公司要将一批货从三个产地运到四个销地，有关数据如表 6–10 所示。现要求制订调运计划，且依次满足：（1）B_3 的供应量不低于需求量；（2）其余销地的供应量不低于 85%；（3）A_3 给 B_3 的供应量不低于 200；（4）A_2 尽可能少给 B_1；（5）销地 B_2、B_3 的供应量尽可能保持平衡；（6）使总运费最低。试建立该问题的目标规划数学模型。

表 6–10　　　　　　　　　　产销供给及单位运输费用

项目		销地				供应量
		B_1	B_2	B_3	B_4	
产地	A_1	7	3	7	9	560
	A_2	2	6	5	11	400
	A_3	6	4	2	5	750
需求量		320	240	480	380	

4. 分别用图解法和多纯形法求解下列目标规划问题。

$$\min Z = P_1(d_1^- + d_2^+) + P_2 d_3^-$$

$$(1)\begin{cases} 8x_1 + 4x_2 + d_1^- - d_1^+ = 160 \\ x_1 + 2x_2 + d_2^- - d_2^+ = 30 \\ x_1 + 2x_2 + d_3^- - d_3^+ = 40 \\ x_1, x_2, d_i^-, d_i^+ \geqslant 0, i = 1,2,3 \end{cases}$$

$$\min Z = P_1 d_1^- + P_2(2d_2^+ + d_3^-)$$

$$(2)\begin{cases} x_1 + x_2 + d_1^- - d_1^+ = 1 \\ x_1 + x_2 + d_2^- - d_2^+ = 2 \\ 3x_1 - 2x_2 + d_3^- - d_3^+ = 6 \\ x_1, x_2, d_i^-, d_i^+ \geqslant 0, i = 1,2,3 \end{cases}$$

$$\min Z = P_1(d_1^- + d_2^+) + P_2 d_3^- + P_3 d_4^-$$

$$(3)\begin{cases} x_1 + x_2 + d_1^- - d_1^+ = 40 \\ x_1 + x_2 + d_2^- - d_2^+ = 60 \\ x_1 + d_3^- - d_3^+ = 50 \\ x_2 + d_4^- - d_4^+ = 20 \\ x_1, x_2, d_i^-, d_i^+ \geqslant 0, i = 1,2,3,4 \end{cases}$$

$$\min Z = P_1 d_1^+ + P_2(d_2^- + d_2^+) + P_3 d_3^-$$

$$(4)\begin{cases} 2x_1 + x_2 \leqslant 12 \\ x_1 - x_2 + d_1^- - d_1^+ = 0 \\ x_1 + 3x_2 + d_2^- - d_2^+ = 15 \\ 6x_1 + 8x_2 + d_3^- - d_3^+ = 48 \\ x_1, x_2, d_i^-, d_i^+ \geqslant 0, i = 1,2,3 \end{cases}$$

5. 已知某实际问题的线性规划模型为：

$$\max Z = 100x_1 + 50x_2$$

$$\text{s. t.} \begin{cases} 10x_1 + 16x_2 \leqslant 200 \quad （资源 1） \\ 11x_1 + 3x_2 \geqslant 25 \quad （资源 2） \\ x_1, x_2 \geqslant 0 \end{cases}$$

假定重新确定这个问题的目标：P_1 为 Z 值应不低于 1900；P_2 为资源 1 必须全部利用。将此问题转换为目标规划问题，列出数学模型。

6. 已知目标规划问题

$$\min Z = P_1 d_1^- + P_2 d_2^+ + P_3(5d_3^- + 3d_4^-) + P_4 d_1^+$$

$$\text{s. t.} \begin{cases} x_1 + 2x_2 + d_1^- - d_1^+ = 6 \\ x_1 + 2x_2 + d_2^- - d_2^+ = 9 \\ x_1 - 2x_2 + d_3^- - d_3^+ = 4 \\ x_2 + d_4^- - d_4^+ = 2 \\ x_1, x_2, d_i^-, d_i^+ \geqslant 0, i = 1,2,3,4 \end{cases}$$

要求：（1）分别用图解法和多纯形法求解。（2）分析目标函数分别为如下两种情况时解的变化：$\min Z = P_1 d_1^- + P_2 d_2^+ + P_3 d_1^+ + P_4(5d_3^- + 3d_4^-)$；$\min Z = P_1 d_1^- + P_2 d_2^+ + P_3(w_1 d_3^- + w_2 3 d_4^-) + P_4 d_1^+$（分析 w_1 和 w_2 的比例变动）。

7. 某成品酒有三种商标（红、黄、蓝），都是由三种原料酒（等级Ⅰ、Ⅱ、Ⅲ）兑制而成。三种等级的原料酒的日供应量和成本见表 6 – 11，三种商标的成品酒的兑制要求和售价见表 6 – 12。决策者规定：首先必须严格按规定比例兑制各商标的酒；其次是获利最大；再次是红商标的酒每天至少生产 2000kg。试列出该问题的数学模型。

表 6 – 11　　　　　　　　　　三种等级的原料酒的日供应量和成本

等级	日供应量（kg）	成本（元/kg）
Ⅰ	1500	6
Ⅱ	2000	4.5
Ⅲ	1000	3

表 6 – 12　　　　　　　　　　三种商标的成品酒的兑制要求和售价

商标	兑制要求（%）	售价（元/kg）
红	Ⅲ少于10	5.5
	Ⅰ多于50	
黄	Ⅲ少于10	5
	Ⅰ多于50	
蓝	Ⅲ少于10	4.8
	Ⅰ多于50	

8. 公司决定使用 1000 万元新产品基金开发 A、B、C 三种新产品。经预测估计，开发 A、B、C 三种新产品的投资利润率分别为 5%、7%、10%。由于新产品开发有一定风险，公司研究后确定了下列优先顺序目标：第一，A 产品至少投资 300 万元；第二，为分散投资风险，任何一种新产品的开发投资不超过开发基金总额的 35%；第三，应至少留有 10% 的开发基金，以备急用；第四，使总的投资利润最大。试建立投资分配方案的目标规划模型。

9. 已知单位牛奶、牛肉、鸡蛋中的维生素及胆固醇含量等有关数据见表 6 – 13。如果只考虑这三种食物，并且设立了下列三个目标：第一，满足三种维生素的每日最小需求量；第二，使每日摄入的胆固醇最少；第三，使每日购买食品的费用最少。要求建立问题的目标规划模型。

表 6 – 13　　　　　　　　　　相关数据

项目	牛奶（500g）	牛肉（500g）	鸡蛋（500g）	每日最小需要量
维生素 A（mg）	1	1	10	1
维生素 C（mg）	100	10	10	30

续表

项目	牛奶（500g）	牛肉（500g）	鸡蛋（500g）	每日最小需要量
维生素 D（mg）	10	100	10	10
胆固醇（单位）	70	50	120	
费用（元）	1.5	8	4	

10. M 电器公司生产彩色电视机，公司有甲、乙两条生产线，甲生产线每小时生产 2 台，乙生产线每小时生产 1.5 台。甲、乙两条生产线每周正常工作时间都是 40 小时。据估计，每台彩色电视机的利润是 100 元。公司经理有下列目标和优先权结构。P_1：每周生产 180 台彩色电视机。P_2：限制甲生产线的加班时间为 10 小时。P_3：保证甲、乙生产线的正常生产，避免停工（根据两条生产线的生产率不同给予不同的权重）。P_4：甲、乙两条生产线的加班时间之和加以限制（根据加班的相对费用给予权重，假定两条生产线的代价一样）。

要求：（1）建立问题的目标规划模型。（2）如果公司经理把每周获得利润 19000 元作为第 1 优先目标，上述 4 个目标往后顺延。那么，模型会怎样改变？（3）如果公司经理只有一个利润最大的目标，同时要满足甲、乙两条生产线正常开工。请重新建立目标规划模型。

11. 丁公司生产三种产品，其整个计划期分为三个阶段。现需编制生产计划，确定各个阶段各种产品的生产数量。计划受市场需求、设备台时、财务资金、稀有材料供应、生产费用等方面条件的约束，有关数据如表 6 – 14 和表 6 – 15 所示。假设计划期初及期末各种产品的库存量皆为零。

表 6 – 14　　　　　　　　各阶段产品需求量　　　　　　　　单位：台

阶段	需求量（台）		
	产品 1	产品 2	产品 3
1	500	750	900
2	680	800	800
3	800	950	1000

表 6 – 15　　　　　　　　产品资源消耗和库存情况

项目	每台产品消耗（占用）量			资源消耗（占用）总限额
	产品 1	产品 2	产品 3	
设备工作台时（小时）	2	1	3.1	5000
流动资金占有量（元）	40	20	55	93000
稀有材料消耗量（千克）	0.8	0.6	1.2	2100
每阶段产品库存费用（元）	1	0.5	1.5	200

公司设定以下 5 个优先等级的目标：P_1：及时供货，保证需求，尽量减少缺货，并且第 3 种产品及时供货的重要性相当于第 1 种、第 2 种产品的 2 倍；P_2：尽量使加工设备负荷均衡；P_3：流动资金占用量不超过限额；P_4：稀有材料消耗量不超过限额；P_5：产品的库存费用不超过限额。要求建立目标规划的模型。

建模视频   图解法视频   部分习题答案

第7章　动态规划

本章导读

动态规划（dynamic programming）是解决多阶段决策过程最优化问题的一种常用方法。在《算法引论》一书中，特别指出这里的"规划"（programming）并非是指编写计算机程序，而是指一种表格法。20世纪50年代初，美国数学家理查德·贝尔曼（Richard Bellman）等在研究多阶段决策过程的优化问题时，提出了著名的最优化原理，并利用各个阶段之间的关系，逐个求解，创立了解决多阶段决策的动态规划方法，成功解决了生产管理、工程技术等方面的一系列实际问题。贝尔曼于1957年发表了该领域的第一本专著《动态规划》。动态规划作为现代企业管理中的一种重要决策方法，其应用极其广泛，可用于解决最优路径问题、资源分配问题、生产计划与库存、投资、装载、排序等问题及生产过程的最优控制等。由于它有独特的解题思路，在处理某些优化问题时，比线性规划或非线性规划方法更有效。

本章知识点之间的逻辑关系见图7-1。

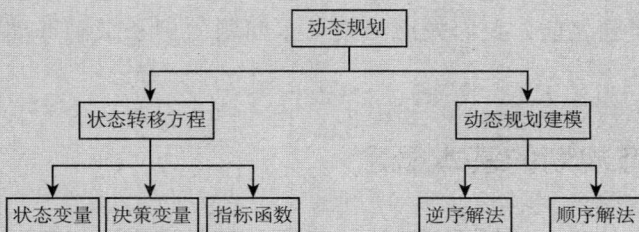

```
                        动态规划
            ┌──────────────┴──────────────┐
        状态转移方程                   动态规划建模
     ┌──────┼──────┐              ┌──────┴──────┐
   状态变量 决策变量 指标函数       逆序解法    顺序解法
```

图7-1　第7章知识点逻辑关系

7.1　动态规划的基本概念和基本原理

7.1.1　引例

动态规划的研究对象是多阶段决策过程，而多阶段决策问题是指这样一类活动过程：系统的动态过程可以按照时间进程分为状态相互联系而又相互区别的各个阶段。在每个阶段都要进行决策，而多阶段决策是有联系的，即上一时段决策会影响下一个时段的决策，以至于影响整体决策，所以不仅要考虑到一个阶段的最优，更应考虑整体目标的最优。动态规划方法就是能解决多阶段决策过程的研究方法。

下面通过哈维·瓦格纳（Harvey M. Wagner）提出的驿站马车问题来举例说明动态规划的研究对象、定义和特点。

【**例7.1**】驿站马车问题（stagecoach problem）。驿站马车问题本身就是为了阐述动态规划特征而构建的一个特殊问题。19 世纪中叶，密苏里州的一名淘金者决定去加利福尼亚州西部淘金。旅程需要乘坐驿站马车，途经可能有危险的地方。图 7-2 给出了路线网络图，图中两点之间连线上的数字表示两点间的费用。已知出发地和目的地，即分别为图 7-2 中的 R 点和 T 点，但途经的地方可以有不同的选择，中间通过 A、B、C 三个区域，在区域内有多条路径可走，问题是如何找出一条由 R 到 T 的线路，使总成本最小。

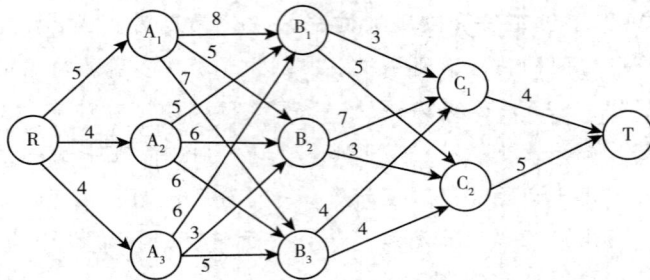

图 7-2 驿站马车问题的路线和成本

在分析求解该问题之前，我们先用驿站马车问题的例子来阐释动态规划的一些基本概念。

7.1.2 动态规划的基本概念

利用动态规划方法解决多阶段决策问题，需要将实际问题写成动态规划模型，动态规划方法中用到的基本概念包括：阶段、状态、决策和策略、状态转移方程、指标函数等。下面结合驿站马车问题，我们来阐述这些基本概念。

7.1.2.1 阶段

阶段的划分，一般根据时序和空间的自然特征来划分，但要便于把问题转化为阶段决策的过程。而描述阶段的变量称为阶段变量，常用自然数 k 表示。如例 7.1 可划分为 4 个阶段求解，$k=1$，2，3，4。具体来说，驿站马车问题可以分为 4 个阶段决策问题：从起始点 R 到 A 区域（A 有三个选择，即 A_1，A_2，A_3）、从 A 区域到 B 区域（B 有三个选择，即 B_1，B_2，B_3）、从 B 区域到 C 区域（C 有两个选择，即 C_1，C_2）、从 C 区域到终点 T。

7.1.2.2　状态

状态是阶段的起始位置。它既是该阶段某支路的起点，又是前一阶段某支路的终点。而描述过程状态的变量称为状态变量，它可用一个数、一组数或一个向量（多维情形）来描述，常用 s_k 表示第 k 阶段的状态变量。通常一个阶段有若干个状态，称为状态集合，用 S_k 表示。如驿站马车问题中，第一阶段的状态为 R，第二阶段有三个状态：A_1，A_2，A_3。状态变量 s_1 的集合是 $S_1 = \{R\}$，而状态变量 s_2 的集合是 $S_2 = \{A_1，A_2，A_3\}$，之后第三、四阶段的状态变量集合分别为：$S_3 = \{B_1，B_2，B_3\}$，$S_4 = \{C_1，C_2\}$。

动态规划中的状态应具有如下性质：如果某阶段状态给定以后，该阶段以后过程的发展不受该阶段以前各阶段状态的影响，即应具有**无后效性或马尔可夫性**。如果变量不具备无后效性，则不能被选作状态变量。而在驿站马车问题中，如果初始状态已选定某个点，从该点出发的路线只与该点相关，不受之前阶段的影响，所以满足状态的无后效性。

7.1.2.3　决策和策略

确定了各阶段的状态之后，就可以在某阶段作出选择，来确定下一阶段的状态，这个选择过程称为决策。而描述决策的变量称为**决策变量**，常用 $u_k(s_k)$ 表示第 k 阶段处于状态 s_k 时的决策变量，它是状态变量的函数。对于实际问题，决策变量允许的取值往往被限定在一定范围之内，该范围称为**允许决策集合**，常用 $D_k(s_k)$ 表示从状态 s_k 出发的允许决策的集合。显然 $u_k(s_k) \in D_k(s_k)$。

在驿站马车问题的第二阶段中，若从 A_1 出发，可选择 B_1，B_2，B_3，即第二阶段 A_1 的允许策略集合为 $D_2(A_1) = \{B_1，B_2，B_3\}$，若选定 B_2，则 $u_2(A_1) = B_2$。

而策略是一个决策序列的集合。第 k 阶段开始到最后阶段为止的一个子策略，称为**后部子策略**，表示为 $p_{k,n}\{u_k(s_k)，u_{k+1}(s_{k+1})，\cdots，u_n(s_n)\}$，简记为 $P_{k,n}$。当各阶段决策确定后，全过程的决策序列就构成了一个**策略**，表示为 $p_{1,n}\{u_1(s_1)，u_2(s_2)，\cdots，u_n(s_n)\}$。对于每个实际问题，可供其选择的策略存在一定的范围，即为**允许策略集合**，简记为 $P_{1,n}$。而使得整个问题达到最优效果的策略就是**最优策略**，简记为 $P_{1,n}^*$。

7.1.2.4　状态转移方程

当本阶段的状态和决策结果确定之后，就决定了下一阶段的状态。也就是说，如果给定了第 k 阶段的状态 s_k 和决策 u_k，则第 $k+1$ 阶段的状态 s_{k+1} 也就能被确定下来了，关系式表示如下：

$$s_{k+1} = T_k(s_k, u_k)$$

该方程描述了由第 k 阶段到第 $k+1$ 阶段的状态转移规律，因此又称其为**状态转移方程**。而状态转移方程确定了由某一阶段的一个状态到下一阶段另一状态的演变过程。

7.1.2.5 指标函数

衡量所选定策略优劣的数量指标被称为**指标函数**，其分为阶段指标函数和过程指标函数。**阶段指标函数**是指第 k 阶段，从状态 s_k 出发，采取决策 u_k 时的效益，用 $d(s_k, u_k)$ 表示。**过程指标函数**是定义在全过程和所有后部子过程上确定的数量函数。对于一个 n 阶段决策过程，从第 1 阶段一直到第 n 阶段是问题的原过程，用 $V_{1,n}(s_1, p_{1,n})$ 表示第 1 阶段状态为 s_1 采用策略 $p_{1,n}$ 时原过程的指标函数值。而从第 k（$1 \leqslant k \leqslant n$）阶段开始一直到第 n 阶段的过程称为原过程的一个后部子过程，用 $V_{k,n}(s_k, p_{k,n})$ 表示第 k 阶段状态为 s_k 采用策略 $p_{k,n}$ 时后部子过程的指标函数值。**最优指标函数**，记为 $f_k(s_k)$，表示从第 k 阶段状态 s_k 采用最优策略 $p_{k,n}^*$ 到过程终止时的最佳效益值，满足：

$$f_k(s_k) = V_{k,n}(s_k, p_{k,n}^*) = \mathop{\mathrm{opt}}\limits_{p_{k,n} \in P_{k,n}} V_{k,n}(s_k, p_{k,n})$$

其中 **opt** 英文全称为"**optimum**"，根据具体问题分别表示为 **max** 或 **min**。当 $k=1$ 时，$f_1(s_1)$ 就是从初始状态 s_1 到全过程结束的整体最优函数。

在驿站马车问题中，指标函数 $V_{k,n}$ 表示在第 k 阶段由点 s_k 至终点 **T** 的成本。$f_k(s_k)$ 表示第 k 阶段点 s_k 到终点 **T** 的最小成本。比如，$f_2(A_1)=13$ 表示从第 2 阶段中的点 A_1 到点 **T** 的最小成本。

7.1.3 动态规划的基本思想与基本原理

在驿站马车问题的求解方面，我们可以用穷举法来求得最小成本的路线，具体来讲，可以求解出所有的从初始点 R 到终点 T 之间可能经过的路线的成本并加以比较。从图 7–2 可以看出，从 R 到 T 一共有 18 条不同的路线，要求出最小成本的路线需要做 54 次加法运算、17 次比较运算。当阶段增加、状态增加之后，枚举法的计算量也会大大增加。而动态规划提供了一种比枚举法工作量少得多的解决方案。动态规划从原始问题的很小一部分开始，给出这个很小问题的最优解，然后逐渐扩大问题，从前面的问题中找出目前的最优解，直至求得全部原始问题的解。

接下来，我们运用动态规划逆序递推方法来求解驿站马车问题。为求解驿站马车问题，我们从很小的一个问题开始，即淘金者走到了 C 区域，只剩下最后一段即可到达最终的目的地 T 点，在该阶段能很容易求得最小成本的决策。之后依次重复，通过增加前面的一段路来扩大问题，进而求得最优解。接下来结合驿站马车问题介绍动态规划的基本思想和算法。

例 7.1 的完整的求解过程如下。

解：划分阶段 $k=1$，2，3，4，确定状态变量 s_k。

第 1 步，从 $k=4$ 开始，s_4 可取 C_1，C_2 两种状态，有 $f_4(C_1)=4$，$f_4(C_2)=5$。而相应的决策为 $u_4^*(C_1)=\mathrm{T}$，$u_4^*(C_2)=\mathrm{T}$。

第 1 步计算结果如表 7 - 1 所示。

表 7 - 1　　　　　　　　　　　　　　　第 1 步计算结果

s_4	$f_4^*(s_4)$	$u_4^*(s_4)$
C_1	4	T
C_2	5	T

第 2 步，$k = 3$，s_3 可取 B_1，B_2，B_3 三种状态，而从这三地到终点 T 之间都有两条路线可供选择，需要对比选出其中最短的。先求解出从 B_1 到终点 T 之间的最优路线，如下：

$$f_3(B_1) = \min \begin{Bmatrix} c(B_1, C_1) + f_4(C_1) \\ c(B_1, C_2) + f_4(C_2) \end{Bmatrix} = \min \begin{Bmatrix} 3+4 \\ 5+5 \end{Bmatrix} = 7$$

也就是说从 B_1 到终点 T 的最小成本是 7，对应的最优路线为：$B_1 \to C_1 \to T$，相应的决策为：$u_3^*(B_1) = C_1$。

B_2 到终点 T 之间的最优路线，求解如下：

$$f_3(B_2) = \min \begin{Bmatrix} c(B_2, C_1) + f_4(C_1) \\ c(B_2, C_2) + f_4(C_2) \end{Bmatrix} = \min \begin{Bmatrix} 7+4 \\ 3+5 \end{Bmatrix} = 8$$

即从 B_2 到终点 T 的最小成本是 8，对应的最优路线为：$B_2 \to C_2 \to T$，相应的决策为：$u_3^*(B_1) = C_2$。

而 B_3 到终点 T 之间的最优路线，求解如下：

$$f_3(B_3) = \min \begin{Bmatrix} c(B_3, C_1) + f_4(C_1) \\ c(B_3, C_2) + f_4(C_2) \end{Bmatrix} = \min \begin{Bmatrix} 4+4 \\ 4+5 \end{Bmatrix} = 8$$

即从 B_3 到终点 T 的最小成本是 8，对应的最优路线为：$B_3 \to C_1 \to T$，相应的决策为：$u_3^*(B_1) = C_2$。

第 2 步计算结果如表 7 - 2 所示。

表 7 - 2　　　　　　　　　　　　　　　第 2 步计算结果

s_3 ＼ u_3	$f_3(s_3) = c(u_3, s_3) + f_4(s_4)$		$f_3^*(s_3)$	$u_3^*(s_3)$
	C_1	C_2		
B_1	7	10	7	C_1
B_2	11	8	8	C_2
B_3	8	9	8	C_1

第 3 步，$k = 2$，s_2 可取 A_1，A_2，A_3 三种状态。

$$f_2(A_1) = \min\begin{cases}c(A_1,B_1)+f_3(B_1)\\c(A_1,B_2)+f_3(B_2)\\c(A_1,B_3)+f_3(B_3)\end{cases} = \min\begin{cases}8+7\\5+8\\7+8\end{cases} = 13,\ \text{最优路线为}\ A_1 \to B_2 \to C_2 \to T_。$$

$u_2^*(A_1) = B_2_。$

$$f_2(A_2) = \min\begin{cases}c(A_2,B_1)+f_3(B_1)\\c(A_2,B_2)+f_3(B_2)\\c(A_2,B_3)+f_3(B_3)\end{cases} = \min\begin{cases}5+7\\6+8\\6+8\end{cases} = 12,\ \text{最优路线为}\ A_2 \to B_1 \to C_1 \to T_。$$

$u_2^*(A_2) = B_1_。$

$$f_2(A_3) = \min\begin{cases}c(A_3,B_1)+f_3(B_1)\\c(A_3,B_2)+f_3(B_2)\\c(A_3,B_3)+f_3(B_3)\end{cases} = \min\begin{cases}6+7\\3+8\\5+8\end{cases} = 11,\ \text{最优路线为}\ A_3 \to B_2 \to C_2 \to T_。$$

$u_2^*(A_3) = B_2_。$

第3步计算结果如表 7-3 所示。

表 7-3　　　　　　　　　　　　　　第3步计算结果

s_2 ╲ u_2	$f_2(s_2) = c(u_2,s_2)+f_3(s_3)$			$f_2^*(s_2)$	$u_2^*(s_2)$
	B_1	B_2	B_3		
A_1	15	13	15	13	B_2
A_2	12	14	14	12	B_1
A_3	13	11	13	11	B_1

第 4 步，$k=1$，只有一个状态 R，则有：

$$f_1(R) = \min\begin{cases}c(R,A_1)+f_2(A_1)\\c(R,A_2)+f_2(A_2)\\c(R,A_3)+f_2(A_3)\end{cases} = \min\begin{cases}5+13\\4+12\\4+11\end{cases} = 15,\ u_1^*(R) = A_3$$

第 4 步计算结果如表 7-4 所示。

表 7-4　　　　　　　　　　　　　　第4步计算结果

s_1 ╲ u_1	$f_1(s_1) = c(u_1,s_1)+f_2(s_2)$			$f_1^*(s_1)$	$u_1^*(s_1)$
	A_1	A_2	A_3		
T	18	16	15	15	A_3

所以最优路线为：$R \to A_3 \to B_2 \to C_2 \to T$，最小成本为 15。

例 7.1 驿站马车问题的逆序解法全过程见图 7-3。图中节点上方括号内的数字表示从该点到终点 T 的最小成本，括号前表示该节点状态的最优策略，对应的路径用粗黑线表示，可以看出粗黑线中的 R→A₃→B₂→C₂→T 为全局的最优路线。

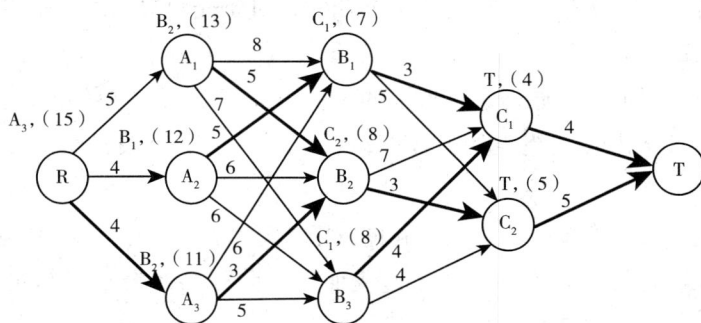

图 7 - 3　第四阶段（全过程）图示

从驿站马车问题的计算过程中，每个阶段都利用了第 k 段和第 $k+1$ 段的关系如下：

$$\begin{cases} f_k(s_k) = \min_{u_k \in D_k(s_k)} \{c(s_k,u_k)+f_{k+1}(s_{k+1})\}, k=4,3,2,1 \\ f_5(s_5)=0 \end{cases}$$

这种递推关系称为**动态规划的基本方程**。其中，$f_5(s_5)=0$ 是边界条件。

因此，总结动态规划的基本思想如下：

（1）将多阶段决策过程划分阶段，恰当选取状态变量和决策变量，并定义最优指标函数，从而将问题化为一组同类型的子问题逐个求解。

（2）求解时从边界条件开始，逆（或顺）过程行进方向，逐段递推寻优。在每个子问题求解时，都要用到它前面已经求出的子问题的最优结果，最后一个子问题的最优解即是整个问题的最优解。

（3）动态规划是既将当前一阶段与未来各阶段分开，又将当前效益与未来效益结合起来考虑的一种最优化方法。因此，每一阶段的最优决策选取是从全局考虑的，与该阶段的最优选择是不完全相同的。

动态规划的基本方程是递推的根据，对于一般的动态规划，其基本方程可以表示为：

$$\begin{cases} f_k(s_k) = \underset{u_k \in D_k(s_k)}{\mathrm{opt}} \{v_k(s_k,u_k)+f_{k+1}(s_{k+1})\}, k=n,n-1,\cdots,1 \\ f_{n+1}(s_{n+1})=0 \end{cases}$$

或者

$$\begin{cases} f_k(s_k) = \underset{u_k \in D_k(s_k)}{\mathrm{opt}} \{v_k(s_k,u_k) \cdot f_{k+1}(s_{k+1})\}, k=n,n-1,\cdots,1 \\ f_{n+1}(s_{n+1})=1 \end{cases}$$

式中的 opt 可根据题意取 min 或者 max，$v_k(s_k, u_k)$ 为在状态 s_k 和决策 u_k 下对应的第 k 阶段的指标函数值。

动态规划算法的基本原理是基于贝尔曼等提出的最优化原理，即"一个过程的最优策略具有这样的性质：无论初始状态和初始决策如何，对于先前决策所形成的状态而言，其后的所有决策应构成最优策略"。

驿站马车问题是根据这一原理进行求解的，从图7-3最后求得的最优路线也可以看出，无论哪一段的哪个状态出发到终点的最优路线，只与该状态有关，而与之前的状态、路线无关。

利用这一原理，就可将多阶段决策问题的求解过程表示为一个连续的递推过程，由后向前逐步计算。在求解时候，对于后边的子过程而言，前面的各个状态与决策相当于初始条件，并不影响后边子过程的最优决策。

7.1.4　动态规划模型的求解方法

动态规划的求解有两种基本方法，即：逆序（backward）解法和顺序（forward）解法。

上面对于驿站马车问题的求解，其寻优方向与多阶段决策过程的实际行进方向相反，从最后一段开始逐段向前递推到第一阶段，进而求得全过程的最优策略，为逆序解法。相反，顺序解法的寻优方向与实际行进方向一致，计算时从第一阶段逐段向后递推计算后一阶段要用到前一阶段的求解结果，最后一阶段计算的结果就是全过程的最优结果。

由于初始点 R 和终点 T 都是固定的，都必然在最优路线上，故对于驿站马车问题，亦可用顺序解法来求解。指标函数 $f_k(s_{k+1})$ 表示从起点 R 到第 k 阶段状态 s_{k+1} 的最小成本，从前向后求解从起点 R 到各段起点的最小成本，最后算出从起点 R 到终点 T 的最优路线。具体计算过程如下。

解： $k=0$ 时，$f_0(s_1)=f_0(R)=0$，这是边界条件。

$k=1$ 时，s_2 可取 A_1，A_2，A_3 三种状态，且有 $f_1(A_1)=5$，$f_1(A_2)=4$，$f_1(A_3)=4$。而相应的决策分别为 $u_1^*(A_1)=R$，$u_1^*(A_2)=R$，$u_1^*(A_3)=R$。

$k=2$ 时，s_3 可取 B_1，B_2，B_3 三种状态，对应的指标函数和决策分别为：

$$f_2(B_1)=\min\begin{Bmatrix}c(A_1,B_1)+f_1(A_1)\\c(A_2,B_1)+f_1(A_2)\\c(A_3,B_1)+f_1(A_3)\end{Bmatrix}=\min\begin{Bmatrix}8+5\\5+4\\6+4\end{Bmatrix}=9，对应地，u_2^*(B_1)=A_2$$

$$f_2(B_2)=\min\begin{Bmatrix}c(A_1,B_2)+f_1(A_1)\\c(A_2,B_2)+f_1(A_2)\\c(A_3,B_2)+f_1(A_3)\end{Bmatrix}=\min\begin{Bmatrix}5+5\\6+4\\3+4\end{Bmatrix}=7，对应地，u_2^*(B_2)=A_3$$

$$f_2(B_3)=\min\begin{Bmatrix}c(A_1,B_3)+f_1(A_1)\\c(A_2,B_3)+f_1(A_2)\\c(A_3,B_3)+f_1(A_3)\end{Bmatrix}=\min\begin{Bmatrix}7+5\\6+4\\5+4\end{Bmatrix}=9，对应地，u_2^*(B_3)=A_3$$

$k = 3$ 时，s_3 可取 C_1，C_2 两种状态，对应的指标函数和决策分别为：

$$f_3(C_1) = \min\begin{Bmatrix} c(B_1,C_1) + f_2(B_1) \\ c(B_2,C_1) + f_2(B_2) \\ c(B_3,C_1) + f_2(B_3) \end{Bmatrix} = \min\begin{Bmatrix} 3+9 \\ 7+7 \\ 4+9 \end{Bmatrix} = 12，对应地，u_3^*(C_1) = B_1$$

$$f_3(C_2) = \min\begin{Bmatrix} c(B_1,C_2) + f_2(B_1) \\ c(B_2,C_2) + f_2(B_2) \\ c(B_3,C_2) + f_2(B_3) \end{Bmatrix} = \min\begin{Bmatrix} 5+9 \\ 3+7 \\ 4+9 \end{Bmatrix} = 10，对应地，u_3^*(C_2) = B_2$$

$k = 4$ 时，$s_4 = T$，对应的指标函数和决策分别为：

$$f_4(T) = \min\begin{Bmatrix} c(C_1,T) + f_3(C_1) \\ c(C_2,T) + f_3(C_2) \end{Bmatrix} = \min\begin{Bmatrix} 4+12 \\ 5+10 \end{Bmatrix} = 15，对应地，u_4^*(T) = C_2$$

所以最优路线为：$R \rightarrow A_3 \rightarrow B_2 \rightarrow C_2 \rightarrow T$，最小成本为 15。

图 7-4 给出了例 7.1 驿站马车问题的顺序解法全过程。图中节点上方括号内的数字表示从初始点 R 到该点的最小成本，括号前表示该节点状态的最优策略，对应的路径用粗黑线表示，可以看出 $R \rightarrow A_3 \rightarrow B_2 \rightarrow C_2 \rightarrow T$ 为全局的最优路线。

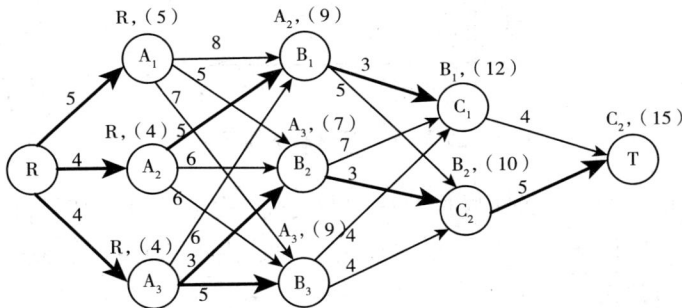

图 7-4　顺序解法计算过程示意

驿站马车问题的顺序解法的计算过程中，用到了如下的递推方程式：

$$\begin{cases} f_k(s_{k+1}) = \min\limits_{u_k \in D_k(s_k)} \{c(s_{k+1}, u_k) + f_{k-1}(s_k)\}, k = 1,2,3,4 \\ f_0(s_1) = 0 \end{cases}$$

除了计算求解的方向不同之外，顺序解法和逆序解法还有以下几点不同。

（1）状态转移方式不同。如图 7-5 所示，逆序解法中第 k 阶段输入为状态 s_k，决策为 u_k，确定的输出为第 $k+1$ 阶段的状态 s_{k+1}，状态转移方程为 $s_{k+1} = T_k(s_k, u_k)$。

而顺序解法，如图 7-6 所示，第 k 阶段输入为状态 s_{k+1}，决策为 u_k，确定的输出为第 k 阶段的状态 s_k，状态转移方程为 $s_k = T_k(s_{k+1}, u_k)$。

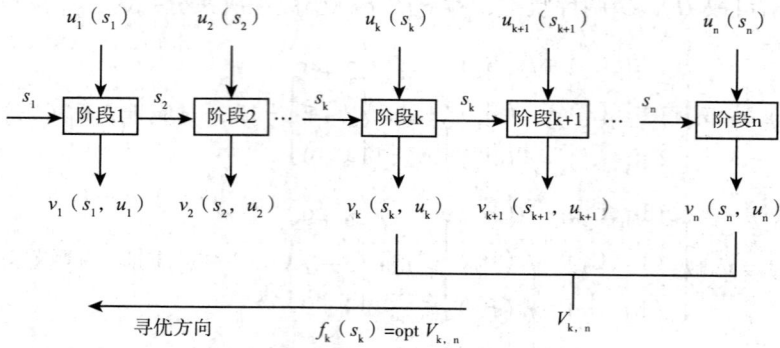

图 7-5　逆序解法图示

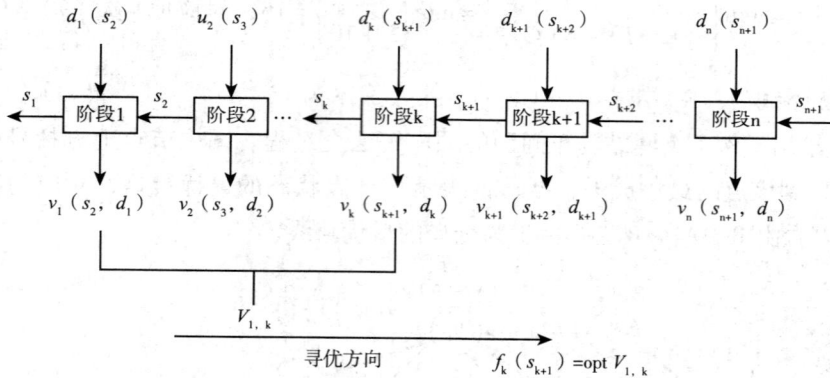

图 7-6　顺序解法图示

这里需要特别指出的是，关于顺序解法的表达式，是在原状态变量符号不变的条件下给出的。若将状态变量的记法改为 s_0，s_1，$\cdots$，s_n，则最优指标函数也可表示为 $f_k(s_k)$，符号与逆序解法相同，但含义不一样。

（2）指标函数的定义不同。逆序解法中，定义的最优指标函数 $f_k(s_k)$ 表示第 k 阶段从状态 s_k 出发到终点的后部子过程的最优效益值，$f_1(s_1)$ 是整体最优函数值。而顺序解法中最优指标函数 $f_k(s_{k+1})$ 表示第 k 阶段从起点到状态 s_{k+1} 的前部子过程的最优效益值，而 $f_n(s_{n+1})$ 是整体最优函数值。

（3）基本方程形式不同。逆序解法中，当指标函数为阶段指标加和的形式时，$V_{k,n} = \sum_{j=k}^{n} V_j(s_j, u_j)$，其基本方程为：

$$\begin{cases} f_k(s_k) = \operatorname*{opt}_{u_k \in D_k} \{ v_k(s_k, u_k) + f_{k+1}(s_{k+1}) \}, k = n, n-1, \cdots, 2, 1 \\ f_{n+1}(s_{n+1}) = 0 \end{cases}$$

若指标函数为阶段指标乘积的形式时，$V_{k,n} = \prod_{j=k}^{n} V_j(s_j, u_j)$，其基本方程为：

$$\begin{cases} f_k(s_k) = \mathop{\mathrm{opt}}\limits_{u_k \in D_k} \{v_k(s_k, u_k) \cdot f_{k+1}(s_{k+1})\}, k = n, n-1, \cdots, 2, 1 \\ f_{n+1}(s_{n+1}) = 1 \end{cases}$$

而顺序解法中，当指标函数为阶段指标加和的形式时，$V_{1,k} = \sum\limits_{j=1}^{k} V_j(s_{j+1}, u_j)$，其基本方程为：

$$\begin{cases} f_k(s_{k+1}) = \mathop{\mathrm{opt}}\limits_{u_k \in D_k} \{v_k(s_{k+1}, u_k) + f_{k-1}(s_k)\}, k = 1, 2, \cdots, n \\ f_0(s_1) = 0 \end{cases}$$

当指标函数为阶段指标乘积的形式时，$V_{1,k} = \prod\limits_{j=1}^{k} V_j(s_{j+1}, u_j)$，其基本方程为：

$$\begin{cases} f_k(s_{k+1}) = \mathop{\mathrm{opt}}\limits_{u_k \in D_k} \{v_k(s_{k+1}, u_k) \cdot f_{k-1}(s_k)\}, k = 1, 2, \cdots, n \\ f_0(s_1) = 1 \end{cases}$$

顺序解法和逆序解法没有本质上的区别，一般来讲，当初始状态给定可用逆序解法，当终止状态给定可用顺序解法。若问题既给定了初始状态又给定了终止状态，则两种解法均可计算，比如驿站马车问题。但若给定了初始状态，但有多个终点状态时，使用顺序解法会比较简便。针对不同问题的不同特点，可以灵活选取两种方法之一，以便于简化计算过程。

7.2　确定性的动态规划应用

动态规划本质上是一个算法或思想，它可以应用在诸如资源分配、背包问题、生产经营等很多方面。下面进行简要的举例说明。

7.2.1　资源分配问题

【例 7.2】有 400 万元资金用于 3 个项目投资，投资数以百万元为单位取整数。已知项目 2 的投资不超过 200 万元，项目 1 和项目 3 至少保证 100 万元的投资，3 个项目投资数额均不超过 300 万元。3 个项目的效益如表 7 - 5 所示。

表 7 - 5　　　　　　　　各项目不同投资额产生的收益　　　　　　　　单位：万元

项目	0	投资 100 万元	投资 200 万元	投资 300 万元
项目 1	—	4	8	11
项目 2	0	6	11	—
项目 3	—	3	6	10

试用动态规划方法确定投资方案，使预期效益最大。

分析：该问题本身没有明显的多阶段属性，这里我们设定一次只决定对一个项目的投资额，因此可以分为三个阶段完成对三个项目的投资分配。那么接下来的关键是选定状态变量，使得后面阶段之间具有递推关系。用顺序解法，令状态变量 s_{k+1} 表示可用于第 1 到第 k 个项目的投资额，设 x_k 为第 k 阶段的投资额；则有状态转移方程为：$s_k = s_{k+1} - x_k$。每一阶段的指标函数为 $V_k(x_k)$，则最优指标函数 $f_k(s_{k+1})$ 表示第 k 阶段投资额为 s_{k+1} 时第 1 个到第 k 个项目所获得的最大收益。易知边界条件 $f_0(s_1)=0$，而顺序解法的基本方程为：$f_k(s_{k+1}) = \max\limits_{0 \le x_k \le s_{k+1}} \{v_k(x_k) + f_{k-1}(s_k)\}$，$k=1,2,3$。由顺序递推可逐步计算得出 $f_1(s_2)$，$f_2(s_3)$，$f_3(s_4)$，其中 $f_3(s_4=400)$ 为所求得的最大价值，相应的最优策略则可由反推计算得出。具体的计算步骤如下所示。

解： 该问题可分为 3 个阶段。投资第一个项目为第一阶段，投资第二个项目为第二阶段，投资第三个项目为第三阶段。设第 k 阶段的投资额为 x_k，$k=1,2,3$。

根据题意，可知：x_1 只能取三个值，分别为 100、200 和 300；x_2 只能取三个值，分别为 0、100 和 200；x_3 只能取三个值，分别为 100、200 和 300。

（1）状态变量 s_{k+1} 表示可用于第 1 到第 k 个阶段的投资额。因此有：$s_1=0$；$s_2=s_1+x_1=x_1$；$s_3=s_2+x_2=x_1+x_2$；$s_4=s_3+x_3=x_1+x_2+x_3=400$。

根据各决策变量的取值，显然：s_2 只能取三个值，分别为 100、200 和 300；s_3 也只能取三个值，分别为 100、200 和 300。

每个阶段的指标函数为 $V_k(x_k)$，如 $k=2$，$x_k=100$ 时，$V_2(100)=6$。

（2）用顺序解法计算如下。

第 1 步，计算 $f_1(s_2)$。

由于 $s_2=x_1$，从而 s_2 只能取三个值，分别为 100、200 和 300。利用公式 $f_1(s_2)=\max\{V_1(x_1)\}$，则：

$$f_1(s_2)=\max\{V_1(x_1)\}=\max\{V_1(s_2)\}$$

结果如表 7-6 所示。

表 7-6　　　　　　　　　　　　　第 1 步的计算结果

s_2	100	200	300
$f_1(s_2)$	4	8	11

第 2 步，计算 $f_2(s_3)$。

由于 $s_3=s_2+x_2$，且 s_3 只能取三个值，分别为 100、200 和 300。

$s_3=100$ 时，只有 1 种情形，即：$x_2=0$，$s_2=100$。

$s_3=200$ 时，有 2 种情形，即：$x_2=0$，$s_2=200$；$x_2=100$，$s_2=100$。

$s_3=300$ 时，有 3 种情形，即 $x_2=0$，$s_2=300$；$x_2=100$，$s_2=200$；$x_2=200$，$s_2=100$。

利用公式 $f_2(s_3)=\max\{f_1(s_2)+V_2(x_2)\}$，可得如表 7-7 所示的结果。

表 7 - 7 第 2 步的计算结果

s_2	100	200	300
$f_2(s_3)$	4	10	15

第 3 步，计算 $f_3(s_4)$。

由于 $s_4 = s_3 + x_3 = 400$ 且 x_3 只能取三个值，分别为 100、200 和 300，可知：$s_3 = 100$ 时，$x_3 = 300$；$s_3 = 200$ 时，$x_3 = 200$；$s_3 = 300$ 时，$x_3 = 100$。

利用公式 $f_3(s_4) = \max\{f_2(s_3) + V_3(x_3)\}$ 可得：

$$f_3(s_4) = \max\{4 + 10, 10 + 6, 15 + 3\} = 18$$

反推可得：$x_3 = 100$，$x_2 = 200$，$x_1 = 100$。

所以最优方案是投资第 1 个项目 100 万元，投资第 2 个项目 200 万元，投资第 3 个项目 100 万元，可得最大收益 18 万元。

7.2.2　背包问题

【例 7.3】有一辆最大货运量为 10 吨的卡车，可以用来装载 3 种货物，已知每种货物的单位重量及相应单位价值如表 7 - 8 所示。问：应如何装载才能使总价值最大？

表 7 - 8 货物相关数据

项目	货物 1	货物 2	货物 3
单位重量（吨）	3	4	5
单位价值 c_i	9	10	11

分析：这是一个较为典型的背包问题，是一类纯整数规划问题。假定每一阶段只装一种物品，将编号为 1、2、3 的货物分别装入货车，可划分为 3 个阶段。而状态变量 s_{k+1} 表示在第 k 阶段开始时，货车还允许装载前 k 种货物的总重量。决策变量设 x_k 表示装载第 k 种货物的件数，则能得出相应的状态转移方程。最优指标函数 $f_k(s_{k+1})$ 表示在货车允许装载物品的总重量不超过 s_{k+1} 时，采用最优策略来装载第 1 个到第 k 种货物时的最大价值。易知边界条件 $f_0(s_1) = 0$，用顺序递推可逐步计算得出 $f_1(s_2)$，$f_2(s_3)$，$f_3(s_4)$，其中 $f_3(s_4 = 20)$ 为所求得的最大价值，相应的最优策略则由反推计算得出。具体的计算过程如下。

解：设第 i 种货物装载的件数为 x_i（$i = 1$，2，3），则问题建模如下：

$$\max z = 9x_1 + 10x_2 + 11x_3$$

$$\text{s. t.} \begin{cases} 6x_1 + 8x_2 + 10x_3 \leqslant 20 \\ x_i \geqslant 0 \text{ 且为整数}, i = 1, 2, 3 \end{cases}$$

可按前述方式建立动态规划模型，由于决策变量取离散值，所以可以用列表法求解。

当 $k=1$ 时，$f_1(s_2) = \max\limits_{\substack{0 \leq 3x_1 \leq s_2 \\ x_1 为整数}} \{9x_1\}$ 或 $f_1(s_2) = \max\limits_{\substack{0 \leq x_1 \leq s_2/3 \\ x_1 为整数}} \{9x_1\} = 9[s_2/3]$。计算结果见表 7-9。

表 7-9   **$k=1$ 时的计算结果**

s_2	0	1	2	3	4	5	6	7	8	9	10
$f_1(s_2)$	0	0	0	9	9	9	18	18	18	27	27
x_1^*	0	0	0	1	1	1	2	2	2	3	3

当 $k=2$ 时，$f_2(s_3) = \max\limits_{\substack{0 \leq x_2 \leq s_3/4 \\ x_2 为整数}} \{10x_2 + f_1(s_3 - 9x_2)\}$。计算结果见表 7-10。

表 7-10   **$k=2$ 时的计算结果**

s_3	0	1	2	3	4	5	6	7	8	9	10
x_2	0	0	0	0	0 1	0 1	0 1	0 1	0 1 2	0 1 2	0 1 2
$c_2 + f_2$	0	0	0	9	9 10	9 10	18 10	18 10	18 19 20	27 19 20	27 28 20
$f_2(s_3)$	0	0	0	9	10	10	18	18	20	27	28
x_2^*	0	0	0	0	1	1	0	0	2	0	1

当 $k=3$ 时，可得：$f_3(10) = \max\limits_{x_3 = 0,1,2} \{11x_3 + f_2(10 - 5x_3)\} = \max\{f_2(10), 11 + f_2(5), 22 + f_2(0)\} = \max\{28, 11+10, 22+0\} = 28$。此时，$x_3^* = 0$，逆推可得全部策略为：$x_1^* = 2$，$x_2^* = 1$，$x_3^* = 0$，最大价值为 28。

当约束条件不止一个时，就是多维背包问题，其解法与一维背包问题类似，只是状态变量是多维的。

7.2.3　设备负荷生产问题

【例 7.4】 某种机器可在高、低两种不同的负荷下进行生产。高负荷生产条件下，机器完好率为 0.75，即如果年初有 u 台完好机器投入高负荷生产，则年末完好的机器数量为 0.75u 台。年初投入高负荷运行的 u 台机器的年产量为 10u 吨，系数 10 称为单台产量。低负荷生产条件下，机器完好率为 0.9，单台产量为 8 吨。假定开始时有 100 台完好机器，试制订一个五年计划，确定每年年初分配到高、低负荷生产的设备数量，使得五年内的总产量达到最高。

解： 该问题共分为 5 个阶段，每个阶段 1 年。

状态变量 s_k 表示第 k 阶段初拥有的完好机器数量，也是第 $(k-1)$ 年末完好的机器数，其中 $s_1 = 100$，而 s_6 表示第五年末（即第六年初）的完好机器数。

决策变量 x_k 表示第 k 阶段分配给高负荷状态下生产的机器数量，那么 $(s_k - x_k)$ 则表示第 k 阶段分配给低负荷状态下生产的机器数量。

状态转移方程为：$s_{k+1} = 0.75x_k + 0.9(s_k - x_k)$。

允许决策集合为：$D_k(s_k) = \{x_k \mid 0 \leq x_k \leq s_k\}$。

阶段指标表示第 k 年分配 x_k 台机器给高负荷生产、分配（$s_k - x_k$）台机器给低负荷生产，所获得的年产量，即：$v_k(s_k, x_k) = 10x_k + 8(s_k - x_k)$。

最优指标函数表示第 k 年到第 5 年所获得的总产量，由此，可知逆序递推关系式为：

$$f_k(s_k) = \max_{0 \leq x_k \leq s_k} \{v_k(s_k, x_k) + f_{k+1}(s_{k+1})\}$$

$$= \max_{0 \leq x_k \leq s_k} \{10x_k + 8(s_k - x_k) + f_{k+1}(s_{k+1})\}, k = 1, 2, 3, 4, 5$$

边界条件为：$f_6(s_6) = 0$。

第 5 阶段，$k = 5$，可得：

$$f_5(s_5) = \max_{0 \leq x_5 \leq s_5} \{10x_5 + 8(s_5 - x_5) + f_6(s_6)\}$$

$$= \max_{0 \leq x_5 \leq s_5} \{10x_5 + 8(s_5 - x_5)\}$$

易知，$f_5(s_5)$ 是 x_5 的线性单调增函数，故有：$x_5^* = s_5$，$f_5(s_5) = 10s_5$。

第 4 阶段，$k = 4$，可得：

$$f_4(s_4) = \max_{0 \leq x_4 \leq s_4} \{10x_4 + 8(s_4 - x_4) + f_5(s_5)\}$$

$$= \max_{0 \leq x_4 \leq s_4} \{10x_4 + 8(s_4 - x_4) + 10s_5\}$$

$$= \max_{0 \leq x_4 \leq s_4} \{10x_4 + 8(s_4 - x_4) + 10[0.75x_4 + 0.9(s_4 - x_4)]\}$$

$$= \max_{0 \leq x_4 \leq s_4} \{17.5x_4 + 17(s_4 - x_4)\}$$

同样，$f_4(s_4)$ 是 x_4 的线性单调增函数，故有：$x_4^* = s_4$，$f_4(s_4) = 17.5s_4$。

第 3 阶段，$k = 3$，可得：

$$f_3(s_3) = \max_{0 \leq x_3 \leq s_3} \{10x_3 + 8(s_3 - x_3) + f_4(s_4)\}$$

$$= \max_{0 \leq x_3 \leq s_3} \{10x_3 + 8(s_3 - x_3) + 17.5s_4\}$$

$$= \max_{0 \leq x_3 \leq s_3} \{10x_3 + 8(s_3 - x_3) + 17.5[0.75x_3 + 0.9(s_3 - x_3)]\}$$

$$= \max_{0 \leq x_3 \leq s_3} \{23.125x_3 + 23.75(s_3 - x_3)\}$$

易知，$f_3(s_3)$ 是 x_3 的线性单调减函数，故有：$x_3^* = 0$，$f_3(s_3) = 23.75s_3$。

第 2 阶段，$k = 2$，可得：

$$f_2(s_2) = \max_{0 \leq x_2 \leq s_2} \{10 + 8(s_2 - x_2) + f_3(s_3)\}$$

$$= \max_{0 \leq x_2 \leq s_2} \{10x_2 + 8(s_2 - x_2) + 23.75s_3\}$$

$$= \max_{0 \leq x_2 \leq s_2} \{10x_2 + 8(s_2 - x_2) + 23.75[0.75x_2 + 0.9(s_2 - x_2)]\}$$

$$= \max_{0 \leq x_2 \leq s_2} \{27.8125x_2 + 29.375(s_2 - x_2)\}$$

同样，$f_2(s_2)$ 是 x_2 的线性单调减函数，故有：$x_2^* = 0$，$f_2(s_2) = 29.375s_2$。

第 1 阶段，$k = 1$，可得：

$$f_1(s_1) = \max_{0 \leq x_1 \leq s_1} \{10x_1 + 8(s_1 - x_1) + f_2(s_2)\}$$

$$= \max_{0 \leq x_1 \leq s_1} \{10x_1 + 8(s_1 - x_1) + 29.375s_2\}$$

$$= \max_{0 \leq x_1 \leq s_1} \{10x_1 + 8(s_1 - x_1) + 29.375[0.75x_1 + 0.9(s_1 - x_1)]\}$$

$$= \max_{0 \leq x_1 \leq s_1} \{32.03125x_1 + 34.4375(s_1 - x_1)\}$$

易知，$f_2(s_2)$ 是 x_2 的线性单调减函数，故有：$x_1^* = 0$，$f_1(s_1) = 34.4375s_1$。

因期初有完好设备 100 台，故 $s_1 = 100$，$f_1(s_1) = 34.4375s_1 = 3443.75$ 吨，即五年内的最高产量为 3443.75 吨。

又由 $x_1^* = x_2^* = x_3^* = 0$，$x_4^* = s_4$，$x_5^* = s_5$，可得机器的最优分配策略是：第 1～3 年将年初拥有的完好机器全部用于低负荷生产，第四年和第五年将年初拥有的完好机器全部用于高负荷生产。

每年投入高负荷生产的机器数与每年初完好的机器数分别为：

第 1 年初：$s_1 = 100$。

第 1 年：$x_1^* = 0$；$s_2 = 0.75x_1^* + 0.9(s_1 - x_1^*) = 0.9s_1 = 90$。

第 2 年：$x_2^* = 0$；$s_3 = 0.75x_2^* + 0.9(s_2 - x_2^*) = 0.9s_2 = 81$。

第 3 年：$x_3^* = 0$；$s_4 = 0.75x_3^* + 0.9(s_3 - x_3^*) = 0.9s_3 = 73$。

第 4 年：$x_4^* = s_4 = 73$；$s_5 = 0.75x_4^* + 0.9(s_4 - x_4^*) = 55$。

第 5 年：$x_5^* = s_5 = 55$；$s_6 = 0.75x_5^* + 0.9(s_5 - x_5^*) = 41$。

综上，可得，5 年分配给高负荷状态下生产的机器数量分别为 0 台、0 台、0 台、73 台、55 台，分配给低负荷状态下生产的机器数量分别为 100 台、90 台、81 台、0 台、0 台。这样，第六年初即第五年末还有 41 台完好设备。五年内能获得最高产量为 3443.75 吨。

7.2.4 生产与存贮问题

【例 7.5】某公司计划生产并销售某种产品，已知接下来的四个月的订货量分别为 60 吨、70 吨、50 吨和 100 吨。产品的生产成本为 $p(x_k) = 0.05x_k^2$，公司有足够的仓库空间可存放产品，每月存贮费为 $c = 1$ 元/吨。公司要求这四个月的最初和最终阶段的库存量为 0。试设计这四个月的生产计划，以在满足订货量需求的条件下使得总费用最小。

分析：每个月为一个阶段，$k = 1，2，3，4$。设第 k 阶段的产量为 x_k，而状态变量 s_k 为第 k 阶段末的存贮量，$k = 1，2，\cdots，n$，则问题的决策变量 $u_k = x_k$ 为第 k 个月的生产量。而对应的状态转移方程为 $s_{k+1} = s_k + x_k - d_k$。由于第 1 个月初无库存，只需考虑生产费用，相对好计算，因此用顺序解法可能较为恰当。设定最优指标函数 $f_k(s_k)$ 为从第 1 个月到第 k 个月的最低总费用。可得顺序解法的基本方程如下：

$$\begin{cases} f_k(s_k) = \min_{s_{k-1} \geq 0} [p(x_k) + c(s_k) + f_{k-1}(s_{k-1})], k = 1,2,3,4 \\ f_0(s_0) = 0 \end{cases}$$

解： 根据题意，可得单位存贮费 $c = 1$，而最初和最终的库存状态 $s_0 = s_4 = 0$。因此，第 k 个月产品的生产成本为 $p(x_k) = 0.05x_k^2$，产品的存贮费为 $1 \cdot s_{k-1} = s_{k-1}$，故第 k 个月的总费用为 $0.01x_k^2 + s_{k-1}$。

当 $k = 1$ 时，$s_1 = s_0 + x_1 - d_1$，已知 $s_0 = 0$，$d_1 = 60$，故 $x_1 = 60 + s_1$，可得：

$$f_1(s_1) = 0.05\,x_1^2 = 0.05(60 + s_1)^2$$

当 $k = 2$ 时，$s_2 = s_1 + x_2 - d_2$，已知 $d_2 = 70$，故 $x_2 = 70 + s_2 - s_1$；可得：

$$\begin{aligned} f_2(s_2) &= \min_{s_1 \geq 0} [0.05x_2^2 + s_1 + f_1(s_1)] \\ &= \min_{s_1 \geq 0} [0.05(70 + s_2 - s_1)^2 + s_1 + 0.05(60 + s_1)^2] \\ &= \min_{s_1 \geq 0} [0.1s_1^2 - 0.1s_1s_2 + 0.05s_2^2 + 7s_2 + 425] \\ &= \min_{s_1 \geq 0} [0.1(s_1 - 0.5s_2)^2 + 0.25s_2^2 + 7s_2 + 425] \\ &= 0.25s_2^2 + 7s_2 + 425; s_1 = 0.5s_2 \end{aligned}$$

当 $k = 3$ 时，$s_3 = s_2 + x_3 - d_3$，已知 $d_3 = 50$，故 $x_3 = 50 + s_3 - s_2$；可得：

$$\begin{aligned} f_3(s_3) &= \min_{s_2 \geq 0} [0.05x_3^2 + s_2 + f_2(s_2)] \\ &= \min_{s_2 \geq 0} [0.05(50 + s_3 - s_2)^2 + s_2 + 0.25s_2^2 + 7s_2 + 425] \\ &= \min_{s_2 \geq 0} [0.3s_2^2 - 0.1s_2s_3 + 3s_2 + 0.05s_3^2 + 5s_3 + 550] \\ &= \min_{s_2 \geq 0} [0.3s_2^2 + (3 - 0.1s_3)s_2 + 0.05s_3^2 + 5s_3 + 550] \\ &= 0.05s_3^2 + 5s_3 + 550; s_2 = 0 \end{aligned}$$

当 $k = 4$ 时，$s_4 = s_3 + x_4 - d_4$，已知 $d_4 = 100$，$s_4 = 0$，故 $x_4 = 100 - s_3$；可得：

$$\begin{aligned} f_4(s_4) &= \min_{s_3 \geq 0} [0.05x_4^2 + s_3 + f_3(s_3)] \\ &= \min_{s_3 \geq 0} [0.05(100 - s_3)^2 + s_3 + 0.05s_3^2 + 5s_3 + 550] \\ &= \min_{s_3 \geq 0} [0.3s_2^2 - 0.1s_2s_3 + 3s_2 + 0.05s_3^2 + 5s_3 + 550] \\ &= \min_{s_3 \geq 0} [0.1s_3^2 - 4s_3 + 1050] \\ &= \min_{s_3 \geq 0} [0.1(s_3 - 20)^2 + 1010] = 1010; s_3 = 20 \end{aligned}$$

综上，$s_3 = 20$，$s_2 = 0$，$s_1 = 0$。可得：$x_4 = 100 - s_3 = 80$，$x_3 = 50 + s_3 - s_2 = 70$，$x_2 = 70 + s_2 - s_1 = 70$，$x_1 = 60 + s_1 = 60$。即：第 1 个月生产 60 吨，第 2 个月生产 70 吨，第 3 个月生产 70 吨，第 4 个月生产 80 吨，能够使得生产和存贮的总费用最小。

7.2.5 采购与销售问题

【例 7.6】 某商店在未来的 4 个月里，准备利用它的一个仓库来专门经销某种产品，仓库最大容量能存贮这种商品 1000 单位。假定该商店每月只能出售仓库现有的货。当商店在某月购货时，下月初才能到货。预测该商品未来四个月的买卖价格如表 7 − 11 所示，假定商店在 1 月开始经销时，仓库存贮有该商品 400 单位。试问若不计库存费用，该商店应如何制订这 4 个月的订购与销售计划，使预期获利最大。

表 7 −11 商店未来四个月产品的买卖价格信息

月份（k）	购买单价（c_k）	销售单价（p_k）
1	9	11
2	8	7
3	10	12
4	13	15

分析：首先建立动态规划模型。这是一个有两个决策变量（每月的订货量和销售量）的二维多阶段决策问题。按月份划分为四个阶段 $k = 1，2，3，4$；状态变量 s_k 表示第 k 阶段初的库存量，且 $s_1 = 500$，$H = 1000$ 为最大库容量；决策变量 x_k，y_k 分别表示第 k 月的销售量和订货量；状态转移方程 $s_{k+1} = s_k + y_k - x_k$。

解：按月份划分为 4 个阶段，$k = 1，2，3，4$。

设：状态变量 s_k 表示第 k 月初时仓库中的存货量（含上月订货）。决策变量 x_k 表示第 k 月卖出的货物数量；y_k 表示第 k 月订购的货物数量。状态转移方程为 $s_{k+1} = s_k + y_k - x_k$。最优指标函数 $f_k(s_k)$ 表示第 k 月初存货量为 s_k 时，从第 k 月到 4 月末所获最大利润。则有逆序递推关系式为：

$$\begin{cases} f_k(s_k) = \max_{\substack{0 \leq x_k \leq s_k \\ 0 \leq y_k \leq 1000 - (s_k - x_k)}} [p_k x_k - c_k y_k + f_{k+1}(s_{k+1})], k = 4,3,2,1 \\ f_5(s_5) = 0 \end{cases}$$

当 $k = 4$ 时，有：$f_4(s_4) = \max_{\substack{0 \leq x_4 \leq s_4 \\ 0 \leq y_4 \leq 1000 - (s_4 - x_4)}} [15x_4 - 13y_4]$，显然，决策应取 $x_4^* = s_4$，$y_4^* = 0$，此时，$f_4(s_4)$ 可有最大值 $f_4(s_4) = 15s_4$。

当 $k = 3$ 时，有：

$$f_3(s_3) = \max_{\substack{0 \leqslant x_3 \leqslant s_3 \\ 0 \leqslant y_3 \leqslant 1000-(s_3-x_3)}} [12x_3 - 10y_3 + 15(s_3 + y_3 - x_3)]$$

$$= \max_{\substack{0 \leqslant x_3 \leqslant s_3 \\ 0 \leqslant y_3 \leqslant 1000-(s_3-x_3)}} [-3x_3 + 5y_3 + 15s_3]$$

这个阶段需要求解如下的线性规划问题：

$$\max z = -3x_3 + 5y_3 + 15s_3$$

$$\text{s. t.} \begin{cases} x_3 \leqslant s_3 \\ y_3 - x_3 \leqslant 1000 - s_3 \\ x_3, y_3 \geqslant 0 \end{cases}$$

可得：$x_3^* = s_3$，$y_3^* = 1000$ 时，取得最大值 $f_3(s_3) = 5000 + 12s_3$。

当 $k = 2$ 时，有：

$$f_2(s_2) = \max_{\substack{0 \leqslant x_2 \leqslant s_2 \\ 0 \leqslant y_2 \leqslant 1000-(s_2-x_2)}} [7x_2 - 8y_2 + 5000 + 12(s_2 + y_2 - x_2)]$$

$$= \max_{\substack{0 \leqslant x_2 \leqslant s_2 \\ 0 \leqslant y_2 \leqslant 1000-(s_2-x_2)}} [5000 + 12s_2 - 5x_2 + 4y_2]$$

该阶段需要求解如下的线性规划问题：

$$\max z = 5000 + 12s_2 - 5x_2 + 4y_2$$

$$\text{s. t.} \begin{cases} x_2 \leqslant s_2 \\ y_2 - x_2 \leqslant 1000 - s_2 \\ x_2, y_2 \geqslant 0 \end{cases}$$

可得：$x_2^* = 0$，$y_2^* = 1000 - s_2$，$f_2(s_2) = 5000 + 12s_2 + 4000 - 4s_2 = 9000 + 8s_2$。

当 $k = 1$ 时，有：

$$f_1(500) = \max_{\substack{0 \leqslant x_1 \leqslant 400 \\ 0 \leqslant y_1 \leqslant 400+x_1}} [11x_1 - 9y_1 + 9000 + 8(s_1 + y_1 - x_1)]$$

$$= \max_{\substack{0 \leqslant x_1 \leqslant 400 \\ 0 \leqslant y_1 \leqslant 400+x_1}} [3x_1 - y_1 + 12200]$$

该阶段需要求解如下的线性规划问题：

$$\max z = 12200 + 3x_1 - y_1$$

$$\text{s. t.} \begin{cases} x_1 \leqslant 400 \\ y_1 - x_1 \leqslant 600 \\ x_1, y_1 \geqslant 0 \end{cases}$$

可得：决策 $x_1^* = 400$，$y_1^* = 0$，$f_1(400) = 12200 + 3 \times 400 = 13400$。

综上，最优策略求解过程见表 7 – 12。最大利润为 13400。

表 7 – 12　　　　　　　　　　　　　商店未来四个月的最优策略

月份	期前存货（s_k）	货出量（x_k）	购进量（y_k）
1	400	400	0
2	0	0	1000
3	1000	1000	1000
4	1000	1000	0

7.2.6　设备更新问题

【例 7.7】 设某台新设备的年效益及年均维修费、更新净费用如表 7 – 13 所示。试确定今后 5 年内的更新策略，使总收益最大。

表 7 – 13　　　　　　　新设备的年效益及年均维修费、更新净费用　　　　　　　　单位：万元

项目	新设备的役龄					
	0	1 年	2 年	3 年	4 年	5 年
效益 $r_k(t)$	5	4.5	4.2	3.75	3	2.5
维修费 $u_k(t)$	0.5	1	1.5	2	2.5	3
更新费 $c_k(t)$	0.5	1.3	2.2	2.5	3	3.5

具体地，$r_k(t)$ 表示在第 k 年设备已使用过 t 年（或役龄为 t 年），再使用 1 年时的效益。$u_k(t)$ 表示在第 k 年设备已使用过 t 年（或役龄为 t 年），再使用 1 年时的维修费。$c_k(t)$ 表示在第 k 年卖掉一台役龄为 t 年的设备，买进一台新的设备的更新净费用。

解： 按年份划分为 5 个阶段，$k = 1，2，3，4，5$。状态变量 s_k 表示第 k 年初设备已使用的年数（役龄）。决策变量 x_k 为：$x_k = \begin{cases} \text{K，第 } k \text{ 年初保留使用（keep）} \\ \text{R，第 } k \text{ 年初更新（replacement）} \end{cases}$。

对应地，状态转移方程为：$s_{k+1} = \begin{cases} s_k + 1，& x_k = \text{K} \\ 1，& x_k = \text{R} \end{cases}$。

阶段指标函数为：$g_k(s_k) = \max \begin{cases} r_k(s_k) - u_k(s_k)，& x_k = \text{K} \\ r_k(0) - u_k(0) - c_k(s_k)，& x_k = \text{R} \end{cases}$。

最优指标函数为：$f_k(s_k) = \max \begin{cases} r_k(s_k) - u_k(s_k) + f_{k+1}(s_k + 1)，& x_k = \text{K} \\ r_k(0) - u_k(0) - c_k(s_k) + f_{k+1}(1)，& x_k = \text{R} \end{cases}$。

当 $k = 5$ 时，有：$f_5(s_5) = \max \begin{cases} r_5(s_5) - u_5(s_5)，& x_5 = \text{K} \\ r_5(0) - u_5(0) - c_5(s_5)，& x_5 = \text{R} \end{cases}$。状态变量 s_5 可取 1，2，

3，4，对应地：

$$f_5(1) = \max\begin{cases} 4.5 - 1 \\ 5 - 0.5 - 1.3 \end{cases} = 3.5, x_5(1) = K$$

$$f_5(2) = \max\begin{cases} 4.2 - 1.5 \\ 5 - 0.5 - 2.2 \end{cases} = 2.7, x_5(2) = K$$

$$f_5(3) = \max\begin{cases} 3.75 - 2 \\ 5 - 0.5 - 2.5 \end{cases} = 2, x_5(3) = R$$

$$f_5(4) = \max\begin{cases} 3 - 2.5 \\ 5 - 0.5 - 3 \end{cases} = 1.5, x_5(4) = R$$

当 $k = 4$ 时，有：$f_4(s_4) = \max\begin{cases} r_4(s_4) - u_4(s_4) + f_5(s_4 + 1), x_4 = K \\ r_4(0) - u_4(0) - c_4(s_4) + f_5(1), x_4 = R \end{cases}$ 此时，s_4

可取 1，2，3，对应地：

$$f_4(1) = \max\begin{cases} 4.5 - 1 + 2.7 \\ 5 - 0.5 - 1.3 + 3.5 \end{cases} = 6.7, x_4(1) = R$$

$$f_4(2) = \max\begin{cases} 4.2 - 1.5 + 2 \\ 5 - 0.5 - 2.2 + 3.5 \end{cases} = 5.8, x_4(2) = R$$

$$f_4(3) = \max\begin{cases} 3.75 - 2 + 1.5 \\ 5 - 0.5 - 2.5 + 3.5 \end{cases} = 5.5, x_4(3) = R$$

当 $k = 3$ 时，有：$f_3(s_3) = \max\begin{cases} r_3(s_3) - u_3(s_3) + f_4(s_3 + 1), x_3 = K \\ r_3(0) - u_3(0) - c_3(s_3) + f_4(1), x_3 = R \end{cases}$ s_3 能取 1 或 2，

则有：

$$f_3(1) = \max\begin{cases} 4.5 - 1 + 5.8 \\ 5 - 0.5 - 1.3 + 6.7 \end{cases} = 9.7, x_3(1) = R$$

$$f_3(2) = \max\begin{cases} 4.2 - 1.5 + 5.5 \\ 5 - 0.5 - 2.2 + 6.7 \end{cases} = 9, x_3(2) = R$$

当 $k = 2$ 时，有：$f_2(s_2) = \max\begin{cases} r_2(s_2) - u_2(s_2) + f_3(s_2 + 1), x_2 = K \\ r_2(0) - u_2(0) - c_2(s_2) + f_3(1), x_2 = R \end{cases}$ 由于 s_2 只能取 1，

所以 $f_2(1) = \max\begin{cases} 4.5 - 1 + 9 \\ 5 - 0.5 - 1.3 + 9.7 \end{cases} = 12.9, x_2(1) = R$。

当 $k = 1$ 时，有：$f_1(s_1) = \max\begin{cases} r_1(s_1) - u_1(s_1) + f_2(s_1 + 1), x_1 = K \\ r_1(0) - u_1(0) - c_1(s_1) + f_2(1), x_1 = R \end{cases}$ 由于 s_1 只能取 0，

所以 $f_1(0) = \max\begin{cases} 5 - 0.5 + 12.9 \\ 5 - 0.5 - 0.5 + 12.9 \end{cases} = 17.4, x_1(0) = K$。

上述计算递推回去：当 $x_1^*(0) = K$ 时，由状态转移方程 $s_2 = \begin{cases} s_1 + 1, & x_1 = K \\ 1, & x_1 = R \end{cases}$ 可知 $s_2 = 1$，

查 $f_2(1)$ 得 $x_2^* = R$；由 $s_3 = \begin{cases} s_2 + 1, & x_2 = K \\ 1, & x_2 = R \end{cases}$ 推出 $s_3 = 1$，查 $f_3(1)$ 得 $x_3^* = R$。同理，推出 $s_4 = 1$，查 $f_4(1)$ 得 $x_4^* = R$，则有，$s_5 = 1$，查 $f_5(1)$ 得：$x_5^* = R$。

综上，可得本例最优策略为 $\{K, R, R, R, K\}$，即第 1 年初购买的设备到第 2~4 年初各更新一次，用到第 5 年末，其总效益为 17.4 万元。

7.3   随机动态规划应用

之前我们主要讨论了确定型动态规划问题及其应用，接下来简单介绍一些随机性动态规划应用。确定型与随机的区别主要在于状态转移过程是确定的还是随机的。具体来讲，对于确定型动态规划来讲，当第 k 阶段的状态 s_k 与决策 $u_k(x_k)$ 确定了之后，那么第 $k+1$ 阶段的状态 s_{k+1} 也就完全确定了。而对于随机系统，即使完全给定了第 k 阶段的状态 s_k 与决策 $u_k(x_k)$，第 $k+1$ 阶段的状态 s_{k+1} 也不能完全确定，而是一个随机变量，最多知其概率分布。在初始状态 s_1 给定时，相应的策略为 $\{u_1(x_1), u_2(Z_2), \cdots, u_k(Z_k), \cdots\}$，其中 Z_k 是系统在第 k 阶段的状态集合，$u_k(Z_k)$ 表示要对第 k 阶段状态的一切可能情况给出相应的决策。

7.3.1   一般随机动态规划应用

【**例7.8**】某厂和公司签订了试制某种新产品的合同，如果三个月生产不出一个合格品，则要罚款 2000 元，每次试制的个数不限，试制周期为一个月，制造一个产品的成本为 100 元，每一个试制品合格的概率为 0.4，生产一次的装配费为 200 元。问：如何安排试制，每次生产几个，才能使期望费用最小？

解： 最多能安排三次生产，$k = 1, 2, 3$。x_k 表示第 k 次试产产品的数量；s_k 表示第 k 次试产前是否已经有合格的试制品，具体地，$s_k = \begin{cases} 1, & \text{第 } k \text{ 次试产前没有合格的试制品} \\ 0, & \text{第 } k \text{ 次试产前有合格的试制品} \end{cases}$。

$f_k(0) = 0$ 表示第 k 次试产前已经有合格的试制品，则无需生产也无需缴纳罚款。

$f_4(1) = 2000$ 表示三次试制均无合格品，缴纳罚款 2000 元。

$C(x_k)$ 表示第 k 次试产的生产成本和装配费用，具体地，$C(x_k) = \begin{cases} 200 + 100 x_k, & x_k > 0 \\ 0, & x_k \leqslant 0 \end{cases}$。

递推关系式为 $\begin{cases} f_k(1) = \min\{C(x_k) + 0.6^{x_k} f_{k+1}(1) + (1 - 0.6^{x_k}) f_{k+1}(0)\} \\ f_k(0) = 0 \end{cases}$，即：

$$\begin{cases} f_k(1) = \min\{C(x_k) + 0.6^{x_k} f_{k+1}(1)\} \\ f_k(0) = 0 \end{cases}$$

$k = 3$ 时，有：$f_3(1) = \min\{C(x_3) + 0.6^{x_3} f_4(1)\} = \min\{C(x_3) + 0.6^{x_3} \times 2000\}$，具体计算结果见表 7-14。

表 7-14 $k=3$ 的计算结果

s_3 \ x_3	$C(x_3) + 0.6^{x_3} \times 2000$							$f_3(s_3)$	x_3
	0	1	2	3	4	5	6		
0	0							0	0
1	2000	1500	1120	932	859	856	893	856	5

$k = 2$ 时，有：$f_2(1) = \min\{C(x_2) + 0.6^{x_2} f_3(1)\} = \min\{C(x_2) + 0.6^{x_2} \times 856\}$，具体计算结果见表 7-15。

表 7-15 $k=2$ 的计算结果

s_2 \ x_2	$C(x_2) + 0.6^{x_2} \times 856$					$f_2(s_2)$	x_2
	0	1	2	3	4		
0	0					0	0
1	856	814	708	685	711	685	3

$k = 1$ 时，有 $f_1(1) = \min\{C(x_1) + 0.6^{x_1} f_2(1)\} = \min\{C(x_1) + 0.6^{x_1} \times 685\}$，具体计算结果见表 7-16。

表 7-16 $k=1$ 的计算结果

s_1 \ x_1	$C(x_1) + 0.6^{x_1} \times 6.85$				$f_1(s_1)$	x_1
	0	1	2	3		
0	0				0	0
1	685	711	646	648	646	2

综上，最优策略是：第一次生产 2 个，如果都不合格，那么第二次生产 3 个，如果两次都不合格，第三次生产 5 个，这样能使期望费用最小，期望费用约 646 元。

7.3.2　马尔可夫过程

有一类随机系统，其状态转移规律具有无后效性，即已知现在系统所处的状态，采取决策后虽不能预知系统转移的状态，但下次转移到状态所服从的概率规律是已知的，且与系统以前的发展状态无关，我们称这种系统状态的转移规律具有马尔可夫性质，而这种过程被称为马尔可夫过程，简称为马氏过程。

考虑状态和时间参数均为离散的马氏过程。系统是有限的，即有 N 个状态，记为编号 $1-N$。假定两次转移之间的时间间隔为 1，系统在 t 时刻处于状态 i，而在下一时刻转移到状态 j 的概率为 p_{ij}，且满足 $\sum_{j=1}^{N} p_{ij} = 1, 0 \leq p_{ij} \leq 1$，而矩阵 $P = [p_{ij}]_{N \times N}$ 为状态转移矩阵。

【例 7.9】有一工厂为市场生产某种产品，每月月初对产品的销售情况进行一次检查，其结果有二：销路好（记为状态 1）；也可能销路差（记为状态 2）。若处于状态 1，由于各种随机因素的干扰，下月初仍处于销路好的概率为 0.6，转为销路差的概率也为 0.4；若处于状态 2，则下月初转为销路好的概率为 0.4，仍处于销路差的概率为 0.6。则可得状态转移矩阵为：$P = \begin{bmatrix} p_{11} & p_{12} \\ p_{21} & p_{22} \end{bmatrix} = \begin{bmatrix} 0.6 & 0.4 \\ 0.4 & 0.6 \end{bmatrix}$。

7.3.3 赋值马氏过程

上述马氏过程，当从状态 i 转移到状态 j 时可以获得相应的效益，记为 r_{ij}。这种随着状态转移可得到一系列报酬的马氏过程被称为赋值马氏过程，而对应的矩阵 $R = [r_{ij}]_{N \times N}$ 被称为报酬矩阵。

【例 7.10】接例 7.9。该工厂若某月初销路好，下月初仍销路好可获利 8 千元，下月初转为销路差可获利 3 千元；若某月初销路差，下月初转为销路好可获利 4 千元，下月初仍为销路差要亏本 6 千元。则报酬矩阵为 $R = \begin{bmatrix} r_{11} & r_{12} \\ r_{21} & r_{22} \end{bmatrix} = \begin{bmatrix} 8 & 3 \\ 4 & -6 \end{bmatrix}$。

令 $q(i)$ 为状态 i 经过一次转移的期望报酬，则可得 $q(i) = \sum_{j=1}^{N} p_{ij} r_{ij}, i = 1, 2, \cdots, N$，而对应的向量 $Q = [q(1), q(2), \cdots, q(N)]^T$ 为一次转移的期望报酬向量。令 $v_n(i)$ 为系统从状态 i 经过 n 次转移之后的总期望报酬，则有：$v_n(i) = \sum_{j=1}^{N} p_{ij}[r_{ij} + v_{n-1}(j)] = q(i) + \sum_{j=1}^{N} p_{ij} v_{n-1}(j), i = 1, 2, \cdots, N$。

对应的向量 $V_n = [v_n(1), v_n(2), \cdots, v_n(N)]^T$ 为 n 次转移的总期望报酬向量。

对状态转移矩阵 $P = [p_{ij}]_{N \times N}$ 和报酬矩阵 $R = [r_{ij}]_{N \times N}$ 定义乘法 $\odot$ 为：$P \odot R = \left[\sum_{j=1}^{N} p_{ij} r_{ij} \right]_{N \times 1}$，则有：$Q = P \odot R = \left[\sum_{j=1}^{N} p_{1j} r_{1j}, \sum_{j=1}^{N} p_{2j} r_{2j}, \cdots, \sum_{j=1}^{N} p_{nj} r_{nj} \right]^T; V_1 = Q; V_n = Q + PV_{n-1}(n = 2, 3, \cdots)$。

已知 $P = \begin{bmatrix} 0.6 & 0.4 \\ 0.4 & 0.6 \end{bmatrix}, R = \begin{bmatrix} 8 & 3 \\ 4 & -6 \end{bmatrix}$，则可得：

$$Q = P \odot R = \begin{bmatrix} 0.6 & 0.4 \\ 0.4 & 0.6 \end{bmatrix} \odot \begin{bmatrix} 8 & 3 \\ 4 & -6 \end{bmatrix} = \begin{bmatrix} 6 \\ -2 \end{bmatrix}$$

也就是说，如果当前销路好，则下月获利 6 千元，否则损失 2 千元，则有：

$$V_1 = Q = \begin{bmatrix} 6 \\ -2 \end{bmatrix}, V_2 = Q + P\,V_1 = \begin{bmatrix} 6 \\ -2 \end{bmatrix} + \begin{bmatrix} 0.6 & 0.4 \\ 0.4 & 0.6 \end{bmatrix} \begin{bmatrix} 6 \\ -2 \end{bmatrix} = \begin{bmatrix} 8.8 \\ -0.8 \end{bmatrix}$$

根据 $V_n = Q + P\,V_{n-1}$，依次类推，可得该厂在不同的状态下经过若干阶段的总期望获利，如表 7 - 17 所示。

表 7 - 17　　　　　　　　　　工厂在不同状态下经过 n 个阶段的期望利润

n（阶段/月）	1	2	3	4	5	⋯
$v_n(1)$（一开始销路好，n 个月后总期望报酬）	6	8.8	10.96	12.992	14.9984	⋯
$v_n(2)$（一开始销路差，n 个月后总期望报酬）	-2	-0.8	1.04	3.008	5.0016	⋯

7.3.4　马氏决策

【例 7.11】接例 7.8。不同状态下工厂可选的宣传决策是不登广告（记作方式 1）或登广告（记作方式 2）。若不登广告，自然无广告费；若登广告，要花额外的广告费，但下月初销路好的概率可增加。

假定选择决策方式 1 的状态转移矩阵及报酬矩阵为：

$$P^1 = \begin{bmatrix} 0.6 & 0.4 \\ 0.4 & 0.6 \end{bmatrix}, \qquad R^1 = \begin{bmatrix} 8 & 3 \\ 4 & -6 \end{bmatrix}$$

而选择决策方式 2 的状态转移矩阵及报酬矩阵为：

$$P^2 = \begin{bmatrix} 0.9 & 0.1 \\ 0.7 & 0.3 \end{bmatrix}, \qquad R^2 = \begin{bmatrix} 4 & 4 \\ 2 & -18 \end{bmatrix}$$

问：在若干月内采取什么决策才能使其总期望报酬最大？

解： 用 n 表示系统的阶段数，即接下来的第 n 个月。p_{ij}^d 表示系统当前处于状态 i，下一步以第 d 种决策方式转移到状态 j 的概率。$f_n(i)$ 表示系统初始状态为 i，采取最优策略时的总期望报酬最大值。则有如下方程：

$$f_n(i) = \max_{d \in (1,2)} \left\{ q^d(i) + \sum_{j=1}^{N} p_{ij}^d f_{n-1}(j) \right\}, n = 2, 3, \cdots; f_1(i) = \max_{d \in (1,2)} \left\{ q^d(i) \right\}$$

由于 $Q^1 = \begin{bmatrix} q^1(1) \\ q^1(2) \end{bmatrix} = (P^1) \odot (R^1) = \begin{bmatrix} 0.6 & 0.4 \\ 0.4 & 0.6 \end{bmatrix} \odot \begin{bmatrix} 8 & 3 \\ 4 & -6 \end{bmatrix} = \begin{bmatrix} 6 \\ -2 \end{bmatrix}$；$Q^2 = \begin{bmatrix} q^2(1) \\ q^2(2) \end{bmatrix} =$

$(P^2) \odot (R^2) = \begin{bmatrix} 0.9 & 0.1 \\ 0.8 & 0.2 \end{bmatrix} \odot \begin{bmatrix} 4 & 4 \\ 3 & -17 \end{bmatrix} = \begin{bmatrix} 4 \\ -1 \end{bmatrix}$，因此，有：$f_1(1) = \max\{q^1(1), q^2(1)\} =$

$\max\{6,4\} = 6$；$d_1(1) = 1$；$f_1(2) = \max\{q^1(2), q^2(2)\} = \max\{-2, -1\} = -1$；$d_1(2) = 2$。
其中，$d_n(i)$ 为第 n 阶段处于 i 状态时的决策。这表明，该厂如果处于状态 1 若再继续生产
1 个月，采取决策 1，而如果处于状态 2，则会采取策略 2；即销路好时不登广告，而销路差
时登广告。

如果继续生产两个月，则有：

$$f_2(1) = \max\left\{ q^1(1) + \sum_{j=1}^{2} p_{1j}^1 f_1(j), q^2(i) + \sum_{j=1}^{2} p_{1j}^2 f_1(j) \right\}$$
$$= \max\{6 + 0.6 \times 6 + 0.4 \times (-1), 4 + 0.9 \times 6 + 0.1 \times (-1)\}$$
$$= \max\{9.2, 9.3\} = 9.3; d_2(1) = 2$$

$$f_2(2) = \max\left\{ q^1(2) + \sum_{j=1}^{2} p_{2j}^1 f_1(j), q^2(i) + \sum_{j=1}^{2} p_{2j}^2 f_1(j) \right\}$$
$$= \max\{-2 + 0.4 \times 6 + 0.6 \times (-1), -1 + 0.8 \times 6 + 0.2 \times (-1)\}$$
$$= \max\{-0.2, 3.6\} = 3.6; d_2(2) = 2$$

这表明，如果继续生产两个月，不管第 1 个月登不登广告，第 2 个月都会登广告。
同样可以计算出经过 3 步、4 步……转移时的结果，将计算结果列于表 7 – 18 中。

表 7 – 18　　　　　　　　　　　　　工厂决策的计算结果

n（经营时间/月）	1	2	3	4	...
$f_n(1)$（目前销路好，n 月后 停业的最大总期望报酬）	6	9.3	13.02	16.676	...
$d_n(1)$（目前销路好，若 n 月后 停业应采取的最优决策）	1 （不广告）	2 （登广告）	1 （不广告）	1 （不广告）	...
$f_n(2)$（目前销路差，n 月后 停业的最大总期望报酬）	−1	4.5	7.16	10.8480	...
$d_n(2)$（目前销路差，若 n 月后 停业应采取的最优决策）	2 （登广告）	2 （登广告）	2 （登广告）	2 （登广告）	...

利用上述的迭代法，可以算出系统当前处于状态 i，经任意 n 步转移应采取怎样的最优
策略以及所获得的总报酬期望值。尤其利用计算机处理起来更加方便。

习　题

1. 在 R 处有一油库，T 为一港口。今需从 R 铺设输油管道到 T 处，拟在 A_1、A_2、A_3 之一，B_1、B_2、B_3 之一以及 C_1、C_2 之一各建一个中间站，各站之间的管道走向如图 7-7 所示，连线旁的数字表示两站间设立管道的费用。现要求选择 3 个合适的中间站，使 R 到 T 的输油管道的总费用最小。要求用动态规划的逆序和顺序算法求解。

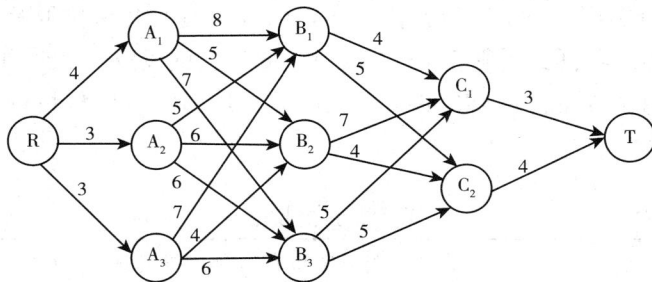

图 7-7　管道走向示意

2. 一艘轮船要从 R 港口运往 D 地，其中 D 有三个码头 D_1、D_2、D_3，途径 A、B、C 三个区域，拟经过 A_1、A_2、A_3 三个码头之一，B_1、B_2、B_3 三个码头之一以及 C_1、C_2 两个码头之一，各地之间的路线图和走向如图 7-8 所示，连线旁的数字表示两地之间的距离长度。请设计出最合适的停靠码头和航线，使得总航线距离最短。

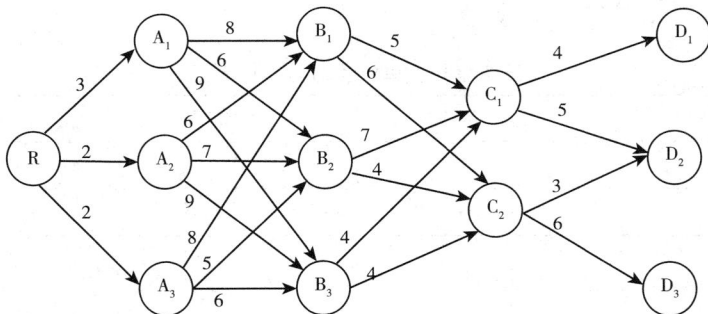

图 7-8　航线路线和走向

3. A 企业要将 4 套设备分配给所辖的甲、乙、丙三家工厂，预计各厂分到不同数量设备后每年的利润（单位：百万元）如表 7-19 所示。试问该如何分配设备才能使 A 企业每年获得的总利润最大？请用动态规划法进行分析求解并给出最优的分配方案。

表 7-19　　　　　　　　　不同数量设备分配给不同工厂的利润收益

设备数（套）	甲的利润（百万元）	乙的利润（百万元）	丙的利润（百万元）
0	0	0	0
1	5	3	2

设备数（套）	甲的利润（百万元）	乙的利润（百万元）	丙的利润（百万元）
2	7	5	6
3	9	7	8
4	11	12	10

4. 有 500 万元资金用于三个项目投资，投资数以百万元为单位取整数。已知项目 2 的投资不超过 300 万元，项目 1 和项目 3 至少保证 100 万元的投资，三个项目投资数额均不超过 300 万元。项目的收益如表 7 – 20 所示。试用动态规划方法确定投资方案，使预期效益最大。

表 7 – 20　　　　　　　　　　　　　　项目的投资收益　　　　　　　　　　　　单位：万元

项目	0	投资 100 万元	投资 200 万元	投资 300 万元
项目 1	—	3	6	9
项目 2	0	8	12	16
项目 3	—	4	8	11

5. 设有一卡车，其载重量为 10 吨，要装载三种型号的设备 A_1，A_2，A_3，已知这三种型号的设备每件重量及工作效率如表 7 – 21 所示，问：应如何装载可使一次运输设备总的工作效率最大？

表 7 – 21　　　　　　　　　　　　设备型号、单位重量与工作效率

项目	设备 A_1	设备 A_2	设备 A_3
单位重量（吨）	4	3	5
工作效率 e_i	10	8	9

6. 用动态规划方法求解下列模型

$$\max z = 2y_1^4 + 6y_2^3 + 3y_3^4$$

$$\text{s. t.} \begin{cases} 2y_1^4 + 3y_2^3 + y_3^2 \leq 100 \\ y_1, y_2, y_3 \geq 0 \end{cases}$$

7. 某工厂要对一种产品制定今后四个月的生产计划，据市场预测，今后四个月（即 $i = 1$，2，3，4）内市场对该产品的需求量 d_i 分别为 $d_1 = 3$，$d_2 = 3$，$d_3 = 2$，$d_4 = 4$。假定该厂生产每批产品的固定成本为 4 千元，若不生产就为 0；每单位产品成本为 1 千元，而每个时期生产能力的限制为 8 单位。每个时期末未售出的产品每件需付存贮费 0.5 千元，该厂最大的库存容量为 3 个单位。还假定在第 1 个时期的初始库存量为 0，第 4 个时期期末的库存量也为 0。试问：该厂应如何安排各个时期的生产与库存，才能在满足市场需要的条件下，使总成本最小？

8. 某商店准备在未来的四个月里经销某种商品，目前，该商店拥有一个最大容量为1000 单位商品的仓库。假定商店每月只能卖出仓库现有的货物；当商店在某月购货时，下月初才能到货。预测该商店未来四个月的买卖价格如表 7-22 所示，假定商店在 1 月开始经销时，仓库存有该商品 500 单位。试问：如何制定这四个月的订购与销售计划，使获利最大（不计库存费）？

表 7-22　　　　　　　　　　　商品未来四个月的买卖价格

月份（k）	购买单价（c_k）	销售单价（p_k）
1	10	12
2	8	9
3	11	13
4	15	17

9. 某商店欲采购一批原料，原料价格在五周内可能有所变动，已测得该原料在今后五周内取不同单价的概率如表 7-23 所示。试求：在哪一周以什么价格购入，可使其采购价格的期望值最小？并求出期望值。

表 7-23　　　　　　　　　　　原料价格及对应概率

原料价格（ζ）	500 元	600 元	700 元
概率（p）	0.3	0.3	0.4

10. 某种机器可在高、低两种不同的负荷下进行生产。高负荷生产条件下，机器完好率为 0.7，即如果年初有 u 台完好机器投入高负荷生产，则年末完好的机器数量为 $0.7u$ 台。年初投入高负荷运行的 u 台机器的年产量为 $8u$ 吨，系数 8 称为单台产量。低负荷生产条件下，机器完好率为 0.9，单台产量为 5 吨。假定某工厂开始时有 1000 台完好机器，试为其制订一个五年计划，确定每年年初分配到高、低负荷生产的设备数量，使得五年内的总产量达到最高。

11. 有一制造企业为市场生产某种产品，每月月初对产品的销售情况进行一次检查，其结果有二：销路好（记为状态 1）；销路差（记为状态 2）。若处于状态 1，由于各种随机因素的干扰，下月初仍处于销路好的概率为 0.6，转为销路差的概率也为 0.4；若处于状态 2，则下月初转为销路好的概率为 0.4，仍处于销路差的概率为 0.6。若某月初销路好，下月初仍销路好可获利 8 千元，下月初转为销路差可获利 3 千元；若某月初销路差，下月初转为销路好可获利 4 千元，下月初仍为销路差要亏本 6 千元。设该企业在每个状态可选的决策是不登广告（记作方式 1）或登广告（记作方式 2）。若不登广告，自然无广告费；若登广告，要花额外的广告费，但下月初销路好的概率可增加。选决策方式 1 的状态转移矩阵及报酬矩阵不变，当选决策方式 2 时，状态转移矩阵及报酬矩阵为：

$$P^2 = \begin{bmatrix} 0.9 & 0.1 \\ 0.7 & 0.3 \end{bmatrix}, R^2 = \begin{bmatrix} 5 & 4 \\ 2 & -20 \end{bmatrix}$$

试问：该企业若干月内应该采取什么决策才能使其总期望报酬最大？

| 动态规划简介 | 例题讲解 | 部分习题答案 |

第8章 图与网络分析

图论（graph theory）是数学的一个分支，它以图为研究对象。图论中的图是由若干给定的点及连结两点的线所构成的图形，这种图形通常用来描述某些事物之间的某种特定关系，用点代表事物，用连结两点的线表示相应两个事物间具有这种关系。图论作为运筹学的一部分内容，与线性规划、动态规划不同，图论需要依附于图解决一些问题，比如一笔画、最短路径等。图论被广泛地应用于管理科学、计算机科学、信息论、控制论、物理、化学、生物学、心理学等各个领域，并取得了丰硕的成果。

第8章的知识点逻辑见图8-1。

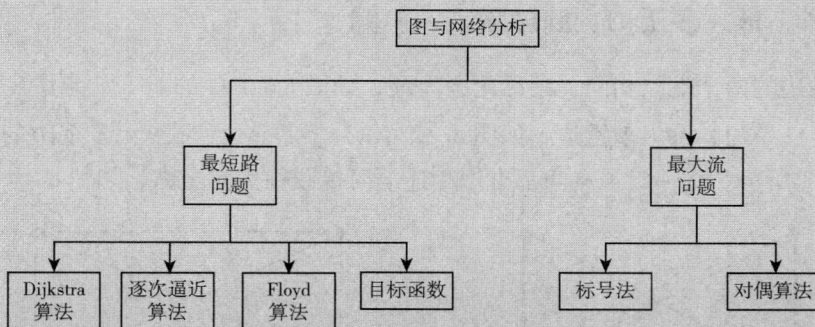

图8-1　第8章知识点逻辑关系

8.1　图的基本概念与模型

8.1.1　图的基本概念

图是反映现实生活中一些对象之间的某种特定关系的一种工具。人们可以采用点来表示研究的对象，采用点与点的连线来表示对象之间的特定关系。

定义 8.1 图 G 可以表示为一个有序二元组 (V, E)，记为 $G = (V, E)$。V 称为 G 的顶点集，V 中的元素 v_i 称为 G 的顶点，一般表示为 $V = \{v_1, v_2, \cdots, v_n\}$；$E$ 称为 G 的边集，E 中元素 e_k 称为边，若 e_k 由无序对 (v_i, v_j) 的连线组成，记为 $e_k = (v_i, v_j)$。

【例8.1】 已知一个图 G 的图解如图 8-2 所示，试表述该图。

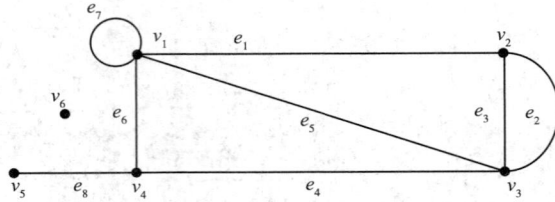

图 8-2 G 的图解示例

解： $G = (V, E)$；顶点集 $V = \{v_1, v_2, v_3, v_4, v_5, v_6\}$；边集 $E = \{e_1, e_2, e_3, e_4, e_5, e_6, e_7, e_8\}$，其中，$e_1 = (v_1, v_2)$，$e_2 = (v_2, v_3)$，$e_3 = (v_2, v_3)$，$e_4 = (v_3, v_4)$，$e_5 = (v_1, v_3)$，$e_6 = (v_1, v_4)$，$e_7 = (v_1, v_1)$，$e_8 = (v_4, v_5)$。

8.1.2   图的一些基本概念

8.1.2.1   环、多重边、简单图、完全图

如果一条边的两个端点相同，则称此边为**环**，如图 8-1 中的 e_7。如果图中的两个顶点之间存在不止一条边，称为**多重边**，如图 8-2 中的 e_2 和 e_3。无环也无多重边的图称为**简单图**，如图 8-3 所示。每一对顶点间都有边相连的简单图称为**完全图**，如图 8-4 所示。

图 8-3   简单图示例

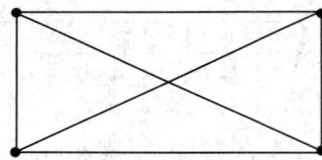

图 8-4   完全图示例

8.1.2.2   次、奇点、偶点、孤立点、悬挂点、悬挂边

与端点 v 相连的边数的总和称为点 v 的**次**，记为 $d(v)$，例如图 8-1 中，$d(v_3) = 4$，$d(v_5) = 1$。但若某点处有一环，则该点的次增加 2，图 8-2 中 $d(v_1) = 5$。次为奇数的点称为**奇点**，次为偶数的点称为**偶点**。次为 0 的点称为**孤立点**，如图 8.2 中的 v_6。次为 1 的点称为**悬挂点**，如图 8-2 中的 v_5。连结悬挂点的边称为**悬挂边**，如图 8-2 中的 e_8。

定理 8.1 图中顶点次数的总和为边数的两倍。

说明：在计算各点的次数时，每条边均被计算了两次，所以顶点次数的总和为边数的两倍。

8.1.2.3　链、简单链、初等链、圈、连通图、分离图

若图 G 中某些点和边的交替序列可以排成 $\{v_{i_0}, e_i, v_i, e_{i_2}, \cdots, v_{i_{k-1}}, e_{i_k}, v_{i_k}\}$ 的形式，且 $e_{i_t} = (v_{i_{t-1}}, v_{i_t})$，$t = 1, 2, \cdots, k$，则称该序列为连结 v_{i_0} 与 v_{i_k} 的一条链，用 S 表示。若链 S 中的边均不相同，则称 S 为**简单链**。若链 S 中的点均不相同，则称 S 为**初等链**。若链 S 中除 $v_{i_0} = v_{i_k}$ 外，其余点均不相同，称 S 为一个**圈**。一个图中任意两点间至少存在一条链，则称该图为**连通图**，否则称该图为**分离图**。

如图 8-5 中，$S = \{v_1, e_1, v_2, e_3, v_3, e_5, v_5, e_6, v_4\}$ 为一条链，$S_1 = \{v_1, e_2, v_3, e_5, v_5, e_4, v_2, e_3, v_3, e_7, v_4\}$ 为简单链，$S_2 = \{v_1, e_2, v_3, e_3, v_2, e_4, v_5, e_6, v_4\}$ 为初等链，$S_3 = \{v_1, e_2, v_3, e_5, v_5, e_4, v_2, e_1, v_1\}$ 为一个圈。图 8-5 是连通图。

在图 8-6 中，由于 v_6 与 v_9 之间不存在链，故图 8-6 是分离图。

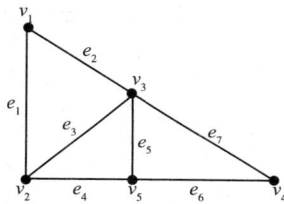

图 8-5　连通图示例　　　　图 8-6　分离图示例

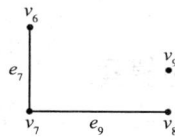

8.1.2.4　子图、生成子图

设有图 $G = (V, E)$ 和图 $G' = (V', E')$，若 $V' \subseteq V$，$E' \subseteq E$，称 G' 为 G 的子图；若 $V' = V$，$E' \subseteq E$，称 G' 为 G 的**生成子图**。

如图 8-7 中（b）是（a）的子图，（c）是（a）的生成子图。

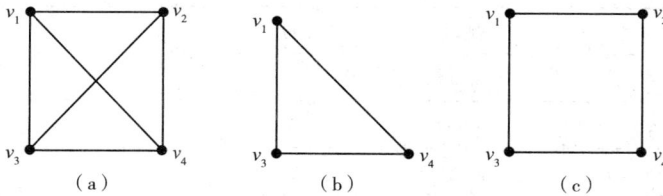

图 8-7　图与子图、生成子图

8.1.2.5　有向图、弧、路、回路

设 $V = \{v_1, v_2, \cdots, v_n\}$ 是由 n 个顶点组成的非空集合，A 是 V 中元素的有序 (v_i, v_j) 所构成的集合，则称 V 和 A 构成了一个**有向图**，记作 $G = (V, A)$，$a_i = (v_i, v_j)$ 表明 v_i 和 v_j 分别为 a_i 的起点和终点，称有方向的边 a_i 为**弧**。有向图中的一条链，称为**路**。起点和终点相同的路，称为**回路**。如图 8-8 中 $S = \{v_1, e_1, v_2, e_2, v_3\}$ 是一条路。

在有向图中，以 v_i 为始点的边数称为点 v_i 的出次，采用 $d^+(v_i)$ 表示；以 v_i 为终点的边数称为点 v_i 的入次，用 $d^-(v_i)$ 表示。点 v_i 的出次与入次之和就是该点的次。显然，所有顶点的入次之和等于所有顶点的出次之和。

如图 8-9 中，$d^+(v_1)=1$，$d^-(v_1)=1$，$d^+(v_2)=2$，$d^-(v_2)=0$，$d^+(v_3)=0$，$d^-(v_3)=2$，$\sum_{i=1}^{3} d^+(v_i) = \sum_{i=1}^{3} d^-(v_i) = 3$。

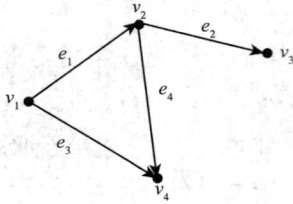

图 8-8　有向图及路的示例　　　　图 8-9　简单有向图

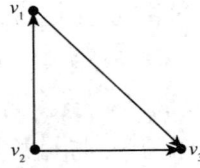

8.1.3　图的模型

针对某个特定的问题，确定该问题中研究的对象以及对象之间的关系，并用图及其图解的形式表示出来，由此可以建立关于该问题的图的模型。图的模型在现实中应用很广泛。

【例 8.2】（项目安排问题）有五名学生参加文艺演出，表 8-1 中给出了每位学生参加的节目（＊表示需要参加的节目）。问：如何安排才能使每位学生都不连续地参加演出？

表 8-1　　　　　　　　　　　　　　　文艺演出学生及其参加节目

学生	唱歌	跳舞	朗诵	话剧	乐器演奏
A	＊		＊		
B		＊		＊	
C	＊				＊
D		＊			＊
E			＊	＊	

解： 采用顶点 v_1，v_2，v_3，v_4，v_5 依次表示五个节目。如果两个节目的表演者完全不同，表示这两个节目可以连续安排在一起，则给相应的两点间连线，如图 8-10 所示。这就是该问题的图的模型。为求解这个问题，只要从图 8-10 中找到一条包括所有顶点的初等链即可，例如 $S = \{v_5, v_3, v_2, v_1, v_4\}$，对应的演出顺序安排为：乐器演奏，朗诵，跳舞，唱歌，话剧（方案不唯一）。

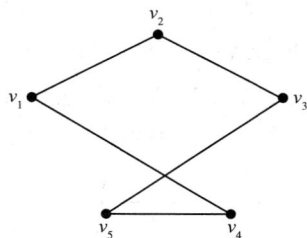

图 8 – 10　文艺演出安排模型

【例 8.3】（哥尼斯堡七桥问题，又称一笔画问题）　18 世纪的哥尼斯堡城中流过一条河，河上有七座桥连接着河的两岸和河中的两个小岛，如图 8 – 11（a）所示。一个旅游者如何才能一次连续走过这七座桥而每座桥只走一次，最后又回到出发点？

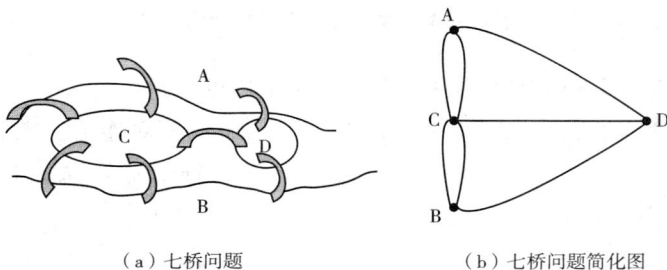

（a）七桥问题　　　　　　　　　　　（b）七桥问题简化图

图 8 – 11　七桥问题示例

解：著名数学家欧拉（Euler）在 1736 年解决了这一问题。他将这一问题简化表示为如图 8 – 11（b）所示图的模型，点 A、B、C、D 分别表示两岸和小岛，两点间的连线表示桥。于是七桥问题转化为一笔画问题，即能否从某一点开始一笔画出这个图形，不允许重复，最后回到原出发点。欧拉证明了这类回路存在的充要条件是：图中没奇点。而图 8 – 11（b）中的四个点均为奇点，故原问题无解。

定理 8.2 连通图 G 中，若存在一条链，经过每边一次且仅一次，当且仅当 G 中无奇点或仅有两个奇点。

在图 8 – 12 中，图中有 2 个奇点（A 和 D）和 2 个偶点（B 和 C）。若从偶点 C 出发，无法完成图的一笔画；若从奇点 A 出发，可以连续画出所有边，终点为另一个奇点 D。画法示例：A→C→D→A→B→D。

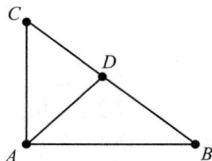

图 8 – 12　一笔画问题示例

【**例 8.4**】（中国邮路问题） 一个邮递员，负责某一地区的信件投递。他每天要从邮局 v_1 出发，走遍该地区所有街道再返回邮局，他要投递的地区如图 8 - 13 所示（点表示投递点，边表示街道）。问应如何安排邮递员的行走路线使得总路程最短？

这个问题是我国管梅谷教授在 1962 年最先提出的，国际上通称为中国邮路问题。

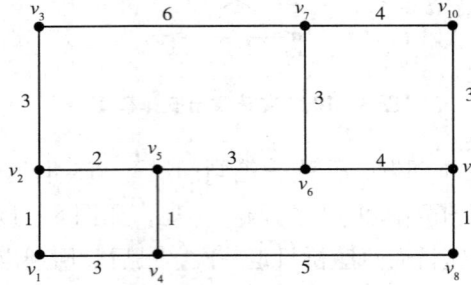

图 8 - 13　中国邮路问题街道图示

解：（1）先检查图 8 - 13 中是否存在奇点。图中顶点 v_2，v_4，v_5，v_6，v_7，v_9 是奇点，需要添加重复边使其变为偶点。将 v_2 与 v_4，v_5 与 v_6，v_7 与 v_9 配对连结。连结 v_2 与 v_4 的链有多条，任取一条链如 $\{v_2, v_1, v_4\}$，类似地，取 $\{v_5, v_6\}$ 连结 v_5 与 v_6，取 $\{v_7, v_{10}, v_9\}$ 连结 v_7 与 v_9，如图 8 - 14 所示。

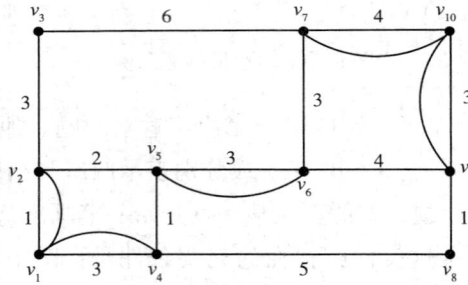

图 8 - 14　第一次调整后的最短路

（2）检查重复边的长度是否超过所在圈的一半。图 8 - 14 中，圈 $\{v_1, v_2, v_5, v_4, v_1\}$ 总长度为 7，而重复边的长为 4，大于该圈总长度的一半，需作进一步调整。在 (v_2, v_5)，$\{v_4, v_5, v_6, v_7\}$，(v_6, v_9) 上加重复边，如图 8 - 15 所示。

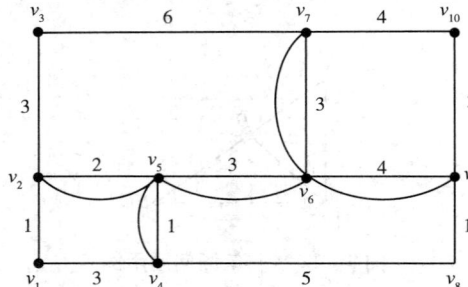

图 8 - 15　第二次调整后的最短路

再检查图 8 – 15，圈 $\{v_4, v_5, v_6, v_9, v_8, v_4\}$ 总长度为 14，而重复边总长为 8，非最优方案。再次进行调整，在 (v_2, v_5)，$\{v_4, v_8, v_9\}$，(v_6, v_7) 上加重复边，如图 8 – 16 所示。

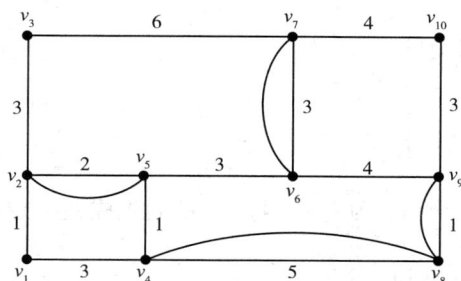

图 8 – 16　第三次调整后的最短路

经过验证，得到图 8 – 16 为最优方案。

行走路线安排：$S = \{v_1, v_2, v_5, v_2, v_3, v_7, v_6, v_7, v_{10}, v_9, v_6, v_5, v_4, v_8, v_9, v_8, v_4, v_1\}$。路线总长：$39 + 11 = 50$。

8.2　树

8.2.1　树的概念和性质

8.2.1.1　树的定义

不含圈的连通图称为**树**。树中次为 1 的点称为**树叶**。次大于 1 的点称为**分枝点**。例如，在图 8 – 17 中，根：v_1；分枝点：v_2，v_3，v_6；树叶：v_4，v_5，v_8，v_9，v_7。

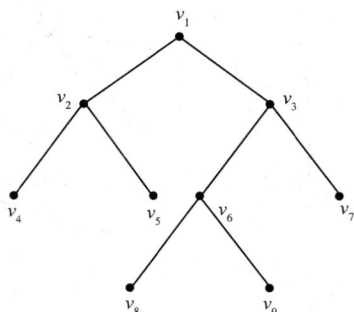

图 8 – 17　树的示例

8.2.1.2　树的性质

图 $T = (V, E)$，$|V| = n$，$|E| = m$，则以下关于树的说法是等价的：（1）T 是一个树；

（2）T 无圈，连通，且 $m=n-1$；（3）T 无圈，但每加一新边即得一个圈；（4）T 连通，但任舍一边就不连通。

8.2.2 最小生成树

8.2.2.1 生成树的定义

若图 G 的生成子图是一个树，则称该树是图 G 的**生成树**，或简称图 G 的树。

8.2.2.2 最小生成树的定义

若连通图 G 的每条边都有非负权数，则称权总和最小的生成树为**最小生成树**，简称**最小树**。

许多现实生活中的问题都可以归结为最小树问题，例如：将各村庄连接起来的最短公路网设计问题，将各用户连接起来的最短水管网路设计问题等。

8.2.2.3 最小树的求法

下面介绍两种求取最小树的方法。

方法一：破圈法。

破圈法的求解步骤如下。

步骤1：在连通图 G 中任选一圈，去掉该圈中最大权边（若有两条或两条以上的边是权最大的边，则任意去掉其中一条边），在余图中任取一圈，去掉一条最大权边。

步骤2：如此重复进行，直至余图中无圈为止，即可得到图 G 的最小树。

【例8.5】（管道铺设问题） 图 8-18 中每个点表示小区的一栋楼，现在要在各栋楼间铺设管道，已知各点相互之间的铺设费用（见图 8-18 中的数字）。问：如何设计管道的铺设路线，才能使各楼互通的总铺设费用最小（单位：万元）？

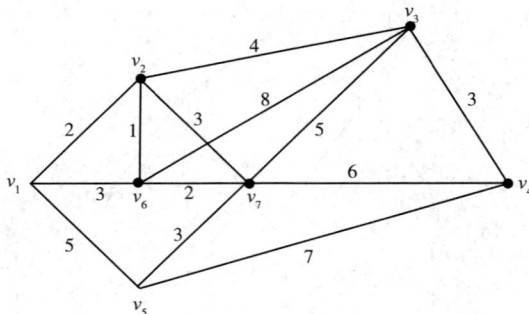

图 8-18　某小区楼间管道铺设费用

解：求各楼间管道互通且总费用最小的方案，实际上就是求图 8-18 的最小树。采用破圈法，取一圈 $\{v_1, v_2, v_6, v_1\}$ 去掉边 (v_1, v_6)；取一圈 $\{v_2, v_6, v_7, v_2\}$ 去掉边 (v_2, v_7)；取一圈 $\{v_2, v_3, v_6, v_2\}$ 去掉边 (v_3, v_6)；取一圈 $\{v_2, v_6, v_7, v_3, v_2\}$ 去掉边

$(v_3，v_7)$；取一圈 $\{v_1，v_2，v_6，v_1\}$ 去掉边 $(v_1，v_6)$；取一圈 $\{v_2，v_3，v_4，v_7，v_6，v_2\}$ 去掉边 $(v_4，v_7)$；取一圈 $\{v_1，v_2，v_6，v_7，v_5，v_1\}$ 去掉边 $(v_1，v_5)$；取一圈 $\{v_2，v_3，v_4，v_5，v_7，v_6，v_2\}$ 去掉边 $(v_4，v_5)$。最后得到图 8 – 18 的最小树，如图 8 – 19 所示。按图 8 – 19 线路铺设管道得到最小总铺设费用为：$2 + 1 + 2 + 3 + 4 + 3 = 15$（万元）。

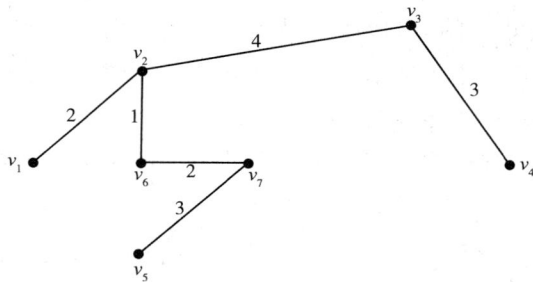

图 8 – 19　采用破圈法求得的最小树

方法二：避圈法。

避圈法的求解步骤如下。

步骤 1：在连通图 G 中，任选一条权值最小的边添入（若有两条或两条以上的边权值相同且最小，则任意取其中一条边），并使已经存在的图不构成圈。

步骤 2：如此重复进行，直至得到一个 $n - 1$ 条边的树为止，即可得到图 G 的最小树。

【例 8.6】用避圈法求图 8 – 18 的最小树。

解：先将图 8 – 18 中的边按权数大小的顺序由小到大排列：

$(v_2,v_6) = 1$　$(v_1,v_2) = 2$　$(v_6,v_7) = 2$　$(v_1,v_6) = 3$　$(v_2,v_7) = 3$

$(v_5,v_7) = 3$　$(v_3,v_4) = 3$　$(v_2,v_3) = 4$　$(v_3,v_7) = 5$　$(v_1,v_5) = 5$

$(v_4,v_7) = 6$　$(v_4,v_5) = 7$　$(v_3,v_6) = 8$

然后按照边的排列顺序，顶点数是 7，故应选取 6 条边：

$e_1 = (v_2,v_6), e_2 = (v_1,v_2), e_3 = (v_6,v_7), e_4 = (v_5,v_7), e_5 = (v_3,v_4), e_6 = (v_2,v_3)$

由于边 $(v_1，v_6)$ 与已选边 e_1，e_2 构成圈，边 $(v_2，v_7)$ 与已选边 e_1，e_3 构成圈，所以排除。最后得到的最小树如图 8 – 20 所示，与图 8 – 19 的结果一致。

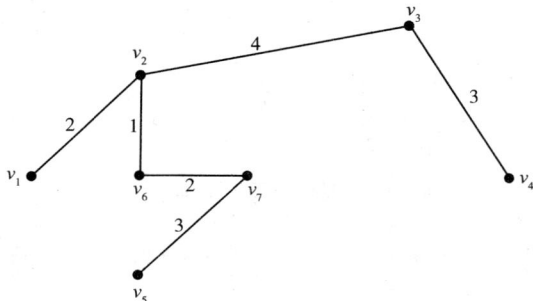

图 8 – 20　采用避圈法求得的最小树

8.2.3　根树及其应用

8.2.3.1　基本概念

若一个有向图在不考虑边的方向的情况下是一棵树，则称这个有向图为**有向树**。有向树 T，恰有一个顶点入次为 0，其余各点入次 1，则称 T 为**根树**。在根树中，若每个顶点的出次恰好为 m 或 0，则称这棵树为**完全 m 叉树**。

例如，图 8-21 所示的树为根树，图 8-22 所示的树为完全二叉树。

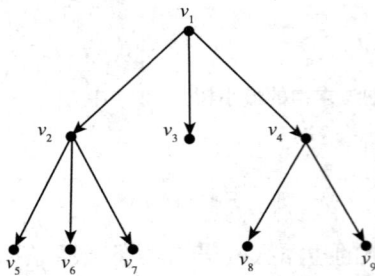

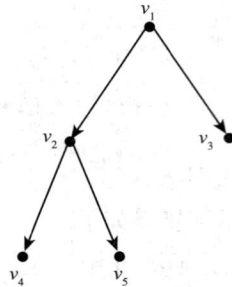

图 8-21　根树示例　　　　图 8-22　完全二叉树示例

8.2.3.2　霍夫曼树

在有 s 个叶子的完全二叉树 T 中，各叶子的权数分别为 p_i，$i = 1, 2, \cdots, s$，根到各叶子的层次为 l_i，令 $m(T) = \sum_{i=1}^{s} p_i l_i$ 为完全二叉树 T 的总权数，则称满足 $m(T)$ 为最小的树为**霍夫曼树**（最优完全二叉树）。

【例8.7】 完全二叉树 T 如图 8-23 所示，计算 T 的总权数 $m(T)$。

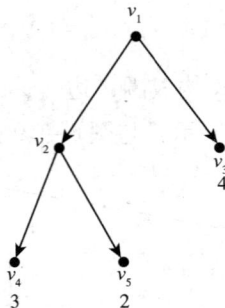

图 8-23　完全二叉树 T 总权数求取

解：完全二叉树 T 共有 3 个叶子，叶子 v_3，v_4，v_5 的权分别为 4、3、2，则：

$$m(T) = 4 \times 1 + 3 \times 2 + 2 \times 2 = 14$$

8.2.3.3 霍夫曼树的求解

给定 s 个叶子，求霍夫曼树的步骤如下。

步骤 1：将 s 个叶子按权数从小到大排序，设 $p_1 \leqslant p_2 \leqslant \cdots \leqslant p_s$。

步骤 2：将两个具有最小权的叶子合并为一个分枝点，其权为 $p_1 + p_2$，将该分枝点作为一个叶子。

步骤 3：令 $s \leftarrow s-1$，若 $s=1$ 停止，否则转步骤 1。

【例 8.8】 给定叶子数 $s=6$，其权分别为 6，5，4，3，2，1，求最优完全二叉树。

解：该树的构造过程如图 8-24 所示。$m(T) = 5 \times 2 + 4 \times 2 + 6 \times 2 + 3 \times 3 + 1 \times 4 + 2 \times 4 = 51$，为最小的总权。

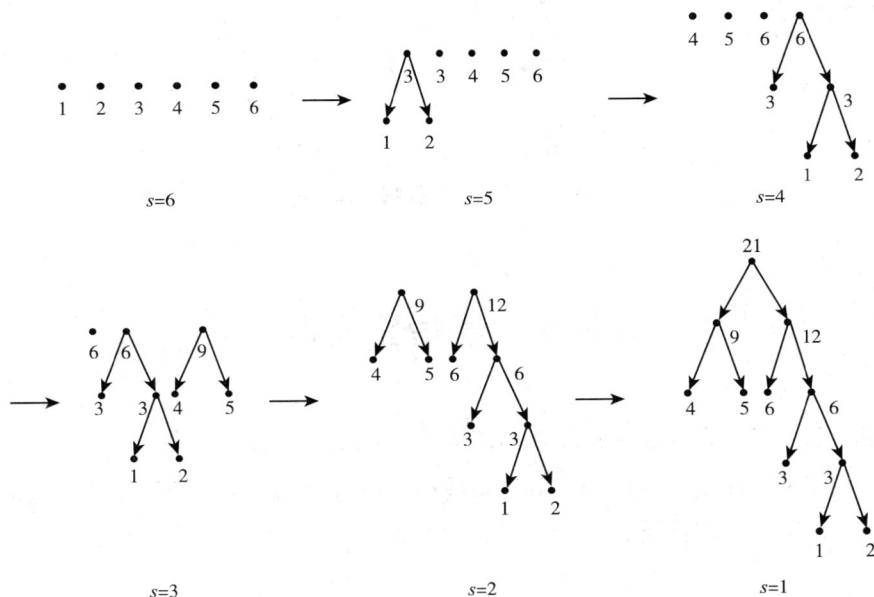

图 8-24 最优二叉树构造过程

霍夫曼树的意义：叶子与根的距离依权的递减而增加，所以总权最小。霍夫曼树是分检算法的基础。

8.2.3.4 霍夫曼树的应用

【例 8.9】（最优检索问题） 使用计算机进行图书分类。现有五类图书共 60 万册，其中 A 类 25 万册，B 类 10 万册，C 类 3 万册，D 类 7 万册，E 类 15 万册。问：如何安排分检过程，使总的运算次数最小？

解：构造一棵具有 5 个叶子的霍夫曼树，如图 8-25 所示，叶子 A、叶子 B、叶子 C、叶子 D、叶子 E 的权分别为 25、10、3、7、15。则 $m(T) = 25 \times 1 + 15 \times 2 + 10 \times 3 + 7 \times 4 + 3 \times 4 = 125$（万次）。即：先分检 A，其次 E，再次 B，然后分检 C，剩下的都是 D。

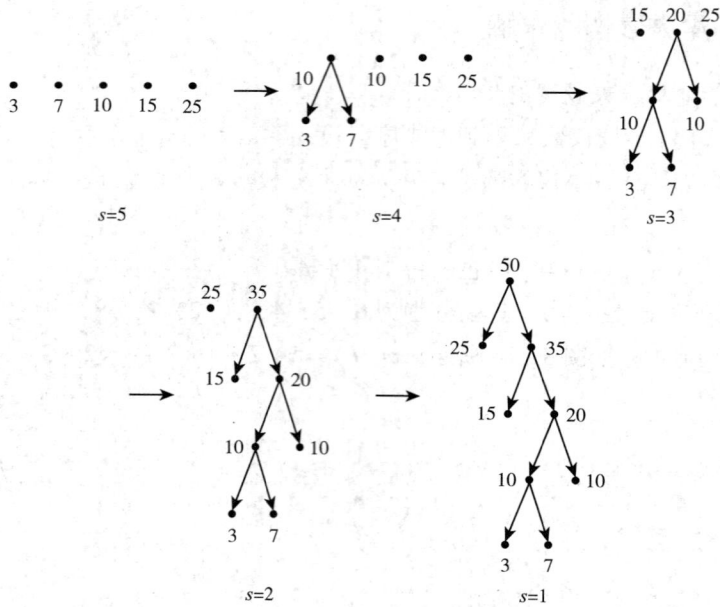

图 8-25 霍夫曼树构造过程

8.3 最短路问题

最短路问题一般可以描述为：在连通图 G 中，给定一个始点 v_s 和终点 v_t，求 v_s 到 v_t 的一条路，使路长最短，即路中各边的权数之和最小。最短路问题可以应用于生产管理过程中的很多实际问题，例如管道铺设、厂区布局、设备更新等。

8.3.1 Dijkstra 算法

8.3.1.1 算法思想

该算法是狄克斯特拉（Dijkstra）1959 年提出的，可用于求解图中某两点间的最短路问题，或从某一点到其余各点的最短路问题。该算法适合于求解所有非负权网络的最短路问题。该算法的基本思想是：若链 $\{v_s, v_1, v_2, \cdots, v_{n-1}, v_n, v_t\}$ 是从 v_s 到 v_t 的最短路，则链 $\{v_s, v_1, v_2, \cdots, v_{n-1}, v_n\}$ 必是从 v_s 到 v_n 的最短路。即可先求出 v_s 到某中间点 v_i 的最短路，再逐步扩展到 v_t。

8.3.1.2 算法步骤

Dijkstra 算法是一种标号法，使用两种标号：P 标号和 T 标号。P 标号为固定标号，给

点 v_i 一个 P 标号，表示始点 v_s 到该点 v_i 的最短路的权。T 标号为临时标号，给点 v_i 一个 T 标号，表示始点 v_s 到该点 v_i 的最短路的权的上界，凡是没有得到 P 标号的点都有 T 标号。该算法的每一步是把某一点的 T 标号改为 P 标号，直到所有的点都得到 P 标号时，计算结束。对于有 n 个顶点的图，最多经过 $n-1$ 个运算步骤，就可以求出从 v_s 到 v_t 的最短路。

步骤 1：给 v_s 标上 P 标号，$P(v_s) = 0$，其余各点均为 T 标号，令 $T(v_i) = +\infty$。

步骤 2：若 v_i 是刚标上 P 标号的点，考察所有这样的点 v_j：$(v_i, v_j) \in E$，(v_i, v_j) 的权为 l_{ij}，且 v_j 是 T 标号，修改 v_j 的 T 标号为：

$$T(v_j) = \min\{T(v_j), P(v_i) + l_{ij}\}$$

步骤 3：比较所有具有 T 标号的点，将标号最小者改为 P 标号。当存在两个以上的最小者时，可以同时改为 P 标号，如此反复，直至所有的点均为 P 标号为止。

【例 8.10】用 Dijkstra 算法求图 8-26 中 v_1 到 v_7 的最短路。

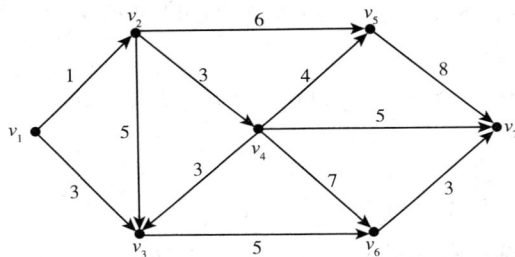

图 8-26 某网络

解：（1）首先给 v_1 标上 P 标号，即 $P(v_1) = 0$，其余点均为 T 标号，$T(v_i) = +\infty$，$i = 2, 3, \cdots, 7$。

（2）考察与 v_1 相邻的点 v_2、v_3，因 (v_1, v_2)，$(v_1, v_3) \in E$，故修改 v_2，v_3 的 T 标号为：

$$T(v_2) = \min\{T(v_2), P(v_1) + l_{12}\} = \min\{+\infty, 0+1\} = 1$$
$$T(v_3) = \min\{T(v_3), P(v_1) + l_{13}\} = \min\{+\infty, 0+3\} = 3$$

（3）比较所有 T 标号，因 $T(v_2) = 1$ 最小，将 v_2 改为 P 标号，且 $P(v_2) = 1$，记录路径 (v_1, v_2)。

（4）v_2 为刚获得 P 标号的点，考察与 v_2 相邻的点 v_3，v_4，v_5，因 (v_2, v_3)，(v_2, v_4)，$(v_2, v_5) \in E$，故修改 v_3，v_4，v_5 的 T 标号为：

$$T(v_3) = \min\{T(v_3), P(v_2) + l_{23}\} = \min\{3, 1+5\} = 3$$
$$T(v_4) = \min\{T(v_4), P(v_2) + l_{24}\} = \min\{+\infty, 1+3\} = 4$$
$$T(v_5) = \min\{T(v_5), P(v_2) + l_{25}\} = \min\{+\infty, 1+6\} = 7$$

（5）比较所有 T 标号，$T(v_3) = 3$ 最小，于是将 v_3 改为 P 标号，且 $P(v_3) = 3$，记录路径 (v_1, v_3)。

（6）v_3 为刚获得 P 标号的点，考察与 v_3 相邻的点 v_6，因（v_3，v_6）$\in E$，故修改 v_6 的 T 标号为：

$$T(v_6) = \min\{T(v_6), P(v_3) + l_{36}\} = \min\{+\infty, 3+5\} = 8$$

（7）比较所有 T 标号，因 $T(v_4) = 4$ 最小，于是将 v_4 改为 P 标号，$P(v_4) = 4$，记录路径（v_2，v_4）。

（8）v_4 刚获得 P 标号的点，考察与 v_4 相邻的点 v_5，v_6，v_7，因（v_4，v_5），（v_4，v_6），（v_4，v_7）$\in E$，故修改 v_5，v_6，v_7 的 T 标号为：

$$T(v_5) = \min\{T(v_5), P(v_4) + l_{45}\} = \min\{7, 4+4\} = 7$$
$$T(v_6) = \min\{T(v_6), P(v_4) + l_{46}\} = \min\{8, 4+7\} = 8$$
$$T(v_7) = \min\{T(v_7), P(v_4) + l_{47}\} = \min\{+\infty, 4+5\} = 9$$

（9）比较所有 T 标号，因 $T(v_5) = 7$ 最小，于是将 v_5 改为 P 标号，$P(v_5) = 7$，记录路径（v_2，v_5）。

（10）v_5 为刚获得 P 标号的点，考察与 v_5 相邻的点 v_7，因（v_5，v_7）$\in E$，故修改 v_7 的 T 标号为：

$$T(v_7) = \min\{T(v_7), P(v_5) + l_{57}\} = \min\{9, 7+8\} = 9$$

（11）比较所有 T 标号，因 $T(v_6) = 8$ 最小，于是将 v_6 改为 P 标号，$P(v_6) = 8$，记录路径（v_3，v_6）。

（12）v_6 为刚获得 P 标号的点，考察与 v_6 相邻的点 v_7，因（v_6，v_7）$\in E$，故修改 v_7 的 T 标号为：

$$T(v_7) = \min\{T(v_7), P(v_6) + l_{67}\} = \min\{9, 8+3\} = 9$$

（13）最后只剩下 v_7 一个 T 标号，故令 $P(v_7) = T(v_7) = 9$，记录路径（v_4，v_7）。由此找到从 v_1 到 v_7 的最短路为 $v_1 \rightarrow v_2 \rightarrow v_4 \rightarrow v_7$，路长为 $P(v_7) = 9$。

全部的计算结果如表 8-2 所示。按照这个算法，也可以找到从始点 v_1 到各个中间点的最短路径和最短距离。d_j 表示起点 v_1 到某点 v_j 的最短路。例如：$v_1 \rightarrow v_6$：$v_1 \rightarrow v_3 \rightarrow v_6$，路长为 $P(v_6) = 8$。

表 8-2 v_1 到 v_7 的最短路求解过程

迭代次数	v_1	v_2	v_3	v_4	v_5	v_6	v_7	先行顶点
1	0^*	1^*	3	$+\infty$	$+\infty$	$+\infty$	$+\infty$	v_1
2			3^*	4	7	$+\infty$	$+\infty$	v_1
3				4^*	7	8	$+\infty$	v_2
4					7^*	8	9	v_2

迭代次数	v_1	v_2	v_3	v_4	v_5	v_6	v_7	先行顶点
5						8*	9	v_3
6							9*	v_4
d_j	0	1	3	4	7	8	9	

注：表中 * 是为了读者追踪最短路而标注的。全书同。

【例 8.11】（设备更新问题）　某企业使用一台设备，决策者在每年年初都要决定是否更新设备。若购置新设备，需要支付购置费，若继续使用旧设备，则要支付一定的维修费。预计设备在今后 1~4 年年初的购置费及不同使用年限的年维修费用如表 8-3 所示。要求制订今后 4 年的设备更新计划，使得总支付费用最小。

表 8-3　　　　　　　　　　设备在各年初的购买价及使用期的年维修费

项目	第 1 年	第 2 年	第 3 年	第 4 年
年初购置费（万元）	10	10	11	12
使用年限（年）	0~1	1~2	2~3	3~4
年维修费（万元）	5	7	10	17

解：把求总费用最小问题转化为最短路问题。用 v_i（$i=1，2，\cdots，5$）表示第 i 年年初购进一台新设备，v_5 也表示为第四年年末。边（$v_i，v_j$）表示第 i 年年初购置新设备使用到第 j 年年初（即第 $j-1$ 年末），对应的权表示在第 i 年年初的购置费 a_i 和从第 i 年使用至第 $j-1$ 年末的维修费之和。例如：边（$v_1，v_4$）的权为 $l_{14}=a_1+b_1+b_2+b_3=10+5+7+10=32$。由此，可以画出设备更新问题的网络图，如图 8-27 所示。于是该问题归结为从图 8-27 中找出一条从 v_1 到 v_5 的最短路。用 Dijkstra 算法求得 v_1 到 v_5 的最短路径为 $v_1 \rightarrow v_3 \rightarrow v_5$，最短路长为 45，计算过程及结果如表 8-4 所示。从而制订最优的设备更新计划是：第一年年初购置一台新设备，使用到第二年年末，第三年年初再购置一台新设备，使用到第四年年末，总支出费用为 45 万元。

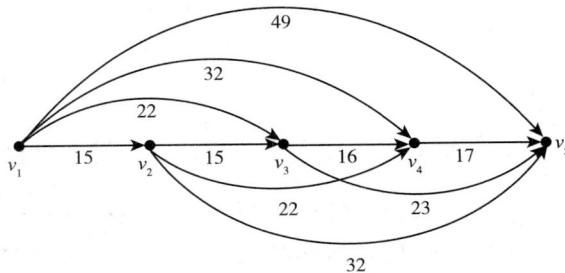

图 8-27　设备更新网络

表 8-4 　　　　　　　　　　从 v_1 到 v_5 的最短路求解过程

迭代次数	v_1	v_2	v_3	v_4	v_5	先行顶点
1	0^*	15^*	22	32	49	v_1
2			22^*	32	47	v_1
3				32^*	45	v_1
4					45^*	v_3
d_j	0	15	22	32	45	

8.3.2　逐次逼近算法

Dijkstra 算法只适用于赋权网络图中所有边的权 $l_{ij} \geqslant 0$ 的情形，当网络图存在负权边时，该算法不再适用。例如对于图 8-28，根据 Dijkstra 算法求得的计算结果见表 8-5，得到 v_1 到 v_2 的最短距离是 4。但这显然是错误的，因为 v_1 到 v_2 的最短路径应为 $v_1 \rightarrow v_3 \rightarrow v_2$，其路长为 1，问题就在于 (v_3, v_2) 的权为 -6。当赋权有向图存在负权边时，可以采用逐次逼近算法。

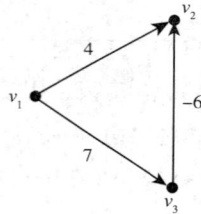

图 8-28　存在负权边的网络

表 8-5 　　　　　　　　　图 8-28 的 Dijkstra 算法求解过程

迭代次数	v_1	v_2	v_3
1	0^*	4^*	7
2			7^*

8.3.2.1　算法思想

设图 G 中任意两点 v_i 和 v_j 间都有一条边，如果 v_i，v_j 间不直接相连，则添加边 (v_i, v_j)，令 $l_{ij} = +\infty$。那么从始点 v_s 到 v_j 的最短路总是从 v_s 出发，沿着该路先到某一点 v_i，再沿着边 (v_i, v_j) 到 v_j。所以 v_s 到 v_j 的最短路必定是 v_s 到 v_i 的最短路。若令 d_j 表示 v_s 到 v_j 的最短路长，d_i 表示 v_s 到 v_i 的最短路长，必满足如下方程：$d_j = \min\{d_i + l_{ij}\}$，可以采用迭代方法求解该方程。

8.3.2.2　算法步骤

步骤 1：令 $d_j^{(1)} = l_{ij}$，$j = 1$，2，$\cdots$，n。

步骤 2：使用迭代公式计算 $d_j^{(k)} = \min\limits_{i}\{d_i^{(k-1)} + l_{ij}\}$，$i$，$j = 1$，$2$，$\cdots$，$n$。

步骤 3：若 $d_j^{(k)} = d_i^{(k-1)}$ 时，迭代终止。

对于有 n 个顶点的网络图，如果不含有总权小于零的回路，则用 Dijkstra 算法最多经过 $n-1$ 次迭代（即 $k \leq n-1$）就可以得到从始点到任一点的最短路。

【例 8.12】求图 8 – 29 中从始点 v_1 到各点的最短路。

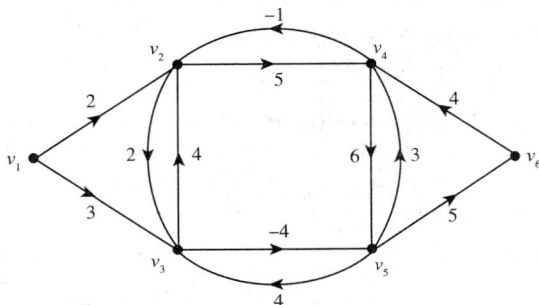

图 8 – 29　例 8.12 的网络

解：令 $d_j^{(1)} = l_{1j}$，$j = 1$，2，$\cdots$，6，即 $d_1^{(1)} = 0$，$d_2^{(1)} = 2$，$d_3^{(1)} = 3$，$d_4^{(1)} = d_5^{(1)} = d_6^{(1)} = +\infty$。使用迭代公式计算：

$$
\begin{aligned}
d_1^{(2)} &= \min\{d_1^{(1)} + l_{11}, d_2^{(1)} + l_{21}, d_3^{(1)} + l_{31}, d_4^{(1)} + l_{41}, d_5^{(1)} + l_{51}, d_6^{(1)} + l_{61}\}\\
&= \min\{0 + 0, 2 + \infty, 3 + \infty, \infty + \infty, \infty + \infty, \infty + \infty\} = 0\\
d_2^{(2)} &= \min\{d_1^{(1)} + l_{12}, d_2^{(1)} + l_{22}, d_3^{(1)} + l_{32}, d_4^{(1)} + l_{42}, d_5^{(1)} + l_{52}, d_6^{(1)} + l_{62}\}\\
&= \min\{0 + 2, 2 + 0, 3 + 4, \infty + (-1), \infty + \infty, \infty + \infty\} = 0
\end{aligned}
$$

同理可得：$d_3^{(2)} = 3$，$d_4^{(2)} = 7$，$d_5^{(2)} = -1$，$d_6^{(2)} = \infty$

计算过程显示在表 8 – 6 中。表的 L_{ij} 列是初始数据，$d_j^{(k)}$ 列是各次迭代的计算结果。表内的数字表示从点 v_1 经过 k 步到点 v_j 的最短路长，数字的下标表示经过 k 步的边的下标，如 $d_2^{(4)} = 1_{4,2}$，表示从 v_1 到 v_2 点，走的第四步是从 v_4 到 v_2。

表 8 – 6　　　　　　　　　　　　点 v_1 到各点的最短路的求解过程

点号	L_{ij}						$d_j^{(k)}$				
	v_1	v_2	v_3	v_4	v_5	v_6	$k=1$	$k=2$	$k=3$	$k=4$	$k=5$
v_1	0	2	3	∞	∞	∞	0	0	0	0	0
v_2	∞	0	2	5	∞	∞	$2_{1,2}$	$2_{1,2}$	$2_{1,2}$	$1_{4,2}$	$1_{4,2}$
v_3	∞	4	0	∞	-4	∞	$3_{1,3}$	$3_{1,3}$	$3_{1,3}$	$3_{1,3}$	$3_{1,3}$

点号	L_{ij}						$d_j^{(k)}$				
	v_1	v_2	v_3	v_4	v_5	v_6	$k=1$	$k=2$	$k=3$	$k=4$	$k=5$
v_4	∞	-1	∞	0	6	∞	∞	$7_{2,4}$	$2_{5,4}$	$2_{5,4}$	$2_{5,4}$
v_5	∞	∞	4	3	0	5	∞	$-1_{3,5}$	$-1_{3,5}$	$-1_{3,5}$	$-1_{3,5}$
v_6	∞	∞	∞	4	∞	0	∞	∞	$4_{5,6}$	$4_{5,6}$	$4_{5,6}$

迭代到第五步（即 $k=5$）时，发现 $d_j^{(4)} = d_j^{(5)}$，$j=1$，2，$\cdots$，6，则迭代终止。表中 $d_j^{(5)}$ 最后一列数字分别表示点 v_1 到各点的最短路长。采用反向追踪法来寻找最短路径，例如，表 8-6 中 v_1 到 v_5 的最短路长为 -1，在该最短路径上，v_5 的先行顶点是 v_3，在 v_3 行找出 v_3 的先行顶点是 v_1，故得到最短路径是 $v_1 \rightarrow v_3 \rightarrow v_5$。

由表 8-6 得到 v_1 到各点的最短路及相应路径如表 8-7 所示。

表 8-7 v_1 到各点的最短路及相应路径

起止点	路径	路长
$v_1 \rightarrow v_2$	$v_1 \rightarrow v_3 \rightarrow v_5 \rightarrow v_4 \rightarrow v_2$	1
$v_1 \rightarrow v_3$	$v_1 \rightarrow v_3$	3
$v_1 \rightarrow v_4$	$v_1 \rightarrow v_3 \rightarrow v_5 \rightarrow v_4$	2
$v_1 \rightarrow v_5$	$v_1 \rightarrow v_3 \rightarrow v_5$	-1
$v_1 \rightarrow v_6$	$v_1 \rightarrow v_3 \rightarrow v_5 \rightarrow v_6$	4

8.3.3　Floyd 算法

Floyd 算法可以求解网络上任意两点间的最短路问题。这类问题虽然可以采用 Dijkstra 算法或逐次逼近算法依次改变起点的方法来计算，但当网络中存在多个顶点时，这些算法就要重复计算多次，比较烦琐。Floyd 算法可以直接求出网络上任意两点间的最短路。

8.3.3.1　算法思想

设图 $G = (V, E)$ 中有 n 个顶点，令图 G 的权矩阵为 $D^{(0)} = (d_{ij}^{(0)})_{n \times n}$。$d_{ij}^{(0)}$ 表示点 v_i 到点 v_j 的直接距离，即若 v_i 与 v_j 相邻时，$d_{ij}^{(0)} = l_{ij}$；若 v_i 与 v_j 不相邻时，$d_{ij}^{(0)} = \infty$。权矩阵 $D^{(0)}$ 为 v_i 直接到达 v_j 的最短距离矩阵。但从 v_i 到 v_j 的最短路径不一定是 v_i 直接到达 v_j 的，可能是通过 v_i 与 v_j 之间的一个或多个中间点实现最短路。所以，在 $D^{(0)}$ 的基础上，计算 v_i 经过中间点 v_1 到达 v_j 的最短距离矩阵 $D^{(1)} = (d_{ij}^{(1)})_{n \times n}$，$d_{ij}^{(1)} = \min\{d_{ij}^{(0)}, d_{i1}^{(0)} + d_{1j}^{(0)}\}$。然后在 $D^{(1)}$ 的基础上再计算 v_i 经过中间点 v_2 到达 v_j 的最短距离矩阵。如此继续，当考虑所有顶点后，最后可以得到最短距离矩阵 $D^{(n)}$，其中的元素 $d_{ij}^{(n)}$ 为真正的从 v_i 到 v_j 的最短路长。

8.3.3.2　算法步骤

步骤 1：令图 G 的权矩阵为 $D^{(0)} = (d_{ij}^{(0)})_{n \times n}$，其中 $d_{ij}^{(0)} = \begin{cases} l_{ij}, & (v_i, v_j) \in E \\ 0, & i = j \\ \infty, & (v_i, v_j) \notin E \end{cases}$。

步骤 2：依次计算 $D^{(k)} = (d_{ij}^{(k)})_{n \times n}$，其中 $d_{ij}^{(k)} = \min\{d_{ij}^{(k-1)}, d_{ik}^{(k-1)} + d_{kj}^{(k-1)}\}$，$k = 1$，2，$\cdots$，$n$。

$D^{(n)}$ 中的元素 $d_{ij}^{(n)}$ 就是图 G 中点 v_i 到点 v_j 的最短路长。

【例 8.13】求图 8-30 所示任意两点间的最短路。

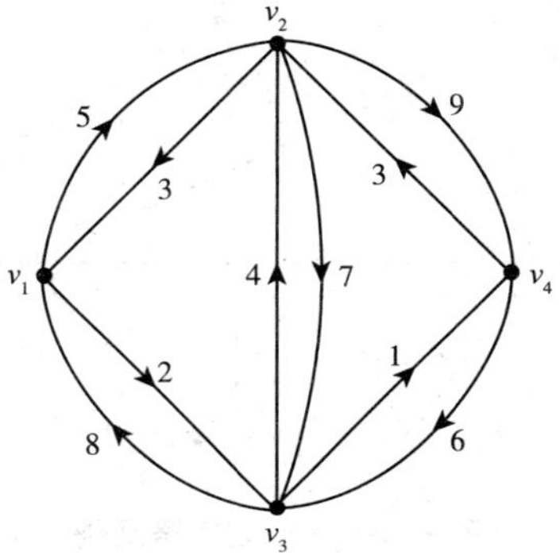

图 8-30　求例 8.13 的网络

解： 根据图 8-30 写出初始矩阵 $D^{(0)}$，该图有 4 个顶点，需迭代 4 次。

$$D^{(0)} = \begin{bmatrix} d_{11}^0 & d_{12}^0 & d_{13}^0 & d_{14}^0 \\ d_{21}^0 & d_{22}^0 & d_{23}^0 & d_{24}^0 \\ d_{31}^0 & d_{32}^0 & d_{33}^0 & d_{34}^0 \\ d_{41}^0 & d_{42}^0 & d_{43}^0 & d_{44}^0 \end{bmatrix} = \begin{bmatrix} 0 & 5 & 2 & \infty \\ 3 & 0 & 7 & 9 \\ 8 & 4 & 0 & 1 \\ \infty & 3 & 6 & 0 \end{bmatrix}; \quad D^{(1)} = \begin{bmatrix} 0 & 5 & 2 & \infty \\ 3 & 0 & 5_{213} & 9 \\ 8 & 4 & 0 & 1 \\ \infty & 3 & 6 & 0 \end{bmatrix}$$

$d_{ij}^{(1)} = \min\{d_{ij}^{(0)}, d_{i1}^{(0)} + d_{1j}^{(0)}\}$ 表示 v_i 直接到达 v_j 或者 v_i 经过中间点 v_1 到达 v_j 的最短路长。如果需要了解具体的最短路径，则在计算过程中保留下标信息，例如，$D^{(1)}$ 中的 $d_{23}^{(1)} = 5$ 是由 $d_{23}^{(1)} = d_{21}^{(0)} + d_{13}^{(0)} = 3 + 2 = 5$ 得到的，所以 $d_{23}^{(1)}$ 可以写为 5_{213}，表示 v_2 经过中间点 v_1 到达 v_3 的最短路长为 5。

$$D^{(2)} = \begin{bmatrix} 0 & 5 & 2 & 14_{124} \\ 3 & 0 & 5 & 9 \\ 7_{321} & 4 & 0 & 1 \\ 6_{421} & 3 & 6 & 0 \end{bmatrix}; \quad D^{(3)} = \begin{bmatrix} 0 & 5 & 2 & 3_{134} \\ 3 & 0 & 5 & 6_{234} \\ 7 & 4 & 0 & 1 \\ 6 & 3 & 6 & 0 \end{bmatrix}; \quad D^{(4)} = \begin{bmatrix} 0_{11} & 5_{12} & 2_{13} & 3_{134} \\ 3_{21} & 0_{22} & 5_{213} & 6_{2134} \\ 7_{3421} & 4_{32} & 0_{33} & 1_{34} \\ 6_{421} & 3_{42} & 6_{43} & 0_{44} \end{bmatrix}$$

$d_{ij}^{(2)}$ 表示从 v_i 到达 v_j 最多经过中间点 v_1、v_2 的最短路长。$d_{ij}^{(3)}$ 表示从 v_i 到达 v_j 最多经过中间点 v_1、v_2 和 v_3 的最短路长。$d_{ij}^{(4)}$ 表示从 v_i 到达 v_j 最多经过中间点 v_1、v_2、v_3 和 v_4 的所有路中的最短路长。则 $D^{(4)}$ 就是该网络图中任意两点间的最短路长。

从 $D^{(4)}$ 中，可以得到各点间的最短距离及相应路径，例如：$v_1 \rightarrow v_4$ 的最短路径为 $v_1 \rightarrow v_3 \rightarrow v_4$，路长为 3；$v_2 \rightarrow v_3$ 的最短路径为 $v_2 \rightarrow v_1 \rightarrow v_3$，路长为 5；$v_3 \rightarrow v_1$ 的最短路径为 $v_3 \rightarrow v_4 \rightarrow v_2 \rightarrow v_1$，路长为 7；$v_4 \rightarrow v_2$ 的最短路径为 $v_4 \rightarrow v_2$，路长为 3。

【例 8.14】（厂区选址问题） 图 8 – 31 中的点表示某企业中 6 个生产零部件的车间，边旁的数字表示两车间之间的路长，该企业拟建零件装配中心，已知各车间运输零部件的数量（单位：吨）分别为 3、2、7、1、5、4，试问零件装配中心设在哪个车间，才能使总运输量为最小？

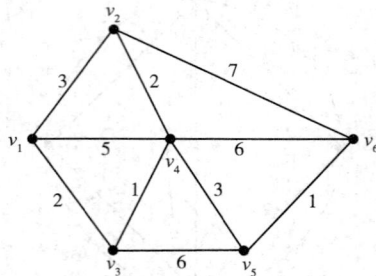

图 8 – 31　厂区道路网络

解： 首先把该问题转化为求各点间的最短路问题。由图 8 – 30 得到初始权矩阵 $D^{(0)}$ 为：

$$D^{(0)} = \begin{bmatrix} 0 & 3 & 2 & 5 & \infty & \infty \\ 3 & 0 & \infty & 2 & \infty & 7 \\ 2 & \infty & 0 & 1 & 6 & \infty \\ 5 & 2 & 1 & 0 & 3 & 6 \\ \infty & \infty & 6 & 3 & 0 & 1 \\ \infty & 7 & \infty & 6 & 1 & 0 \end{bmatrix}$$

经过 6 次迭代，计算过程如下所示：

$$D^{(1)} = \begin{bmatrix} 0 & 3 & 2 & 5 & \infty & \infty \\ 3 & 0 & 5_{213} & 2 & \infty & 7 \\ 2 & 5_{312} & 0 & 1 & 6 & \infty \\ 5 & 2 & 1 & 0 & 3 & 6 \\ \infty & \infty & 6 & 3 & 0 & 1 \\ \infty & 7 & \infty & 6 & 1 & 0 \end{bmatrix} ; \quad D^{(2)} = \begin{bmatrix} 0 & 3 & 2 & 5 & \infty & 10_{126} \\ 3 & 0 & 5 & 2 & \infty & 7 \\ 2 & 5 & 0 & 1 & 6 & 12_{326} \\ 5 & 2 & 1 & 0 & 3 & 6 \\ \infty & \infty & 6 & 3 & 0 & 1 \\ 10_{621} & 7 & 12_{623} & 6 & 1 & 0 \end{bmatrix}$$

$$D^{(3)} = \begin{bmatrix} 0 & 3 & 2 & 3_{134} & 8_{135} & 10 \\ 3 & 0 & 5 & 2 & 11_{235} & 7 \\ 2 & 5 & 0 & 1 & 6 & 12 \\ 3_{431} & 2 & 1 & 0 & 3 & 6 \\ 8_{531} & 11_{532} & 6 & 3 & 0 & 1 \\ 10 & 7 & 12 & 6 & 1 & 0 \end{bmatrix}; D^{(4)} = \begin{bmatrix} 0 & 3 & 2 & 3 & 6_{145} & 9_{146} \\ 3 & 0 & 3_{243} & 2 & 5_{245} & 7 \\ 2 & 3_{342} & 0 & 1 & 4_{345} & 7_{346} \\ 3 & 2 & 1 & 0 & 3 & 6 \\ 6_{541} & 5_{542} & 4_{543} & 3 & 0 & 1 \\ 9_{641} & 7 & 7_{643} & 6 & 1 & 0 \end{bmatrix}$$

$$D^{(5)} = \begin{bmatrix} 0 & 3 & 2 & 3 & 6 & 7_{156} \\ 3 & 0 & 3 & 2 & 5 & 6_{256} \\ 2 & 3 & 0 & 1 & 4 & 6_{356} \\ 3 & 2 & 1 & 0 & 3 & 4_{456} \\ 6 & 5 & 4 & 3 & 0 & 1 \\ 7_{651} & 6_{652} & 6_{653} & 4_{654} & 1 & 0 \end{bmatrix}; D^{(6)} = \begin{bmatrix} 0 & 3_{12} & 2_{13} & 3_{134} & 6_{145} & 7_{156} \\ 3 & 0 & 3_{243} & 2 & 5_{245} & 6_{256} \\ 2 & 3_{342} & 0 & 1 & 4_{345} & 6_{356} \\ 3_{431} & 2 & 1 & 0 & 3 & 4_{456} \\ 6_{541} & 5_{542} & 4_{453} & 3 & 0 & 1 \\ 7_{651} & 6_{652} & 6_{653} & 4_{654} & 1 & 0 \end{bmatrix}$$

$D^{(6)}$ 即为各车间之间的最短距离矩阵。考虑到各车间的零件运输量，对矩阵 $D^{(6)}$ 的每一行乘以相应各点的运输量，得到：

$$D = \begin{bmatrix} 0 & 9 & 6 & 9 & 18 & 21 \\ 6 & 0 & 6 & 4 & 10 & 12 \\ 14 & 21 & 0 & 7 & 35 & 42 \\ 3 & 2 & 1 & 0 & 3 & 4 \\ 30 & 25 & 25 & 15 & 0 & 5 \\ 28 & 24 & 24 & 16 & 4 & 0 \end{bmatrix}$$

对 D 的各元素按列相加，得到行向量 $\overline{D}$，由此可知其他车间到列所在的车间所运送的总运输量。

$$\overline{D} = \begin{bmatrix} 81 & 81 & 62 & 51 & 70 & 84 \end{bmatrix}$$

由此可见，最小运输量为 51，即零件装配中心应设在 v_4 点，各点到 v_4 的总运输量最短。由 $D^{(6)}$ 得到各点到 v_4 的最短路及相应路径如表 8 - 8 所示。

表 8 - 8　　　　　　　　　　　各点到 v_4 的最短路及相应路径

起止点	路径	路长
$v_1 \rightarrow v_4$	$v_1 \rightarrow v_3 \rightarrow v_4$	3
$v_2 \rightarrow v_4$	$v_2 \rightarrow v_4$	2
$v_3 \rightarrow v_4$	$v_3 \rightarrow v_4$	1
$v_5 \rightarrow v_4$	$v_5 \rightarrow v_4$	3
$v_6 \rightarrow v_4$	$v_6 \rightarrow v_5 \rightarrow v_4$	4

8.4 最大流问题

流量问题在现实社会中广泛存在，例如，交通运输系统中的车辆流，城市给排水系统的水流，供电网络中的电流，通信系统的信息流，配送系统中的物流，金融系统的现金流，等等。最大流问题就是在一定的条件下，如何使网络系统中的某种流的流量达到最大的问题。最大流问题是图与网络理论中非常重要的最优化问题，能够解决生产管理中的很多现实问题。

8.4.1 基本概念

8.4.1.1 容量网络

设有向连通图为 $G=(V, E)$，V 中有两个特殊的顶点 v_s 和 v_t，其中 v_s 仅有出次而没有入次，称为**发点**，v_t 仅有入次而没有出次，称为**收点**，其余的点称为中间点。E 中每条边 (v_i, v_j) 上对应有一数值 $c_{ij} \geq 0$ 称为边的**容量**。通常称这样的网络 G 为容量网络，记为 $G=(V, E, C)$。在一个容量网络 G 中，通过边 (v_i, v_j) 的实际流量称为该边的**流量**，记为 f_{ij}，则集合 $f=\{f_{ij}\}$ 称为网络 G 的一个**流**。

可以举一个例子来表述最大流问题。例如，有一个交通运输网络如图 8-32 所示，其中，v_s 为某产品的生产地点，v_t 为该产品的销售地点，每一条边 (v_i, v_j) 表示从 v_i 到 v_j 的运输线，边上的第一个数值表示这条运输线的最大通过能力 c_{ij}，第二个数值表示该边上目前的实际流量 f_{ij}。问：能否改进运输方案，使产地 v_s 到销地 v_t 的产品运输量达到最大？

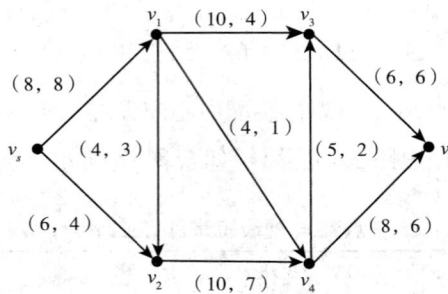

图 8-32 交通运输网络

8.4.1.2 可行流

对于网络 $G=(V, E, C)$ 满足下列条件的流 $f=\{f_{ij}\}$，可称为网络 G 的**可行流**：

（1）容量限制条件：在网络 G 中每条边 (v_i, v_j)，有 $0 \leqslant f_{ij} \leqslant c_{ij}$，即网络 G 中每条边上的流量必须是非负的且不能超过该边的容量。

（2）平衡条件：对于中间点 v_i $(i \neq s, t)$，有 $\sum_j f_{ij} = \sum_k f_{ki}$，即每个中间点 v_i 流入的流量之和必须等于从该点流出的流量之和。

对于发点 v_s，收点 v_t，有 $\sum_i f_{si} = \sum_j f_{jt} = v(f)$，即从点 v_s 发出的流的总和必须等于 v_t 接受的流的总和，$v(f)$ 称为该可行流的流量。

可行流总是存在的，即使令所有边上的流 $f_{ij} = 0$，也可以得到一个流量为 0 的可行流（称为**零流**），其流量 $v(f) = 0$。

如图 8-32 中，每条边上的第二个数字给出的就是一个可行流 $f = \{f_{ij}\}$，它显然满足上述的容量限制条件和平衡条件，其流量 $v(f) = 8 + 4 = 12$。

8.4.1.3　最大流

在一容量网络中，流量最大的可行流称为**最大流**。所谓最大流问题也就是：在容量网络中，求一个流 $f = \{f_{ij}\}$，使得总流量 $v(f)$ 达到最大的可行流。最大流问题本质上是一个线性规划问题，可以描述为：

$$\max v(f)$$

$$\text{s. t.} \begin{cases} \sum_j f_{ij} - \sum_k f_{ki} = \begin{cases} v(f), & v_i = v_s \\ 0, & v_i \neq v_s, v_t \\ -v(f), & v_i = v_t \end{cases} \\ 0 \leqslant f_{ij} \leqslant c_{ij} \end{cases}$$

与线性规划方法相比较，采用图的特点来处理最大流问题更为方便和直观。

8.4.1.4　增广链（也称增流链）

在网络 $G = (V, E, C)$ 中，若给定一个可行流 $f = \{f_{ij}\}$，满足 $f_{ij} = c_{ij}$ 的边称为**饱和边**，$f_{ij} < c_{ij}$ 的边称为**非饱和边**；$f_{ij} = 0$ 的边称为**零流边**，$f_{ij} > 0$ 的边称为**非零流边**。

如图 8-32 中的边 (v_s, v_1) 和 (v_3, v_t) 是饱和边，其他的边都是非饱和边。

设 μ 是网络 G 中从发点 v_s 到收点 v_t 的一条链，则链 μ 上的边可以分为两类：一类是边的方向跟链 μ 的方向一致，称为**前向边**，其集合称为 μ^+；另一类是边的方向跟链 μ 的方向相反，称为**后向边**，其集合称为 μ^-。

如图 8-32 中，链 $\mu = \{v_s, v_2, v_1, v_4, v_t\}$ 是一条从点 v_s 到点 v_t 的链，则

$$\mu^+ = \{(v_s, v_2), (v_1, v_4), (v_4, v_t)\}, \quad \mu^- = \{(v_1, v_2)\}$$

设 $f = \{f_{ij}\}$ 是网络 $G = (V, E, C)$ 上的一个可行流，μ 是一条从点 v_s 到点 v_t 的链，若 μ 满足下列条件，则称 μ 是关于 f 的一条**增广链**：（1）在边 $(v_i, v_j) \in \mu^+$ 上，$0 \leqslant f_{ij} < c_{ij}$，即

在 μ^+ 上的每一条边都是非饱和边；（2）在边 $(v_i,v_j)\in\mu^-$ 上，$0<f_{ij}\leqslant c_{ij}$，即在 μ^+ 上的每一条边都是非零流边。

如图 8-32 中，链 $\mu=\{v_s,v_2,v_1,v_4,v_t\}$ 就是一条增广链，因为 μ^+ 上的边均为非饱和边，如 $(v_s,v_2)\in\mu^+$，$f_{s2}=4<c_{s2}=6$；μ^- 上的边均为非饱和边，如 $(v_1,v_2)\in\mu^-$，$f_{12}=3>0$。显然这样的增广链不止一条。

8.4.2　最大流最小割集定理

在网络 $G=(V,E,C)$ 中，若将点集 V 分割为两个非空集合 S 和 $\overline{S}$，满足 $S\cup\overline{S}=V$，$S\cap\overline{S}=\varnothing$，且 $v_s\in S$，$v_t\in\overline{S}$，则边集 $(S,\overline{S})=\{(v_i,v_j)\,|\,v_i\in S,v_j\in\overline{S},(v_i,v_j)\in E\}$ 称为网络 G 的一个**割集**，即割集是分离发点 v_s 和收点 v_t 的边的一个集合。割集 $(S,\overline{S})$ 中所有边的容量之和称为该割集的容量，简称为**割量**，记为 $c(S,\overline{S})$，即 $c(S,\overline{S})=\sum\limits_{v_i,v_j\in(S,\overline{S})}c_{ij}$。若割断割集中所在的边，则从发点 v_s 到收点 v_t 的路被断开。

在一个网络图中含有若干个割集，每个割集都有对应的容量。所有割集中容量最小的割集称为**最小割集**。

如图 8-33 的所有不同的割集及其割量如表 8-9 所示，可见，即使一个简单的网络也有很多不同的割集。

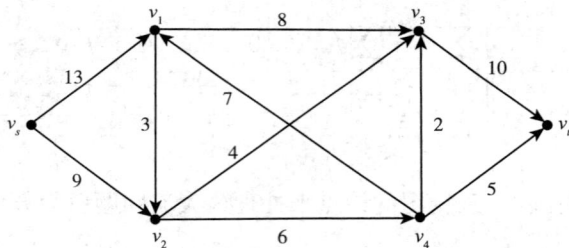

图 8-33　某网络

表 8-9　　　　　　　　图 8-33 所示网络中的所有割及其容量

S	$\overline{S}$	割集 $(S,\overline{S})$	割量 $c(S,\overline{S})$
$\{v_s\}$	$\{v_1,v_2,v_3,v_4,v_t\}$	$\{(v_s,v_1),(v_s,v_2)\}$	21
$\{v_s,v_1\}$	$\{v_2,v_3,v_4,v_t\}$	$\{(v_s,v_2),(v_1,v_2),(v_1,v_3)\}$	20
$\{v_s,v_2\}$	$\{v_1,v_3,v_4,v_t\}$	$\{(v_s,v_1),(v_2,v_3),(v_2,v_4)\}$	23
$\{v_s,v_1,v_2\}$	$\{v_3,v_4,v_t\}$	$\{(v_1,v_3),(v_2,v_3),(v_2,v_4)\}$	18
$\{v_s,v_1,v_3\}$	$\{v_2,v_4,v_t\}$	$\{(v_s,v_2),(v_1,v_2),(v_3,v_t)\}$	22
$\{v_s,v_2,v_4\}$	$\{v_1,v_3,v_t\}$	$\{(v_s,v_1),(v_2,v_3),(v_4,v_1),(v_4,v_3),(v_4,v_t)\}$	31

S	$\overline{S}$	割集 $(S, \overline{S})$	割量 $c(S, \overline{S})$
$\{v_s, v_1, v_2, v_3\}$	$\{v_4, v_t\}$	$\{(v_2, v_4), (v_3, v_t)\}$	16
$\{v_s, v_1, v_2, v_4\}$	$\{v_3, v_t\}$	$\{(v_1, v_3), (v_2, v_3), (v_4, v_3), (v_4, v_t)\}$	19
$\{v_s, v_1, v_2, v_3, v_4\}$	$\{v_t\}$	$\{(v_3, v_t), (v_4, v_t)\}$	15

表 8 – 9 中的最小割集为 $\{(v_3, v_t), (v_4, v_t)\}$，其割量为 15。

定理 8.3（最大流最小割集定理）　任一网络 $G = (V, E, C)$ 中，从发点 v_s 到收点 v_t 的最大流的流量等于最小割集的容量。

8.4.3　求最大流的标号法

求最大流的标号法是由福特（Ford）和富尔克逊（Fulkerson）于 1956 年提出的，故称为福特 – 富尔克逊标号法（Fold-Fulkerson Algorithm）。

8.4.3.1　基市思想

首先给定一个可行流 $f = \{f_{ij}\}$，若网络起初没有给定 f，则可以设 $f = 0$。给网络中的顶点 v_j 标号为 $(v_i, \Delta j)$ 或 $(-v_i, \Delta j)$，其中第一个标号表示先行顶点的标号，若为 v_i，表示 v_i 由前向边到达 v_j，若为 $-v_i$，表示 v_i 由后向边到达 v_j；第二个标号表示该顶点的流量可增量。网络中的点可以分为已标号点和未标号点，其中已标号点又分为已检查和未检查两种情况。

该算法从发点 v_s 到收点 v_t 进行标号检查，看是否存在非饱和边或非零流边，并依次确定是否存在一条从 v_s 到 v_t 的增广链。若存在增广链，则调整其流量，得到新的可行流，再对新的可行流重复上述步骤，直至容量网络中不存在增广链为止。最后得到的可行流就是最大流。

8.4.3.2　具体步骤

步骤 1：首先给发点 v_s 标号 $(0, +\infty)$，这时 v_s 是已标号但未检查的点，其余顶点为未标号点，设点 v_i 为已标号但未检查的点。

步骤 2：检查 v_i，对所有与 v_i 相邻且未标号的点 v_j 进行标号。标号规则为：（1）若边 $(v_i, v_j) \in \mu^+$，且 $f_{ij} < c_{ij}$，则给 v_j 标号为 $(v_i, \Delta j)$，$\Delta j = \min\{\Delta i, c_{ij} - f_{ij}\}$；（2）若边 $(v_i, v_j) \in \mu^+$，但 $f_{ij} = c_{ij}$，则不给 v_j 标号；（3）若边 $(v_i, v_j) \in \mu^-$，且 $f_{ji} > 0$，则给 v_j 标号为 $(-v_i, \Delta j)$，$\Delta j = \min\{\Delta i, f_{ij}\}$；（4）若边 $(v_i, v_j) \in \mu^-$，但 $f_{ij} = 0$，则不给 v_j 标号。这时点 v_i 成为已标号且检查过的点，而点 v_j 称为已标号但未检查的点。重复上述步骤，一旦收点 v_t 被标号，则表明得到一条从 v_s 到 v_t 的增广链。转入调整过程，即步骤 3。

若所有已标号的点都检查过，而且标号过程无法进行下去时，即不存在从 v_s 到 v_t 的增广链，则算法结束，这时得到的可行流就是最大流。

步骤3：利用反向追踪法，从收点 v_t 回溯标号点的第一个标号，找出一条由标号点和对应边连结而成的从 v_s 到 v_t 的增广链 μ。令调整量 $\theta = \Delta t$，将原可行流调整为：

$$f'_{ij} = \begin{cases} f_{ij} + \theta, & (v_i, v_j) \in \mu^+ \\ f_{ij} - \theta, & (v_i, v_j) \in \mu^- \\ f_{ij}, & (v_i, v_j) \overline{\in} \mu \end{cases}$$

去掉所有标号，针对新的可行流 $f = \{f'_{ij}\}$，转到步骤1。

【例8.15】已知一个容量网络及其初始可行流（如图8-34所示），每条边上的有序数值表示 (c_{ij}, f_{ij})，用标号法求该网络最大流与最小割集。

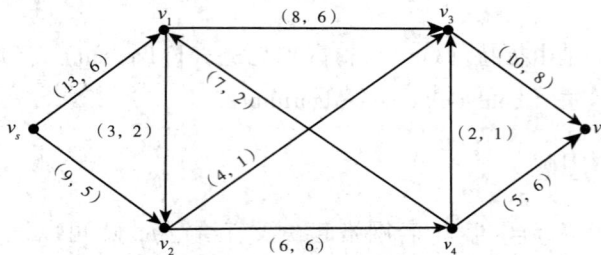

图8-34　有初始可行流的网络

解：先给 v_s 标号 $(0, +\infty)$，现在已标号未检查的点仅有 v_s。

检查 v_s：边 $(v_s, v_1) \in \mu^+$，且 $f_{s1} = 6 < 13 = c_{s1}$，$\Delta_1 = \min\{\Delta_1, c_{s1} - f_{s1}\} = \min\{+\infty, 7\} = 7$，故给顶点 v_1 标号 $(v_s, 7)$。

检查 v_1：边 $(v_1, v_3) \in \mu^+$，且 $f_{13} = 6 < 8 = c_{13}$，$\Delta_3 = \min\{\Delta_1, c_{13} - f_{13}\} = \min\{7, 2\} = 2$，故给顶点 v_3 标号 $(v_1, 2)$。

检查 v_3：边 $(v_3, v_t) \in \mu^+$，且 $f_{3t} = 8 < 10 = c_{3t}$，$\Delta_t = \min\{\Delta_3, c_{3t} - f_{3t}\} = \min\{2, 2\} = 2$，故给顶点 v_t 标号 $(v_3, 2)$。

因终点 v_t 已得标号，说明存在增广链，标号过程结束，见图8-35（双线为增广链）。

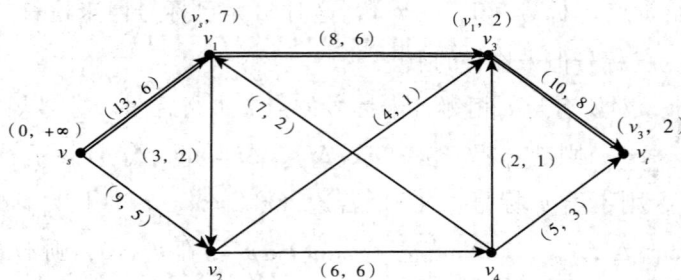

图8-35　初始可行流 $f = 11$ 及其增广链

因终点 v_t 已得标号，故从 v_t 依次回溯标号点的第一个标号，反向跟踪得到一条增广链，$\mu = \{v_s, v_1, v_3, v_t\}$，取调整量 $\theta = \Delta_t = 2$，调整增广链上各边的流量：

$$f'_{s1} = f_{s1} + \theta = 6 + 2 = 8; \quad f'_{13} = f_{13} + \theta = 6 + 2 = 8; \quad f'_{3t} = f_{3t} + \theta = 8 + 2 = 10$$

其他边上的流量不变，得到新的可行流，如图 8－36 所示（双线为增广链）。

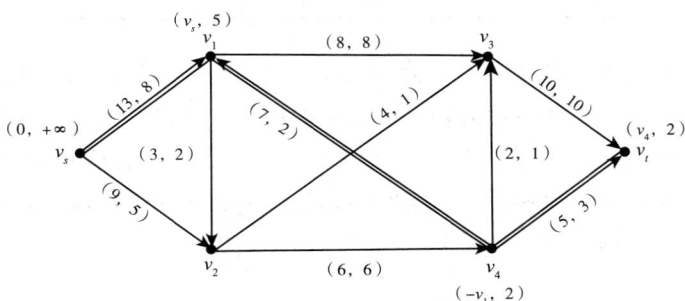

图 8－36　$f = 11$、$\theta = 2$ 调整后得到的可行流

在图 8－36 中重复上述标号步骤，依次给 v_s，v_1，v_4，v_t 标号并检查后，取调整量 $\theta = 2$，再调整增广链上各边的流量，得到新的可行流，如图 8－37 所示。

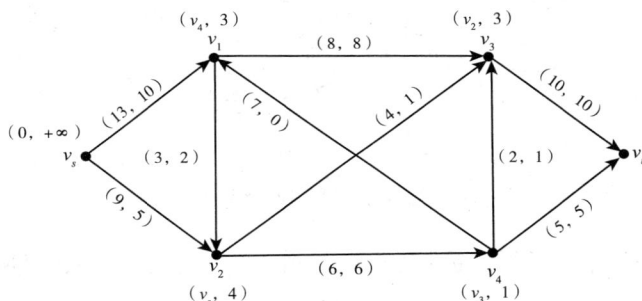

图 8－37　$f = 15$、$\theta = 2$ 调整后得到的可行流

在图 8－37 中重复上述标号步骤，依次给 v_s，v_1，v_2，v_3，v_4 标号后检查后，因标号过程不能继续进行，故图 8－37 中的可行流就是最大流。最大流量可按始点 v_s 的净流出量计算：$v(f) = 10 + 5 = 15$；也可按始点 v_t 的净流入量计算：$v(f) = 10 + 5 = 15$。

此时，标号点集 $S = \{v_s, v_1, v_2, v_3, v_4\}$，未标号点集 $\overline{S} = \{v_t\}$，故最小割集为 $(S, \overline{S}) = \{(v_3, v_t), (v_4, v_t)\}$，最小割量为 $c(S, \overline{S}) = c_{3t} + c_{4t} = 10 + 5 = 15$，与最大流 $v(f) = 15$ 相等。

【例8.16】（网络运输容量问题）　某企业有两个工厂 A_1、A_2 生产某种产品运送到三个销售地点 B_1、B_2、B_3。两个工厂的供应量分别是 30 和 70，三个销售地点的需求量分别是 10、40 和 40。工厂与销售市场之间路线上的容量如表 8－10 所示。问：现有运输路线容量是否能满足销售市场的需求？若不能，应修改哪条线路的容量？

表 8 – 10   运输网络容量

项目	市场 B_1	市场 B_2	市场 B_3	仓库供应量
仓库 A_1	30	10	20	30
仓库 A_2	5	40	10	70
市场需求量	10	40	40	

解：采用点 A_1，A_2表示两个工厂，点 B_1，B_2，B_3表示三个销售地点，在相通的工厂和销售地点之间连一条边，边的容量为该运输线路的容量。增设发点 v_s，连结 v_s和 A_1，A_2，容量分别为 A_1，A_2的供应量，增设收点 v_t，连结 B_1，B_2，B_3 和 v_t，容量为 B_1，B_2，B_3 的需求量。由此得到如图 8 – 38 所示的模型，问题转化为求 v_s 到 v_t 的最大流问题。给定一初始可行流（见图 8 – 38），边旁数字为 (c_{ij}, f_{ij})。

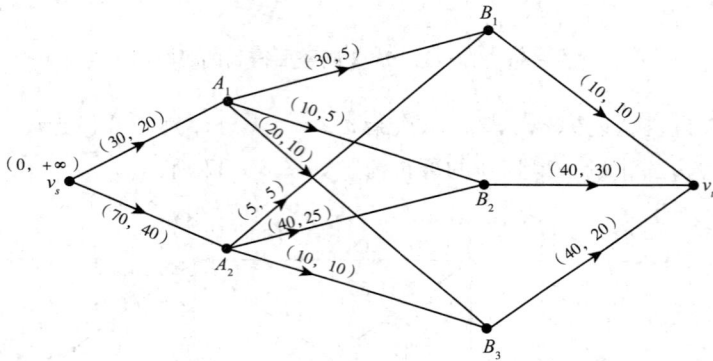

图 8 – 38   图的模型及其初始可行流 $f = 60$

利用标号法，得到第 1 条增广链：$\mu = \{v_s, A_1, B_2, v_t\}$，$\theta = 5$，见图 8 – 39（双线为增广链）。

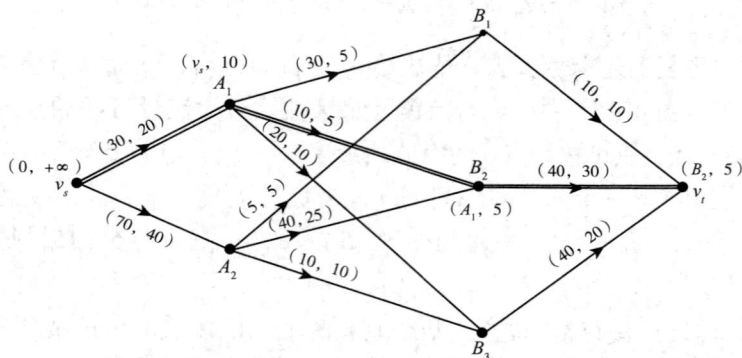

图 8 – 39 $f = 60$ 情况下的第 1 条增广链：$\theta = 5$

调整得到第 2 条增广链：$\mu = \{v_s, A_1, B_1, A_2, B_2, v_t\}$，$\theta = 5$，见图 8 – 40（双线为增广链）。

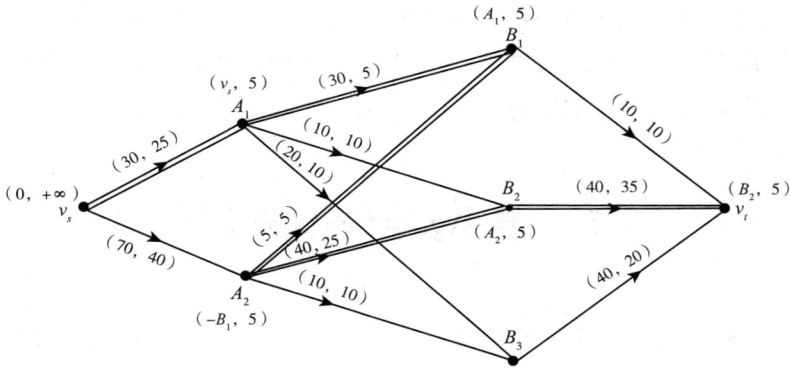

图 8 - 40　$f = 65$ 情况下第 2 条增广链：$\theta = 5$

调整得到第 3 条增广链：$\mu = \{v_s, A_2, B_2, A_1, B_3, v_t\}$，$\theta = 10$，见图 8 - 41（双线为增广链）。

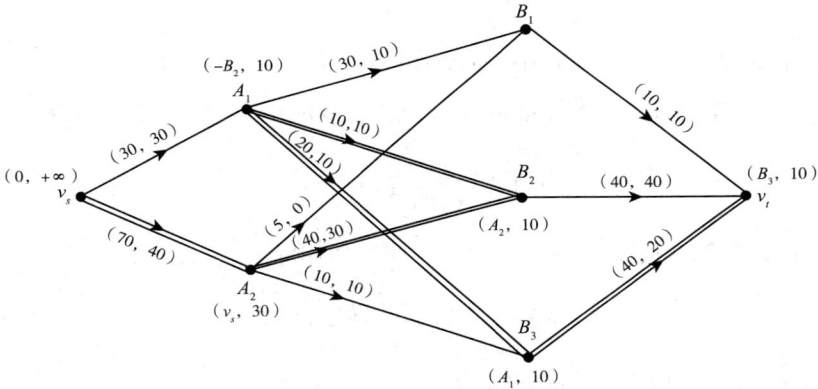

图 8 - 41　$f = 70$ 情况下的第 3 条增广链：$\theta = 10$

调整得到流量如图 8 - 42 所示。由于标号过程无法继续进行，故图 8 - 42 中的可行流就是最大流，最大流量为 $v(f) = 80$。

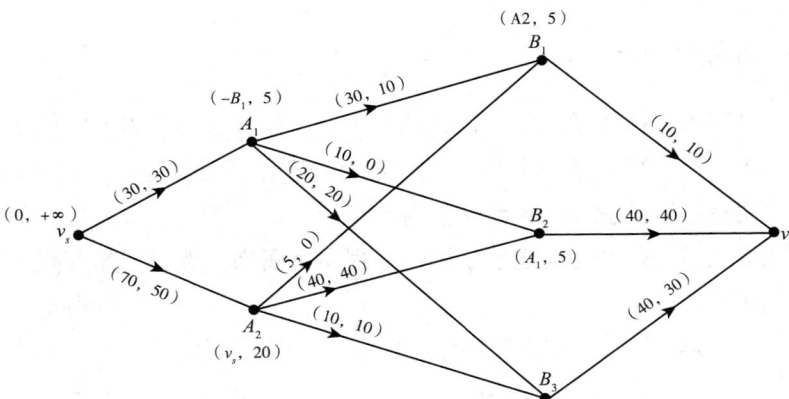

图 8 - 42　网络运输最大流 $f = 80$

由于最大流量为 80，而销售市场总需求量为 90，故现有的运输路线容量不能够满足销售市场的需求。由图 8 - 42 得到，市场 B_3 的需求量不能满足，而仓库 A_2 的供应量还有余，故应考虑将边（A_2，B_3）的容量增加为 20，可满足市场的需求。

8.5　最小费用最大流问题

8.4 节讨论的最大流只考虑了流量问题，在实际问题中，人们关心的不仅仅是流量问题，还要考虑费用问题，即希望找到一条运输费用最小的最大流，这就是最小费用最大流问题。

8.5.1　基本概念

设在容量网络 $G = (V, E, C)$ 中，c_{ij} 为边（v_i，v_j）的容量，b_{ij} 为边（v_i，v_j）上单位流量的费用，$b_{ij} \geq 0$，若 $f = \{f_{ij}\}$ 为 G 的一个可行流，其相应的运输费用记为 $b(f)$，即

$$b(f) = \sum_{(v_i, v_j) \in E} b_{ij} f_{ij}$$

最小费用最大流问题就是求一个最大流 f' 使得费用 $b(f)$ 达到最小，即

$$b(f') = \min_{f \in \{f_{\max}\}} \{b(f)\}$$

其中 $\{f_{\max}\}$ 为网络 G 中所有最大流的集合。

最小费用最大流问题的求解方法有多种，下面介绍一种常用的方法——对偶算法。

8.5.2　对偶算法

8.5.2.1　算法思路

首先采用标号法确定网络最大流，接着把各边上单位流量的费用看成长度，用求最短路的方法确定最小费用流，再根据一定规则调整流量，然后重新确定各边的单位流量的费用，直到所求最小费用流的流量就是最大流流量为止。

对偶算法调整流量的过程是通过绘制**增广费用网络图**来实现的，其调整规则如下：

设 $v_i \rightarrow v_j$ 的流量为 f_{ij}，

（1）若 $f_{ij} = 0$，则增广费用网络图上的边不变，依然为

$$v_i \xrightarrow{(c_{ij}, b_{ij})} v_j$$

（2）若 $f_{ij} = c_{ij}$，则增广费用网络图上的边变为

$$v_i \xleftarrow{\quad (f_{ij},\ -b_{ij}) \quad} v_j$$

（3）若 $f_{ij} < c_{ij}$，则增广费用网络图上的边变为

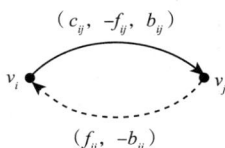

$$v_i \underset{(f_{ij},\ -b_{ij})}{\overset{(c_{ij},\ -f_{ij},\ b_{ij})}{\rightleftarrows}} v_j$$

8.5.2.2　算法步骤

步骤 1：根据网络图计算最大流流量 $v(f)_{max}$。

步骤 2：确定初始可行流，令零流为初始可行流，即 $f_{ij} = 0$。

步骤 3：绘制增广费用网络图，采用最短路求解方法选出最小费用流 μ，并计算单位流量的总费用。

步骤 4：若 $v(f) = v(f)_{max}$ 则表示已得到最小费用最大流，计算运输总费用，运算结束。否则，在最小费用流 μ 上，得到调整量

$$\theta = \min\{c_{ij} \mid (v_i, v_j) \in \mu\}$$

步骤 5：调整增广费用网络图上各边的流量

$$f'_{ij} = \begin{cases} f_{ij} + \theta, & (v_i, v_j) \in \mu^+ \\ f_{ij} - \theta, & (v_i, v_j) \in \mu^- \\ f_{ij}, & (v_i, v_j) \in \bar{\mu} \end{cases}$$

得到新的最小费用可行流 $f = \{f'_{ij}\}$，得到最小费用流的流量 $v(f)$。若 $v(f) < v(f)_{max}$，则转回步骤 3。

【例 8.17】采用对偶法求图 8 - 43 中从 v_s 到 v_t 的最小费用最大流，各边旁的数字为 $(c_{ij},\ b_{ij})$。

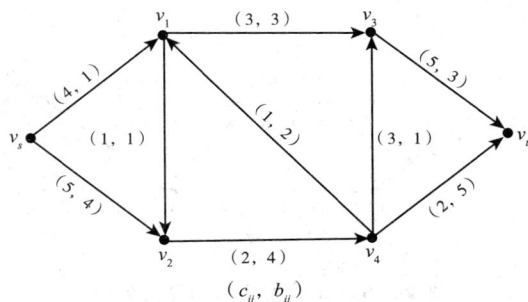

图 8 - 43　最小费用最大流网络

解：（1）首先采用标号法求图 8 – 43 的最大流 $v(f)_{max}$，如图 8 – 44 所示，得到 $v(f)_{max} = 5$。

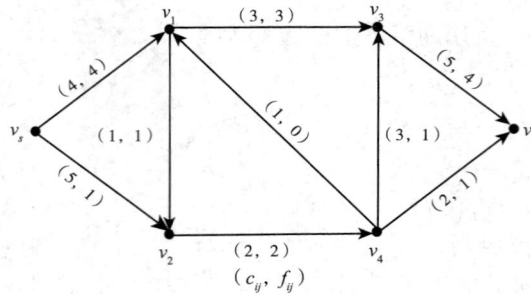

图 8 – 44　最大流 $f_{max} = 5$

（2）确定初始可行流，令零流为初始可行流，即 $f_{ij} = 0$，如图 8 – 45 所示。

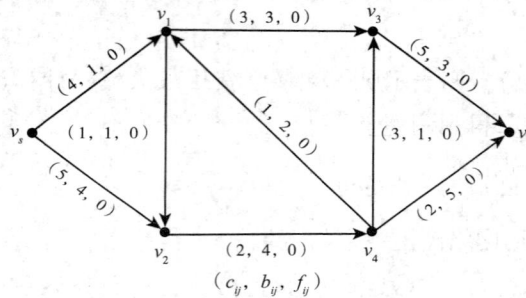

图 8 – 45　初始可行流 $f = 0$

（3）根据图 8 – 45 绘制增广费用网络图（见图 8 – 46），针对 b_{ij} 采用最短路求解方法选出最小费用流为：$\mu = \{v_s, v_1, v_3, v_t\}$，求解过程见表 8 – 11，单位流量的总费用为 7，该线路上得到调整量 $\theta = \min\{c_{ij}\} = \min\{4, 3, 5\} = 3$，由此调整流量后得到的可行流如图 8 – 47 所示，$v(f) = 3$。

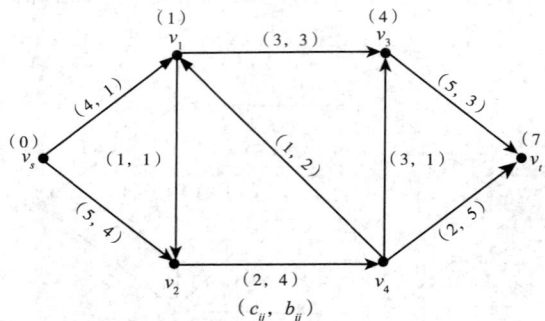

图 8 – 46　增广费用网络图：$\theta = 3$

表 8 − 11　　　　　　　　　　　　　　　　　v_s 到 v_t 的最短路求解过程

迭代次数	v_s	v_1	v_2	v_3	v_4	v_t	先行顶点
1	0^*	1^*	4	$+\infty$	$+\infty$	$+\infty$	v_s
2			2^*	4	$+\infty$	$+\infty$	v_1
3				4^*	6	$+\infty$	v_1
4					6^*	$+\infty$	v_2
5						7^*	v_3
d_j	0	1	2	4	6	7	

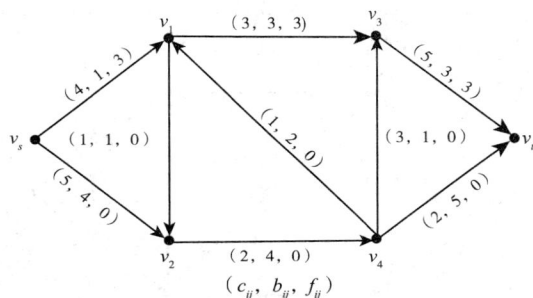

图 8 − 47　可行流 $f = 3$

（4）由于 $v(f) = 3 \neq v(f)_{\max}$，根据图 8 − 47 绘制增广费用网络图（见图 8 − 48），针对 b_{ij} 采用最短路求解方法选出最小费用流为：$\mu = \{v_s, v_1, v_2, v_4, v_3, v_t\}$，求解过程详见表 8 − 12，单位流量的总费用为 10，该线路上得到调整量 $\theta = \min\{c_{ij}\} = 1$，由此调整流量后得到的可行流如图 8 − 49 所示，$v(f) = 4$。

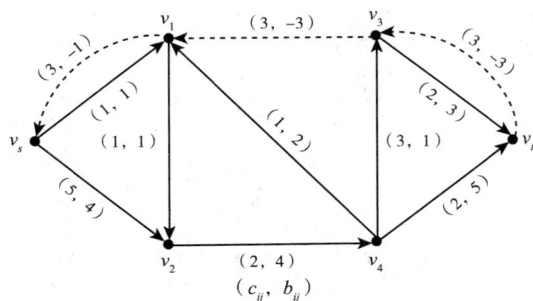

图 8 − 48　增广费用网络图：$\theta = 1$

表 8-12　　　　　　　　　　　　　　　v_s 到各点的最短路求解过程

点号	L_{ij}						$d_j^{(k)}$				
	v_s	v_1	v_2	v_3	v_4	v_t	$k=1$	$k=2$	$k=3$	$k=4$	$k=5$
v_s	0	∞	4	∞	∞	∞	0	0	0	0	0
v_1	-1	0	1	∞	∞	∞	∞	$3_{2,1}$	$1_{s,1}$	$1_{s,1}$	$1_{s,1}$
v_2	∞	-1	0	∞	4	∞	$4_{s,2}$	$4_{s,2}$	$2_{1,2}$	$2_{1,2}$	$2_{1,2}$
v_3	∞	-3	∞	0	-1	3	∞	∞	$9_{4,3}$	$7_{4,3}$	$7_{4,3}$
v_4	∞	2	-4	1	0	5	∞	$8_{2,4}$	$6_{2,4}$	$6_{2,4}$	$6_{2,4}$
v_t	∞	∞	∞	-3	∞	0	∞	∞	$13_{4,t}$	$10_{3,t}$	$10_{3,t}$

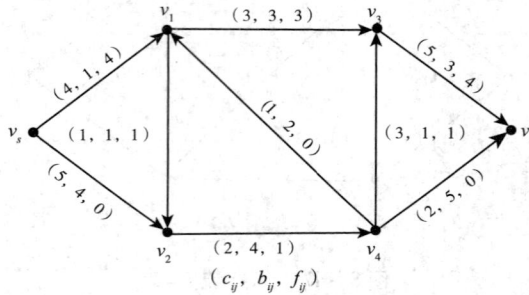

图 8-49　可行流 $f=4$

（5）由于 $v(f)=4\neq v(f)_{\max}$，根据图 8-49 绘制增广费用网络图得到图 8-50，针对 b_{ij} 用求解最短路方法选出最小费用流为：$\mu=\{v_s,\ v_2,\ v_4,\ v_3,\ v_t\}$，求解过程见表 8-13，单位流量的总费用为 12，该线路上得到调整量 $\theta=\min\{c_{ij}\}=1$，由此调整流量后得到的可行流如图 8-51 所示，$v(f)=5$。

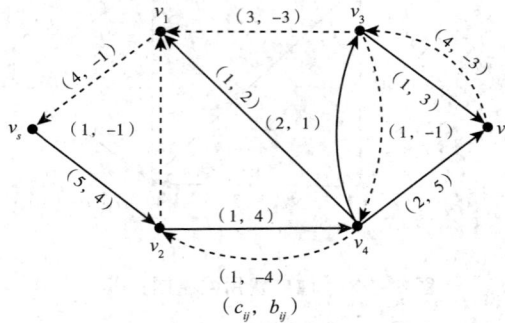

图 8-50　增广费用网络图：$\theta=1$

表 8 - 13　　　　　　　　　　　　　　　　v_s 到各点的最短路求解过程

点号	L_{ij}						$d_j^{(k)}$				
	v_s	v_1	v_2	v_3	v_4	v_t	$k=1$	$k=2$	$k=3$	$k=4$	$k=5$
v_s	0	∞	4	∞	∞	∞	0	0	0	0	0
v_1	-1	0	∞	∞	∞	∞	∞	$3_{2,1}$	$3_{2,1}$	$3_{2,1}$	$3_{2,1}$
v_2	∞	-1	0	∞	4	∞	$4_{s,2}$	$4_{s,2}$	$4_{s,2}$	$4_{s,2}$	$4_{s,2}$
v_3	∞	-3	∞	0	∞	3	∞	∞	$9_{4,3}$	$9_{4,3}$	$9_{4,3}$
v_4	∞	2	∞	1	0	5	∞	$8_{2,4}$	$8_{2,4}$	$8_{2,4}$	$8_{2,4}$
v_t	∞	∞	∞	-3	∞	0	∞	∞	$13_{4,t}$	$12_{3,t}$	$12_{3,t}$

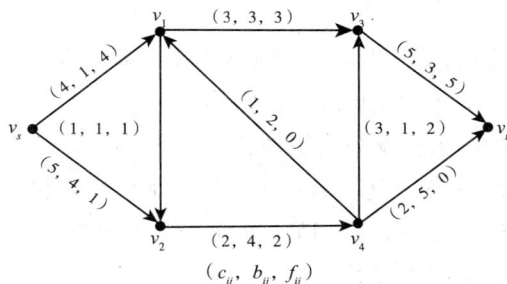

图 8 - 51　　可行流 $f = 5$

（6）由于 $v(f) = v(f)_{\max}$，则图 8 - 51 所示即为最小费用最大流，其最大流量为 $v(f) = 5$，最小费用为：

$$b(f) = 1 \times 4 + 4 \times 1 + 1 \times 1 + 3 \times 3 + 2 \times 0 + 4 \times 2 + 1 \times 2 + 3 \times 5 + 5 \times 0 = 43$$

8.6　案例分析：设备的生产计划问题

8.6.1　问题背景

某工厂是制造某种电子设备的专业厂家，该厂与客户签订合同，合同规定要求在当年每个季度末向客户提供型号规格相同的电子设备。已知该厂各季度的生产能力、合同需求量和单台设备生产费用如表 8 - 14 所示。又知上年年末积压库存 15 台该种设备未售出。如果生产出来的设备当季不交货，每台每积压一个季度需要储存和维护保养等费用 0.2 万元。该厂希望在第四季度末完成合同任务后还能留出库存 20 台。试问：该工厂应如何安排生产计划，在满足上述条件的情况下，使总的支出费用最小？

表 8 – 14   **工厂生产情况及客户需求**

季度	正常生产能力（台）	加班生产能力（台）	需求量（台）	单台正常生产成本（万元）	单台加班生产成本（万元）
1	55	10	50	15	16
2	60	15	60	14	15
3	75	15	80	13	14
4	65	20	70	13	14

8.6.2　问题分析与求解

　　这是一个生产计划安排问题，以满足合同需求作为基本条件来寻求最小费用的生产方案。可以将该问题归结为一个运输规划问题，每季度正常生产、加班生产及初始库存都视为产地要素，而把每个季度的需求情况视为销地要素。为此，设点 A_1 表示上年年末积压库存，点 A_2 表示该厂处于正常生产状态，点 A_3 表示该厂处于加班生产状态，点 B_j 表示第 j 个季度生产设备的存贮与供货点（$j=1$，2，3，4），并增设一始点 v_s 与终点 v_t。建立网络模型如图 8 – 52 所示（弧旁数字为容量和单位费用）。

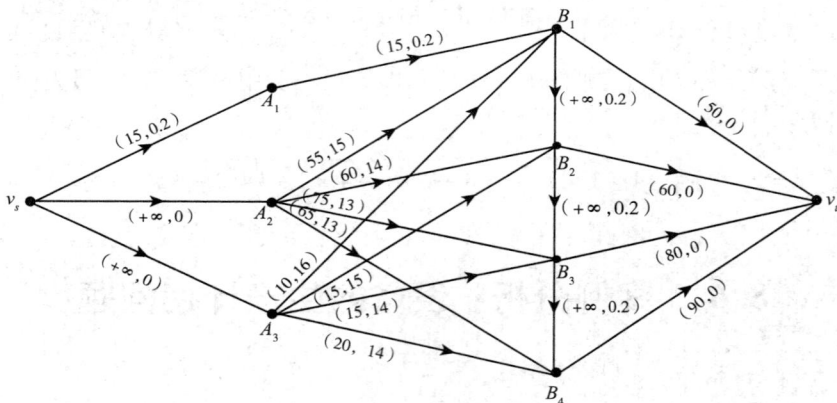

图 8 – 52　生产计划问题网络

　　弧（v_s，A_2）和（v_s，A_3）的容量为 $+\infty$，单位费用为 0。已知该工厂一季度初已有 15 台库存设备，在一季度末才能交货，并且每台设备每季度储存和维护保养等费用为 0.2 万元，故有弧（v_s，A_1），对应容量为 15，单位费用为 0.2。弧（B_j，v_t）的单位费用为 0，弧（B_1，v_t）的容量为需求量 5，弧（B_2，v_t）的容量为需求量 60，弧（B_3，v_t）的容量为需求量 80，由于第四季度末希望留出 20 台设备，故弧（B_4，v_t）的容量为 90。

　　该工厂既可正常生产，又可加班生产，所以有弧（A_i，B_j）（$i=1$，2，3；$j=1$，2，3，4），容量为对应各点的生产能力，单位费用为对应的每台设备生产成本。若点 B_j 的产品不交货，则留在点 B_{j+1} 交货，故有弧 (B_j, B_{j+1})，其容量为 $+\infty$，单位费用为单位储存和维护保养费 0.2。

根据分析，上述生产计划问题可转化为求始点 v_s 到终点 v_t 的最小费用最大流。求得最大流为 280，如图 8-53 所示（各弧旁数字为容量和流量），最小费用为 3612 万元。

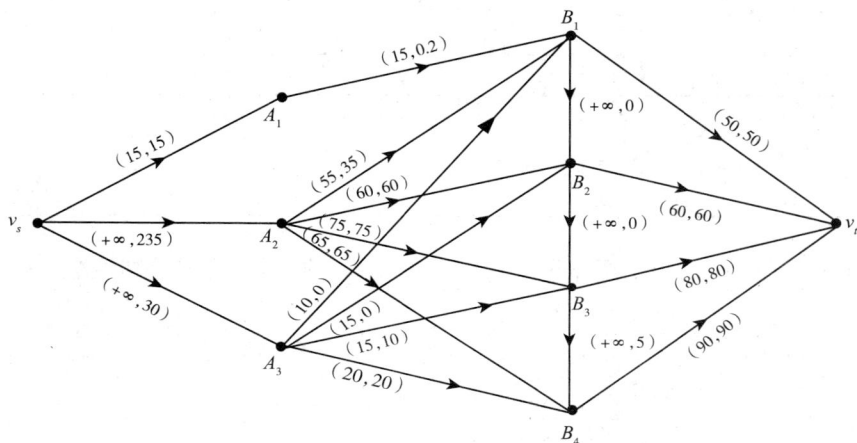

图 8-53 生产计划问题网络最大流

8.6.3 结果分析

由上述结果可以得出最优的生产计划方案为：第一季度将初始库存的 15 台设备全部交出，再正常生产 35 台设备当季交出；第二季度正常生产 60 台设备当季交出；第三季度正常生产 75 台设备当季交出，再加班生产 10 台，交出 5 台，保存 5 台设备；第四季度将上个季度保存下来的 5 台设备交出，再正常生产 65 台设备当季交出，加班生产的 20 台设备库存备用。

习　题

1. 一场时装展示会共有 8 个表演环节，全体模特共 10 人，每人需参加的表演环节如表 8-15 所示（√表示需要参加的表演环节）。表演环节是连续演出的，而每个模特不可能连续参加两个表演环节。同时，主办者希望首尾两个表演环节分别为 A 和 H。问：如何安排节目表（写出所有可能的表演环节的安排次序）？

表 8-15　　　　　　　　　　　　　模特及其参加的表演环节

模特	表演环节							
	A	B	C	D	E	F	G	H
1	√	√					√	√
2			√	√		√		
3	√						√	√

模特	表演环节							
	A	B	C	D	E	F	G	H
4		√					√	
5	√				√	√		√
6		√						√
7				√				√
8	√		√		√			
9		√						√
10	√					√		

2. 判断图 8-54 中的两个图能否一笔画出，若能，则用图形表示其画法。

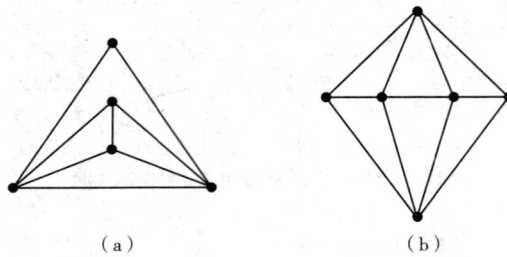

（a）   （b）

图 8-54   一笔画问题

3. 求解如图 8-55 所示的中国邮路问题，点 v_1 是邮局所在地。

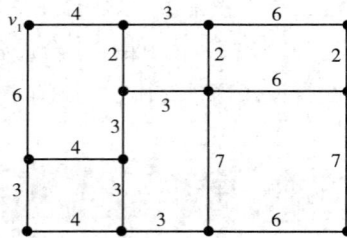

图 8-55   中国邮路问题

4. 分别用破圈法和避圈法求图 8-56 中各图的最小树。

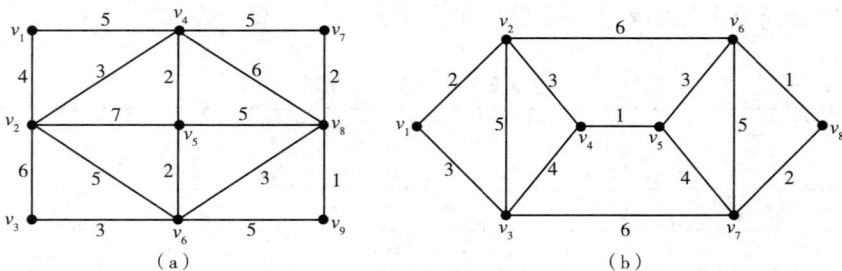

（a）   （b）

图 8-56   最小树问题

5. 某家公司分别要在 8 间办公室铺设网线接入口，网线的可行走线方式如图 8－57 所示。问：如何铺设网线才能使网线总长度为最小？（单位：米）

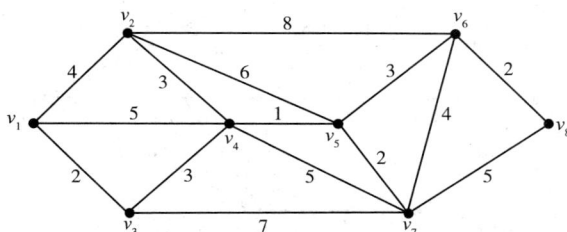

图 8－57　网线的可行走线

6. 某市六个新建单位之间的交通线路的长度如表 8－16 所示。其中 A 距离市煤气公司最近，为 1.5 千米。现拟沿交通线路铺设地下管道使六个单位都通煤气。应如何铺设使煤气管道总长最短？

表 8－16　　　　　　　　　　　各单位之间交通线路的长度　　　　　　　　　　　单位：千米

单位编号	B	C	D	E	F
A	1.3	3.2	4.3	3.8	3.7
B		3.5	4.0	3.1	3.9
C			2.8	2.6	1.0
D				2.1	2.7
E					2.4

7. 图 8－58 中的点表示 11 个小区，它们之间的边表示连接它们的路，边上的数字表示路的长度（单位：千米）。其中在小区 v_1 有一个水果批发中心，每个小区都有一个服务员到小区 v_1 去批发水果。求水果批发中心 v_1 到各小区的最短路径和最短距离。

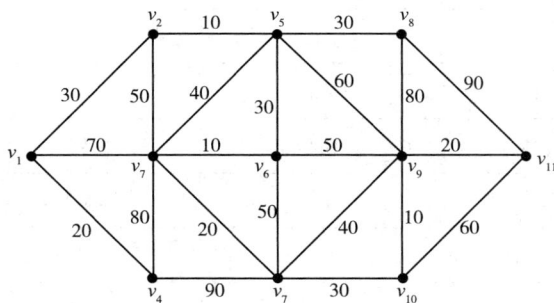

图 8－58　各小区间连接及距离示意

8. 用 Dijkstra 算法求图 8－59 所示有向网络中从点 v_1 到各点的最短路。

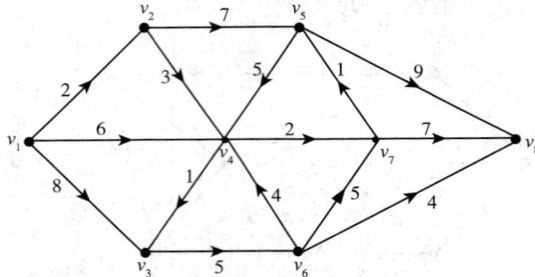

图 8－59　某有向网络

9. 求如图 8－60 所示有向网络中从始点 v_1 到各点的最短路。

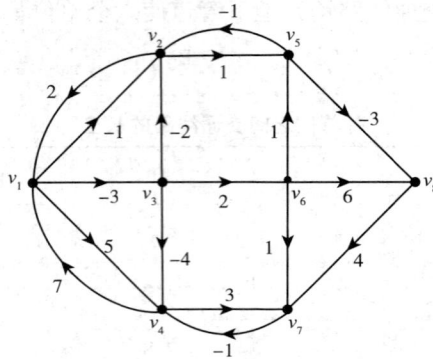

图 8－60　某有向网络

10. 某公司职员因工作需要购置了一辆小轿车，他可以连续使用，或者于任一年末卖掉旧车换一辆新车。表 8－17 给出了于第 i 年末购置的新车至第 j 年末的各项费用的累计（含更新所需费用、运行费用及维修费用）。试据此确定该职员最佳的更新策略，使得从第 1 年末至第 5 年末的各项费用的累计之和最低。

表 8－17　第 i 年末购置的新车至第 j 年末的各项费用累计　单位：万元

购车年 （i）	第 j 年的费用			
	2	3	4	5
1	0.4	0.54	0.98	1.37
2		0.43	0.62	0.81
3			0.48	0.71
4				0.49

11. 求如图 8 – 61 所示有向网络中任意两点间的最短路。

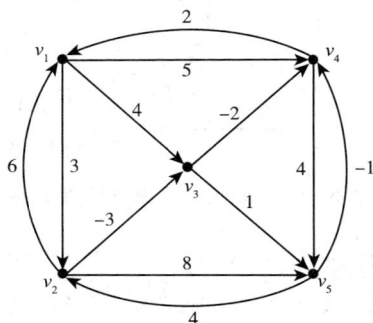

图 8 – 61　某有向网络

12. 求如图 8 – 62 所示有向网络中从 v_1 中到 v_7 的最大流量和最小割集。

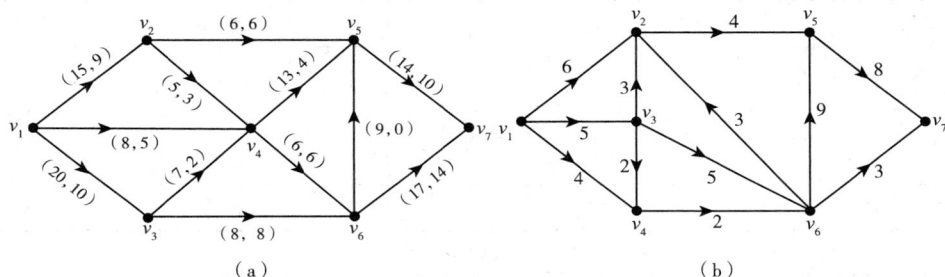

(a)

(b)

图 8 – 62　某有向网络

13. 已知有三座铁矿 A_i（$i = 1$，2，3），每天要把生产的铁矿石运往四个炼铁厂 B_j（$j = 1$，2，3，4）。已知各铁矿的可供应量、各炼铁厂的需求量以及从铁矿 A_i 至炼铁厂 B_j 的最大运输量如表 8 – 18 所示。要求制定一个调运方案，使从铁矿调运铁矿石运往炼铁厂的总量最大。

表 8 – 18　　　　　　　　　　　运输网络容量　　　　　　　　　　单位：百吨/天

项目		炼铁厂				供应量
		B_1	B_2	B_3	B_4	
铁矿	A_1	10	5	0	20	10
	A_2	0	0	15	10	20
	A_3	15	25	10	0	30
需求量		10	15	25	15	

14. 设图 8 – 63 中 A、B、C、D、E、F 分别表示陆地和岛屿，若河的两岸分别被敌对双方部队占领。问：至少应切断哪几座桥梁才能阻止对方部队过河？

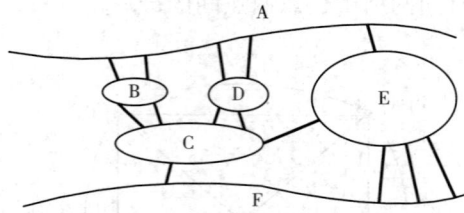

图 8 – 63　陆地、河流及桥梁示意

15. 有三名工人甲、乙、丙需要加工 A、B、C 和 D 四种零件，每种零件的需求量以及每个工人能够加工的零件如表 8 – 19 所示，画"√"表示该工人能加工该零件。问：应如何分配加工任务才能满足零件的需求，并使每个工人承担加工的件数尽量均衡以及每种零件尽可能由一个人加工？

表 8 – 19　　　　　　　零件的需求量及每个工人能够加工的零件

项目	零件 A	零件 B	零件 C	零件 D
工人甲	√		√	
工人乙		√		√
工人丙	√		√	√
零件需求量	20	10	28	32

16. 某工程公司在未来 1 ~ 3 月份需完成四项工程。第一项工程工期为 1 ~ 2 月份共 2 个月，总计需劳动力 80 人月；第二项工程工期 3 个月，需劳动力总计 100 人月；第三项工程工期为 2 ~ 3 月份共 2 个月，总计需 120 人月的劳动力。该公司每月可用劳动力为 80 人，但任一项工程上投入的劳动力任一月内不准超过 60 人。问：该工程公司能否按期完成上述四项工程任务？应如何安排劳动力？试采用网络最大流模型建模求解。

17. 求图 8 – 64 所示从始点 v_s 到终点 v_t 的最小费用最大流，图中各边旁数字为 (c_{ij}, b_{ij})。

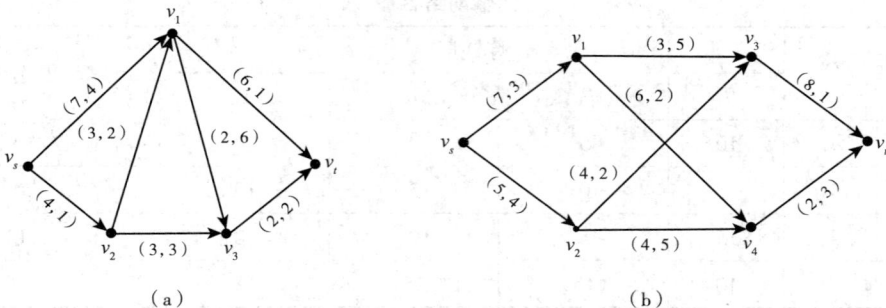

(a)　　　　　　　　　　　　　　　　(b)

图 8 – 64　最小费用最大流问题

18. 将 3 个天然气田 A_1、A_2、A_3 的天然气输送到 2 个地区 C_1、C_2，中途有 2 个加压站 B_1、B_2，天然气管线布置如图 8 – 65 所示。输气管道单位时间的最大通过量 c_{ij} 及单位流量的费用 b_{ij} 标在弧上（c_{ij}，b_{ij}），求最小费用最大流。

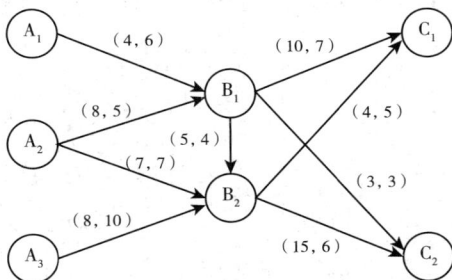

图 8 – 65　天然气管线布置

19. 某服装总厂有三个生产分厂 A_i（$i = 1$，2，3），所生产的服装运送到三家商店 B_j（$j = 1$，2，3），三个服装生产分厂的月生产能力分别是 25 箱、40 箱、55 箱，三家商店的月需求量分别是 20 箱、50 箱、30 箱。各服装生产分厂到各销售商店的单位运费如表 8 – 20 所示，应如何安排运输使得总运费最少？

表 8 – 20　　　　　　　　　　产销两地间的单位运费

项目	单位运费			供应量
	销地 B_1	销地 B_2	销地 B_3	
产地 A_1	5	9	2	25
产地 A_2	4	1	7	40
产地 A_3	6	3	8	55
需求量	20	50	30	

最小树视频

最大流视频

部分习题答案

第9章 存 贮 论

📑本章导读

库存管理（inventory management）是现代企业进行科学管理的一项重要内容，一个工厂、一个商店如果没有必要的库存就不能保证正常的生产活动和销售活动。库存不足可能就会造成工厂停工待料，商店缺货，会失去销售机会，造成损失；但是库存量过大就会积压流动资金，增加一定的存贮费用，使企业利润可能大幅下降。因此，对库存物资进行科学管理是一项非常重要的工作。

诸如此类，与存贮量有关的大量问题都需要人们作出决策。经过长期的实践，人们已经研究建立了许多库存模型。库存问题作为一门科学来研究是从20世纪30年代开始的，专门研究这类有关存贮问题的理论和方法，形成了运筹学的一个分支，称为存贮论。为了加速资金周转，减少资金不合理的占用，合理科学的使用资金，存贮论已经为各类生产企业、商店等提供许多有效的方法；对于特定或随机的需求类型，需采用恰当的方式进行补充库存，以提高企业的经营管理水平。

本章知识点之间的逻辑关系如图9-1所示。

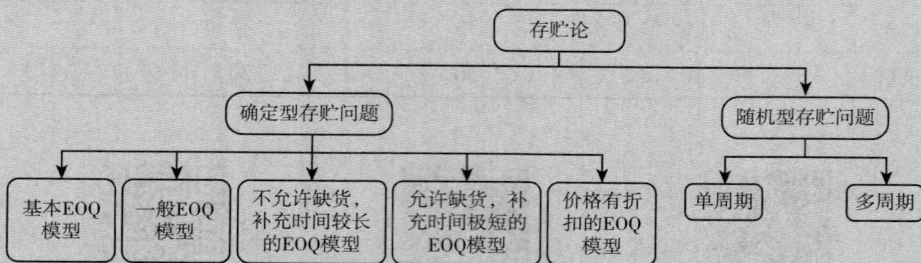

图9-1　第9章知识点逻辑关系

9.1　存贮模型描述

为了全面了解存贮模型，下面首先介绍存贮模型中一些名词术语的含义和基本概念。

9.1.1 需求（存贮的输出）

众所周知，需求变化导致了存贮成为重要手段。由于需求是随机变化的，存贮也会随之发生相应的变化。一般需求都是随时间变化的，我们可将需求分为连续性需求和间断性需求两类。当连续性需求发生时，随着时间的变化，需求也是连续地发生变化，一般存贮会连续地减少；当间断性需求发生时，需求发生的时间一般会很短，我们可以看作瞬时发生，一般存贮变化是跳跃式地减少。

按照需求的数字特征，将需求分为确定性需求和随机性需求。当确定性需求发生时，需求发生的时间和数量是确定的，如生产过程中定期对物资的需求。当随机性需求发生时，需求发生的时间或数量是不确定的。如书店一天卖出去的书可能是 1000 本，也可能是 800 本。但经过大量统计后，可能会发现每日售书数量的统计规律。随机性需求经常是可预测的，我们可以了解随机性需求发生的时间和需求的统计规律。

9.1.2 补充量与补充时间（订货或生产）

补充实际上是存贮的输入，存贮物品由于需求而不断地输出，不断地减少，必须及时进行补充，否则最终将不能满足需求。补充的方式可以是向供应商或其他公司订货购买，也可以是自己组织生产。库存问题的补充量就是一次订货量，影响补充的一个因素是订货与到货之间的滞后时间。滞后时间又可分为以下两部分。

（1）拖后时间：就是从开始订货到开始补充（开始生产或货物到达）为止的时间。这部分时间是从订货后开始补充时间算起；如果从及时补充存贮需要提前订货或组织生产的角度看，也称为提前时间。在同一存贮问题中，这里定义的拖后时间和提前时间是一致的，只是观察的角度不同而已。在实际存贮问题中，拖后时间近似为零，因为这段时间可能非常短，一般可以忽略，我们认为补充能立即开始。如果拖后时间较长，则需要考虑。

（2）补充时间：就是开始补充到补充完毕为止的时间（即入库或生产时间）。如果这段时间为零，则是理想化的瞬时供货，是供货或生产能力非常大的一种近似。这段时间也可能很长，可能是确定性的，也可能是不确定性的。一般都是可确定性的。

9.1.3 费用

在存贮模型研究中，常用费用标准来评价和选择存贮策略。存贮问题中主要费用可分成如下几类。

（1）存贮费：在一定存贮周期内存贮一定物品的单位费用，如包括仓库保管费（如占用仓库的租金或仓库设施的运行费、维修费、管理费等）、货物占用流动资金的利息、保险费、存贮物资变坏、陈旧及降价等支出的费用，一般按与单位物品存贮与时间成正比来计算。

（2）订货费：向供应商采购一次物品的费用。它包含两种费用，一种是订购一次物品所需费用，如手续费、差旅费等，一般与订货次数有关，与订货数量无关；另一种是物品进货成本，如订购款、运送费等，一般与订货数量有关，而与订货次数无关。

（3）缺货费：是指存贮不能满足需求而造成的一种可能的损失。例如，停工待料造成的生产损失，因货物脱销而造成的无形损失（少得的收益），延期付货所支付的罚金，信誉降低所造成的无形损失，等等。对于不允许缺货的情况，可将缺货费视为无穷大。

9.1.4 存贮策略

存贮问题主要研究物品何时补充及补充多少。任何一个满足上述要求的方案都可称为一个存贮策略。下面介绍一些比较常见的存贮策略。

（1）t–循环策略：不论实际的存贮状态如何，每隔一个固定的时间 t，补充一个固定的存贮量 Q。

（2）（t, S）策略：每隔一个固定时间 t 补充一次，补充数量以补足一个固定的存贮量 S 为准。因此，每次补充的数量是不固定的，要视实际存贮而定。

（3）（s, S）策略：当存贮（余额）为 I，若 $I > s$，则不对存贮进行补充；若 $I \leq s$，则对存贮进行补充，补充数量 $Q = S - I$。补充后达到最大存贮量 S。s 称为订货点（安全存贮量）。在多数情况下，实际存贮量需要通过盘点才能得知。若每隔一个固定的时间 t 盘点一次，得知当时存贮量 I，然后根据 I 是否超过订货点 s，决定是否订货、订货多少，这样的策略称为（t, s, S）策略。

从存贮模型的总体上看，可以分为两类：一类称为确定性模型，即模型中的数据都为确定性的数值；另一类叫作随机性模型，即模型中含有随机变量，不全是确定性的数值。但是，不论是哪一种类型的存贮问题，在建模和求解的过程中，都要紧紧把握住以下 3 个重要环节。首先，根据实际问题，准确地绘制存贮状态图；然后，通过全面分析存贮系统费用，建立费用函数；最后，求在总费用最低意义下的经济批量算式。

可以说这也是求解存贮问题的基本步骤。下面我们将按照确定性存贮模型与随机性存贮模型两大类，分别介绍一些基本的存贮模型，并从中得出相应的存贮策略，为实际应用存贮理论解决生产存贮问题提供参考。对于实际中比较复杂的情况，尚需要作出相应的补充和修正，不可不加分析地简单套用。

9.2 确定型存贮模型

生产商、零售商和批发商所面临的大多数库存情形是库存水平会随着时间逐渐消耗用尽，然后再用新运到的一批产品来补充。这种情形下的简单模型就是下面介绍的**经济订货批量模型**（economic order quantity model），简称 EOQ 模型。

这一节中，我们假设实际需求是确定性的，它不随时间变化，因此考虑库存产品可以从库存中按已知的固定比例连续取出，该比例用 R 表示，即单位时间需求 R 单位产品。再进一步假设，根据需求订购（通过购买或生产）固定批量（Q 单位产品）来补充库存，其中所有 Q 单位产品在需要时立即到达。

我们的目标是确定什么时间补充多少库存，使单位时间内的总成本最小。

9.2.1　基本 EOQ 模型

我们假设当库存水平跌到所规定的再订购点就要补充产品。在不允许缺货的情况下，按照固定的需求率，可以在每次库存水平下降到零时补充库存来避免缺货，同时这还使库存成本减到最小。

基本 EOQ 模型进一步作出以下假设：

（1）需求是连续均匀的，单位时间内的需求是确定的常数 R；

（2）当存贮量下降到零时，补充可以瞬时实现，即补充时间为零；

（3）单位存贮费（单位时间内单位存贮物品的存贮费用）为 C_1。由于不允许缺货，故单位缺货费（单位时间内每缺少一单位物品的损失）C_2 为无穷大。订货费中的一次订货产生的固定费用为 C_3。产品单价为 K。

若采用 t - 循环策略，设补充间隔时间为 t，补充时存贮已用尽，每次补充量为 Q，则存贮状态图见图 9 - 2。

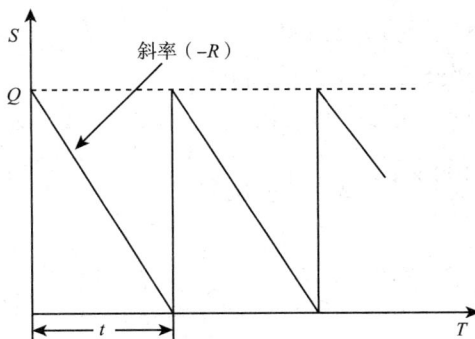

图 9 - 2　基本 EOQ 模型存贮状态

一次补充量 Q 必须满足 t 时间内的需求，故 $Q = Rt$。因此，订货费为 $C_3 + KRt$，而 t 时间内的平均订货费为 $\dfrac{C_3}{t} + KR$。

由于需求是连续均匀的，故 t 时间内的平均存贮量为

$$\frac{1}{t} \int_0^t RT \mathrm{d}t = \frac{1}{2}Rt \qquad (9 - 1)$$

因此，t 时间内的平均存贮费用为 $\dfrac{1}{2}C_1 Rt$。

由于不允许缺货，故不考虑缺货费用。所以 t 时间内的平均总费用

$$F(t) = \frac{C_3}{t} + KR + \frac{1}{2}C_1 Rt \qquad (9-2)$$

求 t^*，可解：

$$\frac{\mathrm{d}F(t)}{\mathrm{d}t} = -\frac{C_3}{t^2} + \frac{1}{2}C_1 R = 0$$

得最佳订货间隔时间为：

$$t^* = \sqrt{\frac{2C_3}{C_1 R}} \qquad (9-3)$$

经济订货批量有时也称经济批量，公式为：

$$Q^* = Rt^* = \sqrt{\frac{2C_3 R}{C_1}} \qquad (9-4)$$

$$F^* = F(t^*) = \sqrt{2C_1 C_3 R} + KR \qquad (9-5)$$

因为经济订货批量 Q^* 和最佳订货时间 t^* 都与价格 K 无关，所以 t 时间内总平均费用中可略去 KR 这一项。则 t 时间内单位时间总平均最低费用是：

$$F^* = F(t^*) = \sqrt{2C_1 C_3 R} \qquad (9-6)$$

【例 9.1】某公司一物资平均每天销售 4 吨，订货费为 100 元/次，存贮费 60 元/吨·月。求该公司一年订货最佳次数、批量及时间间隔。

解：由已知得 $R = 4$ 吨/天，$C_3 = 100$ 元/次，$C_1 = 2$ 元/吨·天。则：

$$Q^* = \sqrt{\frac{2C_3 R}{C_1}} = \sqrt{\frac{2 \times 100 \times 4}{2}} = 20 \text{（吨/次）}$$

$$t^* = \sqrt{\frac{2C_3}{C_1 R}} = \sqrt{\frac{2 \times 100}{2 \times 4}} = 5 \text{（天）}$$

$$n^* = \frac{T}{t^*} = \frac{365}{5} = 73 \text{（次）}$$

$$F^* = \sqrt{2C_1 C_3 R} = \sqrt{2 \times 2 \times 4 \times 100} = 40 \text{（元/日）}$$

所以，应该 5 天进货一次，每次订货 20 吨，使得总费用为 40 元/日，按此计划每年大约进货 73 次。

9.2.2 一般 EOQ 模型

许多实际存贮问题都是允许缺货的，而且补充库存的时间也较长，从管理的角度来看，一些有限度的缺货还是允许的。下面我们来确定一种容许缺货与补充时间较长的 EOQ 模型。

在建立模型之前，模型需要做如下假设：

（1）需求是连续均匀的，设单位时间内的需求是确定的常数 R。

（2）补充需要一定时间。假设补充也是连续均匀的，即补充速度 P 也为常数。同时，设 $P>R$。有时我们可以把补充过程看作生产，即生产产品的速度是一个常数。

（3）设一个单位产品的单位存贮费为 C_1，单位缺货费为 C_2，一次性订货费为 C_3。不考虑货物价值。

图 9-3 是一个存贮状态图。

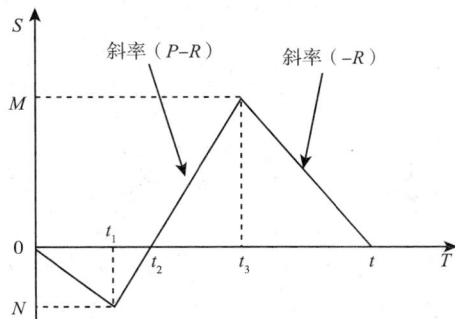

图 9-3　一般 EOQ 模型存贮状态

图中，$[0,t]$ 为一个存贮周期，t_1 时刻开始补充，生产速率为 P，t_3 时刻是结束补充时间；

$[0,t_1]$ 时间段内以 R 的速度持续消耗库存，在 t_1 时刻达到最大缺货量 N；$[t_1,t_2]$ 时间段一方面以速度 R 满足需求，另一方面以速度 $(P-R)$ 补充存货，至 t_2 时刻缺货补足，$[0,t_2]$ 时间段内存贮为零；$[t_2,t_3]$ 时间段内产品开始库存，存贮量以 $(P-R)$ 速度增加，t_3 时刻达到最大存贮量，为 M，生产停止；$[t_3,t]$ 存贮量以速度 R 减少，至 t 时刻为零，开始新周期。

下面，根据模型假设条件分析存贮状态图，首先求出 $[0,t]$ 时间内的平均总费用，然后确定最优存贮策略。

到 t_1 时刻为止，最大缺货量按需求 R 得到：$N=Rt_1$；另一方面，$[t_1,t_2]$ 时间段内以 $(P-R)$ 的速度补充存货，至 t_2 时刻将所有缺货补足，得到：$N=(P-R)(t_2-t_1)$。因此，有 $Rt_1=(P-R)(t_2-t_1)$，解得：

$$t_1=\frac{(P-R)}{P}t_2 \qquad (9-7)$$

从 $[t_2,t_3]$ 时刻，按速度 $(P-R)$ 补充到最大存贮量为 M；同时，按速度 R 计算最大存贮量 $M=R(t-t_3)$。因此有 $(P-R)(t_3-t_2)=R(t-t_3)$，从中解得：

$$t_3-t_2=\frac{R}{P}(t-t_2) \qquad (9-8)$$

易知，在 $[0, t]$ 时间内，总存贮量为：

$$\frac{1}{2}M(t - t_2) = \frac{1}{2}(P - R)(t_3 - t_2)(t - t_2) \tag{9-9}$$

因此，总存贮费为：$\frac{1}{2}C_1(P - R)(t_3 - t_2)(t - t_2)$。

在 $[0, t]$ 时间内，因需求是连续的，因此总缺货量为：

$$\int_{t_1}^{t_2}(P - R)(t_2 - t)\,\mathrm{d}t + \int_0^{t_1}Rt\,\mathrm{d}t = \frac{1}{2}Rt_1t_2$$

由此，总缺货费为 $\frac{1}{2}C_2Rt_1t_2$，一次性订货费为 C_3，所以，$[0, t]$ 时间内平均总费用为：

$$F(t, t_2) = \frac{1}{t}\left[\frac{1}{2}C_1(P - R)(t_3 - t_2)(t - t_2) + \frac{1}{2}C_2Rt_1t_2 + C_3\right] \tag{9-10}$$

将式（9-7）和式（9-8）代入式（9-10），整理后可得 (t, t_2) 的函数：

$$F(t, t_2) = \frac{(P - R)R}{2P}\left[C_1t - 2C_1t_2 + (C_1 + C_2)\frac{t_2^2}{t}\right] + \frac{C_3}{t} \tag{9-11}$$

我们要求平均总费用为最小，因此，在最优值时，令其导数等于 0，解方程组：

$$\begin{cases} \dfrac{\partial F(t, t_2)}{\partial t} = 0 \\ \dfrac{\partial F(t, t_2)}{\partial t_2} = 0 \end{cases}$$

可得 $t^* = \sqrt{\dfrac{2C_3P(C_1 + C_2)}{C_1RC_2(P - R)}}$ 及 $t_2^* = \left(\dfrac{C_1}{C_1 + C_2}\right)t^*$。容易计算 $F(t, t_2)$ 的二阶导数大于 0，此时的费用 $F(t^*, t_2^*)$ 就是费用函数 $F(t, t_2)$ 的最小值。

因此，一般 EOQ 模型的最优存贮策略各参数计算公式为：

最优存贮周期：

$$t^* = \sqrt{\frac{2C_3P(C_1 + C_2)}{C_1RC_2(P - R)}} \tag{9-12}$$

经济订购批量：

$$Q^* = Rt^* = \sqrt{\frac{2C_3RP(C_1 + C_2)}{C_1C_2(P - R)}} \tag{9-13}$$

缺货补充时间：

$$t_2^* = \frac{C_1}{C_1 + C_2}t^* \tag{9-14}$$

开始补充时间：

$$t_1^* = \frac{P - R}{P}t_2^* \tag{9-15}$$

结束补充时间：

$$t_3^* = \frac{R}{P}t^* + \left(1 - \frac{R}{P}\right)t_2^* \tag{9-16}$$

最大存贮量： $$M^* = R(t^* - t_3^*) \qquad (9-17)$$

最大缺货量： $$N^* = Rt_1^* \qquad (9-18)$$

平均总费用： $$F^* = 2C_3/t^* \qquad (9-19)$$

【例 9.2】 一个企业销售某种产品容许缺货，该企业每天销售 10 件，为了保证销售，一旦开始补货，每天的补充数量为 12 件。根据实际情况，存贮费每件 0.2 元/天，缺货费每件 0.4 元/天，每次补充费用为 100 元，求最优存贮策略。

解：依题意，$P = 12$ 件/天，$R = 10$ 件/天，$C_1 = 0.2$ 元/天·件，$C_2 = 0.4$ 元/天·件，$C_3 = 100$ 元/次。得：

$$t^* = \sqrt{\frac{2 \times 100}{0.2 \times 10}} \sqrt{\frac{0.4 + 0.2}{0.4}} \sqrt{\frac{12}{12 - 10}} = 30 (天)$$

$$Q^* = 10 \times 30 = 300 \ (件/次)$$

$$t_2^* = \frac{0.2}{0.2 + 0.4} \times 30 = 10 (天)$$

$$t_1^* = \frac{12 - 10}{12} \times 10 = 1.66 (天)$$

$$t_3^* = \frac{10}{12} \times 30 + \left(1 - \frac{10}{12}\right) \times \frac{5}{3} = 25.28 (天)$$

$$M^* = 10 \times (30 - 25.28) = 47.2 \ (件)$$

$$N^* = 10 \times 1.66 = 16.6 (件)$$

$$F^* = 2 \times 100 \div 30 = 6.67 (元/天)$$

所以，得到最优存贮策略为：30 天为一个存贮周期，经济订购批量为 300 件；第 1.66 天开始补充，第 10 天满足所有缺货，第 25.28 天结束补充；最大存贮量为 47.2 件，最大缺货量为 16.6 件，平均总费用为 6.67 元/天。

9.2.3 不允许缺货，补充时间较长的 EOQ 模型

我们只要在允许计划缺货的 EOQ 模型的假设条件中，撤销允许缺货的条件（即假设 $C_2 \to \infty$，$t_2 = 0$），就成了一个新的模型。此模型的存贮状态见图 9-4。

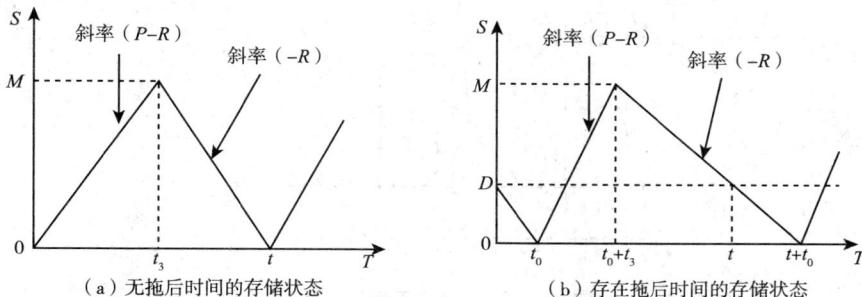

（a）无拖后时间的存储状态　　　（b）存在拖后时间的存储状态

图 9-4 不允许缺货，补充时间较长的 EOQ 模型存贮状态

该模型的最优存贮策略各参数按以下公式计算：

最优存贮周期： $$t^* = \sqrt{\frac{2C_3 P}{C_1 R(P-R)}} \qquad (9-20)$$

经济生产批量： $$Q^* = Rt^* = \sqrt{\frac{2C_3 RP}{C_1 (P-R)}} \qquad (9-21)$$

结束生产时间： $$t_3^* = \frac{R}{P} t^* \qquad (9-22)$$

最大存贮量： $$M^* = R(t^* - t_3^*) = \frac{R(P-R)}{P} t^* \qquad (9-23)$$

平均总费用： $$F^* = 2C_3 / t^* \qquad (9-24)$$

【例 9.3】 商店经销某商品，每日需求量为 2 件，需求速度为常数。该商品每件进价 250 元，每日的存贮费为 1 元/件。向工厂订购该商品时订购费每次 27 元，订购后需 4 天才开始到货，到货速度为常数，为 3 件/天。求最优存贮策略。

解： 本例不仅需要考虑入库时间，还需考虑拖后时间，即订购时间应在存贮降为零之前的第 4 天。本例其他假设条件和上述模型一致，可参考式（9-20）~式（9-24）来解答。

本例的存贮状态图如图 9-4（b）所示，从图可见，拖后时间为 $[0, t_0]$，存贮量 D 应恰好满足这段时间的需求，故 $D = Rt_0$。

根据题意有：$P = 3$ 件/天，$R = 2$ 件/天，$C_1 = 1$ 元/天·件，$C_3 = 27$ 元/次，$t_0 = 4$ 天，$D = 2 \times 4 = 8$ 件。代入式（9-20）~式（9-24）可得：

$t^* = 9$ 天，$Q^* = 18$ 件，$M^* = 6$ 件，$t_3^* = 6$ 天，$F^* = 6$ 元/天

所以，9 天为最优存贮周期，经济生产批量为 18 件，结束生产时间为第 6 天，最大存贮量为 6 件，平均总费用为 6 元/天。

9.2.4 允许缺货，补充时间极短的 EOQ 模型

我们只要在允许计划缺货的 EOQ 模型的假设条件中，取消"补充需要一定时间"的条件（即设 $P \to \infty$），就成为一个新的模型。此模型的存贮状态如图 9-5 所示。

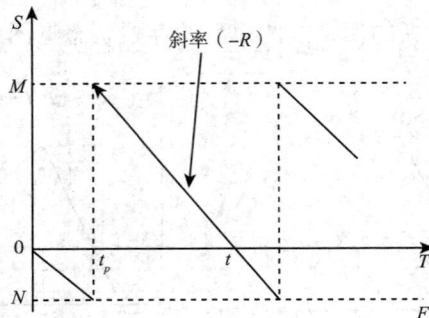

图 9-5 允许缺货，补充时间极短的 EOQ 模型存贮状态

该模型的最优存贮策略各参数按以下公式计算：

最优存贮周期：
$$t^* = \sqrt{\frac{2C_3(C_1+C_2)}{C_1C_2R}} \qquad (9-25)$$

经济生产批量：
$$Q^* = Rt^* = \sqrt{\frac{2RC_3(C_1+C_2)}{C_1C_2}} \qquad (9-26)$$

生产时间：
$$t_p^* = t_1 = t_2 = t_3 = \frac{C_1}{C_1+C_2}t^* \qquad (9-27)$$

最大存贮量：
$$M^* = \frac{C_2R}{C_1+C_2}t^* = \sqrt{\frac{2C_2C_3R}{C_1(C_1+C_2)}} \qquad (9-28)$$

最大缺货量：
$$N^* = \frac{C_1R}{C_1+C_2}t^* = \sqrt{\frac{2C_1C_3R}{C_2(C_1+C_2)}} \qquad (9-29)$$

平均总费用：
$$F^* = 2C_3/t^* \qquad (9-30)$$

9.2.5 价格有折扣的 EOQ 模型

以上模型所讨论的货物单价都是常量，得出的存贮策略都与货物单价无关。而在实际生活生产中，我们看到商品往往有所谓零售价、批发价和出厂价，购买同一种商品的数量不同，商品单价也不同。一般情况下购买数量越多，商品单价越低。下面考虑货物单价随订购（或生产）数量而变化时的存贮问题。现在讨论的模型除货物单价随订购数量而变化外，其余条件皆与模型基本 EOQ 模型的假设相同。

设订货批量为 Q，对应的货物单价为 $K(Q)$。$K(Q)$ 为分段常值函数，当 $Q_{i-1} \leqslant Q < Q_i$ 时，$K(Q_i) = K_i$（$i=1,2,\cdots n$），其中 Q_i 为价格折扣的分界点，且假设 $0 \leqslant Q_0 < Q_1 < \cdots < Q_n$，$K_1 > K_2 > \cdots > K_n$。

在一个库存周期内，批量折扣库存的总费用函数为：

$$F(Q) = \frac{1}{2}C_1Rt + \frac{C_3}{t} + RK(Q)\ (Q_{i-1} \leqslant Q < Q_i; i=1,2\cdots n)$$

易知，$Q = Rt$，则

$$F(Q^*) = \frac{1}{2}C_1Q^* + \frac{C_3R}{Q^*} + RK^* = \sqrt{2C_1C_3R} + RK_i \qquad (9-31)$$

式中，P^* 为 Q^* 所在区间单价，但此未必为最小费用，由于有批量折扣，还需计算其余区间的总费用，进行比较后选择最优解。

式（9-31）的函数关系可以用图 9-6 来表示，在图中每个函数值的区别在于，当 $Q < Q^*$ 时 F_i 单调减少，当 $Q > Q^*$ 时 F_i 单调增加。如 $Q^* \in (Q_{i-1}, Q_i)$，则 Q^* 为 F 在 $(0, Q_i)$ 上的极小值。当 $Q > Q^*$ 时，F 在每个分段上最小值为其区间左端点，故 F 的最优解为：

$$F^*(Q^*) = \min\{F(Q), F(Q^*) \mid i=1,2,\cdots,n\} \qquad (9-32)$$

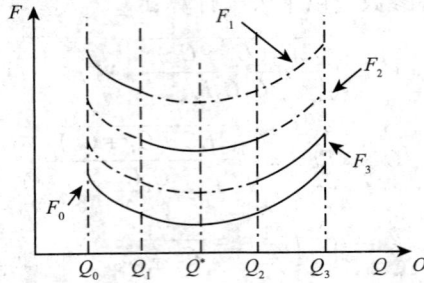

图 9-6　批量折扣总费用曲线

【例 9.4】 设甲工厂全年需 A 原料 1600 吨，每次订货的成本为 360 元，每吨原料年平均储存成本为 180 元。原料供应商实行价格折扣制度，一次购买量 $Q < 50$ 时，每吨 800 元；$50 \leqslant Q < 100$ 时，每吨 750 元；$100 \leqslant Q < 150$ 时，每吨 700 元；$Q \geqslant 150$ 时，每吨 680 元。求该厂每次最佳进货批量。

解： 根据基本 EOQ 公式，订货费 $C_3 = 360$ 元/次，存贮费 $C_1 = 180$ 元/年，需求 $R = 1600$ 吨/年，则 $Q^* = \sqrt{\dfrac{2C_3 R}{C_1}} = \sqrt{\dfrac{2 \times 360 \times 1600}{180}} = 80$（吨），下面分别比较 $Q^* = 80$，$Q_1 = 100$，$Q_2 = 150$ 总费用：

当 $Q^* = 80$ 时，$F(Q^*) = \dfrac{1}{2} C_1 Q^* + \dfrac{C_3 R}{Q^*} + R K^* = \dfrac{1}{2} \times 180 \times 80 + \dfrac{360 \times 1600}{80} + 1600 \times 750 = 1214400$（元）

当 $Q_1 = 100$ 时，$F(Q_1) = \dfrac{1}{2} C_1 Q_1 + \dfrac{C_3 R}{Q_1} + R K_1 = \dfrac{1}{2} \times 180 \times 100 + \dfrac{360 \times 1600}{100} + 1600 \times 700 = 1134760$（元）

当 $Q_2 = 150$ 时，$F(Q_2) = \dfrac{1}{2} C_1 Q_2 + \dfrac{C_3 R}{Q_2} + R K_2 = \dfrac{1}{2} \times 180 \times 150 + \dfrac{360 \times 1600}{150} + 1600 \times 680 = 1105340$（元）

显然，每次最佳进货量应为 $Q = 150$ 吨，每年进货次数：$N = 1600/150 = 10.7$ 次，总费用最小。

9.3　随机存贮模型

前面讨论的存贮问题中涉及的一些因素如货物的需求、订货费用和计划期的存贮费用都是确定的，甚至缺货的成本都作为常数来考虑。但现实情况常常较为复杂，前面涉及的许多参数都将成为随机变量，这就产生了随机存贮模型。

随机存贮问题最重要的特点是需求（速度）量是随机的，由于引起需求的原因很多，使得货物的需求难以确定，所以需求是一个随机变量。但可假设需求量的分布规律可以通过历史的统计资料来获得，可满足某些分布；此外，到货时间也是随机的，因为从订单发出，到货物送达的这段时间由于受生产、运输过程中许多偶然因素的影响，经常表现为一个随机变量；还有库存量也是随机的。

随机存贮问题中的订货策略较复杂，对于这类问题研究的目的是确定订货多少使预期的总损失最少或总收益最大。而本节介绍单周期存贮模型，单周期随机存贮模型是指在一段时期内只订货一次以满足整个时期的需求量，发生短缺时不允许再提出订货，周期结束后再对未售完产品进行处理。

9.3.1 单周期随机模型

单周期随机存贮模型的一个典型例子就是报童问题。这种模型常用来研究易变质产品需求问题。在模型中，如果本期的产品没有用完，到下一期该产品就会价格降低、利润减少，甚至变得一文不值；而若本期产品不能满足需求，则因缺货或失去销售机会而带来损失；无论是供过于求还是供不应求都有损失，模型就是研究订货多少可使预期的总损失最少或总盈利最大。这类产品订货问题在现实中大量存在，如书店要订购书刊、面包店生产面包、超市订购生鲜等都可以看成模型的例子。

模型假设如下：（1）在周期开始时做一次订货决策，设订货量为 Q，供货可瞬时实现；（2）一个周期内需求量 x 是非负随机变量，其分布函数及密度函数都已知；（3）初始库存量为零，且固定订购费也为零（或常数）。

下面分别就离散型与连续型两种情况进行讨论。

9.3.2 需求是离散随机变量

设在一个时期 T 内，需求量 r 是一个非负的随机变量，假设 r_1，r_2，$\cdots$，r_n 为 r 的取值，相应的概率 $P(r_i)$ 已知，最优存贮策略是使 T 时间内总费用的期望值最小或收益最大。设 a 为供过于求时单位产品总成本（存贮成本及买价）、b 为供不应求时单位产品总成本（缺货成本）。以下用损失期望值最小来确定 Q。

当需求为 r 时，市场上实际卖出产品数量为 $\min\{Q, r\}$，本期的缺货量为 $\max\{0, r - Q\}$，库存量为 $\max\{0, Q - r\}$。因此总费用包括供过于求时的成本和供不应求时的成本两项费用，模型为：

$$F(Q) = a \sum_{r_i \leqslant Q} (Q - r_i)P(r_i) + b \sum_{Q < r_i} (r_i - Q)P(r_i) \qquad (9-33)$$

由于 r_i 取离散值，所以不能用求导的办法，而应采用边际分析法求极值。为此最佳订货量 Q^* 应满足：$F(Q^*) \leqslant F(Q)$。

可设 $r_1 < r_2 < \cdots < r_n$，并且 Q^* 只在 r_i 中选取，且 $r_{n-1} < r_n = Q^* < r_{n+1}$，则

$$F(r_{m+1}) = a\sum_{i=1}^{m+1}(r_{m+1} - r_i)P(r_i) + b\sum_{i=m+2}^{n}(r_i - r_{m+1})P(r_i)$$

$$F(Q^*) = F(r_m) = a\sum_{i=1}^{m}(r_m - r_i)P(r_i) + b\sum_{i=m+1}^{n}(r_i - r_m)P(r_i)$$

$$F(r_{m-1}) = a\sum_{i=1}^{m-1}(r_{m-1} - r_i)P(r_i) + b\sum_{i=m}^{n}(r_i - r_{m-1})P(r_i)$$

由 $F(r_{m+1}) \geqslant F(Q^*)$，及 $F(r_{m-1}) \geqslant F(Q^*)$，得：

$$\sum_{i=1}^{m-1}P(r_i) < \frac{b}{a+b} \leqslant \sum_{i=1}^{m}P(r_i) \tag{9-34}$$

如果以期望收益最大为目标，可以证明求最优订购量 Q^* 的关系式仍是式（9-34）。该情况假设同上。设收益的期望值为 $F'(Q)$，当订货量 $Q \geqslant r$ 时，售出 r 单位产品，盈利 rk 元；剩余 $(Q-r)$ 单位产品，亏损 $h(Q-r)$ 元。

此时，收益的期望值为：

$$\sum_{r_i \leqslant Q}[kr_i - h(Q - r_i)]P(r_i)$$

当订货量 $Q < r$ 时，产品全部售出，盈利 kQ 元。此时，收益的期望值为：

$$\sum_{r_i > Q}k(r_i - Q)$$

则总获利期望值为：

$$F'(Q) = \sum_{r_i \leqslant Q}[kr_i - h(Q - r_i)]P(r_i) + \sum_{r_i > Q}k(r_i - Q)$$

同理，分析 $F'(r_{m+1}) \leqslant F(Q^*)$ 及 $F'(r_{m-1}) \leqslant F(Q^*)$，得：

$$\sum_{i=1}^{m-1}P(r_i) < \frac{b}{a+b} \leqslant \sum_{i=1}^{m}P(r_i)$$

由以上分析我们可知，由期望损失值最小和期望收益值最大准则都可以确定最佳订购量 Q^*。

【例9.5】某货物的需求量为 12~18 件，每卖出一件可盈利 8 元，每积压一件损失 4 元。需求量的概率分布见表 9-1。问：一次性进货多少件，才使盈利期望最大？

表 9-1　　　　　　　　　　　　　　　　需求概率分布

需求量	12	13	14	15	16	17	18
概率	0.12	0.15	0.12	0.12	0.16	0.18	0.15
累积概率	0.12	0.27	0.39	0.51	0.67	0.85	1.00

解：由 $\dfrac{b}{a+b} = \dfrac{8}{8+4} = \dfrac{2}{3}$，可以看出 $\sum\limits_{i=0}^{15} P(i) = 0.51$，$\sum\limits_{i=0}^{16} P(i) = 0.67$。所以 Q 取 16 最佳。

9.3.3　需求是连续随机变量

如果需求量是连续型随机变量时，离散型存贮策略的分析方法也同样适用。设单位货物进价为 K，售价为 p，存贮费为 C_1。又设货物需求 r 是连续型随机变量，其密度函数为 $\Phi(r)$。问：货物的订货量 Q 为何值时，能使盈利期望值最大？

当订货量为 Q、需求量为 r 时，此时销售量为 $\min[r,Q]$，需支付存贮费为 $\max\{C_1(Q-r),0\}$，则实际销售收入为 $p\cdot\min[r,Q]$，进货成本为 KQ，因此，若记订购量 Q 时的盈利为 $W(Q)$，则有

$$W(Q) = p\cdot\min[r,Q] - KQ - \max\{C_1(Q-r),0\}$$

盈利期望值为：

$$E[W(Q)] = \left[\int_0^Q pr\Phi(r)\mathrm{d}r + \int_Q^\infty pQ\Phi(r)\mathrm{d}r\right] - KQ - \int_0^Q C_1(Q-r)\Phi(r)\mathrm{d}r$$

$$= \int_0^\infty pr\Phi(r)\mathrm{d}r - \int_Q^\infty pr\Phi(r)\mathrm{d}r + \int_Q^\infty pQ\Phi(r)\mathrm{d}r - KQ - \int_0^Q C_1(Q-r)\Phi(r)\mathrm{d}r$$

$$= pE(r) - \left[\int_Q^\infty p(r-Q)\Phi(r)\mathrm{d}r + \int_0^Q C_1(Q-r)\Phi(r)\mathrm{d}r + KQ\right]$$

式中，第一项 $pE(r) = p\int_0^\infty r\Phi(r)\mathrm{d}r$ 为平均盈利，同订购量 Q 无关，是一常数；式中括号中的期望，分别是因缺货失去销售机会出现损失、因滞销出现存贮费及货物进货成本。

记 $E[J(Q)] = \int_Q^\infty p(r-Q)\Phi(r)\mathrm{d}r + \int_0^Q C_1(Q-r)\Phi(r)\mathrm{d}r + KQ$，则有等式：

$$E[W(Q)] + E[J(Q)] = pE(r)$$

从这个等式可以看到，与离散型模型一样，不论订购量 Q 为何值，盈利期望值和损失期望值之和总是一个常数，即平均盈利 $pE(r)$。这是这类问题的共有性质，根据这一性质，原问题 $\max E[W(Q)]$ 可转化为问题 $\min E[J(Q)]$。下面求解问题 $\min E[J(Q)]$。

$$\frac{\mathrm{d}E[J(Q)]}{\mathrm{d}Q} = \frac{\mathrm{d}}{\mathrm{d}Q}\left[\int_Q^\infty p(r-Q)\Phi(r)\mathrm{d}r + \int_0^Q C_1(Q-r)\Phi(r)\mathrm{d}r + KQ\right]$$

$$= C_1\int_0^Q \Phi(r)\mathrm{d}r - p\int_Q^\infty \Phi(r)\mathrm{d}r + K$$

$$= (C_1+p)\int_0^Q \Phi(r)\mathrm{d}r - (p-K)$$

令 $\dfrac{\mathrm{d}E[J(Q)]}{\mathrm{d}Q} = 0$，得：

$$\int_0^Q \Phi(r)\,\mathrm{d}r = \frac{p-K}{p-K+C_1} \tag{9-35}$$

由式（9-35）确定的 Q 记为 Q^*，Q^* 为 $E[J(Q)]$ 的驻点。容易证明，Q^* 为 $E[J(Q)]$ 的最小值点，也是 $E[W(Q)]$ 的最大值点。所以，Q^* 就是最佳订货量。

当 $p-K<0$ 时，式（9-35）不成立。这种情况表示订购货物无利可图，故不应生产或订购，即 $Q^*=0$。

当缺货损失不只是考虑销售收入的减少（如还要考虑赔偿需方损失等）时，单位缺货费 $C_2 > p-K$，此时，只需在前面推导过程中用 C_2 代替 $p-K$ 即可。所以，这种情况下 Q^* 由式（9-36）确定：

$$\int_0^Q \Phi(r)\,\mathrm{d}r = \frac{C_2}{C_2+C_1} \tag{9-36}$$

此模型和前面叙述的离散型模型一样，都是一次性订购问题。在多阶段订购问题中，由于需求 r 是随机变量，所以，在每一阶段开始时，很可能存在期初存贮（上一阶段未能售出的货物）。设本阶段期初存贮量为 I，则除进货成本将减少 KI 外，其他均和需求是连续随机变量的单周期存贮模型相同。所以对于多阶段订货问题，可以采用 (t, S) 存贮策略，可使损失期望值最小（或获利期望值最大）。

【例9.6】某商场计划春季到来之前订购一批春装。每件进价是 500 元，估计可以获得 70% 的利润，春季一过则只能按进价的 45% 处理。根据市场需求预测，该春装的销售量服从参数为 $1/60$ 的指数分布，求最佳订货量。

解： 已知 $K=500$，$p=850$，$p-K=350$，$C_1=275$，销售量概率分布函数为：

$$\Phi(x) = \begin{cases} \dfrac{1}{60}\mathrm{e}^{-\frac{r}{60}}, & r>0 \\[2mm] 0, & r\leqslant 0 \end{cases}$$

由式（9-35）可知，临界值为：$\dfrac{p-K}{p-K+C_1} = \dfrac{350}{350+275} = 0.56$，即

$$\int_0^Q \frac{1}{60}\mathrm{e}^{-\frac{r}{60}}\,\mathrm{d}r = 1 - \mathrm{e}^{-\frac{Q}{60}} = 0.56$$

得最优订货量 $Q^* = -60 \times \ln 0.44 \approx 49$（件）。

9.4 多周期随机模型

多周期需求不确定存贮问题要解决的主要问题仍然是何时订货及每次订多少货。由于多周期需求不确定存贮问题比前面介绍的确定型存贮问题和单周期随机存贮问题更为复杂和广泛，在实际应用中，库存系统的管理人员往往要根据不同物资的需求特点及货源

状况，采取不同的库存策略。这里主要介绍如何应用 (s, S) 策略确定何时订货和订多少货。

9.4.1 需求是离散随机变量

该模型的假设条件为：

（1）一个存贮阶段的初始库存水平为 I；

（2）记 s 为安全库存水平，若 $I > s$，则本阶段不再订货；若 $I \leqslant s$，则本阶段要订货，将库存补足至 S，且补充时间极短；

（3）产品单位存贮费为 C_1，单位缺货费为 C_2，一次订货费为 C_3，产品进价为 K；

（4）产品需求量是离散随机变量 r，其取值为 r_0，r_1，$\cdots$，r_m（$r_i < r_{i+1}$），相应的概率为 $P(r_0)$，$P(r_1)$，$\cdots$，$P(r_m)$，$\sum\limits_{i=0}^{m} P(r_i) = 1$，从不产生剩余库存角度考虑，$S$ 取值也为 r_0，r_1，$\cdots$，r_m，当 S 取值为 r_i 时，记为 S_i。

本模型的特点在于订货的机会是周期出现的，假设一个阶段开始后，供不应求，则需要承担缺货成本；若供大于求，则多余部分仍需存贮起来，供下阶段使用。当初始库存大于等于安全库存时，则不订货，所以本阶段的期望总成本，应该是持有成本、缺货成本的期望值之和。

当 $I \geqslant s$ 时，不订货，则：

期望存贮费为：
$$\sum_{I \geqslant r} C_1(I - r)P(r)$$

期望缺货费为：
$$\sum_{r > I} C_2(r - I)P(r)$$

期望总成本为：$J(s,S) = \sum\limits_{I \geqslant r} C_1(I - r)P(r) + \sum\limits_{r > I} C_2(r - I)P(r)$

当 $I < s$ 时，订货且补充库存至 S，则期望总成本为：

$$J(s,S) = C_3 + K(S - I) + \sum_{S \geqslant r} C_1(S - r)P(r) + \sum_{r > S} C_2(r - S)P(r)$$

令

$$\Delta r_i = r_{i+1} - r_i, \qquad i = 0,1,2,\cdots,m-1$$
$$\Delta S_i = S_{i+1} - S_i = r_{i+1} - r_i = \Delta r_i, \quad i = 0,1,2,\cdots,m-1$$

现求 S 的值，使 $J(s, S)$ 最小。为表述方便，简记

$$J(S) = J(s,S)$$

因为

$$J(S_{i+1}) = C_3 + K(S_{i+1} - I) + \sum_{S_{i+1} \geqslant r} C_1(S_{i+1} - r)P(r) + \sum_{r > S_{i+1}} C_2(r - S_{i+1})P(r)$$

$$J(S_i) = C_3 + K(S_i - I) + \sum_{S_i \geqslant r} C_1(S_i - r)P(r) + \sum_{r > S_i} C_2(r - S_i)P(r)$$

$$J(S_{i-1}) = C_3 + K(S_{i-1} - I) + \sum_{S_{i-1} \geqslant r} C_1(S_{i-1} - r)P(r) + \sum_{r > S_{i-1}} C_2(r - S_{i-1})P(r)$$

为使 $J(S_i)$ 最小，S_i 应满足：（1）$J(S_{i+1}) \geqslant J(S_i)$；（2）$J(S_{i-1}) \geqslant J(S_i)$。

记

$$\begin{aligned} \Delta J(S_i) &= J(S_{i+1}) - J(S_i) \\ &= K\Delta S_i + C_1\Delta S_i \sum_{r \leqslant S_i} P(r) - C_2\Delta S_i \sum_{r > S_i} P(r) \\ &= K\Delta S_i + C_1\Delta S_i \sum_{r \leqslant S_i} P(r) - C_2\Delta S_i \left[1 - \sum_{r \leqslant S_i} P(r)\right] \\ &= K\Delta S_i + (C_1 + C_2)\Delta S_i \sum_{r \leqslant S_i} P(r) - C_2\Delta S_i \geqslant 0 \end{aligned}$$

因 $\Delta S_i > 0$，故得

$$K + (C_1 + C_2)\sum_{r \leqslant s_i} P(r) - C_2 \geqslant 0$$

即

$$\sum_{r \leqslant S_i} P(r) \geqslant \frac{C_2 - K}{C_1 + C_2} = N$$

记 $\Delta J(S_{i-1}) = J(S_i) - J(S_{i-1})$，由 $J(S_{i-1}) \geqslant J(S_i)$ 可类推出

$$\sum_{r \leqslant S_{i-1}} P(r) < \frac{C_2 - K}{C_1 + C_2} = N$$

因此，得出使 $J(S_i)$ 最小的 S_i 应满足

$$\sum_{r \leqslant S_{i-1}} P(r) < N < \sum_{r \leqslant S_i} P(r) \tag{9-37}$$

其中，$N = \dfrac{C_2 - K}{C_1 + C_2}$ 称为临界值。

本阶段的订货量为：$Q = S_i - I$。

根据订货点 s 的含义，当期初存贮 $I = s$ 时，不订货所造成的损失期望值应不超过订货所造成的损失期望值。则安全库存 s 可由在 s 点和 S 点期望总成本的关系确定：

$$\begin{aligned} &Ks + \sum_{r \leqslant s} C_1(s - r)P(r) + \sum_{r > s} C_2(r - s)P(r) \\ &\leqslant C_3 + KS + \sum_{r \leqslant S} C_1(S - r)P(r) + \sum_{r > S} C_2(r - S)P(r) \end{aligned} \tag{9-38}$$

因为 s 也只能从 r_0，r_1，$\cdots$，r_m 中取值，故取使式（9-37）成立的 r_i（$r_i \leqslant S$）的值中最小者为 s。虽然 s 的计算过程要复杂一些，但使式（9-38）成立的 s 总是存在的。

【**例 9.7**】某公司对原材料需求的概率如表 9 – 2 所示。

表 9 – 2 　　　　　　　　　　　　原材料需求的概率分布

需求量 r（吨）	100	120	140	160	180
概率 $P(r)$	0.1	0.2	0.2	0.3	0.2

每次订货费为 2800 元，每吨单价 800 元，每吨原料的存贮费为 50 元，缺货成本是每吨 1200 元，该公司希望制定（s，S）策略。试求 s，S 的值。

解：由题意已知，每吨持有成本 $C_1 = 50$，每吨缺货成本 $C_2 = 1200$，订货费 $C_3 = 2800$，每吨单价 $K = 800$，所以临界值为：

$$N = \frac{C_2 - K}{C_1 + C_2} = \frac{1200 - 800}{50 + 1200} = 0.32$$

又，$P(100) + P(120) = 0.3 < 0.32$，$P(100) + P(120) + P(140) = 0.5 > 0.32$，所以 $S = 140$。计算式（9 – 38）的右端，得：

$$2800 + 800 \times 140 + 50 \times [(140 - 120) \times 0.2 + (140 - 100) \times 0.1]$$
$$+ 1200 \times [(160 - 140) \times 0.3 + (180 - 100) \times 0.1] = 132000$$

由于 s 尽可能小，所以先将 100 作为 s 的值代入式（9 – 38）的左端，当 $s = 100$ 时，左端为：

$$800 \times 100 + 1200 \times [(120 - 100) \times 0.2 + (140 - 100) \times 0.2$$
$$+ (160 - 100) \times 0.3 + (180 - 100) \times 0.1] = 125600$$

此时左端 < 右端，所以 $s = 100$，即该公司应采取（s，S）=（100，140）的存贮策略。

9.4.2　需求是连续随机变量

本模型的假设条件，除了需求是连续型随机变量外，其余条件同离散型模型。

设需求量 r 的分布密度函数为 $\Phi(r)$，单位持有成本为 C_1，单位缺货成本为 C_2，一次准备成本为 C_3，货物单价为 K，模型期初库存量 I 在本阶段为常数，订货量为 Q。如何确定订货量 Q，使期望总成本最小？

本阶段的期望持有成本为：

$$\int_0^S C_1(S - r)\Phi(r)\,\mathrm{d}r$$

缺货成本为：

$$\int_S^\infty C_2(r - S)\Phi(r)\,\mathrm{d}r$$

准备成本为 C_3；货物价值为 KQ。则期望总成本为：

$$J(S) = C_3 + KQ + \int_0^S C_1(S-r)\Phi(r)\,\mathrm{d}r + \int_S^\infty C_2(r-S)\Phi(r)\,\mathrm{d}r$$

$$= C_3 + K(S-I) + \int_0^S C_1(S-r)\Phi(r)\,\mathrm{d}r + \int_S^\infty C_2(r-S)\Phi(r)\,\mathrm{d}r$$

Q 可以连续取值，$J(S)$ 是 S 的连续函数。令

$$\frac{\mathrm{d}J(S)}{\mathrm{d}S} = K + C_1\int_0^S \Phi(r)\,\mathrm{d}r - C_2\int_S^\infty \Phi(r)\,\mathrm{d}r = 0$$

$$\int_0^S \Phi(r)\,\mathrm{d}r = \frac{C_2 - K}{C_1 + C_2}$$

记 $N = \dfrac{C_2 - K}{C_1 + C_2}$，并称为临界值。

本阶段的库存策略：由 $\displaystyle\int_0^S \Phi(r)\,\mathrm{d}r = N$ 确定最大库存水平，订货量 $Q = S - I$。

下面我们再来讨论确定 s 的方法。

根据订货点 s 的意义，当期初存贮 $I = s$ 时，不订货所造成的损失期望值应不超过订货所造成的损失期望值。则可以设想是否存在一个值 s（$s \leqslant S$）满足不等式

$$Ks + C_1\int_0^s (s-r)\Phi(r)\,\mathrm{d}r + C_2\int_s^\infty (r-s)\Phi(r)\,\mathrm{d}r$$

$$\leqslant C_3 + KS + C_1\int_0^S (S-r)\Phi(r)\,\mathrm{d}r + C_2\int_S^\infty (r-S)\Phi(r)\,\mathrm{d}r \tag{9-39}$$

显然当 $s = S$ 时，式（9-39）也成立，但问题的目的是要选取一个使式（9-39）成立的尽可能小的 s 值，选其中最小值作为安全库存水平 s 的取值。

9.5　案例分析：某加气混凝土厂的钢筋存贮问题

某加气混凝土厂改造生产线，从德国某公司引进关键设备进行生产，装备达到同时期世界先进水平。重新投产后产品为加气混凝土砌块及加气混凝土屋面板，主要用于建筑的墙体及屋面，具有良好的保温、防火性能，且质轻易于运输，利于抗震。

从上面的情况可以知道，混凝土厂的产品前途是光明的，效益也是不错的。但由于种种原因，还有许多不尽如人意的地方和需要改善的地方。这需要掌握管理技术的人才细心地管理。这里将运筹学中存贮论的有关知识运用于该厂的钢筋存贮问题中，是考虑到能够获得相对较多的信息。其他的大宗材料或者重要材料，如铝粉、水泥、沙和有机化合物等，由于资料不充分，未予计算。当然这并不意味着这里没有改进空间，相反，还大有文章可做。另外成品的存贮，积压的资金更是数量巨大，如果把这些全部考虑进来，统筹安排的话，成本会

下降，效率会提高。更重要的是，高层管理人员可以支配的现金量大，可以做投资、技改等效益更好的项目。

该厂产品优势在加气混凝土板材上，钢筋是供车间生产板材时用的，如果缺货的话，将导致较大的缺货损失，包括板材相应的利润、大批工人停工的损失以及顾客买不到相应的产品引起的对企业不满造成的损失等。这些损失远远超过了钢筋的存贮成本，所以这里视为不允许缺货的模型。

另外，由于当时是买方市场，交通方便，距离较近，价格稳中有降，视为生产时间很短的模型。

9.5.1 问题描述

9.5.1.1 钢筋年需求量的计算

已知计划板材产量为 90000 立方米，钢筋消耗计划为 35 千克/立方米，则钢筋年需求总量为 $90000 \times 35 = 3150000$（千克）$= 3150$（吨）

由经验预测，其中，$\phi6.5$ 的钢筋年需求量为 1300 吨/年；$\phi8$ 的钢筋年需求量为 1050 吨/年；$\phi10$ 的钢筋年需求量为 800 吨/年。

9.5.1.2 存贮费（＝货物占用资金应付的利息＋保管费＋货物损坏费）

假设年利率为 1.24%，钢筋单价为 2400 元/吨，故货物占用资金应付的利息为 29.76 元/吨。货物损坏变质的费用：每年总有 1~2 捆钢筋因锈蚀作废，1 捆钢筋为 1.5 吨，废钢筋为 800 元每吨，故货物损失为 $1.5 \times (2400 - 800) = 2400$（元）；分摊到每 1 吨为 $2400 \div 3150 = 0.76$（元/吨）。其他费用暂视为 0。则存贮总费用为 $29.76 + 0.76 = 30.52$（元）。

9.5.1.3 订购费

订购费为固定费用，包括手续费、电信来往费和委派人员的费用。其中，假设委派人员费用为 200 元/次，其他费用（手续费和电信往来费等）为 20 元/次，则订购费为 220 元/次。

9.5.1.4 生产准备期

生产准备期设为 4 天（即在钢筋用完前 4 天就订货）。这是为了防止订货后，钢筋进厂的时间拖后或者由于板材生产量的突然增加导致缺货而设置的缓冲。

请对 $\phi65$、$\phi8$、$\phi10$ 三种钢筋存贮问题进行决策。

9.5.2 求解分析

由题目可知，钢筋单位存贮费用 C_1 为 30.52 元/吨，每次订货费用 C_3 为 220 元/次。设

每次订购量为 Q。则由 EOQ 模型得：

$$一年存贮费 = 钢筋单位存贮费用 \times 平均存贮量 = C_1 \times \frac{Q}{2} = 15.26Q$$

$$一年订货费 = 每次订货费用 \times 年订货次数 = C_3 \times \frac{D}{Q} = \frac{220D}{Q}$$

其中，D 为某类钢筋的年需求量。因为一年总费用（TC）= 一年存贮费 + 一年订货费，所以有

$$TC = 15.26Q + \frac{220D}{Q}$$

当 $\dfrac{\mathrm{d}(TC)}{\mathrm{d}Q} = 0$ 时，TC 取最小值，即

$$\frac{\mathrm{d}(TC)}{\mathrm{d}Q} = 15.26 - \frac{220D}{Q} = 0$$

即

$$Q_i = \sqrt{\frac{220D_i}{15.26}} \qquad (9-40)$$

则对于 $\phi 6.5$ 钢筋，其需求量为 1300 吨/年，即 $D_1 = 1300$，代入式（9-40）得：

$$Q_1 = \sqrt{\frac{220D_1}{15.26}} = \sqrt{\frac{220 \times 1300}{15.26}} = 136.9$$

对于 $\phi 8$ 钢筋，其需求量为 1050 吨/年，即 $D_2 = 1050$，代入式（9-40）得：

$$Q_2 = \sqrt{\frac{220D_2}{15.26}} = \sqrt{\frac{220 \times 1050}{15.26}} = 123.0$$

对于 $\phi 10$ 钢筋，其需求量为 800 吨/年，即 $D_3 = 800$，代入式（9-40）得：

$$Q_3 = \sqrt{\frac{220D_3}{15.26}} = \sqrt{\frac{220 \times 800}{15.26}} = 107.4$$

故三种钢筋的最优订货量分别为 136.9 吨/次、123.0 吨/次和 107.4 吨/次。

同时，两次订货时间间隔为：

$$T_i = \frac{365}{\dfrac{D_i}{Q_i}} \qquad (9-41)$$

则对于 $\phi 6.5$ 钢筋，其需求量为 1300 吨/年，即 $D_1 = 1300$，订货量 $Q_1 = 136.9$，代入式（9-41）得：

$$T_1 = \frac{365}{\dfrac{D_1}{Q_1}} = \frac{365}{\dfrac{1300}{136.9}} = 38.4$$

对于 $\phi8$ 钢筋，其需求量为 1050 吨/年，即 $D_2=1050$，订货量 $Q_2=123.0$，代入式（9 - 41）得：

$$T_2=\frac{365}{\dfrac{D_2}{Q_2}}=\frac{365}{\dfrac{1050}{123.0}}=42.8$$

对于 $\phi10$ 钢筋，其需求量为 800 吨/年，即 $D_3=800$，订货量 $Q_3=107.4$，代入式（9 - 41）得：

$$T_3=\frac{365}{\dfrac{D_3}{Q_3}}=\frac{365}{\dfrac{800}{107.4}}=49$$

对于 $\phi6.5$ 和 $\phi8$ 钢筋，应每隔 38.4 和 42.8 天订一次货，显然这不符合日常习惯，因此对于 $\phi6.5$ 和 $\phi8$ 钢筋，每隔 39 和 43 天订一次货，订货量调整为：

$$Q_1^*=39\times\frac{D_1}{365}=39\times\frac{1300}{365}\approx138.9$$

$$Q_2^*=43\times\frac{D_2}{365}=43\times\frac{1050}{365}\approx123.7$$

由于生产准备期为 4 天，则当钢筋剩余量为 $4\times\dfrac{D}{365}$ 吨时，就应当向厂家订货，记其为再订货点 n，则对于 $\phi6.5$ 钢筋，$D_1=1300$，得：

$$n_1=4\times\frac{D_1}{365}=\frac{1300}{365}\approx14.2$$

对于 $\phi8$ 钢筋，$D_2=1050$，得：

$$n_2=4\times\frac{D_2}{365}=\frac{1050}{365}\approx11.5$$

对于 $\phi10$ 钢筋，$D_1=800$，得：

$$n_3=4\times\frac{D_3}{365}=\frac{800}{365}\approx8.8$$

故 $\phi6.5$、$\phi8$ 和 $\phi10$ 三类钢筋的剩余量分别为 14.2 吨、11.5 吨和 8.8 吨时，便应当向厂家订货，最优订货量分别为 138.9 吨、123.7 吨和 107.4 吨。

习 题

1. 某产品每月用量为 4 件，一次性的装配费用为 50 元，存贮费每月每件 8 件。请问：产品每次的最佳采购量和最小采购费用分别是多少？

2. 某工厂每月生产所需某种原料 600 吨，每吨定价 1800 元，不可缺货。设每吨每月保管费率为 4 元，每次订购费为 250 元。求最佳订购批量。

3. 加工制作羽绒服的某厂预测下年度的销售量为 10000 件，准备在全年的 300 个工作日内均衡组织生产。假如为加工制作一件羽绒服所需的各种原材料成本为 50 元，此外制作一件羽绒服所需原料的年存贮费为其成本的 20%，提出一次订货所需费用为 300 元，订货提前期为零，不允许缺货。试求其经济订货批量。

4. 在不允许缺货、生产时间极短的确定性存贮模型中，计算得到最优订货批量为 Q^*，若实际执行时按 $0.8Q^*$ 的批量订货，则相应的订货费与存贮费是最优订货批量时费用 F^* 的多少倍？

5. 某公司采用不允许缺货的经济批量公式确定订货批量，缺货会影响公司形象。但由于激烈竞争使得公司不得不考虑采用允许缺货的策略。已知对该公司所销售产品的需求为 $R = 600$ 件/年，每次的订货费用为 $C_3 = 100$ 元，存贮费为 $C_1 = 2$ 元/(件·年)，发生短缺时的损失为 $C_2 = 18$ 元/(件·年)。试分析：（1）采用允许缺货的策略所节约的费用。（2）如果该公司为保持一定信誉，自己规定缺货随后补上的数量不超过总量的 15%，任何一名顾客因供应不及时须等下批货到达补上的时间不得超过一个月，问这种情况下，允许缺货的策略能否被采用？

6. 某汽车厂的多品种装配线轮换装配各种牌号汽车。已知某种牌号汽车每天需 8 台，装配能力为 40 台/天。该牌号汽车成本为 16 万元/台，当更换产品时需准备结束费 180 万元/次。若规定不允许缺货，存贮费为 70 元/(台·天)。试求：（1）该装配线最佳的装配批量。（2）若装配线批量达到每批 2000 台时，汽车成本可降至 15.5 万元/台（存贮费、准备结束费不变），那么，该厂可否采纳此方案？

7. 某工厂每年需要一种原料 6400 千克，每次订购费为 1600 元，每年存贮费为 2 元/千克。供应商规定：购买数量在 3499 千克以内时，每千克售价为 121 元，购买数量在 3500 千克及以上时，每千克售价为 100 元。请问：隔多久订购一次，每次订购多少千克原料，才能使总费用最小？

8. 某产品的单价为 8 元/件，每个时期的存贮费为 1 元/件，对该产品需求量为 x 的概率值 $f(x)$ 如表 9－3 所示。问缺货损失的费用值在什么范围内变化时，对该产品的最佳订货批量为 5 件？

表 9－3 产品需求的概率分布

需求量 x	0	1	2	3	4	5	6	7	8
$f(x)$	0.05	0.15	0.1	0.2	0.2	0.1	0.1	0.05	0.05

9. 某商店存有某种商品 10 件，每件的进价为 3 元，存贮费为 1 元，缺货费为 16 元。已知对该种商品的需求量服从 $\mu = 20$，$\sigma = 5$ 的正态分布。求商店对该种商品的最佳订货量。

10. 某汽车修理企业对某种零配件的需求量的概率如表 9－4 所示。每次订购费（准备成本）135 元，每件单价 50 元，每件零件存贮费（持有成本）为 45 元，缺货损失费（缺货成本）是每件 100 元，该企业希望制定（s，S）策略。试求 s，S 的值。

表 9 − 4			零配件需求的概率分布		
需求量（件）	30	40	45	50	60
概率 $P(r)$	0.15	0.2	0.2	0.25	0.2

11. 已知某产品的单位成本 $K=5$，单位存贮费 $C_1=1$，单位缺货损失 $C_2=11$，每次订购费 $C_3=3$。需求量 r 的概率密度函数为：

$$f(r) = \begin{cases} 1/6, & \text{当 } 6 \leqslant r \leqslant 12 \\ 0, & r \text{ 为其他值} \end{cases}$$

设期初库存为零，试依据 (s, S) 型存贮策略的模型确定 s 和 S 的值。

EOQ 模型推导视频

有折扣的 EOQ 模型视频

部分习题答案

第 10 章 对 策 论

📖 本章导读

对策论（game theory）也称博弈论，是一种研究具有竞争或对抗性质问题的数学理论。它通过确定局中人、建立策略集合、综合分析各个相关影响因素以及求解最优值等方法来指导实际问题的决策和行动方案的制定。对策论在多个领域都有广泛的应用，如经济学、政治学、军事学、社会学等。在这些领域中，人们经常需要面对各种竞争或对抗性质的问题，而对策论提供了一种有效的数学工具来解决这些问题。

本章知识点之间的逻辑关系见图 10-1。

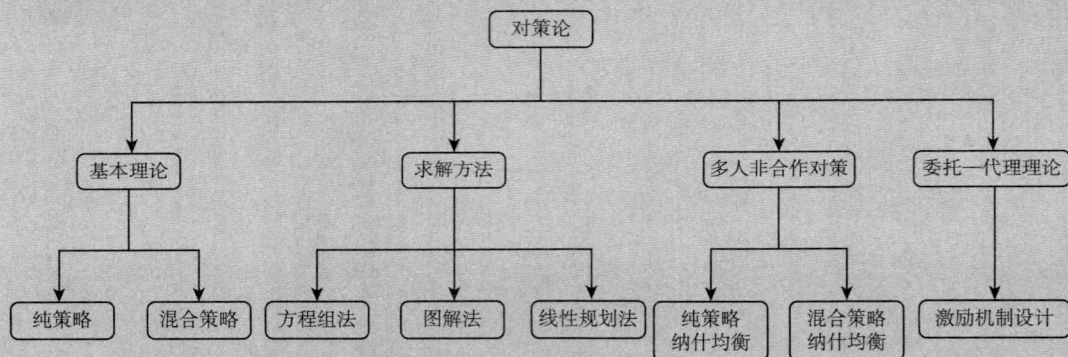

图 10-1　第 10 章知识点逻辑关系

10.1　对策论的基本概念

10.1.1　对策现象和对策论

从理论上讲，对策论的发展历史并不长，但由于它所研究的问题与人类社会的各种活动乃至人们的日常生活息息相关，所以日益引起人们的兴趣，受到大众的关注。

所谓**对策**，简单地说，就是竞争和对抗中的决策。在人类社会中，竞争和对抗是一种常见的现象。譬如，在政治方面：国际谈判、党派之争、不同权力部门的职权范围之争等；在经济方面：劳资纠纷、投标竞争、外贸谈判、技术创新选择等；在军事方面：世界大战、局部地区的战役、军备竞赛等；以及体育方面的各种运动会，如田径赛、球赛、棋赛等。上述现象都具有竞争或对抗的性质，竞争中的决策主体都想扬长避短、想方设法获得对自己最有利的结果。这种现象称为**对策现象**。

对策现象中的决策主体应该是理性的。一个理性的决策主体，在特定的决策中应该有一个能很好定义的效用函数，并基于对其他理性决策主体的各种可能方案的考虑，力图选择使自身效用最大化的行动方案。因此，研究对策现象的对策论，确切地说，就是研究理性的决策主体的行为发生直接相互作用时的决策以及这种理性的决策能否达到一种均衡（equilibrium）等问题。在决策的过程中，一个决策主体的选择受制于其他决策主体的选择，同时，又影响着其他决策主体的选择。当各决策主体采取"对自身最合理"的方案时，其他决策主体选择的方案对各自来说也是"最合理的"，此时，所有决策主体的行为选择就形成了一种均衡。在这种均衡下，任何一个决策主体如果偏离均衡而选择其他的方案，则其效用必然下降。因此，在对策现象的研究过程中，均衡是预测决策主体的理性行为的关键。

学术界对于对策论的研究，是以 1944 年冯·诺伊曼（Von Neumann）和摩根斯坦恩（Morgenstern）合著的《对策论与经济行为》（*The Theory of Games and Economic Behavior*）一书的出版为标志的。自 20 世纪 50 年代以来，纳什（Nash）、沙普利（Shapley）、泽尔腾（Selten）、海萨尼（Harsanyi）、克雷普斯（Kreps）等学者的研究不断推动着对策论的发展。目前，对策论在经济分析中的应用最为广泛、最为成功。这不仅是因为经济学与对策论具有相同的研究模式，而且，自 20 世纪 70 年代以来，经济学对于个体理性、理性个体间的关系，以及不对称信息情况下个体选择的研究等问题中，对策论提供了强有力的研究工具。1994 年，纳什、泽尔腾、海萨尼获得了诺贝尔经济学奖；此后，也有多位对策论专家获得了诺贝尔奖。

10.1.2　对策现象的三要素

对对策问题进行数学上的分析，需要建立对策问题的数学模型，称为**对策模型**。根据研究问题的不同种类，可以建立不同的对策模型。但无论对策模型在形式上有何不同，都必须包括三个要素：局中人、策略与赢得函数。

先讲一个例子，"田忌赛马"。这是我国历史上的一个很有名的故事。战国时期，齐威王经常邀请大将田忌进行赛马，双方约定每方各出三匹马，分为上等马、中等马和下等马，同一等级的马各赛一局，每局中负者要付给胜者一千金。由于在同等级的马中，齐王的马略胜田忌的马，因此每次赛马田忌总要输给齐王三千金。后来，田忌手下的一位宾客孙膑给他出了一个主意：每次比赛先用下等马对付齐王的上等马，然后用上等马对付齐王的中等马，最后用中等马对付齐王的下等马。田忌依计而行，最后的结果是二胜一负，获得一千金。

围绕"田忌赛马"的故事，对对策现实的三个要素进行说明。

10.1.2.1　局中人（players）

在一个对策中拥有决策权，并且决策结果与自身有直接效用关系的个人或集体，称为**局中人**。如"田忌赛马"中的局中人是田忌与齐威王，而非孙膑，更非参赛的马匹。在对策论中，通常采用 I 表示局中人的集合。如果决策中有 n 个局中人，则 $I=\{1, 2, \cdots, n\}$。

对策论中对于局中人有一个重要的假设：每个局中人都是"理智"的。即，对于每一个局中人来说，不能存在侥幸心理，不存在利用其他局中人决策的失误来提高自身效用的行为。

10.1.2.2　策略（strategies）

每个局中人为了自身利益所采取的对付其他局中人的方法或措施，称为该局中人的**策略**。策略必须是切实可行的一套完整的行动方案。例如，田忌和齐王的策略不是派出某一等级的马参加比赛，而是上、中、下马出场参赛的排序。那么，田忌的策略共有 3! = 6 个，分别表示为：$\alpha_1 = （上，中，下）$；$\alpha_2 = （上，下，中）$；$\alpha_3 = （中，上，下）$；$\alpha_4 = （中，下，上）$；$\alpha_5 = （下，上，中）$；$\alpha_6 = （下，中，上）$。同理，齐王的策略也是 6 个，分别表示为：$\beta_1 = （上，中，下）$；$\beta_2 = （上，下，中）$；$\beta_3 = （中，上，下）$；$\beta_4 = （中，下，上）$；$\beta_5 = （下，上，中）$；$\beta_6 = （下，中，上）$。

局中人 i 的所有策略的集合，称为**策略集**，采用 S_i 表示。例如，令田忌为第 1 局中人，$i = 1$，齐王为第 2 局中人，$i = 2$，则田忌的策略集为：$S_1 = \{\alpha_1, \alpha_2, \alpha_3, \alpha_4, \alpha_5, \alpha_6\}$；齐王的策略集为：$S_2 = \{\beta_1, \beta_2, \beta_3, \beta_4, \beta_5, \beta_6\}$。

在一局对策中，若每个局中人各从其策略集中取一个策略参与对策，则这些策略的组合称为**局势**，采用 s 表示。例如，田忌采用策略 α_5，齐王采用策略 β_1，则两者组成的一个局势为 s_{51} 或 (α_5, β_1)，即 $s_{51} = (\alpha_5, \beta_1)$。

10.1.2.3　赢得函数（payoff function）

局中人 i 在局势 s 下的所得，称为**赢得函数**（或效用函数），采用 $U_i(s)$ 表示。例如，$U_1(s_{51}) = 1$（千金），表示当田忌采用策略 α_5、齐王采用策略 β_1 的局势下的田忌的赢得为 1 千金。还可以求得：$U_2(s_{51}) = -1$（千金），$U_1(s_{11}) = -3$（千金），$U_2(\alpha_2, \beta_5) = 2$ 千金，等等。

10.1.3　对策问题的分类

对策现象可以从不同的角度进行分类，列举如下。

10.1.3.1　二人对策和多人对策

按局中人的数目进行分类，可以分为二人对策和多人对策。例如，"田忌赛马"中只有田忌和齐王两个局中人，所以属于**二人对策**。而战国时期的"诸侯争霸"、20 世纪 90 年代初期中国市场的"彩电大战"，则属于**多人对策**。

10.1.3.2 有限对策和无限对策

按策略集所包含策略的数目进行分类，可以分为有限对策和无限对策。例如，"田忌赛马"中每个局中人都只有六个策略，即策略数目为有限多个，所以属于**有限对策**。而"猫抓耗子"中的耗子有无限多条逃跑线路，也就是说，耗子逃跑的策略有无限多个，相应地猫也有无限多条追捕线路，所以属于**无限对策**。

10.1.3.3 零和对策和非零和对策

根据全体局中人的在各局势下的得失总和是否为零进行分类，可以分为零和对策和非零和对策。"田忌赛马"中，在任何一个局势下，田忌的赢得就是齐王的损失，反之亦然，双方得失总和恒为零，属于**零和对策**。若全体局中人得失总和不为零，则属于**非零和对策**。

以"囚徒困境"为例。甲、乙两人参与了一场严重的犯罪活动，后被警察拘留，他们作为犯罪嫌疑人分别关在不同的审讯室受审。甲、乙两人都有两种选择：坦白和抵赖。可以明确的是：两人都清楚，如果两人都抵赖，由于证据不足两人各判 1 年；如果两人都坦白，则各判 8 年；但如果一人坦白而另一个人抵赖，则坦白的予以释放，抵赖的判刑 10 年。问甲、乙两人应如何选择？这就是著名的"囚徒困境"问题。

令局中人集合 $I = \{1, 2\}$，$i = 1$ 代表甲，$i = 2$ 代表乙。甲、乙的策略集分别表示为 $S_1 = \{\alpha_1, \alpha_2\}$ 和 $S_2 = \{\beta_1, \beta_2\}$，其中，$\alpha_1 = \beta_1 =$ 坦白，$\alpha_2 = \beta_2 =$ 抵赖。可以得到，在任何一种局势下，甲和乙的判刑年数的总和都不等于零。"囚徒困境"属于非零和对策。

10.1.3.4 合作对策和非合作对策

根据局中人参与对策时是否合作进行分类，可以分为合作对策和非合作对策。例如，在由供应商、制造商、销售商等不同企业所组成的供应链上，各成员企业为实现整体收益的最大化，信息共享，协同决策，属于**合作对策**。而"田忌赛马"中，田忌和齐王之间的对策显然属于**非合作对策**。

结合上述关于对策问题的分类，可以分析得到，"田忌赛马"问题属于二人有限零和非合作对策。需要指出的是：在本章的 10.1 节、10.2 节、10.3 节中，所涉及的对策问题都属于二人有限零和对策问题。

10.1.4 矩阵对策的基本模型

在二人有限零和对策中，称两个局中人分别为甲方和乙方，采用 $S_1 = \{\alpha_1, \alpha_2, \cdots, \alpha_m\}$ 和 $S_2 = \{\beta_1, \beta_2, \cdots, \beta_n\}$ 分别表示甲、乙的策略集，其中 α_i ($i = 1, 2, \cdots, m$)、β_j ($j = 1, 2, \cdots, n$) 分别表示甲、乙的策略，则 S_1 和 S_2 构成 $m \times n$ 个局势 (α_i, β_j)。采用 a_{ij} 表示甲方关于局势 (α_i, β_j) 下的赢得，则所有 a_{ij} 构成一个矩阵 $A = (a_{ij})_{m \times n}$，称为局中人甲的**赢得矩阵**，即

$$A = \begin{bmatrix} a_{11} & a_{12} & \cdots & a_{1n} \\ a_{21} & a_{22} & \cdots & a_{2n} \\ \vdots & \vdots & & \vdots \\ a_{m1} & a_{m2} & \cdots & a_{mn} \end{bmatrix}$$

例如，在"田忌赛马"的故事中，田忌的赢得矩阵为：

$$A = \begin{array}{c} \\ \alpha_1 \\ \alpha_2 \\ \alpha_3 \\ \alpha_4 \\ \alpha_5 \\ \alpha_6 \end{array} \begin{array}{cccccc} \beta_1 & \beta_2 & \beta_3 & \beta_4 & \beta_5 & \beta_6 \\ \begin{bmatrix} -3 & -1 & 1 & -1 & -1 & -1 \\ -1 & -3 & -1 & 1 & -1 & -1 \\ -1 & -1 & -3 & -1 & 1 & -1 \\ -1 & -1 & -1 & -3 & -1 & 1 \\ 1 & -1 & -1 & -1 & -3 & -1 \\ -1 & 1 & -1 & -1 & -1 & -3 \end{bmatrix} \end{array}$$

由于田忌和齐王的对策属于零和对策，因此在任一局势下双方的得失总和恒为零。于是，齐王的赢得矩阵为 $-A$；因此，也可以将田忌的赢得矩阵 A 称为齐王的**损失矩阵**。

由此可见，在二人有限零和对策中，给定一个局中人的赢得矩阵，则另一个局中人的赢得矩阵也就唯一确定了。这意味着二人有限零和对策总是可以由其中一个局中人的赢得矩阵来描述，所以将二人有限零和对策称为**矩阵对策**。

矩阵对策的基本模型可以表示为：

$$G = \{ S_1, S_2, A \}$$

其中，$S_1 = \{ \alpha_1, \alpha_2, \cdots, \alpha_m \}$ 和 $S_2 = \{ \beta_1, \beta_2, \cdots, \beta_n \}$ 分别表示甲、乙的策略集，$A = (a_{ij})_{m \times n}$ 表示局中人甲的赢得矩阵。

10.2 矩阵对策的基本理论

10.2.1 矩阵对策的纯策略

下面先介绍一个例子来说明矩阵对策的基本准则，然后引入相关概念。

【例 10.1】设矩阵对策 $G = \{ S_1, S_2, A \}$，问局中人甲和乙应各选什么策略？其中：

$$A = \begin{array}{c} \\ \alpha_1 \\ \alpha_2 \\ \alpha_3 \end{array} \begin{array}{cccc} \beta_1 & \beta_2 & \beta_3 & \beta_4 \\ \begin{bmatrix} 7 & -8 & -2 & 4 \\ 3 & 6 & 2 & 3 \\ 9 & 2 & -3 & -5 \end{bmatrix} \end{array}$$

考虑这个问题的思路往往是这样的：如果甲要获取最大赢得 9 的话，他会选择 α_3；如果乙料到甲的选择的话，乙会选择 β_4；这样，乙的赢得为 5，而甲的损失为 5。进一步地，如果甲也料到乙的选择，甲将选择 α_1，这样他的赢得为 4；在这种情况下，乙将选择 β_2，获得赢得为 8。接下来，甲会考虑选择 α_2，赢得为 6；而乙会进一步考虑选择 β_3，使自己的最大损失为 2。于是，可以看到，这时甲的选择依然为 α_2，使自己的最小赢得为 2。所以，该矩阵对策的最后结果为甲选择 α_2，乙选择 β_3。

甲、乙都是理性的人，理性的人都是"避祸趋利"的，不会抱着侥幸心理而贸然决策。根据以上分析思路可以看出，最明智的决策，是从各种最不利的情况出发，从中选择一个最好的结果。也就是说，每个局中人都应该按照"坏中求好"的准则进行决策。反映到具体的矩阵对策模型中，应该按照"赢得数值小中求大"的准则进行决策。

在对策 $G = \{S_1, S_2, A\}$ 中，A 是甲方的赢得矩阵，对甲来说，矩阵对策的求解过程是"所得小中求大"。需要注意的是，对于乙方来说，A 是损失矩阵，因此矩阵对策的求解过程应该是"所失大中求小"。例 10.1 中的矩阵对策的求解过程可以采用以下方式表述：

$$A = \begin{array}{c} \\ \alpha_1 \\ \alpha_2 \\ \alpha_3 \\ \max_i a_{ij} \end{array} \begin{array}{cccc} \beta_1 & \beta_2 & \beta_3 & \beta_4 \\ \left[\begin{array}{cccc} 7 & -8 & -2 & 4 \\ 3 & 6 & 2 & 3 \\ 9 & 2 & -3 & -5 \end{array}\right] \\ 9 & 6 & \boxed{2} & 4 \end{array} \begin{array}{c} \min_j a_{ij} \\ -8 \\ \boxed{2} \\ -5 \end{array} (\max_i)$$

$$(\min_j)$$

按照"坏中求好"的准则，甲应选策略 α_2，乙应选策略 β_3，这时双方的策略构成的局势为 (α_2, β_3)。在这种局势下，只要甲选择 α_2，就能保证他的赢得至少为 2；如果甲选择 α_2 而乙不选择 β_3，那么乙的损失必然大于 2。因此，在甲选择 α_2 的情况下，乙的最优选择是 β_3。反之，在乙选择 β_3 的情况下，甲的最优选择为 α_2。在双方都能理智决策的情况下，α_2 和 β_3 就是甲、乙的最优策略，即 $\alpha^* = \alpha_2$，$\beta^* = \beta_3$；同时：

$$\max_i \min_j a_{ij} = \min_j \max_i a_{ij} = a_{23} = 2$$

即数值 $a_{23} = 2$ 就是双方都能感到满意的对策结果。

对于一般的对策矩阵，引入如下定义。

定义 10.1　设有矩阵对策 $G = \{S_1, S_2, A\}$，其中：$S_1 = \{\alpha_1, \alpha_2, \cdots, \alpha_m\}$，$S_2 = \{\beta_1, \beta_2, \cdots, \beta_n\}$，$A = (a_{ij})_{m \times n}$。如果 A 中存在一个元素 a_{rk} 满足：

$$a_{rk} = \max_i \min_j a_{ij} = \min_j \max_i a_{ij} \tag{10-1}$$

则局势 (α_r, β_k) 称为对策的**解**或**鞍点**；α_r，β_k 分别为局中人甲、乙的**最优纯策略**，记为 $\alpha^* = \alpha_r$，$\beta^* = \beta_k$；而 a_{rk} 为矩阵对策 G 的值，记为 $V_G = a_{rk}$。

需要指出的是，定义中所谓的"纯策略"，是为了与下面的"混合策略"相区别。

【例10.2】 求解矩阵对策 $G = \{S_1, S_2, A\}$，其中：$S_1 = \{\alpha_1, \alpha_2, \alpha_3\}$，$S_2 = \{\beta_1, \beta_2, \beta_3, \beta_4\}$，$A = \begin{bmatrix} 5 & 3 & 4 & 3 \\ -3 & 2 & 0 & -8 \\ 6 & 3 & 7 & 3 \end{bmatrix}$。

解：根据甲方"所得小中求大"、乙方"所失大中求小"的准则，得到：

$$
\begin{array}{c}
\begin{array}{ccccc} & \beta_1 & \beta_2 & \beta_3 & \beta_4 & \min_j a_{ij} \end{array} \\
A = \begin{array}{c} \alpha_1 \\ \alpha_2 \\ \alpha_3 \\ \max_i a_{ij} \end{array}
\begin{bmatrix} 5 & 3 & 4 & 3 \\ -3 & 2 & 0 & -8 \\ 6 & 3 & 7 & 3 \\ 6 & \boxed{3} & 7 & \boxed{3} \end{bmatrix}
\begin{array}{c} \boxed{3}\ (\max_i) \\ -8 \\ \boxed{3}\ (\max_i) \\ \end{array}
\end{array}
$$

（min）（min）

则甲的最优纯策略 $\alpha^* = \alpha_1$ 或 α_3，乙的最优纯策略 $\beta^* = \beta_2$ 或 β_4。矩阵对策 G 的解为 (α_1, β_2)，(α_1, β_4)，(α_3, β_2)，(α_3, β_4)。G 的值 $V_G = 3$。

由例10.2可知，矩阵对策的解可能不是唯一的，但对策的值是唯一的。当解不唯一，解之间的关系具有如下性质：

性质10.1（无差别性） 若 (α_r, β_k) 和 (α_s, β_l) 都是矩阵对策 G 的解，则 $V_G = a_{rk} = a_{sl}$。

性质10.2（可交换性） 若 (α_r, β_k) 和 (α_s, β_l) 都是矩阵对策 G 的解，则 (α_r, β_l) 和 (α_s, β_k) 也是矩阵对策 G 的解。

以下再举一个例子，说明矩阵对策的应用情况。

【例10.3】 有甲、乙两家企业生产同类产品，其中企业甲研制出了一种新产品。为推出这种新产品加强与企业乙的竞争，甲考虑了三个竞争策略：（1）将新产品全面投入生产；（2）继续生产现有产品，新产品进行小批量生产；（3）维持原状，只生产新产品的样品进行市场情况测试。企业乙了解企业甲的情况后也拟定了三个策略：（1）加速研制同类新产品；（2）对现有产品进行改进；（3）加大原有产品的广告促销力度。由于受市场预测能力的限制，企业甲只能得到关于双方对策结果的大致分析结论，如表10-1所示。问：企业甲、乙各应采取什么策略？

表10-1 　　　　　　　　　　　　　甲、乙双方对策策略及其结果

		企业乙的策略		
		加速研发	现有产品改进	原产品促销
企业甲的策略	全面投产	较好	好	很好
	小批量生产	一般	较差	较好
	生产样品	很差	差	一般

解：设企业甲的策略集为 $S_1 = \{\alpha_1, \alpha_2, \alpha_3\}$，其中，$\alpha_1$、$\alpha_2$、$\alpha_3$ 分别表示新产品全面投产、小批量生产和生产新产品样品等三个策略；企业乙的策略集为 $S_2 = \{\beta_1, \beta_2, \beta_3\}$，$\beta_1$、$\beta_2$、$\beta_3$ 分别表示加速研发新产品、改进现有产品和加大现有产品的促销力度等三个策略。

接下来将定性结论转化为量化数据，表示如下："很好"记为 6；"好"记为 4；"较好"记为 2；"一般"记为 0；"较差"记为 -2；"差"记为 -4；"很差"记为 -6。则可以建立企业甲的赢得矩阵为：

$$A = \begin{array}{c} \\ \alpha_1 \\ \alpha_2 \\ \alpha_3 \end{array} \begin{array}{ccc} \beta_1 & \beta_2 & \beta_3 \\ \left[\begin{array}{ccc} 2 & 4 & 6 \\ 0 & -2 & 2 \\ -6 & -4 & 0 \end{array}\right] \end{array}$$

根据局中人"坏中求好"的准则，得到：

$$A = \begin{array}{c} \\ \\ \alpha_1 \\ \alpha_2 \\ \alpha_3 \\ \max\limits_i a_{ij} \end{array} \begin{array}{cccc} \beta_1 & \beta_2 & \beta_3 & \min\limits_j a_{ij} \\ \left[\begin{array}{ccc} 2 & 4 & 6 \\ 0 & -2 & 2 \\ -6 & -4 & 0 \end{array}\right] & \begin{array}{c} \boxed{2} \ (\max\limits_i) \\ -2 \\ -6 \end{array} \\ \boxed{2} \quad 4 \quad 6 \\ (\min\limits_j) \end{array}$$

则企业甲的最优纯策略 $\alpha^* = \alpha_1$，企业乙的最优纯策略 $\beta^* = \beta_1$，矩阵对策 G 的值 $V_G = 2$。由此可见，甲的最好选择是"将新产品全面投入生产"，而乙的最好选择为"加速研制同类新产品"，在这种局势下，虽然预测的结论对乙不是很有利，但对乙而言，"加速研制同类新产品"仍不失为最好的选择。

10.2.2　矩阵对策的混合策略

在矩阵对策 $G = \{S_1, S_2, A\}$ 中，局中人甲的至少赢得为 $v_1 = \max\limits_i \min\limits_j a_{ij}$，局中人乙的至多损失为 $v_2 = \min\limits_j \max\limits_i a_{ij}$。那么，$v_1$ 和 v_2 存在什么样的关系？$v_1 = v_2$ 一定成立吗？

一般，局中人甲的赢得不会大于局中人乙的损失；也就是说，对于矩阵对策，一般有不等式

$$v_1 = \max\limits_i \min\limits_j a_{ij} \leqslant \min\limits_j \max\limits_i a_{ij} = v_2 \tag{10-2}$$

成立。当 $v_1 = v_2$ 时，矩阵对策有纯策略意义下的解，且 $V_G = v_1 = v_2$。然而，实际中出现的更多情况是 $v_1 < v_2$，这时，矩阵对策不存在纯策略意义下的解。那么，在这种情况下，甲乙双方应该如何决策呢？以下先分析一个简单的例子，然后再引进新的概念，对矩阵对策的解的

概念进行扩充。

【例 10.4】 求解矩阵对策 $G = \{S_1, S_2, A\}$，其中：$S_1 = \{\alpha_1, \alpha_2\}$，$S_2 = \{\beta_1, \beta_2\}$，$A = \begin{bmatrix} 8 & 4 \\ 5 & 6 \end{bmatrix}$。

对于局中人甲而言，甲的至少赢得为：$v_1 = \max_i \min_j a_{ij} = 5$；对于局中人乙而言，乙的至多损失为：$v_2 = \min_j \max_i a_{ij} = 6$。可见，$v_2 > v_1$。于是，双方根据"坏中求好"的准则来选择纯策略，甲应该选择的策略为 $\alpha^* = \alpha_2$，乙的相应选择为 $\beta^* = \beta_2$。但是，可以看出的是，当甲选择策略 α_2 时，β_2 对于乙来说并不是最优的，此时乙更好的选择应该是 β_1。而如果乙选择 β_1，甲应该选择 α_1。但如果甲选择 α_1，则乙应该选择 β_2。如果乙选 β_2，则甲应该选择 α_2。如此来看，局中人甲和乙均存在选择各种策略的可能性，对于双方而言，不存在一个双方都能够接受的平衡局势，即不存在纯策略意义下的解。

在这种情况下，不妨这样考虑：既然局中人都不能给出特定的最优策略，那么，局中人可以以一定的概率随机地选取某个纯策略来参与对策，即采用"混合策略"。以下，针对例 10.4，先简要说明混合策略的求解过程。

假如局中人甲分别以概率 x 和 $1-x$ 选择纯策略 α_1 和 α_2，乙分别以概率 y 和 $1-y$ 选择纯策略 β_1 和 β_2，甲的期望赢得为：

$$E(x,y) = 8xy + 4x(1-y) + 5(1-x)y + 6(1-x)(1-y)$$
$$= 5\left(x - \frac{1}{5}\right)\left(y - \frac{2}{5}\right) + \frac{28}{5}$$

显然，甲希望自己的期望赢得 $E(x, y)$ 越大越好，如果取 $x = 1/5$，则他的期望赢得至少为 $28/5$；如果取 $x \neq 1/5$，甲无法保证他的期望赢得能超过 $28/5$。同时，$E(x, y)$ 是乙的期望损失，乙自然希望它越小越好，如果取 $y = 2/5$，则乙的期望损失至多为 $28/5$；反之，则不能保证他的损失不低于 $28/5$。

综合以上分析得到，甲取 $x = 1/5$，乙取 $y = 2/5$，是双方的最优选择。在这种情况下，甲的期望赢得为 $28/5$，乙的期望损失为 $28/5$，是双方都能感到满意的对策值。这个结果可以反映出局中人对各纯策略的偏爱程度。在现实中，可以这样解释：如果甲乙间进行 5 次对策，则甲随机选取 α_1 策略 1 次、α_2 策略 4 次，而乙随机选取 β_1 策略 2 次、β_2 策略 3 次；如果双方仅进行一次对策，那么甲选择策略 α_2、乙选择 β_2 策略的可能性会更大一些。

下面，给出矩阵对策混合策略及其在混合策略意义下的解的相关定义。

定义 10.2 设有矩阵对策 $G = \{S_1, S_2, A\}$，其中：$S_1 = \{\alpha_1, \alpha_2, \cdots, \alpha_m\}$，$S_2 = \{\beta_1, \beta_2, \cdots, \beta_n\}$，$A = (a_{ij})_{m \times n}$。设局中人甲以概率 x_i 选择纯策略 α_i（$x_i \geq 0$，$i = 1, 2, \cdots, m$；$\sum_{i=1}^m x_i = 1$），局中人乙以概率 y_j 选择纯策略 β_j（$y_j \geq 0$，$j = 1, 2, \cdots, n$；$\sum_{j=1}^n y_j = 1$），则：

（1）将策略集 S_1 上的概率分布 $X = (x_1, x_2, \cdots, x_m)^T$ 称为局中人甲的**混合策略**；将策

略集 S_2 上的概率分布 $Y = (y_1, y_2, \cdots, y_n)^T$ 称为局中人乙的混合策略；称 (X, Y) 为矩阵对策 G 的一个**混合局势**。

（2）将数学期望 $E(X,Y) = X^T A Y = \sum_{i=1}^{m} \sum_{j=1}^{n} a_{ij} x_i y_j$ 称为甲的**期望赢得**，同时又称为乙的**期望损失**。

（3）记 $S_1^* = \left\{ x \in E^m \mid x_i \geqslant 0, i = 1, 2, \cdots, m; \sum_{i=1}^{m} x_i = 1 \right\}$ 和 $S_2^* = \left\{ y \in E^n \mid y_j \geqslant 0, j = 1, 2, \cdots, n; \sum_{j=1}^{n} y_j = 1 \right\}$ 分别为局中人甲和乙的**混合策略集**，称 $G^* = \{ S_1^*, S_2^*, E \}$ 为对策 $G = \{ S_1, S_2, A \}$ 的**混合扩充**。

定义 10.3　设 $G^* = \{ S_1^*, S_2^*, E \}$ 为对策 $G = \{ S_1, S_2, A \}$ 的混合扩充。若有 $X^* \in S_1^*$，$Y^* \in S_2^*$，满足

$$E(X^*, Y^*) = \max_X \min_Y E(X,Y) = \min_Y \max_X E(X,Y) \tag{10-3}$$

则 X^* 和 Y^* 分别为局中人甲、乙的**最优混合策略**，简称**最优策略**；而 (X^*, Y^*) 称为矩阵对策 G 在混合策略意义下的解或**平衡局势**，简称 G 的解；$E(X^*, Y^*)$ 称为对策 G 的值，记为 V_G^*，即

$$V_G^* = E(X^*, Y^*) = \max_X \min_Y E(X,Y) = \min_Y \max_X E(X,Y) \tag{10-4}$$

可以看出，甲、乙双方的最优混合策略，同求取最优纯策略的准则一样，也是在"坏中求好"的准则下求取。此外，矩阵对策 G 在纯策略意义下的解 (α^*, β^*) 实质上是 (X^*, Y^*) 的一种特殊情况，即甲、乙双方都以概率 1 分别选择纯策略 α^* 和 β^*。

以下约定，对矩阵对策 G 及其混合扩充 G^* 一般不加区别，都采用 $G = \{ S_1, S_2, A \}$ 来表示。当 G 在纯策略意义下的解不存在时，自然认为讨论的是在混合策略意义下的解。

【例 10.5】 求解矩阵对策 $G = \{ S_1, S_2, A \}$，其中：$S_1 = \{ \alpha_1, \alpha_2 \}$，$S_2 = \{ \beta_1, \beta_2 \}$，$A = \begin{bmatrix} 1 & 4 \\ 3 & 2 \end{bmatrix}$。

解：由分析可知，该对策不存在纯策略解。设 $X = (x_1, x_2)^T$ 和 $Y = (y_1, y_2)^T$ 分别为局中人甲和乙的混合策略，则

$$S_1^* = \{ (x_1, x_2) \mid x_1, x_2 \geqslant 0, x_1 + x_2 = 1 \}$$
$$S_2^* = \{ (y_1, y_2) \mid y_1, y_2 \geqslant 0, y_1 + y_2 = 1 \}$$

局中人甲的期望赢得为：

$$E(X,Y) = xy + 4x(1-y) + 3(1-x)y + 2(1-x)(1-y)$$
$$= -4\left(x - \frac{1}{4}\right)\left(y - \frac{1}{2}\right) + \frac{5}{2}$$

则 $X^* = \left(\dfrac{1}{4}, \dfrac{3}{4}\right)^T$，$Y^* = \left(\dfrac{1}{2}, \dfrac{1}{2}\right)^T$ 分别为局中人甲和乙的最优策略，该对策的解为（X^*，Y^*），对策 G 的值 $V_G^* = E(X^*, Y^*) = \dfrac{5}{2}$。

10.2.3 矩阵对策的基本定理

本小节讨论矩阵对策的解的存在性及其性质，它们是 10.3 节矩阵对策求解方法提出的理论基础。

定理 10.1 设 $X^* \in S_1^*$，$Y^* \in S_2^*$，则（X^*，Y^*）是矩阵对策 G 的解的充要条件是：对于任意 $X \in S_1^*$，$Y \in S_2^*$，都有

$$E(X, Y^*) \leqslant E(X^*, Y^*) \leqslant E(X^*, Y) \tag{10-5}$$

记

$$E(i, Y) = \sum_{j=1}^{n} a_{ij} y_j$$

$$E(X, j) = \sum_{i=1}^{m} a_{ij} x_i$$

其中，$E(i, Y)$ 表示局中人甲取纯策略 α_i（乙取混合策略 Y）时甲的期望赢得值，$E(X, j)$ 表示局中人乙取纯策略 β_j（乙取混合策略 X）时乙的期望损失值。

根据上述两式，得到

$$E(X, Y) = \sum_{i=1}^{m} \sum_{j=1}^{n} a_{ij} x_i y_j = \sum_{i=1}^{m} \left(\sum_{j=1}^{n} a_{ij} y_j\right) x_i = \sum_{i=1}^{m} E(i, Y) x_i$$

$$E(X, Y) = \sum_{i=1}^{m} \sum_{j=1}^{n} a_{ij} x_i y_j = \sum_{j=1}^{n} \left(\sum_{i=1}^{m} a_{ij} x_i\right) y_j = \sum_{j=1}^{m} E(X, j) y_j$$

于是，得到以下定理：

定理 10.2 若 $X^* \in S_1^*$，$Y^* \in S_2^*$，则（X^*，Y^*）是矩阵对策 G 的解的充要条件是：对于任意 $i = 1, 2, \cdots, m$ 和 $j = 1, 2, \cdots, n$，都有

$$E(i, Y^*) \leqslant E(X^*, Y^*) \leqslant E(X^*, j) \tag{10-6}$$

对于式（10-6）作简要说明：由于

$$E(X, Y^*) = \sum_{i=1}^{m} E(i, Y^*) x_i \leqslant E(X^*, Y^*) \sum_{i=1}^{m} x_i = E(X^*, Y^*)$$

$$E(X^*, Y) = \sum_{j=1}^{n} E(X^*, j) y_j \geqslant E(X^*, Y^*) \sum_{j=1}^{n} y_j = E(X^*, Y^*)$$

因此，式（10-6）成立；进一步地，可以得到以下推论。

推论 10.1 设实数 v^* 是对策 $G = \{S_1, S_2, A\}$ 的值，则方程组（10-7）和方程组（10-8）的解 X^* 和 Y^* 分别是局中人甲和乙的最优策略。

$$
\begin{cases}
\sum\limits_{i=1}^{m} a_{ij} x_i \geqslant v^*, & j = 1, 2, \cdots, n \\
\sum\limits_{i=1}^{m} x_i = 1 \\
x_i \geqslant 0, & i = 1, 2, \cdots, m
\end{cases}
\tag{10-7}
$$

$$
\begin{cases}
\sum\limits_{j=1}^{n} a_{ij} y_j \leqslant v^*, & i = 1, 2, \cdots, m \\
\sum\limits_{j=1}^{n} y_j = 1 \\
y_j \geqslant 0, & j = 1, 2, \cdots, n
\end{cases}
\tag{10-8}
$$

定理 10.3 对于任意矩阵对策 $G = \{S_1, S_2, A\}$，一定存在混合策略意义下的解。

证明： 由于对于局中人甲而言，$v^* = \max\limits_{X} E(X, Y^*)$；对于局中人乙而言，$v^* = \min\limits_{Y} E(X^*, Y)$。因此根据方程组（10-7）和方程组（10-8）可以构造如下两个线性规划问题：

$$
(\text{P}) \quad \max \omega
$$

$$
\text{s. t.}
\begin{cases}
\sum\limits_{i=1}^{m} a_{ij} x_i \geqslant \omega, & j = 1, 2, \cdots, n \\
\sum\limits_{i=1}^{m} x_i = 1 \\
x_i \geqslant 0, & i = 1, 2, \cdots, m
\end{cases}
$$

和

$$
(\text{D}) \quad \min u
$$

$$
\text{s. t.}
\begin{cases}
\sum\limits_{j=1}^{n} a_{ij} y_j \leqslant u, & i = 1, 2, \cdots, m \\
\sum\limits_{j=1}^{n} y_j = 1 \\
y_j \geqslant 0, & j = 1, 2, \cdots, n
\end{cases}
$$

不难看出，（P）和（D）是两个互为对偶的线性规划，并且

$$
X = (1, 0, \cdots, 0)^T, \omega = \min\limits_{j} a_{1j}
$$

是问题（P）的一个可行解；同时

$$Y = (1,0,\cdots,0)^T, u = \max_i a_{i1}$$

是问题（D）的一个可行解。由线性规划对偶理论中的强对偶定理可知，（P）和（D）分别存在最优解 X^* 和 Y^*，并且最优值 $\omega^* = u^*$。

综上可知，存在 $X^* \in S_1^*$，$Y^* \in S_2^*$，以及实数 v^*，使得

$$\sum_{j=1}^n a_{ij}y_j^* \leqslant v^* \leqslant \sum_{i=1}^m a_{ij}x_i^* \qquad (10-9)$$

对于任意 $i = 1$，2，$\cdots$，m 和 $j = 1$，2，$\cdots$，n 都成立，而式（10-9）和式（10-6）是一致的，因此根据定理 10.3，矩阵对策 G 有解 (X^*, Y^*)。证毕。

定理 10.3 不仅指出了矩阵对策 G 的解的存在性，而且提出了一种求解矩阵对策 G 的通用方法——线性规划法，这将在 10.3 节阐述。

进一步地，在定理 10.3 的证明过程的基础上，结合线性规划对偶理论中的互补松弛定理可以得到以下结论。

推论 10.2 若 (X^*, Y^*) 是矩阵对策 G 的解，$V_G^* = v^*$，则

（1）若 $x_i^* > 0$，则 $\displaystyle\sum_{j=1}^n a_{ij}y_j^* = v^*$；

（2）若 $y_j^* > 0$，则 $\displaystyle\sum_{i=1}^m a_{ij}x_i^* = v^*$；

（3）若 $\displaystyle\sum_{j=1}^n a_{ij}y_j^* < v^*$，则 $x_i^* = 0$；

（4）若 $\displaystyle\sum_{i=1}^m a_{ij}x_i^* > v^*$，则 $y_j^* = 0$。

推论 10.2 对于矩阵对策 G 的求解很有用，尤其是它的第（1）、第（2）条性质是方程组法的基础，这也将在 10.3 节中阐述。

记 $T(G)$ 为矩阵对策的最优策略集，有以下三个定理。

定理 10.4 有两个矩阵对策 $G_1 = \{S_1, S_2, A_1\}$ 和 $G_2 = \{S_1, S_2, A_2\}$，其中 $A_1 = (a_{ij})_{m \times n}$，$A_2 = (a_{ij} + d)_{m \times n}$，$d$ 为任意常数，则有：$T(G_1) = T(G_2)$（这里，$T(G_1)$ 和 $T(G_2)$ 分别表示局中人甲和乙的最优策略集），$V_{G_2}^* = V_{G_1}^* + d$。

定理 10.5 有两个矩阵对策 $G_1 = \{S_1, S_2, A_1\}$ 和 $G_2 = \{S_1, S_2, A_2\}$，其中 $A_1 = (a_{ij})_{m \times n}$，$A_2 = \alpha(a_{ij})_{m \times n}$，$\alpha$ 为任意常数，则有：$T(G_1) = T(G_2)$，$V_{G_2}^* = \alpha V_{G_1}^*$。

定理 10.6 有矩阵对策 $G = \{S_1, S_2, A\}$，且 $A = -A^T$，则 $T(G_1) = T(G_2)$，$V_G^* = 0$。

10.3 矩阵对策的求解方法

10.3.1 占优策略

定义 10.4 在矩阵对策 $G = \{S_1, S_2, A\}$ 中，$A = (a_{ij})_{m \times n}$ 为局中人甲的赢得矩阵。若

$a_{kj} \geqslant a_{lj}$，$j = 1$，2，$\cdots$，n，则称局中人甲的纯策略 k 占优于纯策略 l；若 $a_{ik} \leqslant a_{il}$，$i = 1$，2，$\cdots$，m，则称局中人乙的纯策略 k 占优于纯策略 l。

上述关于占优策略的定义为一部分矩阵对策的简化求解提供了思路。在赢得矩阵 A 中，如果第 k 行的数值均不小于第 l 行的相应数值，那么对于局中人甲而言，他不会选择纯策略 α_l，相对于纯策略 α_l 而言，α_k 是占优策略。反之，矩阵 A 对于局中人乙而言是损失矩阵，如果第 l 列的数值均不小于第 k 列的相应数值，则乙是不会选择纯策略 β_l 的，相对于纯策略 β_l 而言，β_k 是占优策略。

【例 10.6】求解矩阵对策 $G = \{S_1，S_2，A\}$，其中：$S_1 = \{\alpha_1，\alpha_2，\alpha_3\}$，$S_2 = \{\beta_1，\beta_2，\beta_3\}$，$A = \begin{bmatrix} 1 & -3 & 0 \\ 0 & 1 & -1 \\ 3 & -1 & 1 \end{bmatrix}$。

解：根据占优策略的定义，对于局中人甲而言，很显然，纯策略 α_3 占优于纯策略 α_1，甲选择策略 α_1 的概率为 0。于是，矩阵 A 转化为：

$$A \to A' = \begin{matrix} \\ \alpha_2 \\ \alpha_3 \end{matrix} \begin{matrix} \beta_1 & \beta_2 & \beta_3 \\ \begin{bmatrix} 0 & 1 & -1 \\ 3 & -1 & 1 \end{bmatrix} \end{matrix}$$

进一步观察得到，对于局中人乙而言，纯策略 β_3 占优于纯策略 β_1，乙选择策略 β_1 的概率为 0，于是矩阵 A' 转化为：

$$A' \to A'' = \begin{matrix} \\ \alpha_2 \\ \alpha_3 \end{matrix} \begin{matrix} \beta_2 & \beta_3 \\ \begin{bmatrix} 1 & -1 \\ -1 & 1 \end{bmatrix} \end{matrix}$$

不难得到（求解过程略），甲采用纯策略 α_2 和 α_3 的概率各为 $1/2$，乙采用纯策略 β_2 和 β_3 的概率也各为 $1/2$。则局中人甲和乙的最优策略分别为 $X^* = \left(0，\dfrac{1}{2}，\dfrac{1}{2}\right)^T$ 和 $Y^* = \left(0，\dfrac{1}{2}，\dfrac{1}{2}\right)^T$，对策 G 的值 $V_G^* = E(X^*，Y^*) = 0$。

10.3.2 方程组法

由定理 10.2 的推论 10.1 可知，求矩阵对策解 $(X^*，Y)$ 等价于求解不等式组（10-7）和方程组（10-8）；又由定理 10.3 的推论 10.2 可知，如果最优混合策略中的 x_i^* 和 y_j^* 均不等于零，则可以将不等式组（10-7）和不等式组（10-8）的求解问题转化为下面两个方程组的求解问题：

$$\begin{cases} \sum_{i=1}^{m} a_{ij}x_i = v^*, & j = 1,2,\cdots,n \\ \sum_{i=1}^{m} x_i = 1 \end{cases} \qquad (10-10)$$

$$\begin{cases} \sum_{j=1}^{n} a_{ij}y_j = v^*, & i = 1,2,\cdots,m \\ \sum_{j=1}^{n} y_j = 1 \end{cases} \qquad (10-11)$$

如果方程组（10-10）和方程组（10-11）存在非负解 x_i^* 和 y_j^*，则求得矩阵对策的一个解。如果这两个方程组不存在非负解，则应采用其他方法求解。此外，需要指出的是，由于这种方法事先假定 x_i^* 和 y_j^* 均不为零，故当最优策略的某些分量实际为零时，方程组可能无解；因此，这种方法在实际应用中存在一定的局限性。

虽然对于一般情况的矩阵对策，事先难以确定方程组（10-10）和方程组（10-11）的解是否就是矩阵对策的解，但是对于局中人都只有两个纯策略，且赢得矩阵为：

$$A = \begin{bmatrix} a_{11} & a_{12} \\ a_{21} & a_{22} \end{bmatrix}$$

不存在鞍点（即无纯策略解）的情况下，通过上述方程组总能求得甲和乙的最优混合策略：

$$\begin{cases} x_1^* = \dfrac{a_{22} - a_{21}}{(a_{11} + a_{22}) - (a_{12} + a_{21})} \\[2mm] x_2^* = \dfrac{a_{11} - a_{12}}{(a_{11} + a_{22}) - (a_{12} + a_{21})} \\[2mm] y_1^* = \dfrac{a_{22} - a_{12}}{(a_{11} + a_{22}) - (a_{12} + a_{21})} \\[2mm] y_2^* = \dfrac{a_{11} - a_{21}}{(a_{11} + a_{22}) - (a_{12} + a_{21})} \end{cases}$$

并求得该矩阵对策的值为：

$$V_G^* = \frac{a_{11}a_{22} - a_{12}a_{21}}{(a_{11} + a_{22}) - (a_{12} + a_{21})}$$

【例 10.7】求解矩阵对策 $G = \{S_1, S_2, A\}$，其中：$S_1 = \{\alpha_1, \alpha_2\}$，$S_2 = \{\beta_1, \beta_2\}$，$A = \begin{bmatrix} 4 & 2 \\ 0 & 8 \end{bmatrix}$。

解：可知该对策矩阵无纯策略解。设甲和乙的最优混合策略分别为 $X^* = (x_1^*, x_2^*)^T$，$Y^* = (y_1^*, y_2^*)^T$。假设甲和乙选择各自策略集中任一策略的可能性都是有的，则可以事先

假设 x_1^*，$x_2^* > 0$ 和 y_1^*，$y_2^* > 0$，以下采用方程组法进行求解。

针对矩阵 A 列出以下两个方程组：

$$\begin{cases} 4x_1 = v \\ 2x_1 + 8x_2 = v; \\ x_1 + x_2 = 1 \end{cases} \qquad \begin{cases} 4y_1 + 2y_2 = v \\ 8y_2 = v \\ y_1 + y_2 = 1 \end{cases}$$

求解得到：$X^* = \left(\dfrac{4}{5}, \dfrac{1}{5} \right)^T$，$Y^* = \left(\dfrac{3}{5}, \dfrac{2}{5} \right)^T$，$V_G^* = v = E(X^*, Y^*) = \dfrac{16}{5}$。

【例 10.8】 试求解"田忌赛马"问题。

解：由 10.1 节可知，"田忌赛马"中田忌的赢得矩阵为：

$$A = \begin{array}{c} \\ \alpha_1 \\ \alpha_2 \\ \alpha_3 \\ \alpha_4 \\ \alpha_5 \\ \alpha_6 \end{array} \begin{array}{c} \begin{matrix} \beta_1 & \beta_2 & \beta_3 & \beta_4 & \beta_5 & \beta_6 \end{matrix} \\ \left[\begin{matrix} -3 & -1 & 1 & -1 & -1 & -1 \\ -1 & -3 & -1 & 1 & -1 & -1 \\ -1 & -1 & -3 & -1 & 1 & -1 \\ -1 & -1 & -1 & -3 & -1 & 1 \\ 1 & -1 & -1 & -1 & -3 & -1 \\ -1 & 1 & -1 & -1 & -1 & -3 \end{matrix} \right] \end{array}$$

可知该对策矩阵无纯策略解。设田忌和齐王的最优混合策略分别为 $X^* = (x_1^*, \cdots, x_6^*)^T$，$Y^* = (y_1^*, \cdots, y_6^*)^T$。假设 $x_i^* > 0$，$i = 1, 2, \cdots, 6$；$y_j^* > 0$，$j = 1, 2, \cdots, 6$，求解方程组

$$\begin{cases} -3x_1 - x_2 - x_3 - x_4 + x_5 - x_6 = v \\ -x_1 - 3x_2 - x_3 - x_4 - x_5 + x_6 = v \\ x_1 - x_2 - 3x_3 - x_4 - x_5 - x_6 = v \\ -x_1 + x_2 - x_3 - 3x_4 - x_5 - x_6 = v \\ -x_1 - x_2 + x_3 - x_4 - 3x_5 - x_6 = v \\ -x_1 - x_2 - x_3 + x_4 - x_5 - 3x_6 = v \\ x_1 + x_2 + x_3 + x_4 + x_5 + x_6 = 1 \end{cases} \quad 和 \quad \begin{cases} -3y_1 - y_2 + y_3 - y_4 - y_5 - y_6 = v \\ -y_1 - 3y_2 - y_3 + y_4 - y_5 - y_6 = v \\ -y_1 - y_2 - 3y_3 - y_4 + y_5 - y_6 = v \\ -y_1 - y_2 - y_3 - 3y_4 - y_5 + y_6 = v \\ y_1 - y_2 - y_3 - y_4 - 3y_5 - y_6 = v \\ -y_1 + y_2 - y_3 - y_4 - y_5 - 3y_6 = v \\ y_1 + y_2 + y_3 + y_4 + y_5 + y_6 = 1 \end{cases}$$

得到：$X^* = \left(\dfrac{1}{6}, \dfrac{1}{6}, \dfrac{1}{6}, \dfrac{1}{6}, \dfrac{1}{6}, \dfrac{1}{6} \right)^T$，$Y^* = \left(\dfrac{1}{6}, \dfrac{1}{6}, \dfrac{1}{6}, \dfrac{1}{6}, \dfrac{1}{6}, \dfrac{1}{6} \right)^T$，$V_G^* = E(X^*, Y^*) = -1$。

【例 10.9】 求解矩阵对策 $G = \{S_1, S_2, A\}$，其中：$S_1 = \{\alpha_1, \alpha_2, \alpha_3\}$，$S_2 = \{\beta_1, \beta_2, \beta_3\}$，$A = \begin{bmatrix} 3 & 2 & 2 \\ 2 & 2 & 5 \\ 2 & 4 & 2 \end{bmatrix}$。

解：可知该矩阵对策无纯策略解，可以尝试采用方程组法求解。为简化求解过程，将 A 中的元素都减去 2，得到：

$$A' = A - 2E = \begin{bmatrix} 3 & 2 & 2 \\ 2 & 2 & 5 \\ 2 & 4 & 2 \end{bmatrix} - 2 \times \begin{bmatrix} 1 & 1 & 1 \\ 1 & 1 & 1 \\ 1 & 1 & 1 \end{bmatrix} = \begin{bmatrix} 1 & 0 & 0 \\ 0 & 0 & 3 \\ 0 & 2 & 0 \end{bmatrix}$$

由此，矩阵对策 $G = \{S_1, S_2, A\}$ 转化为 $G' = \{S_1, S_2, A'\}$。根据定理 10.4 可知，G 和 G' 的解是一致的。设甲和乙的最优混合策略分别为 $X^* = (x_1^*, x_2^*, x_3^*)^T$，$Y^* = (y_1^*, y_2^*, y_3^*)^T$，求解下列两个方程组：

$$\begin{cases} x_1 = v \\ 2x_3 = v \\ 3x_2 = v \\ x_1 + x_2 + x_3 = 1 \end{cases} \quad \text{和} \quad \begin{cases} y_1 = v \\ 3y_3 = v \\ 2y_2 = v \\ y_1 + y_2 + y_3 = 1 \end{cases}$$

求解得到：$X^* = (x_1^*, x_2^*, x_3^*)^T = \left(\dfrac{6}{11}, \dfrac{3}{11}, \dfrac{2}{11} \right)^T$，$Y^* = (y_1^*, y_2^*, y_3^*)^T = \left(\dfrac{6}{11}, \dfrac{2}{11}, \dfrac{3}{11} \right)^T$，$V_G'^* = v = E(X^*, Y^*) = \dfrac{6}{11}$。根据定理 10.4 可知，矩阵对策 G 的值 $V_G^* = V'_G + 2 = \dfrac{28}{11}$。

10.3.3　图解法

在矩阵对策中，对于其中一个局中人只有两种纯策略的情况，即赢得矩阵为 $2 \times n$ 或 $m \times 2$ 阶时，可以采用简单直观的图解法进行求解，举例如下。

【例 10.10】 求解矩阵对策 $G = \{S_1, S_2, A\}$，其中：$S_1 = \{\alpha_1, \alpha_2\}$，$S_2 = \{\beta_1, \beta_2, \beta_3\}$，$A = \begin{bmatrix} 2 & 4 & 8 \\ 6 & 3 & 2 \end{bmatrix}$。

解：可知该矩阵对策无纯策略解。设局中人甲和乙的混合策略分别为：$X = (x, 1-x)^T$，$Y = (y_1, y_2, y_3)^T$。当局中人乙只采用纯策略 β_j（$j = 1, 2, 3$）时，甲方的赢得分别为：

$$V_1(X, \beta_1) = 2x + 6(1-x) \qquad (10-12)$$

$$V_1(X, \beta_2) = 4x + 3(1-x) \qquad (10-13)$$

$$V_1(X, \beta_3) = 8x + 2(1-x) \qquad (10-14)$$

根据上述三个线性函数，在以 x 为横轴的 $[0, 1]$ 区间上作函数为 V_1 的三条直线，如图 $10-2$ 所示，分别称为 β_j（$j = 1, 2, 3$）的策略线。

由于该矩阵对策的值 V_G^* 对于局中人甲而言为：

$$V_G^* = \max_X \min_Y E(X, Y) = \max_X \min_{\beta_j} V_1(X, \beta_j)$$

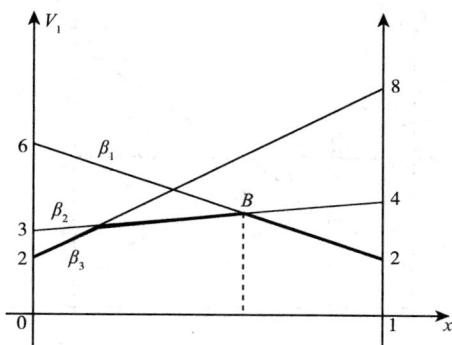

图 10 - 2　局中人甲的混合策略图解

即对 V_1 采用"小中求大"的原则求取最优值。先确定 $\min_{\beta_j} V_1(X, \beta_j)$ 的值，该数值由图 10 - 2 中的粗线构成，称为 V_1 的下包络线；然后在 V_1 的下包络线上取其最大值，显然，B 点的 V_1 值最大，故确定 B 为最优点。由于 B 点是 β_1 和 β_2 两条策略线的交点，故联立式（10 - 12）和式（10 - 13）求解：

$$\begin{cases} 2x + 6(1 - x) = V_G^* \\ 4x + 3(1 - x) = V_G^* \end{cases}$$

得到：局中人甲的最优混合策略为 $X^* = (x^*, 1 - x^*)^T = \left(\dfrac{3}{5}, \dfrac{2}{5}\right)^T$，矩阵对策的值 $V_G^* = \dfrac{18}{5}$。

另外，最优点 B 位于 β_1、β_2 策略线上，说明局中人乙不会采用纯策略 β_3，即 $y_3^* = 0$。建立求解局中人乙的最优混合策略的方程组：

$$\begin{cases} 2y_1 + 4y_2 = \dfrac{18}{5} \\ 6y_1 + 3y_2 = \dfrac{18}{5} \\ y_1 + y_2 = 1 \end{cases}$$

求得 $y_1^* = \dfrac{1}{5}$，$y_2^* = \dfrac{4}{5}$。所以，局中人乙的最优混合策略为 $Y^* = \left(\dfrac{1}{5}, \dfrac{4}{5}, 0\right)^T$。

【例 10.11】求解矩阵对策 $G = \{S_1, S_2, A\}$，其中：$S_1 = \{\alpha_1, \alpha_2, \alpha_3\}$，$S_2 = \{\beta_1, \beta_2\}$，

$$A = \begin{bmatrix} 2 & 7 \\ 6 & 6 \\ 10 & 2 \end{bmatrix}。$$

解：可知该矩阵对策无纯策略解。设局中人甲和乙的混合策略分别为：$X = (x_1, x_2, x_3)^T$，$Y = (y, 1 - y)^T$。当局中人甲只采用纯策略 α_i（$i = 1, 2, 3$）时，乙方的损失 V_2 如图 10 - 3 中的 α_i（$i = 1, 2, 3$）三条策略线所示。

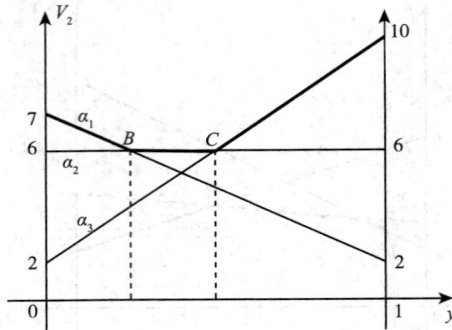

图 10 – 3　局中人乙的混合策略图解

由于该矩阵对策的值 V_G^* 对于局中人乙而言为：

$$V_G^* = \min_Y \max_X E(X,Y) = \min_Y \max_{\alpha_i} V_2(\alpha_i, Y)$$

即对损失值 V_2 采用"大中求小"的原则求取最优值。先确定 $\max_{\alpha_i} V_2(\alpha_i, Y)$ 的值，该数值由图 10 – 3 中的粗线构成，称为 V_2 的上包络线。在该上包络线中，线段 BC 的 V_2 值最小，故 y^* 应在 B 点和 C 点之间，分别联立过 B 点和过 C 点的方程组，得到 y^* 的两个端点的数值分别为 $\frac{1}{5}$ 和 $\frac{1}{2}$。因此，局中人乙的最优混合策略为 $Y^* = (y^*, 1-y^*)^T$，其中 $y^* \in \left[\frac{1}{5}, \frac{1}{2}\right]$，相应地，$V_G^* = 6$。局中人甲的最优策略只能取 α_2，即 $X^* = (0, 1, 0)^T$。

10.3.4　线性规划法

由定理 10.3 可知，一般情况下矩阵对策问题都可以等价地转化为求解互为对偶的线性规划问题（P）和（D）。这里，对两个模型做进一步简化。针对模型（P），假设 $\omega > 0$（根据定理 10.4 对矩阵 A 做简单变换即可满足），令

$$x_i' = \frac{x_i}{\omega}, i = 1, 2, \cdots, m \tag{10-15}$$

则

$$\omega = \frac{1}{\sum_{i=1}^m x_i'} \tag{10-16}$$

于是，模型（P）可以简化为：

$$(P')\quad \min \sum_{i=1}^m x_i'$$

$$\text{s. t.} \begin{cases} \sum_{i=1}^{m} a_{ij} x_i' \geqslant 1, & j = 1,2,\cdots,n \\ x_i' \geqslant 0, & i = 1,2,\cdots,m \end{cases}$$

同理，模型（D）可以简化为：

$$（\text{D}'）\quad \max \sum_{j=1}^{n} y_j'$$

$$\text{s. t.} \begin{cases} \sum_{j=1}^{n} a_{ij} y_j' \leqslant 1, & i = 1,2,\cdots,m \\ y_j' \geqslant 0, & j = 1,2,\cdots,n \end{cases}$$

显然，问题（P'）和（D'）是互为对偶的线性规划问题，可以采用单纯形法或对偶单纯形法求解得到 x_i' 和 $y_j'(i=1, 2, \cdots, m; j=1, 2, \cdots, n)$，并根据式（10 - 15）和定理 10.3，得到

$$V_G^* = \omega = u = \cfrac{1}{\sum_{i=1}^{m} x_i'} = \cfrac{1}{\sum_{j=1}^{n} y_j'} \tag{10-17}$$

$$x_i = V_G^* x_i', i = 1,2,\cdots,m \tag{10-18}$$

$$y_j = V_G^* y_j', j = 1,2,\cdots,n \tag{10-19}$$

【**例 10.12**】求解矩阵对策 $G = \{S_1, S_2, A\}$，其中：$S_1 = \{\alpha_1, \alpha_2, \alpha_3\}$，$S_2 = \{\beta_1, \beta_2, \beta_3\}$，$A = \begin{bmatrix} 2 & 0 & 2 \\ 0 & 3 & 1 \\ 1 & 2 & 0 \end{bmatrix}$。

解：可知该矩阵对策无纯策略解，也不存在占优策略，以下采用线性规划法求解局中人甲和乙的最优混合策略。由于矩阵 A 中的元素 $a_{ij} \geqslant 0$，同时，并不是所有的元素均等于零，可以认为该矩阵对策的 $V_G^* > 0$，将问题转化为两个互为对偶的线性规划问题：

$$（\text{P}'）\quad \min x_1' + x_2' + x_3'$$

$$\text{s. t.} \begin{cases} 2x_1' + x_3' \geqslant 1 \\ 3x_2' + 2x_3' \geqslant 1 \\ 2x_1' + x_2' \geqslant 1 \\ x_1', x_2', x_3' \geqslant 0 \end{cases}$$

$$（\text{D}'）\quad \max y_1' + y_2' + y_3'$$

$$\text{s. t.} \begin{cases} 2y_1' + 2y_3' \leqslant 1 \\ 3y_2' + y_3' \leqslant 1 \\ y_1' + 2y_2' \leqslant 1 \\ y_1', y_2', y_3' \geqslant 0 \end{cases}$$

采用单纯形法对（D′）求解，得到：$Y' = (y_1', y_2', y_3')^T = \left(\dfrac{2}{5}, \dfrac{3}{10}, \dfrac{1}{10}\right)^T$。然后采用对偶理论对（P′）求解，得到 $X' = (x_1', x_2', x_3')^T = \left(\dfrac{2}{5}, \dfrac{1}{5}, \dfrac{1}{5}\right)^T$。因此，矩阵对策的值为：

$$V_G^* = \frac{1}{\sum\limits_{i=1}^{m} x_i'} = \frac{1}{\sum\limits_{j=1}^{n} y_j'} = \frac{5}{4}$$

局中人甲和乙的最优混合策略分别为：

$$X^* = V_G^* X' = (x_1^*, x_2^*, x_3^*)^T = \left(\frac{1}{2}, \frac{1}{4}, \frac{1}{4}\right)^T$$

$$Y^* = V_G^* Y' = (y_1^*, y_2^*, y_3^*)^T = \left(\frac{1}{2}, \frac{3}{8}, \frac{1}{8}\right)^T$$

最后，再看一个矩阵对策的求解问题，其中，

$$A = \begin{array}{c} \\ \alpha_1 \\ \alpha_2 \\ \alpha_3 \end{array} \begin{array}{ccc} \beta_1 & \beta_2 & \beta_3 \\ \left[\begin{array}{ccc} 0 & -2 & 1 \\ 1 & -2 & -1 \\ 0 & 4 & -2 \end{array}\right] \end{array}$$

如果采用基于（P′）和（D′）这两个对偶问题的线性规划方法求解，需要先确定的是该矩阵对策是否满足 $V_G^* > 0$ 的前提条件。针对该问题，由观察难以判断 V_G^* 是否大于零。为此，可以根据定理 10.4，令

$$A' = A + 2E = \begin{bmatrix} 2 & 0 & 3 \\ 3 & 0 & 1 \\ 2 & 6 & 0 \end{bmatrix}$$

其中，E 为单位全矩阵。对 A' 进行求解得到局中人的最优混合策略 X'^* 和 Y'^* 以及矩阵对策的值 $V_G'^*$，则 $X^* = X'^*$，$Y^* = Y'^*$，$V_G^* = V_G'^* - 2$。

10.4　多人非合作对策简介

10.4.1　关于多人非合作对策的描述

所谓非合作对策，是指各局中人在确定策略或采取行动前，不会和其他局中人制定或达成任何有约束力的协议。每个局中人都会基于自身效用最大化的角度去选择相应的策略。当然，在非合作对策中，局中人之间的利益并非完全对立，对一个局中人有利的局势并不一定不利于其他局中人，这与零和对策不同；也就是说，非合作对策不一定是零和对策，对策的

结果有可能是双赢的，也有可能最终得到双输的结果。

在 10.1 节中介绍的"囚徒困境"便是非常典型的非合作对策。鉴于"囚徒困境"问题在非合作对策研究中的重要地位，这里再作简单回顾。

【例 10.13】囚徒困境（prisoner's dilemma）　甲、乙两人参与犯罪活动，被警察拘捕，分别关在不同的审讯室受审。两人都有两种选择：坦白或抵赖。两人都清楚，如果两人都抵赖，由于证据不足两人各判 1 年；如果两人都坦白，则各判 8 年；但如果一人坦白而另一个人抵赖，则坦白的予以释放，抵赖的判刑 10 年。问甲、乙两人应如何选择？

采用战略式表述方法对该问题进行分析。首先，建立该问题的"支付矩阵"，如图 10 - 4 所示。支付矩阵可以清晰地表述对策问题中的三个要素：（1）局中人：该问题中有两个局中人，分别为嫌疑人 A 和嫌疑人 B；（2）策略：每个局中人的策略集都包含"坦白"和"抵赖"两个策略；（3）赢得函数：表格中的数字为局中人在不同局势下的赢得情况，其中，第一个数字是嫌疑人 A 的赢得（因为判刑是负效用，故采用负号），第二个数字是嫌疑人 B 的赢得。

嫌疑人 B

	坦白	抵赖
坦白	-8, -8	0, -10
抵赖	-10, 0	-1, -1

嫌疑人 A（对应表格左侧）

图 10 - 4　"囚徒困境"的支付矩阵

分析嫌疑人 A 是如何进行选择的：假如 B 选择坦白的话，A 选择坦白的赢得为 - 8，A 选择抵赖的赢得为 - 10，所以 A 应该选择坦白；假如 B 选择抵赖的话，A 选择坦白的赢得为 0，A 选择抵赖的赢得为 - 1，所以 A 还是应该选择坦白。可见，无论 B 选择哪种策略，"坦白"对于 A 而言都是最好的选择。反过来也是一样，无论 A 是坦白还是抵赖，嫌疑人 B 的最优策略也是"坦白"。结果，两个人都选择了坦白，各判刑 8 年。

在（坦白，坦白）这个局势下，嫌疑人 A 和嫌疑人 B 都不能通过单方面的改变行动增加自己的赢得，因此谁也没有动力游离这个局势，因此（坦白，坦白）形成了一种均衡局势。当然，有人可能会指出，嫌疑人 A 和嫌疑人 B 可以在被警察抓到之前订立一个"攻守同盟"。但是这有用吗？在没有外在强制约束（比如，若一方坦白而另一方抵赖，坦白的一方释放后将遭到非常严厉的报复）的情况下，两嫌疑人都不会自觉遵守这个协定，因为它对于各嫌疑人而言都不是最优的选择，这便是个体理性导致的结果。

"囚徒困境"在经济学上应用广泛，能解释很多经济现象。比如中东石油输出国组织（OPEC）的成立，本身要限制各石油生产国的产量，保持一定的石油价格以获取最高利润。但成员国并不遵守组织的协定，每个成员国都会想：只要其他成员国不增加产量，自己增加一点点产量对石油价格没什么影响，但可以增加自身的利润。结果每个国家都增加产量，造成石油价格下跌，大家的利润都下降。因此，几乎所有的卡特尔都会遭到失败，原因就在于卡特尔的协定（类似囚徒的攻守同盟）不能形成一种均衡局势，没有成员会认真遵守。更进一步地讲，一种制度安排只有对制度下的各方来说都是优，才能发挥效力；不然的话，这种制度无法为各方自觉遵守。

【例 10.14】智猪博弈（boxed pigs） 猪圈里有两头猪，一头大猪，一头小猪。猪圈的一侧有一个食槽，另一侧有一个控制食槽的按钮。按一下按钮会有 10 个单位的猪食进入食槽，但需要支付 2 个单位的劳动成本。若大猪先到食槽，大猪能吃到 9 个单位的猪食，小猪只能吃到 1 个单位；若小猪先到，小猪吃 4 个单位的猪食，大猪吃 6 个单位；若同时到，大猪和小猪分别吃 7 个单位和 3 个单位。问大猪和小猪如何选择？

在这个问题中，大猪和小猪的策略都有两个：按或等待。该问题的支付矩阵如图 10 - 5 所示。

由图 10 - 5 可知，如果大猪按，小猪应该选择等待；如果大猪等待，小猪也是选择等待。因此，无论大猪选择何种策略，小猪的选择都应该是"等待"。而如果小猪选择了等待，大猪的选择只能是"按"。所以，（按，等待）是该问题的均衡局势。在这个问题中，大猪多劳而不多得，而小猪却通过"搭便车"获得了收益。

		小猪	
		按	等待
大猪	按	5, 1	4, 4
	等待	9, -1	0, 0

图 10 - 5 "智猪博弈"的支付矩阵

"智猪博弈"现象在现实中也是大量存在的。一个典型的例子是股份公司中股东们的决策问题。股东有大股东和小股东之分，他们有义务和权力监督经理们的工作以保证自己的利益，而监督是需要成本的。假设对于大小股东而言监督成本是相同的，则最终的结果是大股东担当着监督的责任，而小股东坐享其成。还有一个例子是市场竞争中的大企业和小企业。大企业研发新产品，并做大量广告推广新产品；而小企业在该产品打开市场后，通过出售廉价的模仿品来获利。在这两个例子中，大股东和大企业相当于"大猪"，而小股东和小企业扮演了"搭便车"的"小猪"的角色。

结合上述的两个例子，对多人非合作对策问题的描述如下：用 G 表示一个非合作对策；如 G 中有 n 个局中人，每个局中人的全部可选策略的集合称为"策略空间"，分别用 S_1，…，S_n 表示；$s_i^{(j)} \in S_i$ 表示局中人 i 的第 j 个策略，其中 j 可取有限个值（有限策略对策），也可取无限个值（无限策略对策）；局中人 i 的赢得用 u_i 表示，u_i 是各局中人策略的多元函数。由此，n 个局中人的非合作对策可以表述为 $G = \{S_1, \cdots, S_n; u_1, \cdots, u_n\}$。

非合作对策也称为非合作博弈，事实上，目前人们更习惯于采用后面这个名称。非合作博弈的分类方法有多种，可以根据局中人行动的顺序进行划分，也可以根据局中人对其他局中人的特征、策略集和效用的知识信息是否了解进行划分。把这两个角度结合起来就得到4 种博弈：完全信息静态博弈、完全信息动态博弈、不完全信息静态博弈、不完全信息动态博弈。在本节中，我们只讨论简单的完全信息静态博弈问题，并解释其中涉及的两个重要概念：纯策略纳什均衡和混合策略纳什均衡。如想对非合作博弈做进一步的了解和学习，可以阅读关于博弈论的相关书籍。

10.4.2 纯策略纳什均衡

首先提出纳什均衡的概念。

定义 10.5 在多人非合作对策 $G = \{S_1, \cdots S_n; u_1, \cdots u_n\}$ 中，如果由各局中人的每一个策略组成的某个局势 $(s_1^*, \cdots, s_n^*)$ 中，任一局中人 i 的策略 s_i^* 都是对其余局中人策略的组合 $(s_1^*, \cdots, s_{i-1}^*, s_{i+1}^*, \cdots, s_n^*)$ 的最佳策略，即 $u_i(s_1^*, \cdots, s_{i-1}^*, s_i^*, s_{i+1}^*, \cdots, s_n^*) \geqslant u_i(s_1^*, \cdots, s_{i-1}^*, s_i^{(j)}, s_{i+1}^*, \cdots, s_n^*)$ 对任意 $s_i^{(j)} \in S_i$ 都成立，则称 $(s_1^*, \cdots, s_n^*)$ 为 G 的一个**纳什均衡**。

在纳什均衡（Nash equilibrium）中，每个局中人的策略都是针对其他局中人策略或策略组合的最佳对策，这种策略组合是具有稳定性的。如果将纳什均衡看成局中人在对策之前达成的协议，那么，在没有外在强制力的情况下，没有局中人有积极性去破坏这个协议。因为，如果有某个局中人破坏了这个协议，那么该局中人的赢得将会下降。因此，纳什均衡所规定的协议是无需强制即可自动实施的。

再解释一下"一致预测性"的概念。**一致预测性**是指如果所有局中人都预测到一个特定的决策结果将会出现，那么所有的局中人都不会利用该预测（或预测能力）而选择与预测结果不一致的策略，即没有哪个局中人有偏离这个预测结果的愿望，因此这个预测结果最终必将成为决策的结果。一致预测性是纳什均衡的本质，也反映了纳什均衡的价值。

在非合作对策中，纳什均衡可分为"纯策略纳什均衡"和"混合策略纳什均衡"。相对而言，纯策略意义下的纳什均衡是比较容易确定的。例如，在"囚徒困境"中，（坦白，坦白）是该对策的纯策略纳什均衡；对于两个囚徒而言，双方均坦白是一种稳定的局势，没有人会破坏这个局势而去选择"抵赖"这个策略。在"智猪博弈"中，（按，等待）是该问题的纯策略纳什均衡，如果大猪不选择"按"策略，或者小猪不选择"等待"策略，那么各自的赢得都会下降。

【例 10.15】 性别战博弈（battle of the sexes） 两个人谈恋爱，周末要么一起去看足球比赛，要么一起去看芭蕾舞表演。男的更爱好足球，女的更喜欢芭蕾，但两人都愿意在一起，不愿分开。如果分开，双方的赢得用 -1 表示；如果在一起，参加与自己偏好相同的活动则赢得为 2，另一方的赢得为 1。试分析该非合作对策问题。

解： 在这个问题中，男人和女人的策略都有两个：看芭蕾和看足球。该问题的支付矩阵如图 10-6 所示。

首先考虑男人的选择：如果女的选择足球，则男的必然选择足球；如果女的选择芭蕾，则男的也只能选择芭蕾，不然的话，他的赢得将从"1"降为"-1"。再考虑女人的选择：如果男的选择足球，女的也只好选择足球；而如果男的选择芭蕾，女的必然选择芭蕾。所以，可以得到，该非合作对策问题有两个纯策略纳什均衡，分别为（足球，足球）和（芭蕾，芭蕾）。

		女：足球	女：芭蕾
男	足球	2，1	-1，-1
	芭蕾	-1，-1	1，2

图 10－6 “性别战博弈”的支付矩阵

例 10.15 和前面的例 10.13、例 10.14 的区别在于：“囚徒困境”和“智猪博弈”问题都只有 1 个纯策略纳什均衡；而“性别战博弈”有 2 个纯策略纳什均衡。可见，在多人非合作对策中，是可以有多个纯策略纳什均衡存在的。

以上三个例子讨论的都是有限策略下的非合作决策问题，接下来分析两个无限策略下的非合作决策问题。

【例 10.16】古诺（Cournot）寡头竞争模型　有两个寡头企业生产同一种产品，各企业的产量分别记为 q_1 和 q_2，其成本为产量的函数，分别为 $c_1(q_1)$ 和 $c_2(q_2)$。设市场需求函数为 $p=p(Q)$，其中，p 为产品价格，$Q=q_1+q_2$。试分析两企业的产量决策。

该问题中，双方的策略为产量的选择，赢得为其利润。由于 q_1，$q_2\in[0,\ +\infty]$，所以该问题为无限策略下的非合作对策问题。这里，为简化问题的分析，假设两个企业具有相同的单位成本，则 $c_1(q_1)=cq_1$，$c_2(q_2)=cq_2$；并设 $p=p(Q)=a-(q_1+q_2)$。于是，两个企业的利润分别为：

$$\pi_1(q_1,q_2)=pq_1-cq_1=aq_1-q_1^2-q_1q_2-cq_1 \tag{10-20}$$

$$\pi_2(q_1,q_2)=pq_2-cq_2=aq_2-q_1q_2-q_2^2-cq_2 \tag{10-21}$$

在给定对方企业产量的情况下，各企业的最优产量可以由利润最优化条件 $\partial\pi_1/\partial q_1=0$ 和 $\partial\pi_2/\partial q_2=0$ 分别得到：

$$q_1^*=\frac{1}{2}(a-q_2-c) \tag{10-22}$$

$$q_2^*=\frac{1}{2}(a-q_1-c) \tag{10-23}$$

联立式（10－22）和式（10－23），即可得到纳什均衡下的最优产量：

$$q_1^*=q_2^*=\frac{1}{3}(a-c) \tag{10-24}$$

进一步得到各企业在纳什均衡下的利润为：

$$\pi_1^*=\pi_2^*=\frac{1}{9}(a-c)^2 \tag{10-25}$$

现在，假设两个企业联合进行生产，垄断下的总产量为 q，则总收益为 $\pi(q) = pq - cq$。不难求得最优总产量为 $q^M = \frac{1}{2}(a-c)$，其中，上标 M 表示垄断情况下的结果。如果两个企业产量相同，则 $q_1^M = q_2^M = \frac{1}{4}(a-c)$，$\pi_1^M = \pi_2^M = \frac{1}{8}(a-c)^2$。

显然，$q_i^* > q_i^M$，$i = 1, 2$；而 $\pi_i^* < \pi_i^M$。也就是说，在两个企业联合的情况下，每个企业的产量减少而利润上升。但是，联合生产是一种不稳定的状态，只要有一个企业提高产量，该企业的利润就会进一步增加，但会导致对方企业利润的下降。对此，另一个企业也将提高产量，最后双方的产量必将稳定于纳什均衡 (q_1^*, q_2^*)。在 (q_1^*, q_2^*) 局势下，如果有一方改变自身的产量，必然会导致其利润下降，而且很有可能导致对方的利润也下降，所谓 "损己也不利人"。

【例 10.17】伯川德（Bertrand）寡头竞争模型　有两个寡头企业生产同一类型产品，两种产品具有相互可替代性。两个企业的产品价格分别为 p_1 和 p_2，消费者对于企业 i（$i = 1$, 2）的产品需求量为 $q_i(p_i, p_j) = a - p_i + bp_j$，这里 $j \neq i$，$j = 1, 2$，$b \in (0, 1)$。假设两个企业具有相同的单位成本 c。问两个企业该如何选择各自的产品价格？

解：该问题中，双方的策略为产品价格的选择，赢得为其利润。当企业 i 选择价格 p_i 而且对手 j 选择价格 p_j 时，企业 i 的利润为：

$$\pi_i = p_i q_i - c q_i = (a - p_i + bp_j)(p_i - c)$$

对于企业 1 而言，如果企业 2 已确定其最优价格 p_2^*，则企业 1 对于其产品价格的选择满足：

$$\max_{p_1 \in [0, +\infty)} \pi_1(p_1, p_2^*) = \max_{p_1 \in [0, +\infty)} (a - p_1 + bp_2^*)(p_1 - c)$$

令 $\partial \pi_1 / \partial p_1 = 0$，得到：

$$p_1^* = \frac{1}{2}(a + bp_2^* + c) \tag{10-26}$$

同理，得到企业 2 的最优价格满足：

$$p_2^* = \frac{1}{2}(a + bp_1^* + c) \tag{10-27}$$

联立式（10-26）和式（10-27），得到两企业在纳什均衡下的最优价格为：

$$p_1^* = p_2^* = \frac{a+c}{2-b}$$

进一步求得两企业在纳什均衡下的利润为：

$$\pi_1^* = \pi_2^* = \left(\frac{a - c + bc}{2 - b} \right)^2$$

10.4.3 混合策略纳什均衡

如同矩阵对策在纯策略意义下的解不一定存在一样，很多非合作对策也不存在纯策略纳什均衡。在这种情况下，就必须考虑混合策略。下面以一个很有名的例子“社会福利博弈”为例，对混合策略纳什均衡作简单说明。

【例 10.18】社会福利博弈　流浪汉问题是很多政府所头疼的。面对流浪汉，政府可以提供救济，也可以不提供救济，于是政府的策略有两个：救济或不救济。流浪汉也有两个策略：寻找工作或继续流浪。政府想帮助流浪汉，但前提条件是其必须试图寻找工作，否则，政府不予帮助；而很多流浪汉往往在得不到政府救济的情况下才会去找工作。图 10－7 列出了该问题的支付矩阵。

		流浪汉：找工作	流浪汉：流浪
政府	救济	3，2	−1，3
	不救济	−1，1	0，0

图 10－7　“社会福利博弈”的支付矩阵

我们来分析一下该问题的纳什均衡。对于政府而言：如果流浪汉找工作，则政府的选择是“救济”；如果流浪汉继续流浪，则政府的选择是“不救济”。反之，对于流浪汉而言：如果政府救济，则流浪汉选择“流浪”；如果政府不救济，则流浪汉的选择为“找工作”。所以，该问题不存在一个均衡的局势。

进一步地，我们可以看到：如果政府救济，则流浪汉的最优策略是“流浪”；如果流浪汉流浪，则政府的最优策略是“不救济”；如果政府不救济，则流浪汉的最优策略是“找工作”；而如果流浪汉找工作，则政府的最优策略是“救济”；如此反复，可以看出没有一个局势可以组成纯策略意义下的纳什均衡。

为此，考虑混合策略，即局中人以一定的概率选择特定的策略。在混合局势下，各局中人由于不能确定其他局中人的具体行动，所关心的只能是期望赢得。假设政府的混合策略为 $X=(x,\ 1-x)$，即政府以 x 的概率选择救济，以 $1-x$ 的概率选择不救济；假设流浪汉的混合策略为 $Y=(y,\ 1-y)$，即流浪汉以 y 的概率选择找工作，以 $1-y$ 的概率选择流浪。那么，政府的期望赢得为：

$$
\begin{aligned}
E_1(X,Y) &= x[3y+(-1)(1-y)]+(1-x)[(-1)y+0(1-y)] \\
&= 5xy-x-y
\end{aligned}
\tag{10-28}
$$

其中，下标 1 表示政府。令 $\partial E_1(X,Y)/\partial x=0$，得到 $y^*=0.2$。也就是说，在混合策略均衡下，流浪汉以 0.2 的概率选择找工作，以 0.8 的概率选择流浪。

奇怪的是，明明求解的是政府的最优策略选择问题，而得到的却是流浪汉的最优混合策略。对这个问题可以作如下解释。首先假定最优混合策略是存在的。给定流浪汉选择混合策略 Y，政府选择纯策略救济（即 $x=1$）的期望赢得为：

$$E_1(1,Y) = 3y + (-1)(1-y) = 4y - 1 \qquad (10-29)$$

政府选择纯策略不救济（即 $x=0$）的期望赢得为：

$$E_1(0,Y) = (-1)y + 0(1-y) = -y \qquad (10-30)$$

如果一个混合策略 X 是政府的最优选择，则一定意味着在这个混合策略下，政府在选择救济和不救济这两个策略上是无差异的，即 $E_1(1,Y) = E_1(0,Y)$。由此得到，$y^* = 0.2$。这也意味着：如果流浪汉的选择 $y < 0.2$，则政府选择不救济；如果 $y > 0.2$，政府选择救济；如果 $y = 0.2$，则政府选择救济和不救济是无差异的。

进一步地，流浪汉的期望赢得表示为：

$$\begin{aligned} E_2(X,Y) &= y[2x + 1(1-x)] + (1-y)[3x + 0(1-x)] \\ &= -2xy + 3x + y \end{aligned} \qquad (10-31)$$

其中，下标 2 表示流浪汉。令 $\partial E_2(X,Y)/\partial y = 0$，得到 $x^* = 0.5$。也就是说，在混合策略均衡下，政府以 0.5 的概率选择救济，以 0.5 的概率选择不救济。采用与以上类似的说明可以得到：如果政府的选择 $x < 0.5$，则流浪汉选择找工作；如果 $x > 0.5$，流浪汉选择流浪；如果 $x = 0.5$，流浪汉选择找工作和流浪是无差异的。

由此，得到 $X^* = (0.5, 0.5)^T$，$Y^* = (0.2, 0.8)^T$，该问题的混合策略纳什均衡为 (X^*, Y^*)。

此外，我们还可以绘制该问题的混合策略局势图来求解纳什均衡。对于政府而言，满足：

$$x = \begin{cases} 0, & y < 0.2 \\ [0,1], & y = 0.2 \\ 1, & y > 0.2 \end{cases} \qquad (10-32)$$

对于流浪汉而言，满足：

$$y = \begin{cases} 1, & x < 0.5 \\ [0,1], & x = 0.5 \\ 0, & x > 0.5 \end{cases} \qquad (10-33)$$

将式（10-32）和式（10-33）反映在如图 10-8 所示的混合策略局势图上，可以看出，两条折线的交叉点 A 就是纳什均衡点。

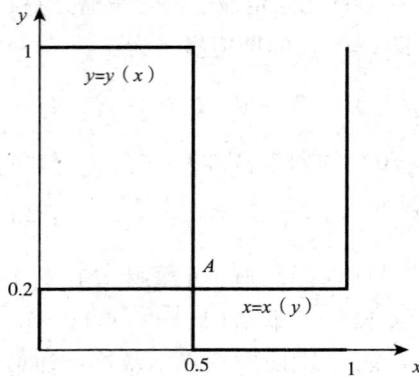

图 10 – 8 "社会福利博弈"的混合策略局势

以上通过"社会福利博弈"例子对混合策略纳什均衡作了简要说明。在这个例子中，该非合作对策问题不存在纯策略纳什均衡，但存在混合策略纳什均衡。事实上，也有一些非合作对策问题既存在纯策略纳什均衡，也存在混合策略纳什均衡。例 10.15 的"性别战博弈"就是这样一个非合作对策问题。前面已经得到该问题存在两个纯策略纳什均衡：（足球，足球）和（芭蕾，芭蕾）。通过求解，还可以得到一个混合策略纳什均衡：(X^*, Y^*)，其中 $X^* = \left(\dfrac{2}{3}, \dfrac{1}{3}\right)^T$，$Y^* = \left(\dfrac{1}{3}, \dfrac{2}{3}\right)^T$。也就是说：男的以 2/3 的概率选择观看足球赛，以 1/3 的概率选择观看芭蕾舞表演；女的以 1/3 的概率选择观看足球，以 2/3 的概率选择观看芭蕾。所以，"性别战博弈"总共有 3 个纳什均衡解。威尔逊（Wilson，1971）证明，几乎所有的有限策略非合作对策问题都有有限奇数个纳什均衡。这就意味着：如果一个非合作对策问题存在两个纯策略纳什均衡，则必然存在第三个混合策略纳什均衡。

10.5 委托—代理理论简介

10.5.1 委托—代理问题简介

在一些对策问题中，局中人之间可能会采取合作的方式，例如共同完成某项任务或某项工作。在这种情况下，各局中人虽然是合作关系，但是在相互协作过程中，都会首先考虑采取的策略是否符合自身的利益，并选择使自身效用（也可采用"赢得"来替代，下同）最大化的方式来执行这项任务。从 10.4 节关于非合作对策的介绍可以得到：这样做的结果往往导致所有局中人的整体效用下降。因此，各局中人希望通过一种协调机制，以谋求共赢的目标。可以看到，个体理性的存在会带给各局中人信息不对称的情况，也就是说，为了谋求自身效用的最大化，局中人会隐匿一些自身的信息。由于这种信息的不对称性，使得局中人之间形成一个典型的委托—代理关系。委托—代理关系的问题需要委托—代理理论来解决，委托—代理理论在学术界又被称为激励理论。在本节中，我们对委托—代理理论做简单介绍，仅作抛砖引玉之用。如果希望对该理论作进一步学习和研究，可以阅读拉丰（Laffont）和马赫蒂摩（Martimort）的《激励理论（第一卷）——委托—代理模型》。

委托—代理关系事实上就是居于信息优势与处于信息劣势的对策参与者之间的相互关系。基于经济学的角度考虑，凡是参与者双方所掌握的信息是不对称的，那么这种经济关系就可以被认为是委托—代理关系。股东和经理人、公司和雇员、供应商和销售商等都存在委托代理问题。在具体任务的实现过程中，我们将执行过程中拥有信息优势的一方称为**代理方**，无信息优势的一方称为**委托方**。委托方为了识别代理方的真实类型或激发代理方的努力程度，往往需要设计协调或激励机制来促进代理方的工作，尽可能实现委托方自身效用的最大化。

在描述具体的激励机制设计问题之前，先举例对不对称信息所涉及的逆向选择和道德风险问题作简单的介绍。例如，销售商委托供应商生产某种产品，供应商提供该产品给销售商，如果销售商难以正确辨别产品的质量，可能会产生两个问题：第一，销售商只愿意按照市场上该类型产品的平均价格提供报酬，而可以提供更高质量产品的供应商预见到这种情况就会退出市场；进一步地，销售商预见到能够提供高质量产品的供应商退出市场就会进一步降低报酬，从而导致更多的供应商退出，如此循环往复，该产品市场就会有崩溃的可能。这种情况在委托代理理论中称为**逆向选择**问题。第二，由于销售商很难评测供应商在该产品生产或提供过程中所付出的努力程度，所以供应商可能在签约后采取欺骗行为（如所付出的努力程度与合同中的承诺不一致，而销售商往往很难对这种努力程度进行监督，或者监督需要付出很大的代价），这称为**道德风险**问题。

可以看出，在上述问题的描述中，销售商是委托方，供应商是代理方。销售商将产品的生产任务委托给供应商，在任务的委托过程中，两者之间存在的信息不对称会引发两类问题：由于事前信息不对称引起的逆向选择问题和由于事后隐藏行动或信息的道德风险问题。对于逆向选择问题可以采用信号理论的方法解决，即利用某种信号来揭示供应商的能力水平；但更多的逆向选择问题是通过一定的激励机制的设计来加以解决。而道德风险问题则必须通过一定的激励机制以促使供应商采取有利于销售商的行动，并约束供应商的欺骗行为。以下我们依然以销售商和供应商之间的产品任务委托关系为例，对逆向选择和道德风险下的激励机制设计情况作简要说明。

10.5.2　逆向选择下的激励机制设计

为简化描述，以下将销售商称为甲方，将供应商称为乙方。甲方和乙方之间构成了委托—代理关系，甲方为委托方，乙方为代理方。双方都是理性的，都存在追求自身效用最大化的倾向。因而乙方通常会保留一些甲方无法获得的信息，例如：一项生产任务的真实机会成本，所使用的技术要求，以及与技术相适应的乙方的能力要求等，这些信息属于乙方的私人知识。在这种情况下，我们称任务的委派中存在逆向选择问题。

在双方的契约关系中存在甲方与乙方之间信息的差距，这种信息差异在本质上影响了他们所设计的双边契约（需要说明的是：契约涉及的内容很全面，其中包括了甲方所设计的激励机制；契约是由双方协商制定的，但激励机制是由未能掌握对方私有信息的一方——甲方所设计的）。为使资源的配置达到帕累托有效的程度，甲方设计的激励机制必须能揭示出乙方的私人信息。而这只能通过甲方给予乙方某种租金的方式来实现，而这类租金对于甲方却是一种成本。这种信息成本加上生产成本使得双方在不对称信息下的交易量受到扭曲，通常无法达到双方在对称信息下的最优配置。因此，在双方契约中，资源配置功能与信息不对称性相互冲突，即为了诱使乙方说真话所必须付出的信息租金与资源配置效率相互冲突，最后导致了一个次优的契约。

这里，我们简化乙方的类型，使他的成本函数只有两个可能的值。也就是说，以下我们仅讨论不对称信息为离散类型的情况，并构建相应的激励模型。事实上，这个简单的离散类型模型对于说明如何进行逆向选择下激励机制的设计已经足够。需要指出的是激励机制设计前的一些假设：（1）假设双方在约束条件下都有最大化自身效用的倾向；（2）甲方不知道乙方的私人信息，但对此信息的概率分布是双方的共识；（3）甲方通过最大化自己期望效用来设计激励机制。

简要说明一下激励机制设计的背景情况。甲方委托乙方生产 q 单位的商品，甲方从 q 单位商品中得到的效用为 $S(q)$，$S(q)$ 为凹函数，即 $s' \geq 0$，$s'' \leq 0$，同时 $s(0) = 0$，该商品的边际价值为正，边际效用递减，如图 10-9 所示。

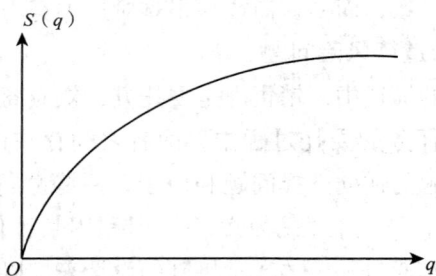

图 10-9 产品产量与效用的示意

甲方无法观察到乙方的生产成本，但知道产品具有固定成本 F 以及边际成本 $\theta \in \Theta = \{\underline{\theta}, \overline{\theta}\}$。乙方可能是低成本的（$\underline{\theta}$），也可能是高成本的（$\overline{\theta}$），其概率分别为 f 和 $1-f$。乙方在低成本和高成本的情况下，其成本函数分别为：

$$c(q,\underline{\theta}) = \underline{\theta}q + F \tag{10-34}$$

$$c(q,\overline{\theta}) = \overline{\theta}q + F \tag{10-35}$$

以下，我们分别讨论对称信息与不对称信息情况下的激励机制设计问题。

10.5.2.1 对称信息下的激励机制设计

首先考虑双方之间不存在信息差异的情况，这种情况下的资源配置是全局最优的。令 W

为社会总效用，则

$$W = s(q) - c(q,\theta) \qquad (10-36)$$

为求 W 的最优值，令 W 分别对 $\underline{\theta}$ 和 $\overline{\theta}$ 求导并使其为 0，得到：

$$s'(\underline{q}^*) = \underline{\theta} \qquad (10-37)$$

$$s'(\overline{q}^*) = \overline{\theta} \qquad (10-38)$$

也就是说，在对称信息下，对于低成本的乙方而言，其最优产量 $\underline{q}^*$ 必须满足式（10-37）；对于高成本的乙方而言，其最优产量 $\overline{q}^*$ 需要满足式（10-38）。

不难证明，和低成本的乙方合作所创造的社会总效用大于高成本的乙方，即 $W(\underline{\theta}, \underline{q}^*) > W(\overline{\theta}, \overline{q}^*)$。此外，注意到固定成本 F 并没起实质性的作用，为方便起见，设 $F=0$。

令 t 为甲方给乙方的转移支付。为了确保成功完成该委托任务，甲方提供给乙方的收益至少不能低于其最低效用水平：例如不参加交易时所拥有的效用或其他可替代交易所带来的效用。为简化描述，令乙方的最低效用水平为 0，则乙方的参与约束为：$\underline{t} - \underline{\theta}\,\underline{q} \geq 0$，$\overline{t} - \overline{\theta}\,\overline{q} \geq 0$。

在对称信息，即乙方没有私有信息的情况下，甲方完全可以使两个参与约束均为紧约束，即使乙方的效用为 0。于是，在对称信息下，若乙方的私有信息 $\theta = \underline{\theta}$，则甲方制定的激励机制为 $\{\underline{t}^*, \underline{q}^*\}$；若乙方的私有信息 $\theta = \overline{\theta}$，则甲方制定 $\{\overline{t}^*, \overline{q}^*\}$，其中 $\underline{t}^* = \underline{\theta}\,\underline{q}^*$，$\overline{t}^* = \overline{\theta}\,\overline{q}^*$。

注意到，由于甲方的边际效用递减，得到 $\underline{q}^* > \overline{q}^*$，即甲方委托给低成本乙方的产品产量必然大于高成本的乙方。

10.5.2.2 不对称信息下的激励机制设计

假设边际成本 θ 是乙方的私人信息，现在，甲方通过制定激励机制 $\{(\underline{t}, \underline{q}); (\overline{t}, \overline{q})\}$，期待 $\underline{\theta}$ 类型的乙方能够选择 $(\underline{t}, \underline{q})$，而 $\overline{\theta}$ 类型的乙方会选择 $(\overline{t}, \overline{q})$。

为了使乙方的选择能揭示其自身类型，必须先满足如下的**激励相容约束**：

$$\underline{t} - \underline{\theta}\,\underline{q} \geq \overline{t} - \underline{\theta}\,\overline{q} \qquad (10-39)$$

$$\overline{t} - \overline{\theta}\,\overline{q} \geq \underline{t} - \overline{\theta}\,\underline{q} \qquad (10-40)$$

式（10-39）说明低成本的乙方不会选择 $(\overline{t}, \overline{q})$ 这组合同；而式（10-40）说明高成本的乙方不会选择 $(\underline{t}, \underline{q})$ 这组合同。此外，若甲方设计的激励机制能被乙方接受，其获得的效用至少不能低于外在的最低效用水平，即必须满足以下的两个参与约束：

$$\underline{t} - \underline{\theta}\,\underline{q} \geqslant 0 \qquad\qquad (10-41)$$

$$\overline{t} - \overline{\theta}\,\overline{q} \geqslant 0 \qquad\qquad (10-42)$$

为了进一步理解不对称信息下最优激励机制的情况，先介绍信息租金的概念。考虑一个 $\underline{\theta}$ 类型的乙方模仿 $\overline{\theta}$ 类型时可能获得的效用为：

$$\overline{t} - \underline{\theta}\,\overline{q} = \overline{t} - \overline{\theta}\,\overline{q} + \overline{\theta}\,\overline{q} - \underline{\theta}\,\overline{q} = \overline{U} + \Delta\theta\overline{q} \qquad\qquad (10-43)$$

其中，$\overline{U} = \overline{t} - \overline{\theta}\,\overline{q}$，$\Delta\theta = \overline{\theta} - \underline{\theta} > 0$。从式（10-43）可以看出，即使甲方可以令 $\overline{\theta}$ 类型乙方的保留效用 $\overline{U}$ 为零，$\underline{\theta}$ 类型的乙方仍然能够从模仿高成本的乙方中获得效用 $\Delta\theta\overline{q}$，这种收益称为**信息租金**。信息租金的存在是由于乙方相对于甲方具有信息上的优势。于是，甲方所面临的问题就是设计一个机制，使得它既是激励可行的，又可以付出尽可能少的信息租金。在以下的内容中，将 $\underline{U} = \underline{t} - \underline{\theta}\,\underline{q}$ 和 $\overline{U} = \overline{t} - \overline{\theta}\,\overline{q}$ 定义为不同类型乙方的信息租金。

接下来分析甲方的最优规划问题，用期望效用的形式来表示他的收益：

$$\max_{\{(\overline{t},\overline{q});(\underline{t},\underline{q})\}} f[s(\underline{q}) - \underline{t}] + (1-f)[s(\overline{q}) - \overline{t}]$$

$$\text{s. t. 式}(10.38) \sim \text{式}(10.41)$$

使用信息租金的定义，我们将甲方的目标函数变换为信息租金 U 和产出水平 q 的函数，即新的最优规划问题为：

$$(\text{P}) \quad \max_{\{(\overline{U},\overline{q});(\underline{U},\underline{q})\}} f[s(\underline{q}) - \underline{\theta}\,\underline{q}] + (1-f)[s(\overline{q}) - \overline{\theta}\,\overline{q}] - [f\underline{U} + (1-f)\overline{U}]$$

$$\text{s. t. } \underline{U} \geqslant \overline{U} + \Delta\theta\,\overline{q} \qquad\qquad (10-44)$$

$$\overline{U} \geqslant \underline{U} - \Delta\theta\,\underline{q} \qquad\qquad (10-45)$$

$$\underline{U} \geqslant 0 \qquad\qquad (10-46)$$

$$\overline{U} \geqslant 0 \qquad\qquad (10-47)$$

其中，式（10-44）和式（10-45）是激励相容约束，式（10-46）和式（10-47）是参与约束。通过对上面四个约束条件的分析，得到式（10-44）和式（10-47）是紧约束，即 $\underline{U} = \Delta\theta\overline{q}$，$\overline{U} = 0$。由此，得到简化的最优规划问题（P'），其中的决策变量是唯一的，即产出水平 q：

$$(\text{P}') \quad \max_{\{(\underline{q},\overline{q})\}} f[s(\underline{q}) - \underline{\theta}\,\underline{q}] + (1-f)[s(\overline{q}) - \overline{\theta}\,\overline{q}] - f\Delta\theta\overline{q}$$

令该目标函数分别对 $\underline{q}$ 和 $\overline{q}$ 求导，可求得次优产出水平 $\underline{q}^{SB}$ 和 $\overline{q}^{SB}$。这里，采用上标 SB（second best）标注不对称信息下的规划问题的解，因为与对称信息下得到的最优解相比，它是次优解。最后得到：与对称信息下的最优激励机制比较，不对称信息下的次优激励机制具有如下特征：（1）对于低成本的乙方，不存在产出水平的扭曲，即 $s'(q^{SB}) = \underline{\theta}$ 或 $\underline{q}^{SB} =$
$\underline{q}^*$；（2）对于高成本的乙方，产出水平 $\overline{q}$ 向下扭曲，即 $\overline{q}^{SB} < \overline{q}^*$，满足：$s'(\overline{q}^{SB}) = \overline{\theta} + \dfrac{f}{1-f}$
$\Delta\theta$；（3）只有低成本的乙方得到一个严格正的信息租金，为 $\underline{U}^{SB} = \Delta\theta\overline{q}^{SB}$，而高成本的乙方
的信息租金 $\overline{U}^{SB} = 0$；（4）次优的转移支付分别为 $\underline{t}^{SB} = \underline{\theta}\,\underline{q}^* + \Delta\theta\overline{q}^{SB}$ 和 $\overline{t}^{SB} = \overline{\theta}\,\overline{q}^{SB}$。

在不对称信息下，对于高成本乙方的产出水平 $\overline{q}$，甲方不再要求其为最优值 $\overline{q}^*$。甲方
偏向于稍微减少产量 Δq。于是，甲方必须付出的信息租金也减小了 $\Delta\theta\Delta q$。当通过减少高成
本乙方的产出水平所带来的效率损失正好等于降低信息租金的收益时，甲方就会停止减少
$\overline{q}$，这时，产出水平恰好停留在 $\overline{q}^{SB}$。于是，这样的激励机制，既是激励可行的，又能使甲方
可以付出尽可能少的信息租金。

10.5.3　道德风险下的激励机制设计

逆向选择并不是唯一的信息不对称问题。在乙方执行甲方所委托的任务的过程中，甲方
（甚至是可以强制执行合同的法律机关）往往无法控制乙方在执行任务时的不可观察的行
为。由于无法验证这些行为的具体状态，所以甲方在契约中无法规范这些行为。于是，乙方
从自身效用出发，可能不会采取甲方所希望的行为，在这种情况下，我们称乙方存在道德风
险问题。

在存在道德风险的情况下，随机生产水平是乙方的努力水平和外界因素的综合。然而，
甲方只能基于可以观察到的乙方的工作表现（如最终产出水平）来设计激励机制。尽管这
一机制不可能直接地依照乙方的行为来确定他的转移支付，但甲方至少可以做到一点：通过
这个激励机制在一个合理的成本上激励出乙方的较高的努力水平。与逆向选择情况下的分析
一致，这一激励机制必须同时满足激励相容约束和参与约束。可以看到，甲方显然偏好于在
较小成本上实现乙方较高努力水平的那个激励机制，而在不对称信息下这一激励机制只是实
现较高努力水平的次优结果。与逆向选择问题中的分析思路一样，以下我们仅讨论不对称信
息为离散类型的情况，事实上，简单的离散模型对于说明如何进行道德风险下激励机制的设
计已经足够。

先对问题的背景情况进行说明。假设乙方的努力水平 e 可以取两个可能的值，分别为零
努力水平和正努力水平，用 $e \in \{0, 1\}$ 表示。付出努力 e 意味着乙方的一个负效用，用
$\varphi(e)$ 表示，其中 $\varphi(0) = \varphi_0 = 0$，$\varphi(1) = \varphi_1 = \varphi$。

任务完成后，乙方从甲方获得一个转移支付 t，假设乙方的效用函数为 $U = u(t) -$
$\varphi(e)$，显然，$u(t)$ 是递增的。注意到 $u(t)$ 的逆函数 $h = u^{-1}$，h 也是递增的。

生产水平（如产出水平或质量水平等）受到乙方的努力水平和外界因素的综合影响，
因而认为生产过程具有随机性。假设努力水平以如下方式影响生产：随机的生产水平 $\tilde{q}$ 取
两个值 $\{\underline{q}, \overline{q}\}$，这里，$\overline{q}$ 表示高产出水平，$\underline{q}$ 表示低产出水平，$\overline{q} - \underline{q} = \Delta q > 0$（需要指出

的是：本小节中关于 $\underline{q}$ 和 $\overline{q}$ 的定义与 10.5.2 小节有差异，请注意区别）。努力对于产出水平的随机影响表现为概率分布 $\Pr(\tilde{q} = \overline{q} \,|\, e = 0) = \pi_0$，$\Pr(\tilde{q} = \overline{q} \,|\, e = 1) = \pi_1$，显然，$\pi_1 > \pi_0$，记 $\Delta\pi = \pi_1 - \pi_0$。

分别采用 V、U 表示甲方和乙方的效用（以下内容中出现的其他符号及其意义与 10.5.2 小节中的一致），则风险中性的甲方的期望效用 EV 可以写成：当 $e = 1$ 时，$EV_1 = \pi_1(s(\overline{q}) - \overline{t}) + (1 - \pi_1)(s(\underline{q}) - \underline{t})$；当 $e = 0$ 时，$EV_0 = \pi_0(s(\overline{q}) - \overline{t}) + (1 - \pi_0)(s(\underline{q}) - \underline{t})$。

显然，甲方希望通过激励机制的设计，激励出乙方高的努力水平，即正努力水平，而不是相反。在这种情形下，乙方的道德风险激励相容约束为：

$$\pi_1 u(\overline{t}) + (1 - \pi_1)u(\underline{t}) - \varphi \geqslant \pi_0 u(\overline{t}) + (1 - \pi_0)u(\underline{t})$$

令乙方的保留效用为零，则乙方的参与约束为：

$$\pi_1 u(\overline{t}) + (1 - \pi_1)u(\underline{t}) - \varphi \geqslant 0$$

以下，我们分别讨论对称信息与不对称信息情况下的激励机制设计问题。

10.5.3.1 对称信息下的激励机制设计

在对称信息下，由于乙方的努力水平是可验证的，甲方在激励机制中可强制规定乙方必须付出正努力水平，不然将受到惩罚。因而，甲方的期望效用只受到乙方的参与约束的限制。简化 $\underline{S} = S(\underline{q})$，则甲方的最优化规划问题表示为：

$$\text{（P）}\quad \max_{\{\overline{t},\underline{t}\}} \pi_1(\overline{s} - \overline{t}) + (1 - \pi_1)(\underline{s} - \underline{t})$$

$$\text{s. t. } \pi_1 u(\overline{t}) + (1 - \pi_1)u(\underline{t}) - \varphi = 0 \tag{10-48}$$

采用拉格朗日乘子法求解该规划问题，记 λ 为参与约束的乘子，对 $\overline{t}$ 和 $\underline{t}$ 分别进行求导，最终得到

$$\lambda = \frac{1}{u'(\underline{t}^*)} = \frac{1}{u'(\overline{t}^*)}$$

则 $t^* = \overline{t}^* = \underline{t}^*$。由式（10-48）得到 $t^* = h(\varphi)$，即乙方所得到的最优转移支付刚好抵消由于实施正努力水平所带来的负效用。

为使交易实现，对甲方而言，让乙方付出正努力水平所得到的期望效用应当大于乙方零努力水平下甲方所得到的期望效用，也就是说，应满足 $EV_1 \geqslant EV_0$，即

$$\pi_1 \overline{s} + (1 - \pi_1)\underline{s} - h(\varphi) \geqslant \pi_0 \overline{s} + (1 - \pi_0)\underline{s} \tag{10-49}$$

令 $\Delta s = \overline{s} - \underline{s}$，则由式（10-49）得到 $\Delta\pi\Delta s \geqslant h(\varphi)$，这便是交易实现必须满足的基本条件，

表示激励乙方的正努力水平给甲方所带来的期望收益至少不低于激励该努力的最优成本。

10.5.3.2　不对称信息下的激励机制设计

以下将对乙方分别是风险中性和风险规避情形下的激励机制设计进行分析。

（1）风险中性的乙方。如果乙方是风险中性的，则 $u(t)=t$，$h(u)=u$，甲方的激励机制设计相当于求解以下的规划问题：

$$(\text{P})\quad \max_{\{\bar{t},\underline{t}\}} \pi_1(\bar{s}-\bar{t})+(1-\pi_1)(\underline{s}-\underline{t})$$

$$\text{s. t. }\ \pi_1\bar{t}+(1-\pi_1)\underline{t}-\varphi \geq \pi_0\bar{t}+(1-\pi_0)\underline{t} \tag{10-50}$$

$$\pi_1\bar{t}+(1-\pi_1)\underline{t}-\varphi \geq 0 \tag{10-51}$$

由于乙方风险中性，甲方可以不给乙方留下任何期望租金，也就是说，可以使乙方的参与约束紧化。将式（10-50）和式（10-51）化为等式，求解得到

$$\underline{t}^* = -\frac{\pi_0}{\Delta\pi}\varphi \tag{10-52}$$

$$\bar{t}^* = \frac{1-\pi_0}{\Delta\pi}\varphi \tag{10-53}$$

则当乙方为高生产水平时，其净效用为：

$$\bar{U}^* = \bar{t}^* - \varphi = \frac{1-\pi_1}{\Delta\pi}\varphi$$

当乙方为低生产水平时，其净效用为：

$$\underline{U}^* = \underline{t}^* = -\frac{\pi_0}{\Delta\pi}\varphi$$

可见，如果生产水平高，乙方将获得奖励，$\bar{U}^* > 0$，否则 $\underline{U}^* < 0$，他将受到惩罚。

进一步地，将式（10-52）和式（10-53）代入甲方的效用函数中，则

$$EV_1 = \pi_1(\bar{s}-\bar{t}^*)+(1-\pi_1)(\underline{s}-\underline{t}^*) = \pi_1\bar{s}+(1-\pi_1)\underline{s}-\varphi \tag{10-54}$$

可见 EV_1 为常数，这说明如果乙方是风险中性，对于甲方而言，任务的委托是无需付出任何代价的。

综上所述，得到下述结论：当乙方是风险中性的时候，尽管其努力水平无法为甲方所验证，但最优的努力仍然可以被实施，即道德风险不会成为一个问题。

（2）风险规避的乙方。当乙方是风险规避时，定义 $u=u(t)$，同时存在 $t=h(u)$，则甲方的激励机制设计问题可以写为

$$(\text{P})\quad \min_{\{\bar{u},\underline{u}\}} -[\pi_1(\bar{s}-h(\bar{u}))+(1-\pi_1)(\underline{s}-h(\underline{u}))]$$

$$\text{s. t. } \pi_1 \overline{u} + (1 - \pi_1) \underline{u} - \varphi \geq \pi_0 \overline{u} + (1 - \pi_0) \underline{u} \qquad (10-55)$$

$$\pi_1 \overline{u} + (1 - \pi_1) \underline{u} - \varphi \geq 0 \qquad (10-56)$$

其中，式（10-55）是乙方的激励相容约束，式（10-56）是参与约束。不难看出，该规划问题是个凸规划，则库恩－塔克（Kuhn-Tucker）条件是该问题的充分必要条件。

令 λ、γ 分别为式（10-55）和式（10-56）的非负乘子，对 $\overline{u}$ 和 $\underline{u}$ 分别求导后，得到这一规划问题的一阶条件分别表示如下：

$$\pi_1 h'(\overline{u}^{SB}) - \lambda \Delta \pi - \gamma \pi_1 = 0$$

$$(1 - \pi_1) h'(\underline{u}^{SB}) + \lambda \Delta \pi - \gamma (1 - \pi_1) = 0$$

利用反函数性质 $u'(t) \cdot h'(u) = 1$，则上述两式转化为：

$$\frac{\pi_1}{u'(\overline{t}^{SB})} - \lambda \Delta \pi - \gamma \pi_1 = 0$$

$$\frac{1 - \pi_1}{u'(\underline{t}^{SB})} + \lambda \Delta \pi - \gamma (1 - \pi_1) = 0$$

其中，$\overline{t}^{SB}$ 和 $\underline{t}^{SB}$ 表示次优的转移支付。简化上述两式，得到

$$\gamma = \frac{\pi_1}{u'(\overline{t}^{SB})} + \frac{1 - \pi_1}{u'(\underline{t}^{SB})}$$

$$\lambda = \frac{\pi_1(1 - \pi_1)}{\Delta \pi} \left(\frac{1}{u'(\overline{t}^{SB})} - \frac{1}{u'(\underline{t}^{SB})} \right)$$

可知，$\gamma > 0$。同时，由于 $u(x)$ 为凹函数，且 $\overline{t}^{SB} > \underline{t}^{SB}$，则 $\lambda > 0$。由此，根据库恩－塔克条件得到，式（10-55）和式（10-56）必须是紧约束，于是得到

$$\overline{t}^{SB} = h \left(\varphi + (1 - \pi_1) \frac{\varphi}{\Delta \pi} \right)$$

$$\underline{t}^{SB} = h \left(\varphi - \pi_1 \frac{\varphi}{\Delta \pi} \right)$$

可见，当乙方是风险规避时，由于 $h(x)$ 为增函数，则 $\overline{t}^{SB} = h \left(\varphi + (1 - \pi_1) \frac{\varphi}{\Delta \pi} \right) > h(\varphi) = \overline{t}^{*}$，而 $\underline{t}^{SB} = h \left(\varphi - \pi_1 \frac{\varphi}{\Delta \pi} \right) < \underline{t}^{*}$，且 $\underline{t}^{SB} < 0$。可见，这一机制不能为乙方提供完全的保险，如果为低生产水平，他仍将受到惩罚。

由于 $h(u)$ 是严格凸函数，可以得到在该激励机制下，甲方的期望转移支付将高于对称信息下的转移支付，即

$$Et^{SB} = \pi_1 \overline{t}^{SB} + (1 - \pi_1) \underline{t}^{SB} = \pi_1 h\left(\varphi + (1 - \pi_1)\frac{\varphi}{\Delta\pi}\right) + (1 - \pi_1)h\left(\varphi - \frac{\pi_1\varphi}{\Delta\pi}\right)$$

$$> h\left(\pi_1\left(\varphi + (1 - \pi_1)\frac{\varphi}{\Delta\pi}\right) + (1 - \pi_1)\left(\varphi - \frac{\pi_1\varphi}{\Delta\pi}\right)\right) = h(\varphi) = t^*$$

$$(10 - 57)$$

于是，可以得到如下结论：在道德风险和乙方为风险规避的情形下，乙方的努力水平是向下扭曲的，即甲方为了激励乙方的高努力水平，与对称信息情形下相比，必须付出更多的转移支付。

10.6　案例分析：企业产品推广策略选择

10.6.1　问题背景

有甲、乙两家 IT 企业，生产某类新型 IT 产品，该类产品有 A 和 B 两种产品。目前企业甲的 A 和 B 产品的市场销售量分别为总销售量的 20% 和 32%，企业乙 A 和 B 的市场占有率分别为 80% 和 68%。

目前，两家企业都已完成这两种产品的升级换代工作，但第二代产品要投产上市还需要一段时间。如果两种产品同时投产上市，甲企业需要 15 个月，乙企业需要 12 个月。如果两种产品先后投产上市，甲企业各需要 10 个月，乙企业各需要 9 个月。

虽然目前乙企业的产品市场占有率比甲企业的大，但据咨询公司预测：对于相同的第二代产品而言，当第二代 A 产品同时上市，最终甲企业的市场占有率将增加 8%（由原先的 20% 增加到 28%）；当第二代 B 产品同时上市，最终甲企业的市场占有率将增加 6%（由原先的 32% 增加到 38%）。此外，根据咨询公司的预测，两类新产品在不同时间上市，最终各自的市场占有率情况如表 10 - 2 所示（表中的抢先上市时间是指：针对某种产品，企业甲比企业乙抢先上市的时间）。试分析甲、乙两家企业的策略选择，即安排第二代 A 产品和 B 产品的上市情况。

表 10 - 2　　　　两类新产品在不同时间上市情况下最终产品的市场占有率情况

抢先上市时间（月）	产品 A		产品 B		抢先上市时间（月）	产品 A		产品 B	
	企业甲	企业乙	企业甲	企业乙		企业甲	企业乙	企业甲	企业乙
- 12	15%	85%	20%	80%	1	33%	67%	42%	58%
- 11	15%	85%	20%	80%	2	36%	64%	45%	55%
- 10	15%	85%	21%	79%	3	40%	60%	48%	52%

续表

抢先上市时间（月）	产品 A		产品 B		抢先上市时间（月）	产品 A		产品 B	
	企业甲	企业乙	企业甲	企业乙		企业甲	企业乙	企业甲	企业乙
－9	16%	84%	22%	78%	4	42%	58%	50%	50%
－8	16%	84%	23%	77%	5	45%	55%	52%	48%
－7	17%	83%	24%	76%	6	48%	52%	54%	46%
－6	18%	82%	25%	75%	7	50%	50%	55%	45%
－5	19%	81%	26%	74%	8	51%	49%	57%	43%
－4	20%	80%	28%	72%	9	53%	47%	58%	42%
－3	21%	79%	30%	70%	10	54%	46%	59%	41%
－2	23%	77%	33%	67%	11	55%	45%	60%	40%
－1	25%	75%	35%	65%	12	56%	44%	60%	40%

10.6.2　案例分析

根据分析可知，甲、乙两企业都有三种新产品上市策略，（1）产品 A 和产品 B 同时上市；（2）产品 A 先上市，再上产品 B；（3）产品 B 先上市，再上产品 A。令企业甲的三种策略分别为 α_1、α_2 和 α_3，企业乙的三种策略分别为 β_1、β_2 和 β_3。

在不同局势下，对于企业甲而言，产品 A 和产品 B 的抢先上市时间如表 10－3 所示。

表 10－3　　　　　　　　　　不同局势下企业甲的产品抢先上市时间　　　　　　　单位：月

局势	产品 A	产品 B	局势	产品 A	产品 B	局势	产品 A	产品 B
(α_1, β_1)	－3	－3	(α_2, β_1)	+2	+2	(α_3, β_1)	－8	+2
(α_1, β_2)	－6	+3	(α_2, β_2)	－1	－2	(α_3, β_2)	－11	+8
(α_1, β_3)	+3	－6	(α_2, β_3)	+8	－11	(α_3, β_3)	－2	－1

对于企业甲而言，我们将产品 A 和产品 B 的当前市场占有率20%和32%作为基准占有率。在第二代产品上市后，不同局势下企业甲的两种产品的最终市场占有率的增加量如表 10－4 所示。例如，在局势（α_1，β_1）下，企业甲的产品 A 和产品 B 的抢先上市时间均为 －3 月，则产品 A 和产品 B 的市场占有率的增加量分别为：21% －20% ＝1%，30% －32% ＝ －2%。

表 10-4		不同局势下企业甲的产品的最终市场占有率增加量				单位:%	
局势	产品 A	产品 B	局势	产品 A	产品 B	局势	产品 A	产品 B
(α_1, β_1)	1	-2	(α_2, β_1)	16	-9	(α_3, β_1)	-4	13
(α_1, β_2)	-2	16	(α_2, β_2)	5	1	(α_3, β_2)	-5	25
(α_1, β_3)	20	-7	(α_2, β_3)	31	-12	(α_3, β_3)	3	3

我们令每个企业的赢得值（或效用值）为两种产品市场占有率的增加量之和的一半。例如，在局势 (α_1, β_1) 下，企业甲的赢得值为 $(1-2)/2 = -0.5$。得到甲的赢得矩阵为：

$$A = \begin{array}{c} \\ \alpha_1 \\ \alpha_2 \\ \alpha_3 \end{array} \overset{\begin{array}{ccc} \beta_1 & \beta_2 & \beta_3 \end{array}}{\begin{bmatrix} -0.5 & 7 & 6.5 \\ 3.5 & 3 & 9.5 \\ 4.5 & 10 & 3 \end{bmatrix}}$$

经分析得到：该矩阵对策没有纯策略解，也不存在占优策略，采用线性规划法求解最优混合策略。不难看出该矩阵对策的 $V_G^* > 0$，将问题转化为两个互为对偶的线性规划问题：

$$(\mathrm{P'}) \quad \min \ x_1' + x_2' + x_3'$$

$$\mathrm{s.\,t.} \begin{cases} -0.5x_1' + 3.5x_2' + 4.5x_3' \geqslant 1 \\ 7x_1' + 3x_2' + 10x_3' \geqslant 1 \\ 6.5x_1' + 9.5x_2' + 3x_3' \geqslant 1 \\ x_1', x_2', x_3' \geqslant 0 \end{cases}$$

$$(\mathrm{D'}) \quad \max \ y_1' + y_2' + y_3'$$

$$\mathrm{s.\,t.} \begin{cases} -0.5y_1' + 7y_2' + 6.5y_3' \leqslant 1 \\ 3.5y_1' + 3y_2' + 9.5y_3' \leqslant 1 \\ 4.5y_1' + 10y_2' + 3y_3' \leqslant 1 \\ y_1', y_2', y_3' \geqslant 0 \end{cases}$$

求解得到：$X' = (x_1', x_2', x_3') = (0, 0.0465, 0.1860)$，$Y' = (y_1', y_2', y_3') = (0.2016, 0, 0.0310)$，矩阵对策的值 $V_G^* = 4.3$。最后得到企业甲和乙的最优混合策略分别为：$X^* = (0, 0.2, 0.8)$，$Y^* = (0.867, 0, 0.133)$。

10.6.3　结果分析

企业甲不会选择策略 α_1，选择策略 α_3 的概率为 80%，选择 α_2 的概率为 20%；企业乙不会选择策略 β_2，选择策略 β_1 和 β_3 的概率分别为 86.7% 和 13.3%。对于企业甲而言，两种产品的市场占有率平均将提高 4.3%。反映到现实的决策中，可以认为甲最有可能选择先上市产品 B，再上产品 A；乙最有可能选择两种产品同时上市。也就是说，对于企业甲而言，最终产品 A 的市场占有率可能下降到 16%（减少 4%），而产品 B 的市场占有率可能上升到 45%（增加 13%），两种产品的市场占有率平均提高 4.5%。

习　题

1. 求解如下矩阵对策：

$$（1）A = \begin{bmatrix} 6 & 5 & 4 & 8 \\ 5 & 3 & 8 & 10 \\ 8 & 7 & 7 & 9 \end{bmatrix} \qquad （2）A = \begin{bmatrix} 6 & 5 & 6 & 5 \\ 1 & 4 & 2 & -1 \\ 8 & 5 & 7 & 5 \\ 0 & 2 & 6 & 2 \end{bmatrix}$$

2. 试用线性规划法求解下列矩阵对策：

$$（1）A = \begin{bmatrix} 0 & -2 & 1 \\ 1 & -1 & -2 \\ 0 & 3 & 0 \end{bmatrix} \qquad （2）A = \begin{bmatrix} 1 & -1 & 2 \\ -2 & 2 & -4 \end{bmatrix}$$

3. 已知甲、乙两个局中人各自的纯策略以及甲的赢得情况如表 10-5 所示，求双方的最优策略及对策值。

表 10-5　　　　　　甲、乙双方策略及赢得情况

甲	乙				
	b_1	b_2	b_3	b_4	b_5
a_1	2	-2	-1	-3	3
a_2	-3	0	1	-1	-2
a_3	0	3	-2	2	1
a_4	-2	1	4	-1	0

4. 考虑两人矩阵对策，其中局中人甲的赢得矩阵为：

$$A = \begin{bmatrix} 1 & 3 & 3 \\ 4 & 2 & 1 \\ 3 & 2 & 2 \end{bmatrix}$$

试求：（1）局中人甲和乙的最优策略和对策值。

（2）如果居中人甲的赢得矩阵改为

$$A' = \begin{bmatrix} -1 & 1 & 1 \\ 2 & 0 & -1 \\ 1 & 0 & 0 \end{bmatrix}$$

则局中人甲和乙的最优策略是否改变，对策值又是多少？

5. 如果下述矩阵对策 A 的平衡局势值为 5，试求 p 和 q 的取值范围。

$$A = \begin{bmatrix} 1 & q & 6 \\ p & 5 & 10 \\ 6 & 2 & 3 \end{bmatrix}$$

6. 重新考虑田忌赛马的问题。基本情况不变：双方各有上、中、下三个等级的马，同等级的马中，齐王的马优于田忌的马，但如果田忌的马比齐王的马高一个等级，则田忌的马能获胜。如果比赛规则作如下改动：第一局中，胜者从负者处赢得一千金；第二局中，胜者从负者处赢得二千金；第三局中，胜者赢负者三千金。试分析齐王和田忌的比赛对策。

7. 两名游戏者甲和乙各持一枚硬币，同时展示硬币的一面。如均为正面，甲赢 3/4；均为反面，甲赢 1/4；如为一正一反，甲输 1/2。试求双方各自的最优策略。

8. 考虑如下的划拳游戏。两个人参加划拳，每个人有 4 种选择：棒子、老虎、鸡、虫子。输赢规则为：棒子打老虎、老虎降鸡、鸡降虫子、虫子降棒子。两个人同时出拳，如果一方打败另一方，赢的效用为 1，输的效用为 −1，否则效用均为 0。试写出这个游戏的赢得矩阵，并求解。

9. 甲、乙两人各有一角（10 分）、5 分和 1 分的硬币各一枚。在双方互不知道的情况下各出一枚硬币，规定当两枚硬币的和为奇数时，甲赢得乙所出硬币；当和为偶数时，乙赢得甲所出硬币。列出二人零和对策的模型，并求该对策的最优解和对策值。

10. 在一场敌对的军事行动中，甲方拥有三种进攻性武器 A_1、A_2、A_3，乙方有三种防御性武器 B_1、B_2、B_3 来对付甲方。根据平时演习得到的数据，各种武器间对抗时相互取胜的可能性如表 10−6 所示，试确定甲、乙双方武器使用的最优策略。

表 10−6　　　　　甲、乙双方各种武器对抗取胜可能性情况

对抗武器	取胜可能性	对抗武器	取胜可能性	对抗武器	取胜可能性
A_1对B_1	2∶3	A_2对B_1	2∶1	A_3对B_1	5∶2
A_1对B_2	2∶1	A_2对B_2	1∶2	A_3对B_2	2∶3
A_1对B_3	1∶2	A_2对B_3	4∶3	A_3对B_3	2∶1

11. 甲、乙两人玩一种游戏。甲有两个球，乙有三个球，在互不知道的情况下将球分别投入 A、B 两个箱中。设甲投入 A、B 箱中的球数分别为 n_1 和 n_2，乙投入两个箱中的球数分别为 m_1 和 m_2。若 $n_1 > m_1$，甲赢 $(m_1 + 1)$，$n_2 > m_2$，甲赢 $(m_2 + 1)$；若 $n_1 < m_1$，甲输 $(n_1 + 1)$，$n_2 < m_2$，甲输 $(n_2 + 1)$。在其他情况下双方无输赢。将此问题表达成一个二人零和对策问题，并求双方的最优策略和对策值。

12. 两动物（甲和乙）为某一食物而争斗。每只动物都能像鸽或鹰那样行动。对每只动物来说最坏的结果是两个都像鹰一样，此时的争斗使得双方都吃不到食物；如果两只动物合作起来像鸽一样行动，则每只动物都可吃到 3 个单位的食物；如果自己像鸽而对手像鹰，则自己只能吃到 1 个单位而对手可吃到 4 个单位。假设两只动物进行的是一次性完全信息静态

博弈，请回答如下问题：（1）试求解该博弈的纳什均衡（根据博弈矩阵求解）；（2）请举一个现实生活中的例子并用鹰–鸽博弈进行解释。

采用线性规划法　　　　一次性博弈与无限次　　　　部分习题答案
求解矩阵对策视频　　　　重复博弈浅析视频

第 11 章　非线性规划

📖**本章导读**

在生产管理和经济活动中，很多问题都可以归结为最优化问题，而非线性规划（nonlinear programming，NP）是指目标函数或约束条件中至少有一个是非线性函数的最优化问题，研究在有限种或无限种可行方案中挑选最优方案，构造寻求最优解的计算方法。非线性规划广泛应用于科学、工程、国防、交通、管理、经济、金融、计算机等领域。

本章知识点之间的逻辑关系见图 11-1。

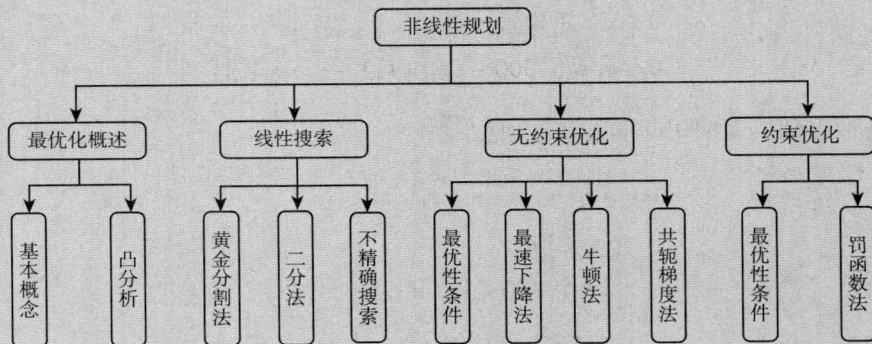

图 11-1　第 11 章知识点逻辑关系

11.1　非线性规划问题

非线性规划是在线性规划的基础上发展起来的，很多实际问题都可以归结为非线性规划问题。下面举例来加以说明。

【**例 11.1**】设有一长度为 l 的木条，用该木条围成一个矩形，问长和宽各多少时矩形面积最大？

解：建立该问题的数学模型。设已用木条围成一个矩形，一边长度为 x，则另一边的长

度为 $\frac{l}{2}-x$，矩形面积为 $x\left(\frac{l}{2}-x\right)$。该问题的数学模型可以写为：

$$\max\ x\left(\frac{l}{2}-x\right)$$

$$\text{s. t. } 0 \leqslant x \leqslant \frac{l}{2}$$

本例的约束条件虽然为自变量的线性函数，但其目标函数是自变量的二次函数，因而它属于非线性规划问题。

【例 11.2】设某单位有 300 万元资金，打算 3 年内用完。若在一年内使用资金 x 万元，则可以得到收益 $\sqrt{x}$ 万元（收益不能再使用），当年不用的可存入银行，年利率为 0.1。问如何使用这一笔资金，可以使 3 年后收益总和最大？

解：建立该问题的数学模型。设第 i 年使用资金 x_i 万元，则 3 年后收益为：

$$\sqrt{x_1} + \sqrt{x_2} + \sqrt{x_3}$$

由问题条件知，x_i 满足：

$$0 \leqslant x_1 \leqslant 300$$
$$0 \leqslant x_2 \leqslant (300 - x_1) \times 1.1$$
$$0 \leqslant x_3 \leqslant ((300 - x_1) \times 1.1 - x_2) \times 1.1$$

这样我们得到资金使用问题的数学模型：

$$\max\ \sqrt{x_1} + \sqrt{x_2} + \sqrt{x_3}$$

$$\text{s. t. } \begin{cases} x_1 \leqslant 300 \\ x_2 \leqslant (300 - x_1) \times 1.1 \\ x_3 \leqslant ((300 - x_1) \times 1.1 - x_2) \times 1.1 \\ x_i \geqslant 0, i = 1, \cdots, 3 \end{cases}$$

本例的约束条件虽然为自变量的线性函数，但其目标函数是非线性函数，因而它属于非线性规划问题。

【例 11.3】求 $X = (x_1, x_2)$，使得：

$$\min_{x_1, x_2} (x_1 - 2)^2 + (x_2 - 1)^2$$

$$\text{s. t. } \begin{cases} x_1 + 2x_2 = 4 \\ x_1 \geqslant 0 \\ x_2 \geqslant 0 \end{cases}$$

该数学模型中目标函数是一个二次函数，因此它也是一个非线性规划。

与上述问题类似的还有很多，这类问题包含若干个目标函数和约束条件，且目标函数和约束条件中至少一个为非线性函数，我们把这种类型的问题称为非线性规划问题。

非线性规划问题数学模型一般形式：

$$\min f(x)$$
$$\text{s. t.} \begin{cases} c_i(x) = 0, i = 1, 2, \cdots, m \\ c_i(x) \geqslant 0, i = m + 1, \cdots, p \end{cases} \quad (\text{NLP})$$

其中，$x = (x_1, x_2, \cdots, x_n)^T \in \mathbf{R}^n$ 称为决策变量，$f(x)$ 称为目标函数，$c_i(x)$ （$i = 1$, 2, $\cdots$, p）称为约束函数，且 $f(x)$ 和 $c_i(x)$ （$i = 1$, 2, $\cdots$, p）至少一个为非线性函数。

对于求目标函数极大值的问题，由 $\max f(x) \rightarrow \min[-f(x)]$ 可化为求极小值问题。

定义 11.1　满足问题（NLP）所有约束条件的点 $x \in \mathbf{R}^n$ 称为**可行解**（或可行点）。所有可行点的集合称为**可行域**（或可行集），记 $F = \{x \mid c_i(x) = 0, i = 1, 2, \cdots, m, c_i(x) \geqslant 0, i = m + 1, \cdots, p\}$。

定义 11.2　对于问题（NLP），设 $x^* \in F$，对任意的 $x \in F$，都有 $f(x^*) \leqslant f(x)$，则称 x^* 为问题（NLP）的**全局最优解**。若对于任意的 $x \in F$ 且 $x \neq x^*$ 满足 $f(x^*) < f(x)$，则称 x^* 为**严格全局最优解**。

定义 11.3　对于问题（NLP），设 $x^* \in F$，如果存在一个邻域 $N(x^*) = \{x \mid \|x - x^*\| \leqslant \delta\}$，使得对于任意 $x \in N(x^*) \cap F$ 成立 $f(x^*) \leqslant f(x)$，则称 x^* 为**局部最优解**。若上述严格不等式成立，则称为**严格局部最优解**。

【例 11.4】 图 11 - 2 就单变量函数的情形给出了全局最优解和局部最优解的一个例子。

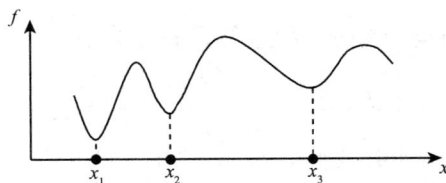

图 11 - 2　全局极小点与局部极小点

在图 11 - 2 中，x_1 点是所示函数的严格全局极小解，x_1、x_2 和 x_3 则是局部极小解。由此可以看出，即使问题有最优解，最优解未必唯一，也未必是全局最优解。

问题： 局部最优解与整体最优解何时一致？

从上述简单的例子及其他简单例子可以猜测：如果可行区域是凸集合，目标函数是凸函数，这时局部最优解和整体最优解一致。下文会详细介绍该结论。

11.2　凸集和凸函数

凸集与凸函数在非线性规划问题中起着重要作用。本节给出凸集与凸函数的定义和相关性质。

11.2.1 凸集

定义 11.4 集合 $D \subset \mathbf{R}^n$ 称为**凸集**，如果对于任意 x，$y \in D$ 有

$$\lambda x + (1 - \lambda) y \in D, \forall 0 \leq \lambda \leq 1$$

换句话说，如果任意两点 x，$y \in D$，则连接 x 与 y 的直线段上的所有点都在 D 内。

凸集有下面一些基本性质。设 D_1，$D_2 \subset \mathbf{R}^n$ 是凸集，则：（1）两个凸集的交 $D_1 \cap D_2 = \{x \mid x \in D_1$ 且 $x \in D_2\}$ 是凸集；（2）两个凸集的和 $D_1 + D_2 = \{x + y \mid x \in D_1, y \in D_2\}$ 是凸集；（3）两个凸集的差 $D_1 - D_2 = \{x - y \mid x \in D_1, y \in D_2\}$ 是凸集；（4）对于任意非零实数 α，集合 $\alpha D_1 = \{\alpha x \mid x \in D_1\}$ 也是凸集。

证明： 性质（1）。设 x_1，$x_2 \in D_1 \cap D_2$，则有 x_1，$x_2 \in D_1$，x_1，$x_2 \in D_2$。由定义，对于任意 $\lambda \in [0, 1]$，有

$$\lambda x_1 + (1 - \lambda) x_2 \in D_1, \lambda x_1 + (1 - \lambda) x_2 \in D_2$$

故 $\lambda x_1 + (1 - \lambda) x_2 \in D_1 \cap D_2$，所以 $D_1 \cap D_2$ 是凸集。

对其余性质的证明留给读者作为练习。

定义 11.5 设 x^1，x^2，$\cdots$，x^m 是 $\mathbf{R}^n$ 中 m 个点，称 $\sum\limits_{i=1}^{m} \alpha_i x^i$ 为 $x^1, x^2, \cdots, x^m$ 的凸组合，这里 $\alpha_i \geq 0 (i = 1, \cdots, m)$ 且 $\sum\limits_{i=1}^{m} \alpha_i = 1$。

定理 11.1 $D \subset \mathbf{R}^n$ 是凸集的充分必要条件是 D 中任意 m 个点 x^i（$i = 1, 2, \cdots, m$）的凸组合仍属于 D。即有 $\sum\limits_{i=1}^{m} \alpha_i x^i \in D, \alpha_i \geq 0 (i = 1, \cdots, m), \sum\limits_{i=1}^{m} \alpha_i = 1$。

证明：（1）先用归纳法证明必要性。当 $m = 2$ 时，由凸集定义知命题成立。假设 $m = k$ 时命题成立，即 D 中任意 k 个点的凸组合仍属于 D。

当 $m = k + 1$ 时，$x^i \in D$, $i = 1, 2, \cdots, k + 1$，$\sum\limits_{i=1}^{k+1} \alpha_i = 1$。不妨设 $\alpha_{k+1} \neq 1$，则有

$$\sum_{i=1}^{k+1} \alpha_i x^i = \sum_{i=1}^{k} \alpha_i x^i + \alpha_{k+1} x^{k+1} = (1 - \alpha_{k+1}) \sum_{i=1}^{k} \frac{\alpha_i}{1 - \alpha_{k+1}} x^i + \alpha_{k+1} x^{k+1}$$

因为 $1 - \alpha_{k+1} = \sum\limits_{i=1}^{k} \alpha_i$，所以 $\sum\limits_{i=1}^{k} \dfrac{\alpha_i}{1 - \alpha_{k+1}} = 1$。由归纳假设有

$$\sum_{i=1}^{k} \frac{\alpha_i}{1 - \alpha_{k+1}} x^i \in D$$

于是由凸集的定义得

$$\sum_{i=1}^{k+1} \alpha_i x^i = (1 - \alpha_{k+1}) \sum_{i=1}^{k} \frac{\alpha_i}{1 - \alpha_{k+1}} x^i + \alpha_{k+1} x^{k+1} \in D$$

由归纳法原理，定理的必要性得证。

（2）充分性。取 $m=2$，对于任意两点 x^1，$x^2 \in D$，有

$$\alpha_1 x^1 + \alpha_2 x^2 \in D, \alpha_1 + \alpha_2 = 1$$

则由凸集的定义知 D 是凸集。

定义 11.6　设 D_1，$D_2 \subset \mathbf{R}^n$ 为两个非空凸集，若存在非零向量 $a \in \mathbf{R}^n$ 和实数 β，使得

$$D_1 \subset H^+ = \{x \in \mathbf{R}^n \mid a^T x \geqslant \beta\}$$
$$D_2 \subset H^- = \{x \in \mathbf{R}^n \mid a^T x \leqslant \beta\}$$

则称超平面 $H = \{x \in \mathbf{R}^n \mid a^T x = \beta\}$ 分离集合 D_1 和 D_2。

如果 $D_1 \subset H_o^+ = \{x \in \mathbf{R}^n \mid a^T x > \beta\}$，$D_2 \subset H_o^- = \{x \in \mathbf{R}^n \mid a^T x < \beta\}$，则称 H 严格分离集合 D_1 和 D_2。

定理 11.2　设 $D \subset \mathbf{R}^n$ 是非空闭凸集，$y \in \mathbf{R}^n$ 但 $y \notin D$，则：

（1）存在唯一的点 $\bar{x} \in D$，使得集合 D 到点 y 的距离最小，即

$$\|\bar{x} - y\| = \inf_{x \in D} \|x - y\|$$

（2）$\bar{x} \in D$ 是点 y 到集合 D 的最短距离点的充分必要条件为

$$(x - \bar{x})^T (\bar{x} - y) \geqslant 0, \forall x \in D$$

定理 11.3　设 $D \subset \mathbf{R}^n$ 是非空闭凸集，$y \in \mathbf{R}^n$ 但 $y \notin D$，则存在非零向量 $a \in \mathbf{R}^n$ 和实数 β 使

$$a^T x \leqslant \beta < a^T y, \forall x \in D$$

成立，即存在超平面 $H = \{x \in \mathbf{R}^n \mid a^T x = \beta\}$ 严格分离点 y 与凸集 D。

定理 11.4　设 D_1，$D_2 \subset \mathbf{R}^n$ 为两个非空凸集，且 $D_1 \cap D_2 = \varnothing$，则存在超平面分离集合 D_1 和 D_2，即存在非零向量 $a \in \mathbf{R}^n$ 使得

$$a^T x \leqslant a^T y, \forall x \in D_1, y \in D_2$$

11.2.2　凸函数

定义 11.7　设函数 $f(x)$ 在凸集 D 上有定义，若对于任意 x，$y \in D$ 和任意 $\lambda \in [0, 1]$ 有

$$f(\lambda x + (1-\lambda)y) \leqslant \lambda f(x) + (1-\lambda)f(y)$$

则称 $f(x)$ 是凸集 D 上的凸函数。

如果对于任意 x，$y \in D$，$x \neq y$ 和任意 $\lambda \in (0, 1)$ 有

$$f(\lambda x + (1-\lambda)y) < \lambda f(x) + (1-\lambda)f(y)$$

则称 $f(x)$ 是凸集 D 上的严格凸函数。

凸函数的几何形式如图 11-3 所示。如果 $f(x)$ 是凸集 D 上的凸函数，则对于任意两点

x，$y \in D$，连结点 $(x, f(x))$ 与 $(y, f(y))$ 的弦位于函数图形（曲线或曲面）的上方（弦在曲线上方）。

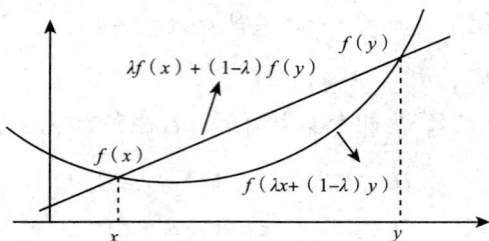

图 11-3　凸函数

同凸函数相对应的是凹函数，对于一个函数 $f(x)$，如果 $-f(x)$ 是凸集 D 上的（严格）凸函数，则称函数 $f(x)$ 是凸集 D 上的（严格）凹函数。

显然，$f(x) = |x|$ 是 $\mathbf{R}$ 上的凸函数；$f(x) = -x_1^2 - 2x_2^2$ 是 $\mathbf{R}^2$ 上的凹函数；$f(x) = x^3$ 不是 $\mathbf{R}$ 上的凸函数，但是在 $D = \{x \mid x \geqslant 0\}$ 上是凸函数，在 $D = \{x \mid x \leqslant 0\}$ 上是凹函数。

【例 11.5】线性函数 $f(x) = c^T x + b = c_1 x_1 + c_2 x_2 + \cdots + c_n x_n + b$ 是 $\mathbf{R}^n$ 上既凸又凹函数。

证明：任取 x，$y \in \mathbf{R}^n$，$\lambda \in [0, 1]$，有

$$
\begin{aligned}
f(\lambda x + (1-\lambda)y) &= c^T(\lambda x + (1-\lambda)y) + b \\
&= \lambda c^T x + (1-\lambda)c^T y + b \\
&= \lambda(c^T x + b) + (1-\lambda)(c^T y + b) \\
&= \lambda f(x) + (1-\lambda)f(y)
\end{aligned}
$$

凸函数得证。同理可证凹函数。

一般地，对于二次函数 $f(x) = \frac{1}{2}x^T G x + b^T x + c$，其中 G 是对称矩阵，有以下五种情况：

（1）当 G 是正半定时，二次函数 $f(x)$ 是凸函数；

（2）当 G 是正定时，二次函数 $f(x)$ 是严格凸函数；

（3）当 G 是负半定时，二次函数 $f(x)$ 是凹函数；

（4）当 G 是负定时，二次函数 $f(x)$ 是严格凸函数；

（5）当 G 是不定时，二次函数 $f(x)$ 既不是凸函数，也不是凹函数。

【例 11.6】判定二次函数 $f(x) = 2x_1^2 + x_2^2 - 2x_1 x_2 + 3x_1 + 8$ 是否为凸函数。

证明：观察 G 是对称的，则 $G = \nabla^2 f(x)$。经计算可得

$$
G = \nabla^2 f(x) = \begin{pmatrix} 4 & -2 \\ -2 & 2 \end{pmatrix}
$$

因为该矩阵的顺序主子式

$$
|4| > 0, \quad \begin{vmatrix} 4 & -2 \\ -2 & 2 \end{vmatrix} > 0
$$

所以 $G = \nabla^2 f(x)$ 是正定阵，$f(x) = 2x_1^2 + x_2^2 - 2x_1 x_2 + 3x_1 + 8$ 是严格凸函数。

【例 11.7】证明题：如果 $f_i(x)$（$i = 1$，$\cdots$，m）是非空凸集 D 上的凸函数，则有：

（1）$f(x) = \displaystyle\sum_{i=1}^{m} \alpha_i f_i(x)$（其中 $\alpha_i \geq 0$）是凸函数；

（2）$f(x) = \displaystyle\max_{i=1,\cdots,m} f_i(x) = \max\{f_1(x), f_2(x), \cdots, f_m(x)\}$ 是凸函数。

证明：（1）任取 x，$y \in D$，$\lambda \in [0, 1]$，有

$$f(\lambda x + (1 - \lambda)y) = \sum_{i=1}^{m} \alpha_i f_i(\lambda x + (1 - \lambda)y)$$
$$\leq \sum_{i=1}^{m} \alpha_i (\lambda f_i(x) + (1 - \lambda)f_i(y))$$
$$= \lambda \sum_{i=1}^{m} \alpha_i f_i(x) + (1 - \lambda) \sum_{i=1}^{m} \alpha_i f_i(y)$$
$$= \lambda f(x) + (1 - \lambda)f(y)$$

所以，$f(x) = \displaystyle\sum_{i=1}^{m} \alpha_i f_i(x)$（其中 $\alpha_i \geq 0$）是凸集 D 上的凸函数。

第（2）问的证明留作练习。

下面给出凸函数的几个判定定理。

定理 11.5　函数 $f(x)$ 是 $\mathbf{R}^n$ 上凸函数的充要条件是：对任意 x，$y \in \mathbf{R}^n$，单变量函数 $\psi(\alpha) = f(x + \alpha y)$ 是关于 α 的凸函数。

证明：先证必要性。任取 α_1，α_2，$\lambda \in [0, 1]$，有

$$\psi(\lambda \alpha_1 + (1 - \lambda)\alpha_2) = f(x + (\lambda \alpha_1 + (1 - \lambda)\alpha_2)y)$$
$$= f(\lambda x + (1 - \lambda)x + (\lambda \alpha_1 + (1 - \lambda)\alpha_2)y)$$
$$= f(\lambda(x + \alpha_1 y) + (1 - \lambda)(x + \alpha_2 y))$$
$$\leq \lambda f(x + \alpha_1 y) + (1 - \lambda)f(x + \alpha_2 y)$$
$$= \lambda \psi(\alpha_1) + (1 - \lambda)\psi(\alpha_2)$$

所以 $\psi(\alpha)$ 是凸函数。

再证充分性。任取 x，$y \in \mathbf{R}^n$，设 $\bar{z} = x + \alpha_1 y$，$\hat{z} = x + \alpha_2 y$。对任意 $\lambda \in [0, 1]$，有

$$f(\lambda \bar{z} + (1 - \lambda)\hat{z}) = f(\lambda(x + \alpha_1 y) + (1 - \lambda)(x + \alpha_2 y))$$
$$= f(x + (\lambda \alpha_1 + (1 - \lambda)\alpha_2)y)$$
$$= \psi(\lambda \alpha_1 + (1 - \lambda)\alpha_2)$$
$$\leq \lambda \psi(\alpha_1) + (1 - \lambda)\psi(\alpha_2)$$
$$= \lambda f(x + \alpha_1 y) + (1 - \lambda)f(x + \alpha_2 y)$$
$$= \lambda f(\bar{z}) + (1 - \lambda)f(\hat{z})$$

由 x，$y \in \mathbf{R}^n$ 的任意性可知 $\bar{z}$，$\hat{z}$ 的任意性，从而可知 $f(x)$ 是 $\mathbf{R}^n$ 上的凸函数。

定理 11.6　设 $f(x)$ 是定义在非空开凸集 D 上的可微函数，则：

（1）$f(x)$ 是 D 上凸函数的充要条件是

$$f(y) \geqslant f(x) + \nabla f(x)^T(y-x), \forall x, y \in D$$

（2）$f(x)$ 是 D 上凸函数的充要条件是

$$f(y) > f(x) + \nabla f(x)^T(y-x), \forall x, y \in D, x \neq y$$

证明过程可参见袁亚湘和孙文瑜（1997）。

定理 11.7　设 $f(x)$ 是非空开凸集 D 上的二阶连续可微函数，则：

（1）$f(x)$ 是 D 上的凸函数的充要条件是 $\nabla^2 f(x)$ 在 D 中半正定；

（2）如果 $\nabla^2 f(x)$ 在 D 中正定，则 $f(x)$ 是 D 上的严格凸函数。

11.2.3　凸规划

定义 11.8　可行域是凸集，目标函数是凸函数的最优化问题称为凸规划问题。

定理 11.8　设 x^* 是凸规划问题的一个局部最优解，则：

（1）局部最优解 x^* 也是全局最优解；

（2）如果目标函数是严格凸的，则 x^* 是唯一的全局最优解。

证明：（1）定理的结论可用反证法加以证明。设 x^* 是凸规划问题的一个局部最优解，但不是全局最优解，则存在另一可行点 y 满足 $f(y) < f(x^*)$。由可行域的凸性，对于任意 $\lambda \in [0,1]$，点 $\lambda x^* + (1-\lambda)y$ 都是可行点。又根据目标函数的凸性有

$$f(\lambda x^* + (1-\lambda)y) \leqslant \lambda f(x^*) + (1-\lambda)f(y)$$
$$< \lambda f(x^*) + (1-\lambda)f(x^*)$$
$$= f(x^*)$$

这表明在 x^* 的任意小邻域内都存在函数值小于 $f(x^*)$ 的可行点，这与 x^* 是局部最优解相矛盾。因此，函数值小于 $f(x^*)$ 的可行点不存在，x^* 必是一个全局最优解。

（2）再设 $f(x)$ 是严格凸的，设 $x^* \neq y^*$ 都是全局最优解，则 $f(x^*) = f(y^*)$。由严格凸函数的定义，对于任意 $\lambda \in (0,1)$，有

$$f(\lambda x^* + (1-\lambda)y^*) < \lambda f(x^*) + (1-\lambda)f(y^*)$$
$$= f(x^*)$$

这与 x^* 是全局最优解矛盾。

容易证明下面定理 11.9，证明过程可参见孙文瑜（2010）。

定理 11.9　考虑非空可行域

$$F = \{x \mid c_i(x) \geqslant 0, i = 1, 2, \cdots, m\}$$

如果每一个约束函数 $c_i(x)$ 都是凹函数，则可行域 F 是凸集。

11.3　线性搜索

本节介绍一元函数最优化问题的解法，也称为线性搜索或一维线性搜索。

11.3.1　线性搜索概述

线性搜索是多变量函数最优化方法的基础，在多变量函数最优化中，迭代格式为

$$x_{k+1} = x_k + \alpha_k d_k$$

其关键是构造搜索方向 d_k 和步长因子 α_k。设

$$\varphi(\alpha) = f(x_k + \alpha d_k)$$

从 x_k 出发，沿搜索方向 d_k，确定步长因子 α_k，使

$$\varphi(\alpha_k) < \varphi(0)$$

的问题就是关于 α 的线性搜索问题。

理想的方法是使目标函数沿方向 d_k 达到极小，即：使得

$$f(x_k + \alpha_k d_k) = \min_{\alpha > 0} f(x_k + \alpha d_k)$$

或者，选取 $\alpha_k > 0$ 使得

$$\alpha_k = \min \left\{ \alpha > 0 \mid \nabla f(x_k + \alpha d_k)^T d_k = 0 \right\}$$

这样的线性搜索称为精确线性搜索，所得到的 α_k 叫精确步长因子。一般地，精确线性搜索需要的计算量大，而且对某些光滑函数或复杂的函数不能使用精确线性搜索，此外在计算中人们发现有些最优化问题不需要太高的精度，只要满足某些更宽松的精度要求即可，这样的搜索方法称为非精确一维搜索方法。

一般地，线性搜索算法分为两个阶段。第一阶段确定包含理想的步长因子（或问题最优解）的搜索区间 $[a, b]$，第二阶段采用某种分割技术或插值方法缩小这个区间，直至区间长度 $|b - a| < \varepsilon$。

确定初始搜索区间的一种简单方法叫作进退法，其基本思想是从一点出发，按一定步长，试图确定出函数值呈现"高—低—高"的三点，即 $\varphi(a) \geqslant \varphi(c) \leqslant \varphi(b)$，这里 $a \leqslant c \leqslant b$。具体地说，就是给出初始点 $\alpha_0 > 0$，初始步长 $h_0 > 0$。若

$$\varphi(\alpha_0 + h_0) \leqslant \varphi(\alpha_0)$$

则下一步从新点 $\alpha_1 = \alpha_0 + h_0$ 出发，加大步长，再向前搜索，直到目标函数上升为止；若

$$\varphi(\alpha_0 + h_0) > \varphi(\alpha_0)$$

则下一步仍以 α_0 为出发点，沿反方向同样搜索，直到目标函数上升就停止。这样便得到一个搜索区间。这种方法叫作进退法。

利用 $\varphi(\alpha)$ 的导数，也可以类似地确定搜索区间。具体地说，给定步长 $h \geq 0$，取初始点 $\alpha_0 \geq 0$，若 $\varphi'(\alpha_0) \leq 0$，则取 $\alpha_1 = \alpha_0 + h$，若 $\varphi'(\alpha_0) \geq 0$，则取 $\alpha_1 = \alpha_0 - h$。其余过程与上述方法类似。

算法 11.1　进退法

第 1 步：选取初始数据。$\alpha_0 \in [0, \infty)$，$h_0 > 0$，加倍系数 $t > 1$（一般取 $t = 2$），计算 $\varphi(\alpha_0)$，$k := 0$。

第 2 步：比较目标函数值。令 $\alpha_{k+1} = \alpha_k + h_k$，计算 $\varphi_{k+1} = \varphi(\alpha_{k+1})$，若 $\varphi_{k+1} < \varphi_k$，转第 3 步，否则转第 4 步。

第 3 步：加大搜索步长。令 $h_{k+1} := t h_k$，$\alpha := \alpha_k$，$\alpha_k := \alpha_{k+1}$，$\varphi_k := \varphi_{k+1}$，$k := k+1$，转第 2 步。

第 4 步：反向搜索。若 $k = 0$，转换搜索方向，令 $h_k := -h_k$，$\alpha := \alpha_{k+1}$，转第 2 步；否则，停止迭代，令

$$a = \min\{\alpha, \alpha_{k+1}\}, b = \max\{\alpha, \alpha_{k+1}\}$$

输出 $[a, b]$，停止。

11.3.2　黄金分割法（0.618 法）

0.618 法的基本思想是在搜索区间 $[a, b]$ 上选取两个对称点 $\lambda < \mu$，通过比较 $\varphi(\lambda)$ 和 $\varphi(\mu)$ 的大小来决定删除左半区间 $[a, \lambda]$，还是删除右半区间 (μ, b)。删除后的新区间长度是原区间长度的 0.618 倍。新区间包含原区间中两个对称点中的一点，只要再选一个对称点，并对这两个新对称点处的函数值继续比较。重复这个过程，最后确定出极小点 α^*。

记 $a_0 = a$，$b_0 = b$，区间 $[a_0, b_0]$ 经过 k 次缩短后变为 $[a_k, b_k]$，在 $[a_k, b_k]$ 中选取两点 λ_k 和 μ_k 的时候，满足如下条件：

$$b_k - \lambda_k = \mu_k - a_k \qquad \text{（对称性）}$$
$$b_{k+1} - a_{k+1} = \tau(b_k - a_k) \qquad \text{（固定比例缩小）}$$

（1）情形 1。若 $\varphi(\lambda_k) \leq \varphi(\mu_k)$，则令 $a_{k+1} = a_k$，$b_{k+1} = \mu_k$，由上述两个条件可得

$$\lambda_k = a_k + (1 - \tau)(b_k - a_k)$$
$$\mu_k = a_k + \tau(b_k - a_k)$$

这时，我们得到的新区间是 $[a_{k+1}, b_{k+1}] = [a_k, \mu_k]$。

为了进一步缩小区间，在 $[a_{k+1}, b_{k+1}]$ 中选两个试探点 λ_{k+1} 和 μ_{k+1}。显然，在区间 $[a_{k+1},$

b_{k+1}] 中已经有一个旧的试探点 λ_k，那么，能不能利用这个旧的试探点作为新的试探点呢?

$$\begin{aligned}
\mu_{k+1} &= a_{k+1} + \tau(b_{k+1} - a_{k+1}) \\
&= a_k + \tau(\mu_k - a_k) \\
&= a_k + \tau(a_k + \tau(b_k - a_k) - a_k) \\
&= a_k + \tau^2(b_k - a_k)
\end{aligned}$$

根据黄金分割的性质，令 $\tau^2 = 1 - \tau$，则 $\mu_{k+1} = a_k + (1 - \tau)(b_k - a_k) = \lambda_k$。

这样，新的试探点 μ_{k+1} 不需要计算，只要取 λ_k 就行了。从而，在每次迭代中（第一次迭代除外）只需计算一个试探点即可，即只要计算

$$\lambda_{k+1} = a_{k+1} + (1 - \tau)(b_{k+1} - a_{k+1})$$

（2）情形 2。若 $\varphi(\lambda_k) > \varphi(\mu_k)$，则删去左半区间 $[a_k, \lambda_k)$，保留 $[\lambda_k, b_k]$，取新的试探点 $\lambda_{k+1} = \mu_k$，从而在新的搜索区间 $[a_{k+1}, b_{k+1}] = [\lambda_k, b_k]$ 中令

$$\lambda_{k+1} = \mu_k$$
$$\mu_{k+1} = a_{k+1} + \tau(b_{k+1} - a_{k+1})$$

然后再比较 $\varphi(\lambda_{k+1})$ 和 $\varphi(\mu_{k+1})$。重复上述过程，直到 $b_{k+1} - a_{k+1} < \varepsilon$。

搜索区间长度缩短率 $\tau \approx 0.618$。于是，对于情形 1 和情形 2，λ_k 和 μ_k 取值如下:

$$\lambda_k = a_k + 0.382(b_k - a_k)$$
$$\mu_k = a_k + 0.618(b_k - a_k)$$

如果要求最后的区间长度不超过 δ，即 $b_n - a_n \leq \delta$，根据

由于

$$\frac{b_n - a_n}{b_0 - a_0} = (0.618)^n$$

可知迭代次数 n 应该是满足

$$\frac{\delta}{b_0 - a_0} \geq (0.618)^n$$

的最小正整数。

算法 11.2　黄金分割法

第 1 步：选取初始数据。确定初始搜索区间 $[a_0, b_0]$ 和精度要求 $\delta > 0$。计算最初两个试探点:

$$\lambda_0 = a_0 + 0.382(b_0 - a_0)$$
$$\mu_0 = a_0 + 0.618(b_0 - a_0)$$

计算 $\varphi(\lambda_0)$ 和 $\varphi(\mu_0)$，令 $k = 0$。

第 2 步：比较目标函数值。若 $\varphi(\lambda_k) > \varphi(\mu_k)$，转第 3 步；否则转第 4 步。

第 3 步：若 $b_k - \lambda_k \leq \delta$，则停止计算，输出 μ_k；否则，令 $a_{k+1} = \lambda_k$，$b_{k+1} = b_k$，$\lambda_{k+1} = \mu_k$，$\varphi(\lambda_{k+1}) = \varphi(\mu_k)$，$\mu_{k+1} = a_{k+1} + 0.618(b_{k+1} - a_{k+1})$。计算 $\varphi(\mu_{k+1})$，转第 5 步。

第 4 步：若 $\mu_k - a_k \leq \delta$，则停止计算，输出 λ_k；否则，令 $a_{k+1} = a_k$，$b_{k+1} = \mu_k$，$\mu_{k+1} = \lambda_k$，$\varphi(\mu_{k+1}) = \varphi(\lambda_k)$，$\lambda_{k+1} = a_{k+1} + 0.382(b_{k+1} - a_{k+1})$。计算 $\varphi(\lambda_{k+1})$，转第 5 步。

第 5 步：$k := k + 1$，转第 2 步。

【例 11.8】 现有一家制造企业，生产某种产品所需的能源消耗与生产速度相关，其目的是希望通过优化生产速度来最小化能源消耗，并在给定的时间范围内完成生产任务。现已知能源消耗与生产速度之间的关系由 $\varphi(t) = 2t^3 - 3t + 2$ 决定，其中 t 表示生产速度（$t \geq 0$），起始时间和结束时间对应的生产速度为 0 和 3，要求区间精度为 $\varepsilon = 0.5$。

解：（1）记 $[a_0, b_0] = [0, 3]$，计算最初两个试探点，得

$$\lambda_0 = 0 + 0.382 \times (3 - 0) = 1.146$$

$$\mu_0 = 0 + 0.618 \times (3 - 0) = 1.854$$

由此得 $\varphi(\lambda_0) = 2\lambda_0^3 - 3\lambda_0 + 2 = 1.572$，$\varphi(\mu_0) = 2\mu_0^3 - 3\mu_0 + 2 = 9.184$。

因 $\varphi(\lambda_0) < \varphi(\mu_0)$，$\mu_0 - a_0 = 1.854 - 0 > 0.5$，所以令

$$a_1 = 0,\ b_1 = \mu_0 = 1.854,\ \mu_1 = \lambda_0 = 1.146,\ \lambda_1 = a_1 + 0.382 \times (b_1 - a_1) = 0.708$$

计算得 $\varphi(\lambda_1) = 2\lambda_1^3 - 3\lambda_1 + 2 = 0.586$，$\varphi(\mu_1) = \varphi(\lambda_0) = 1.572$。

（2）因 $\varphi(\lambda_1) < \varphi(\mu_1)$，$\mu_1 - a_1 = 1.146 - 0 > 0.5$，所以令

$$a_2 = 0,\ b_2 = \mu_1 = 1.146,\ \mu_2 = \lambda_1 = 0.708,\ \lambda_2 = a_2 + 0.382 \times (b_2 - a_2) = 0.438$$

计算得 $\varphi(\lambda_2) = 2\lambda_2^3 - 3\lambda_2 + 2 = 0.854$，$\varphi(\mu_2) = \varphi(\lambda_1) = 0.586$。

（3）因 $\varphi(\lambda_2) > \varphi(\mu_2)$，$b_2 - \lambda_2 = 0.708 > 0.5$，所以令

$$a_3 = \lambda_2 = 0.438,\ b_3 = 1.146,\ \lambda_3 = \mu_2 = 0.708,\ \mu_3 = a_3 + 0.618(b_3 - a_3) = 0.876$$

计算得 $\varphi(\lambda_3) = \varphi(\mu_2) = 0.586$，$\varphi(\mu_3) = 2\mu_3^3 - 3\mu_3 + 2 = 0.716$。

（4）因 $\varphi(\lambda_3) < \varphi(\mu_3)$，$\mu_3 - a_3 = 0.876 - 0.408 < 0.5$，由此可知区间 $[a_3, \mu_3]$ 为最终区间，近似极小点为 $\lambda_3 = 0.708$。

综上所述，最佳的生产批次规模 $t = 0.708$ 的近似最优能源消耗为 0.586。

11.3.3　二分法和牛顿（Newton）切线法

11.3.3.1　二分法

本节介绍一种最简单的分割方法——二分法，其基本思想是通过计算函数导数值来缩短搜索区间。设初始搜索区间为 $[a_1, b_1]$，第 k 步时的搜索区间为 $[a_k, b_k]$，满足

$$\varphi'(a_k) \leq 0, \varphi'(b_k) \geq 0$$

取中点 $c_k = \dfrac{1}{2}(a_k + b_k)$，若 $\varphi'(c_k) \geq 0$，则令 $a_{k+1} = a_k$，$b_{k+1} = c_k$；若 $\varphi'(c_k) \leq 0$，则令 $a_{k+1} =$

c_k，$b_{k+1} = b_k$ 从而得到新的搜索区间 $[a_{k+1}, b_{k+1}]$。依次进行，直至搜索区间的长度小于给定的精度为止。二分法每次迭代都将区间缩短一半，故二分法的收敛速度也是线性的，收敛比为 $\frac{1}{2}$。若要求最后区间长度至多为 δ，则要求迭代次数 n 满足

$$\left(\frac{1}{2}\right)^n \leqslant \frac{\delta}{b_1 - a_1}$$

算法 11.3　二分法

第 1 步：给出初始区间 $[a_1, b_1]$，最后区间长度 δ，令 $k = 1$。

第 2 步：取 $c_k = \frac{1}{2}(a_k + b_k)$，计算 $\varphi'(c_k)$。

第 3 步：若 $\varphi'(c_k) = 0$，停止，c_k 是最优解；若 $\varphi'(c_k) > 0$，令 $a_{k+1} = a_k$，$b_{k+1} = c_k$，转第 4 步；若 $\varphi'(c_k) < 0$，令 $a_{k+1} = c_k$，$b_{k+1} = b_k$，转第 4 步。

第 4 步：如果 $b_{k+1} - a_{k+1} \leqslant \delta$，停止，输出 $\frac{1}{2}(b_{k+1} + a_{k+1})$；否则，$k := k + 1$，转第 2 步。

【例 11.9】 用二分法求解

$$\min x^2 + 2x$$
$$\text{s. t. } -3 \leqslant x \leqslant 6$$

解： 假设最后区间长度 $\delta = 0.2$，依题意，$a_1 = -3$，$b_1 = 6$。由

$$\left(\frac{1}{2}\right)^n \leqslant \frac{\delta}{b_1 - a_1} = \frac{0.2}{9} \approx 0.0222$$

得到 $n = 6$。计算过程如表 11-1 所示。

表 11-1　　　　　　　　　　　　　　　计算过程

迭代次数	a	b	c	$\varphi'(c)$	$\lvert b-a \rvert$
1	-3	6	1.5	5	9
2	-3	1.5	-0.75	0.5	4.5
3	-3	-0.75	-1.875	-1.75	2.25
4	-1.875	-0.75	-1.3125	-0.625	1.125
5	-1.3125	-0.75	-1.03125	-0.0625	0.5625
6	-1.03125	-0.75	-0.890625	0.21875	0.28125
7	-1.03125	-0.890625	-0.9609375	0.078125	0.140625

由此得，最后区间为 $[-1.0313, -0.8907]$，$c = -0.961$。所以，所得到的最优解为 -0.961。

11.3.3.2 牛顿切线法

设 $\varphi : \mathbf{R}^1 \to \mathbf{R}^1$ 在已获得的搜索区间 $[a, b]$ 内具有连续二阶导数。

显然，$\varphi(t)$ 在 $[a, b]$ 上有最小值，并且最优解满足方程 $\varphi'(t) = 0$。当 $\varphi'(t) = 0$ 的根很难求解时，可使用牛顿切线法近似求解。

牛顿切线法的基本思想是通过不断地逼近函数图像的"拐点"来找到函数的最小值或者最大值，从而找到方程的根，下面给出牛顿切线法的迭代公式。假设在区间 $[a, b]$ 中经过 k 次迭代已求得方程 $\varphi'(t) = 0$ 的一个近似根 t_k，过 $(t_k, \varphi'(t_k))$ 作曲线 $y = \varphi'(t)$ 的切线，其方程是

$$y - \varphi'(t_k) = \varphi''(t_k)(t - t_k) \tag{11-1}$$

然后用这条切线与横轴交点的横坐标 t_{k+1} 作为根的新的近似，它可由方程式（11-1）在令 $y = 0$ 时解出来，即

$$t_{k+1} = t_k - \frac{\varphi'(t_k)}{\varphi''(t_k)} \tag{11-2}$$

式（11-2）是牛顿切线法迭代公式。

算法 11.4 牛顿切线法

第1步：确定初始搜索区间 $[a, b]$，要求 $\varphi'(a) < 0$，$\varphi'(b) > 0$ 终止精度 ε。选定 t_1，令 $k = 1$。

第2步：计算 $t_{k+1} = t_k - \varphi'(t_k) / \varphi''(t_k)$。

第3步：若 $|t_{k+1} - t_k| < \varepsilon$，停止，输出 t_{k+1}；否则，转第4步。

第4步：$k := k + 1$，转第2步。

注意：第一，牛顿切线法需要求二阶导数。如果在多维最优化问题的一维搜索中使用这种方法，就要涉及海塞矩阵（Hessian matrix），一般是难以求出的。第二，当曲线 $y = \varphi'(t)$ 在 $[a, b]$ 上有较复杂的弯曲时，这种方法也往往失效。第三，即使曲线比较正常，在 $[a, b]$ 中或者上凸或者下凹，初始点的选取也必须适当，否则都可能失败。

11.3.4 不精确线性搜索算法

前面介绍的几种精确一维搜索方法得到的是 $\varphi(\alpha)$ 精确的极小点，但计算量较大。一般地，在迭代过程中，没必要把线性搜索搞得十分精确。特别是当迭代点离目标函数的最优解较远时，过分追求线性搜索的精度反而会降低整个算法的效率，一些最优化方法的收敛速度并不依赖于精确的一维搜索过程。因此，我们可以放松对 α_k 的精确度要求，只要求目标函数在迭代的每一步都有充分的下降即可，这样可以大大节省工作量。

11.3.4.1 Goldstein 准则

设 $f(x)$ 连续可微，已得 $f(x)$ 在迭代点 x_k 处的下降方向 d_k，要求 α_k，使

$$f(x_k + \alpha_k d_k) < f(x_k)$$

Goldstein 准则是求 α_k 满足

$$f(x_k + \alpha_k d_k) \leqslant f(x_k) + \rho \alpha_k g_k^T d_k \tag{11-3}$$

$$f(x_k + \alpha_k d_k) \geqslant f(x_k) + (1-\rho) \alpha_k g_k^T d_k \tag{11-4}$$

这里 $g_k = \nabla f(x_k)$，其中 $0 < \rho < \dfrac{1}{2}$。记 $\varphi(\alpha) = f(x_k + \alpha d_k)$，则式（11-3）和式（11-4）可分别简写为

$$\varphi(\alpha_k) \leqslant \varphi(0) + \rho \alpha_k \varphi'(0) \tag{11-5}$$

$$\varphi(\alpha_k) \geqslant \varphi(0) + (1-\rho) \alpha_k \varphi'(0) \tag{11-6}$$

其中不等式（11-5）是充分下降条件，不等式（11-6）保证 α_k 不会取得太小，以使收敛速度尽可能地快。

算法 11.5　Goldstein 算法

第 1 步：设初始搜索区间为 $[a_0, b_0]$，$a_0 > 0$。取定初始点 $\alpha_0 \in [a_0, b_0]$，计算 $\varphi(0)$，$\varphi'(0)$。取 $\rho \in (0, 1/2)$，$t > 1$，$k := 0$。

第 2 步：检验式（11.5），计算 $\varphi(\alpha_k)$。若式（11.5）成立，转第 3 步；否则 $a_{k+1} := a_k$，$b_{k+1} := \alpha_k$，转第 4 步。

第 3 步：检验式（11.6），若式（11.6）成立，输出 α_k；否则 $a_{k+1} := \alpha_k$，$b_{k+1} := b_k$。若 $b_{k+1} < +\infty$，转第 4 步；否则 $\alpha_{k+1} := t\alpha_k$，$k := k+1$，转第 2 步。

第 4 步：$\alpha_{k+1} := \dfrac{a_{k+1} + b_{k+1}}{2}$，$k := k+1$，转第 2 步。

可以证明，上述算法有限步可得到满足 Goldstein 准则的步长，这里略去证明。

11.3.4.2　Wolfe 准则

设 $f(x)$ 连续可微，已得 $f(x)$ 在迭代点 x_k 处的下降方向 d_k 满足 $g_k^T d_k < 0$。Wolfe 准则有两种。（1）若要求 α_k 满足

$$f(x_k + \alpha_k d_k) \leqslant f(x_k) + \rho \alpha_k g_k^T d_k$$

$$\nabla f(x_k + \alpha_k d_k)^T \geqslant \rho_1 g_k^T d_k$$

则称 α_k 满足 Wolfe 准则，其中 $0 < \rho < \rho_1$。

（2）若要求 α_k 满足

$$f(x_k + \alpha_k d_k) \leqslant f(x_k) + \rho \alpha_k g_k^T d_k$$

$$|\nabla f(x_k + \alpha_k d_k)^T d_k| \leqslant -\rho_1 g_k^T d_k$$

则称 α_k 满足强 Wolfe 准则，其中 $0 < \rho < \rho_1$。

11. 3. 4. 3　Armijo 准则

设 $f(x)$ 连续可微，d_k 是 $f(x)$ 在 x_k 处的下降方向，给定 $\rho \in \left(0, \dfrac{1}{2}\right)$，$\beta \in (0, 1)$，$\tau > 0$。设 m_k 是使得

$$f(x_k + \beta^m \tau d_k) \leqslant f(x_k) + \rho \beta^m \tau g_k^T d_k \tag{11-7}$$

成立的最小非负整数，令 $\alpha_k = \beta^{m_k} \tau$。因为 $g_k^T d_k < 0$，当 m 充分大时，式（11-7）总是成立的。

算法 11.6　Armijo 算法

第 1 步：给出 $\rho \in \left(0, \dfrac{1}{2}\right)$，$0 < l < u < 1$。

第 2 步：取 $\alpha = 1$。

第 3 步：检验

$$f(x_k + \alpha d_k) \leqslant f(x_k) + \rho \alpha g_k^T d_k \tag{11-8}$$

是否满足。

第 4 步：如果式（11-8）不满足，取 $\alpha := \omega \alpha$，其中 $\omega \in [l, u]$，转第 3 步。否则，取 $\alpha_k = \alpha$，$x_{k+1} := x_k + \alpha_k d_k$。

11. 4　无约束最优化方法

本节讨论无约束最优化问题的理论与方法，考虑如下一般形式的无约束最优化问题：

$$\min f(x)$$

这里 $f(x)$ 是 $\mathbf{R}^n$ 中的连续函数。

本节首先讨论无约束优化问题解的最优性条件，然后介绍几种求解无约束优化问题的算法。

11. 4. 1　最优性条件

最优性条件是指最优化问题的最优解（局部或者全局的）所必须满足的条件，常用的有一阶必要条件和二阶必要条件。最优性条件不仅对于最优化理论的研究具有重要意义，而且对最优化问题的求解、最优化算法的设计和算法终止条件的确定都起重要作用。

首先，我们复习一下高等数学中求一元函数极值点的方法。

【例 11.10】求一元函数 $f(x) = \dfrac{3}{2}x^2 - x^3$ 的极值点。

解： $f'(x) = 3x - 3x^2$。令 $f'(x) = 0$，得驻点为 $x_1^* = 0$，$x_2^* = 1$。

再用二阶导数来判定极小极大点。求二阶导数 $f''(x) = 3 - 6x$。对于 x_1^*，$f''(x_1^*) = 3 > 0$；对于 x_2^*，$f''(x_2^*) = -3 < 0$。所以，$x_1^* = 0$ 是局部极小点，$x_2^* = 1$ 是局部极大点。显然，$x^* = +\infty$ 是全局极小点，$x^* = -\infty$ 是全局极大点。

这个例子表明，对于一元无约束优化问题，局部极值点一定是驻点（一阶必要条件），但驻点不一定是局部极小点。进一步，当 $f'(x) = 0$ 时，存在两种情况：如果 $f''(x^*) > 0$，则 x^* 是局部极小点；如果 $f''(x^*) < 0$，则 x^* 是局部极大点。

我们把上述结果推广到 n 维无约束极小化问题，得到无约束优化问题的最优性条件。

定义 11.9　$f(x)$ 是 n 维空间上的连续函数，点 $\bar{x} \in \mathbf{R}^n$，若对于方向 $d \in \mathbf{R}^n$ 存在数 $\delta > 0$ 使

$$f(\bar{x} + \alpha d) < f(\bar{x}), \forall \alpha \in (0, \delta)$$

成立，则称 d 为 $f(x)$ 在 $\bar{x}$ 处的一个下降方向。在点 $\bar{x}$ 处的所有下降方向的集合记为 $D(\bar{x})$。

下面的定理给出了在 $f(x)$ 连续可微时，下降方向同函数 $f(x)$ 的梯度 $\nabla f(x)$ 之间的关系。

定理 11.10　设函数 $f(x)$ 在点 $\bar{x}$ 处连续可微，如存在非零向量 $d \in \mathbf{R}^n$ 使

$$\nabla f(\bar{x})^T d < 0$$

成立，则 d 是 $f(x)$ 在点 $\bar{x}$ 处的一个下降方向。

证明： 对于充分小的 $\alpha > 0$，将 $f(\bar{x} + \alpha d)$ 在点 $\bar{x}$ 处作泰勒（Taylor）展开，有

$$f(\bar{x} + \alpha d) = f(\bar{x}) + \alpha \nabla f(\bar{x})^T d + o(\|\alpha d\|)$$

由 $\alpha > 0$ 及 $\nabla f(\bar{x})^T d < 0$ 知，存在 $\delta > 0$ 对任意 $\alpha \in (0, \delta)$ 有

$$\alpha \nabla f(\bar{x})^T d + o(\|\alpha d\|) < 0$$

结合这两式有

$$f(\bar{x} + \alpha d) < f(\bar{x}), \forall \alpha \in (0, \delta)$$

这就证明了 d 是 $f(x)$ 在点 $\bar{x}$ 处的一个下降方向。

由此，$\bar{x}$ 处的下降方向集 $D(\bar{x}) = \{d \mid \nabla f(\bar{x})^T d < 0\}$。

记 $f(x)$ 的一阶导数为 $g(x) = \nabla f(x)$，二阶导数为 $G(x) = \nabla^2 f(x)$。

定理 11.11（一阶必要条件）　设 $f: D \subset \mathbf{R}^n \to \mathbf{R}^1$ 在开集 D 上连续可微，若 $x^* \in D$ 是无约束优化问题的局部极小点，则

$$\nabla f(x^*) = g(x^*) = 0$$

证明： 反证法。假设 $\nabla f(x^*) \neq 0$，则取 $d = -\nabla f(x^*)$，于是有

$$\nabla f(x^*)^T d = -\|\nabla f(x^*)\|^2 < 0$$

则 d 是下降方向，这与 "x^* 是局部极小点" 矛盾。因此 $\nabla f(x^*) = g(x^*) = 0$。

定理 11.12（二阶必要条件） 设 $f: D \subset \mathbf{R}^n \to \mathbf{R}^1$ 在开集 D 上二阶连续可微，若 $x^* \in D$ 是无约束优化问题的局部极小点，则

$$g(x^*) = 0, G(x^*) \geqslant 0$$

证明： $g(x^*) = 0$ 在定理 11.11 中已经证明，故只需证明 $G(x^*) \geqslant 0$。考虑序列 $x_k = x^* + \alpha_k d$，d 任意。由于 $f \in C^2$ 和 $g(x^*) = 0$，故由泰勒展式，对于充分大的 k，有

$$f(x_k) - f(x^*) = \alpha_k g(x^*)^T d + \frac{1}{2} \alpha_k^2 d^T G(\eta_k) d$$

其中 η_k 是 x_k 和 x^* 的凸组合。由于 x^* 是局部极小点，知 $f(x_k) - f(x^*) \geqslant 0$，则上式两边同除以 $\frac{1}{2} \alpha_k^2$，并取极限，得

$$d^T G(x^*) d \geqslant 0, \forall d \in \mathbf{R}^n$$

从而 $G(x^*) \geqslant 0$ 得证。

下面我们讨论二阶充分性条件。

定理 11.13（二阶充分条件） 设 $f: D \subset \mathbf{R}^n \to \mathbf{R}^1$ 在开集 D 上二阶连续可微，则 $x^* \in D$ 是 f 的一个严格局部极小点的充分条件是 $g(x^*) = 0$ 和 $G(x^*)$ 是正定矩阵。

证明： 由泰勒展式，对任意向量 d，

$$f(x^* + \varepsilon d) = f(x^*) + \frac{1}{2} \varepsilon^2 d^T G(x^* + \theta \varepsilon d) d, \varepsilon > 0$$

由于 $G(x^*)$ 正定，$f \in C^2$，故可选择 ε，使得 $x^* + \varepsilon d \in N_\delta(x^*)$，从而 $d^T G(x^* + \theta \varepsilon d) d > 0$。这样

$$f(x^* + \varepsilon d) > f(x^*)$$

即 x^* 是严格局部极小点。

【例 11.11】 试用最优性条件求解如下优化问题

$$\min_{x \in R^2} f(x) = 2(x_2 - x_1^2)^2 + (1 - x_1)^2$$

解： 由 $g(x) = \nabla f(x) = \begin{pmatrix} -8x_1(x_2 - x_1^2) - 2(1 - x_1) \\ 4(x_2 - x_1^2) \end{pmatrix} = 0$，得

$$x^* = (x_1, x_2) = (1, 1)$$

从而 $G(x^*) = \nabla^2 f(x^*) = \begin{pmatrix} 18 & -8 \\ -8 & 4 \end{pmatrix}$。

显然，$G(x^*)$ 所有顺序主子式均大于 0，$G(x^*)$ 是正定阵，由二阶充分条件知 $x^* = (1, 1)$ 是严格局部极小点。

问题： $x^* = (1, 1)$ 是不是总体极小点？

一般地，目标函数的平稳点不一定是极小点，但若目标函数是可微凸函数，则其平稳点

就是其极小点，且为总体极小点。

定理 11.14（凸最优性定理）　设 $f: D \subset \mathbf{R}^n \rightarrow \mathbf{R}^1$ 是凸函数，且 $f \in C^1$，则 x^* 是总体极小点的充要条件是 $g(x^*) = 0$。

证明：因为 f 是 $\mathbf{R}^n$ 上的可微凸函数，$g(x^*) = 0$，故有

$$f(x) \geqslant f(x^*) + g(x^*)^T(x - x^*) = f(x^*), \forall x \in D$$

这表明 x^* 是 D 中 f 的总体极小点。

必要性证明略。

【例 11.12】某企业为两类客户生产同一产品，甲客户需求量为 x_1，每件售价为 $70 - 4x_1$，乙客户需求为 x_2，每件售价为 $150 - 15x_2$。该企业生产产品成本为 $100 + 30(x_1 + x_2)$。求：该企业获利最大时为两类客户供应的产品数 x_1 和 x_2。要求建模并求解。

解：先构造数学模型

$$\max F(x) = x_1(70 - 4x_1) + x_2(150 - 15x_2) - 100 - 30(x_1 + x_2)$$

将最大化优化问题转化为最小化优化问题，即

$$\min f(x) = -F(x) = -x_1(70 - 4x_1) - x_2(150 - 15x_2) + 100 + 30(x_1 + x_2)$$

由 $g(x) = \nabla f(x) = \begin{pmatrix} -70 + 8x_1 + 30 \\ -150 + 30x_2 + 30 \end{pmatrix} = 0$，得

$$x^* = (x_1, x_2) = (5, 4)$$

计算 $G(x) = \nabla^2 f(x) = \begin{bmatrix} 8 & 0 \\ 0 & 30 \end{bmatrix}$，$G(x)$ 所有顺序主子式均大于 0，$G(x)$ 是正定阵，从而 $f(x)$ 是凸函数，符合凸最优性定理。

所以 $x^* = (x_1, x_2) = (5, 4)$ 是全局最优解，即两类产品数分别是 5 和 4 时，最大获利值为 240。

11.4.2　最速下降法

最速下降法是以负梯度方向作为下降方向的极小化算法，又称梯度法，是无约束最优化中最简单的方法。

设目标函数 $f(x)$ 在 x_k 附近连续可微，且 $g_k \triangleq \nabla f(x_k) \neq 0$。将 $f(x)$ 在 x_k 处进行泰勒展开：

$$f(x) = f(x_k) + g_k^T(x - x_k) + o(\|x - x_k\|) \tag{11-9}$$

记 $x - x_k = \alpha d_k$，则式（11-9）可写为

$$f(x) = f(x_k + \alpha d_k) = f(x_k) + \alpha g_k^T d_k + o(\|x - x_k\|)$$

显然，若 d_k 满足 $g_k^T d_k < 0$，则 d_k 是下降方向，它使得 $f(x_k + \alpha d_k) < f(x_k)$。当 α 取定后，$g_k^T d_k$ 的值越小，即 $-g_k^T d_k$ 的值越大，函数 $f(x)$ 在 x_k 处下降量就越大。由 Cauchy-Schwartz 不等式

$$|d_k^T g_k| \leqslant \|d_k\| \|g_k\|$$

可知，当且仅当 $d_k = -g_k$ 时，$d_k^T g_k$ 最小，$-d_k^T g_k$ 最大，从而 $-g_k$ 是最速下降方向。以 $-g_k$ 为下降方向的方法叫最速下降法。

最速下降法的迭代格式为

$$x_{k+1} = x_k + \alpha_k d_k = x_k - \alpha_k g_k$$

其中步长因子 α_k 由线性搜索策略确定，即求解如下一维极小问题：

$$\min \varphi(\alpha) = f(x_k + \alpha d_k)$$

最速下降法的迭代是如何终止的呢？

理想情况下，最速下降算法的终止原则为 $\nabla f(x_k) = 0$，但对于复杂非线性规划问题来说，很难达到这个终止条件。故提出如下两个修正终止原则。

原则一，$\|\nabla f(x_k)\| < \varepsilon$，其中 ε 是给定的精度。

原则二，$\|x_{k+1} - x_k\| < \varepsilon$，$|f(x_{k+1}) - f(x_k)| < \varepsilon$。

综上，下面给出最速下降算法步骤。

算法 11.7　最速下降法

第 1 步：给出 $x_0 \in \mathbf{R}^n$，$0 \leqslant \varepsilon \ll 1$，$k := 0$。

第 2 步：计算 $d_k = -g_k$；如果 $\|g_k\| \leqslant \varepsilon$，停止。

第 3 步：由线性搜索求解 $\min \varphi(\alpha) = f(x_k + \alpha d_k)$ 得步长因子 α_k。

第 4 步：计算 $x_{k+1} = x_k + \alpha_k d_k$。

第 5 步：$k := k + 1$，转第 2 步。

现在讨论最速下降法的总体收敛性。

定理 11.15　设函数 $f(x)$ 二次连续可微，且 $\|\nabla^2 f(x)\| \leqslant M$，其中 M 是某个正常数。则对任何给定的初始点 x_0，最速下降算法或有限终止，或 $\lim\limits_{k \to \infty} f(x_k) = -\infty$，或 $\lim\limits_{k \to \infty} g_k = 0$。

最速下降法具有程序设计简单、计算工作量小、存储量小、对初始点没有特别要求等优点。但是，最速下降方向仅是函数的局部性质，对于整体求解过程，下降非常缓慢。数值试验表明，当目标函数的等值线接近于一个圆（球）时，最速下降法下降较快，而当目标函数的等值线是一个扁长的椭球时，最速下降法开始几步下降较快，后来就出现锯齿现象，下降十分缓慢。

定理 11.16（正交定理）　如果采用精确一维搜索求得步长因子 α_k 满足 $\min \varphi(\alpha) = f(x_k + \alpha d_k)$，则最速下降法产生的搜索方向 d_k 与 d_{k+1} 正交，即 $d_{k+1}^T d_k = 0$，$k = 1$，2，$\cdots$。

证明： 因为 $\varphi(\alpha) = f(x_k + \alpha d_k)$，则有 $\varphi'(\alpha) = \nabla f(x_k + \alpha d_k)^T d_k$。

因一维搜索是精确的，所以

$$\varphi'(\alpha) = \nabla f(x_k + \alpha d_k)^T d_k = \nabla f(x_{k+1})^T d_k = -d_{k+1}^T d_k = 0$$

即 d_k 与 d_{k+1} 正交。

这表明最速下降法中相邻两次的搜索方向是相互直交的，这就产生了锯齿形状，越接近极小点，步长越小，前进越慢（见图 11 - 4）。

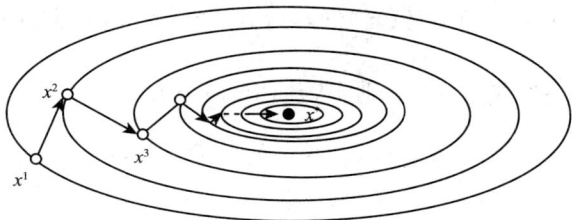

图 11 - 4　最速下降法中的锯齿形

【**例 11. 13**】假设你是一家公司的销售经理，负责优化某个产品的销售策略。根据历史数据和市场分析，确定了一个销售指标公式 $f(x) = -x_1 - x_2 + 2x_1^2 + 2x_1 x_2 + x_2^2$ 以评估不同的销售策略，其中，销售策略参数由 x_1 和 x_2 描述，表示采用不同的促销手段和定价策略，为了确保销售策略的可行性，促销手段和定价策略均不能为负值。根据给定的指标公式，应该如何确定最佳的销售策略参数，以使得该指标最小？（终止误差 $\varepsilon = 0.3$）

解： 根据题目可得出

$$\min f(x) = -x_1 - x_2 + 2x_1^2 + 2x_1 x_2 + x_2^2$$

取初始点 $X^{(1)} = (0, 0)^T$，$\varepsilon = 0.3$。

目标函数的梯度为：

$$\nabla f(x) = \begin{bmatrix} -1 + 4x_1 + 2x_2 \\ -1 + 2x_1 + 2x_2 \end{bmatrix}$$

即 $\nabla f(X^{(1)}) = (-1, -1)^T$，由于 $\|\nabla f(X^{(1)})\| \approx 1.4142 > 0.3$，令搜索方向 $d^{(1)} = -\nabla f(X^{(1)}) = (1, 1)^T$，再从 $X^{(1)}$ 出发，沿 $d^{(1)}$ 方向作一维寻优，则有

$$X^{(1)} + \alpha d^{(1)} = (\alpha, \alpha)^T$$
$$\varphi(\alpha) = f(X^{(1)} + \alpha d^{(1)}) = -\alpha - \alpha + 2\alpha^2 + 2\alpha\alpha + \alpha^2 = 5\alpha^2 - 2\alpha = \varphi_1(\alpha)$$

令 $\varphi_1'(\alpha) = 10\alpha - 2 = 0$，可得 $\alpha = 0.2$，则 $X^{(2)} = X^{(1)} + \alpha d^{(1)} = (0.2, 0.2)^T$。

接着进行第二次迭代，$\nabla f(X^{(2)}) = (0.2, -0.2)^T$，由于 $\|\nabla f(X^{(2)})\| \approx 0.2828 < 0.3$，故 $X^{(2)} = (0.2, 0.2)^T$ 为近似极小点 X^*，此时的函数值 $f(X^*) = 0.48$。

11. 4. 3　牛顿法

牛顿法是一种经典的解无约束优化问题的方法，其基本思想是利用目标函数 $f(x)$ 在迭

代点 x_k 处的二次泰勒展开作为模型函数，并用这个二次模型函数的极小点序列去逼近目标函数的极小点。

设 $f(x)$ 二次连续可微，$x_k \in \mathbf{R}^n$，海塞矩阵 $\nabla^2 f(x_k)$ 正定。我们在 x_k 附近用二次泰勒展开近似 f：

$$f(x) \approx F_k(x) = f(x_k) + \nabla f(x_k)^T (x - x_k) + \frac{1}{2}(x - x_k)^T \nabla^2 f(x_k)(x - x_k)$$

令 $\min F_k(x)$ 的解为下一迭代点 x_{k+1}，则有 $\nabla F_k(x_{k+1}) = 0$，即

$$\nabla^2 f(x_k)(x_{k+1} - x_k) + \nabla f(x_k) = 0$$

得

$$x_{k+1} = x_k - (\nabla^2 f(x_k))^{-1} \nabla f(x_k)$$

这里假设 $\nabla^2 f(x_k)$ 非奇异，$k = 0, 1, \cdots$。

这就是牛顿法迭代公式，相应的算法称为牛顿法。令

$$G_k \triangleq \nabla^2 f(x_k), g_k \triangleq \nabla f(x_k)$$

则牛顿迭代公式也可写成

$$x_{k+1} = x_k - G_k^{-1} g_k$$

对于正定二次函数，牛顿法一步即可达到最优解。对于一般非二次函数，牛顿法并不能保证经过有限次迭代求得最优解，但如果初始点 x_0 充分靠近极小点，牛顿法的收敛速度一般是快的。下面的定理展示了牛顿法的局部收敛性和二阶收敛速度。

定理 11.17（牛顿法收敛定理） 设 $f(x)$ 二阶连续可微，x^* 是 $f(x)$ 的局部极小点，$\nabla^2 f(x^*)$ 正定。假定 $f(x)$ 的海塞矩阵 $G_k \triangleq \nabla^2 f(x_k)$ 满足 Lipschitz 条件，即存在 $\beta > 0$，使得对于所有 $1 \leq i, j \leq n$ 有

$$G_{ij}(x) - G_{ij}(y) \leq \beta \|x - y\|, \forall x, y \in R^n$$

其中 $G_{ij}(x)$ 是海塞矩阵 G_k 的 (i, j) 元素。则当初始点 x_0 充分靠近 x^* 时，对于一切 k，牛顿迭代有意义，迭代序列 $\{x_k\}$ 收敛到 x^*，并且具有二阶收敛速度。

证明过程参见文献孙文瑜（2010）。

应该注意的是，当初始点远离最优解时，G_k 不一定正定，牛顿方向不一定是下降方向，其收敛性不能保证。为此，在牛顿法中引进步长因子，得到 $d_k = -G_k^{-1} g_k$，$x_{k+1} = x_k + \alpha d_k$，其中 α_k 由线性搜索策略确定。

算法 11.8 带步长因子的牛顿法（阻尼牛顿法）

第 1 步：选取初始数据。取初始点 x_0，终止误差 $\varepsilon > 0$，令 $k := 0$。

第 2 步：计算 g_k。如果 $\|g_k\| \leq \varepsilon$，停止迭代，输出 x_k。

第 3 步：解方程组构造牛顿方向。即解 $G_k d = -g_k$，得 d_k。

第 4 步：进行线性搜索求 α_k，使得 $f(x_k + \alpha_k d_k) = \min_{\alpha \geq 0} f(x_k + \alpha d_k)$。

第 5 步：令 $x_{k+1} = x_k + \alpha_k d_k$，$k: = k+1$，转第 2 步。

下面给出上述带步长因子的牛顿法是总体收敛的相关定理。

定理 11.18　设 $f(x)$ 二阶连续可微，又设对任意 $x_0 \in \mathbf{R}^n$，存在常数 $m > 0$，使得 $f(x)$ 在水平集 $L(x_0) = \{x \mid f(x) \leq f(x_0)\}$ 上满足

$$u^T \nabla^2 f(x) u \geq m \|u\|^2, \forall u \in \mathbf{R}^n, x \in L(x_0)$$

则：（1）在精确线性搜索条件下，带步长因子的牛顿法产生的迭代点列 $\{x_k\}$ 满足：当 $\{x_k\}$ 是有限点列时，其最后一个点为 $f(x)$ 的唯一极小点；当 $\{x_k\}$ 是无穷点列时，它收敛到 $f(x)$ 的唯一极小点。

（2）在 Wolfe 不精确线性搜索条件下，带步长因子的牛顿法产生的点列满足 $\lim_{k \to \infty} \|\nabla f(x_k)\| = 0$，且 $\{x_k\}$ 收敛到 $f(x)$ 的唯一极小点。

上述带步长因子的牛顿法告诉我们，仅当目标函数的海塞矩阵 $G(x)$ 正定时，方法才是总体收敛的。但是，当初始点远离局部极小点时，$G(x_k)$ 可能不正定，也可能奇异，这样所产生的搜索方向可能不是下降方向。

【例 11.14】 一家公司销售 A 和 B 两种同类别产品，假设每件 A 产品的价格是 x_1 元，每件 B 产品的价格是 x_2 元，此时该公司的收入函数为 $F(x) = -\frac{3}{2}x_1^2 - \frac{1}{2}x_2^2 + x_1 x_2 + 2x_1$。要使收入达到最大，该公司应当如何对两种产品进行定价？试分别用牛顿法和阻尼牛顿法进行求解。

解：构造数学模型

$$\max F(x) = -\frac{3}{2}x_1^2 - \frac{1}{2}x_2^2 + x_1 x_2 + 2x_1$$

将最大化优化问题转化为最小化优化问题，即

$$\min f(x) = -F(x) = \frac{3}{2}x_1^2 + \frac{1}{2}x_2^2 - x_1 x_2 - 2x_1$$

（1）牛顿法求解。设初始定价为 $x^{(0)} = (0, 0)^T$；

计算 $g(x) = \nabla f(x) = \begin{pmatrix} 3x_1 - x_2 - 2 \\ x_2 - x_1 \end{pmatrix}$，$G(x) = \begin{pmatrix} 3 & -1 \\ -1 & 1 \end{pmatrix}$；

可知 $G(x)$ 是正定的，且 $G(x)^{-1} = \begin{pmatrix} 0.5 & 0.5 \\ 0.5 & 1.5 \end{pmatrix}$。

迭代 $x^1 = x^0 - G(x^0)^{-1} g(x^0) = (1, 1)^T$，计算得 $g(x^1) = (3x_1 - x_2 - 2, x_2 - x_1)^T = (0, 0)^T$。

由最优性条件可知，迭代终止，得最优解 $x^* = x^1 = (1, 1)^T$，$F(x^*) = 1$。

（2）阻尼牛顿法求解。设初始定价为 $x^{(0)} = (0, 0)^T$；

计算 $g(x) = \nabla f(x) = \begin{pmatrix} 3x_1 - x_2 - 2 \\ x_2 - x_1 \end{pmatrix}$，$G(x) = \begin{pmatrix} 3 & -1 \\ -1 & 1 \end{pmatrix}$；

可知 $G(x)$ 是正定的，且 $G(x)^{-1} = \begin{pmatrix} 0.5 & 0.5 \\ 0.5 & 1.5 \end{pmatrix}$。

下降方向 $d^0 = -G(x^0)^{-1}g(x^0) = (3, -3)^T$，迭代 $x^1 = x^0 + \alpha d^0 = (3\alpha-2, 4-3\alpha)^T$。

线性搜索 $\min \varphi(\alpha) = f(x^1) = \frac{3}{2}(3\alpha-2)^2 + \frac{1}{2}(4-3\alpha)^2 - (3\alpha-2)(4-3\alpha) - 2(3\alpha-2)$

令 $\min \varphi'(\alpha) = 0$，得 $\alpha^0 = 1$，进而计算得 $x^1 = (1, 1)^T$。

因 $g(x^1) = (3x_1-x_2-2, x_2-x_1)^T = (0,0)^T$，故 $x^* = x^1 = (1,1)^T$，$F(x^*) = 1$。

故当两种产品定价均为 1 时，收入最大且为 1。

【例 11.15】极小化 $f(x) = x_1^4 + x_1x_2 + (1+x_2)^2$。

解：设 $x^0 = (0, 0)^T$，则 $g(x^0) = (0,2)^T$，$G_0 = \begin{pmatrix} 0 & 1 \\ 1 & 2 \end{pmatrix}$。显然 G_0 不是正定的。$G_0^{-1} = \begin{pmatrix} -2 & 1 \\ 1 & 0 \end{pmatrix}$。

于是 $d_0 = -G_0^{-1}g_0 = (-2, 0)^T$。由于 $g_0^T d_0 = 0$，表明方向 d_0 不是下降方向。沿方向 d_0 进行线性搜索，$f(x^0 + \alpha d_0) = (-2\alpha)^4 + 1$，其极小点 $\alpha_0 = 0$。因此

$$x^1 = x^0 + \alpha_0 d_0 = x^0$$

从而迭代不能继续进行下去。

为了克服上述缺点，我们提出下列措施：（1）设 $g_k \neq 0$，若 G_k 正定，则 $d_k = -G_k^{-1}g_k$ 是下降方向；（2）若 G_k 不正定，但可逆，且 $g_k^T G_k^{-1} g_k < 0$，则 $d_k = G_k^{-1}g_k$ 是下降方向；（3）若 G_k 奇异或 $G_k^{-1}g_k = 0$，则取 $d_k = -g_k$。

11.4.4 共轭梯度法

共轭梯度法是介于最速下降法与牛顿法之间的一个方法，不仅是解大型线性方程组最有用的方法之一，也是解大型非线性最优化问题最有效的算法之一。由于共轭梯度法不需要矩阵存储，且有较快的收敛速度和二次终止性等优点，现在共轭梯度法已经广泛地应用于实际问题中。

11.4.4.1 共轭方向法

定义 11.10 设 G 是 n 对称正定矩阵，d_1、d_2 是 n 维非零向量。如果 $d_1^T G d_2 = 0$ 则称向量 d_1、d_2 是 G 共轭的，简称共轭的。

设 d_1，d_2，$\cdots$，d_m 是 $\mathbf{R}^n$ 中任一组非零向量，如果 $d_i^T G d_j = 0$，$(i \neq j)$ 则称 d_1，d_2，$\cdots$，d_m 是 G 共轭的，简称共轭的。

显然，如果 d_1，d_2，$\cdots$，d_m 是 G 共轭的，则它们是线性无关的。如果 $G = I$，则共轭性就是通常的正交性。

算法 11.9 共轭方向法

第 1 步：给出初始点 x_0，$\varepsilon > 0$，$k := 0$。计算 $g_0 = g(x_0)$ 和初始下降方向 d_0，使 $d_0^T g_0 < 0$。

第 2 步：如果 $\|g_k\| \leq \varepsilon$，停止迭代。

第 3 步：计算 α_k 和 x_{k+1}，使得 $f(x_k + \alpha_k d_k) = \min\limits_{\alpha > 0} f(x_k + \alpha d_k)$，$x_{k+1} = x_k + \alpha_k d_k$。

第 4 步：采用某种共轭方向法计算 d_{k+1} 使得 $d_{k+1}^T G d_j = 0$（$j = 0$，1，$\cdots$，k）。

第 5 步：令 $k := k + 1$，转第 2 步。

对于正定二次函数的极小化 $\min\limits_{x} f(x) = \frac{1}{2} x^T G x - b^T x$，它相当于解线性方程组 $Gx = b$，其中 G 是对称正定矩阵。共轭方向法迭代格式为 $x_{k+1} = x_k + \alpha_k d_k$，其中 d_k 为共轭方向。对于正定二次函数，精确线性搜索因子 α_k 的显式表示为

$$\alpha_k = -\frac{g_k^T d_k}{d_k^T G d_k}$$

定理 11.19 当用共轭方向法解二次函数极小化问题

$$\min\limits_{x \in \mathbf{R}^n} f(x) = \frac{1}{2} x^T G x - b^T x$$

时，精确线性搜索条件下，至多迭代 n 步收敛，这里 G 是对称正定矩阵。

11.4.4.2 共轭梯度法

共轭梯度法是一个典型的共轭方向法，它的每一个搜索方向都是互相共轭的，且搜索方向 d_k 仅仅是负梯度方向 $-g_k$ 与上一次迭代的搜索方向 d_{k-1} 的组合。

记

$$d_k = -g_k + \beta_{k-1} d_{k-1}$$

左乘 $d_{k-1}^T G$，并使得 $d_{k-1}^T G d_k = 0$，得

$$\beta_{k-1} = \frac{g_k^T G d_{k-1}}{d_{k-1}^T G d_{k-1}} \qquad \text{（Hestenes-Stiefel 公式）}$$

在精确线性搜索条件下，由于 $g_{k+1} - g_k = G(x_{k+1} - x_k) = \alpha_k G d_k$，$g_{k+1}^T d_k = 0$，$\beta_{k-1}$ 也可以写成

$$\beta_{k-1} = \frac{g_k^T (g_k - g_{k-1})}{d_{k-1}^T (g_k - g_{k-1})} \qquad \text{（Crowder-Wolfe 公式）}$$

$$= -\frac{g_k^T g_k}{d_{k-1}^T g_{k-1}} \qquad \text{（Dixon 公式）}$$

$$= \frac{g_k^T g_k}{g_{k-1}^T g_{k-1}} \qquad \text{（Fletcher-Reeves 公式）}$$

对于正定二次函数，若采用精确线性搜索，以上几个关于 β_{k-1} 的共轭梯度公式等价，但在实际计算中，Fletcher-Reeves（FR）公式最常用。

对正定二次函数，记 $g_k = G x_k - b \triangleq r_k$，则有

$$r_{k+1} - r_k = \alpha_k G d_k, \alpha_k = -\frac{g_k^T d_k}{d_k^T G d_k} = \frac{r_k^T r_k}{d_k^T G d_k}, \beta_k = \frac{r_{k+1}^T r_{k+1}}{r_k^T r_k}$$

我们可以给出如下关于正定二次函数极小化的共轭梯度法。

算法 11.10   FR 共轭梯度法

第 1 步：给出初始点 x_0，$\varepsilon > 0$，计算 $r_0 = Gx_0 - b$，令 $d_0 = -r_0$，$k := 0$。

第 2 步：如果 $\|r_k\| \leq \varepsilon$，停止迭代。

第 3 步：计算

$$\alpha_k = \frac{r_k^T r_k}{d_k^T G d_k}$$

$$x_{k+1} = x_k + \alpha_k d_k$$

$$r_{k+1} = r_k + \alpha_k G d_k$$

$$\beta_k = \frac{r_{k+1}^T r_{k+1}}{r_k^T r_k}$$

$$d_{k+1} = -r_{k+1} + \beta_k d_k$$

第 4 步：令 $k := k + 1$，转第 2 步。

【**例 11.16**】 针对例 11.14，用 FR 共轭梯度法解极小化问题

$$\min f(x) = \frac{3}{2}x_1^2 + \frac{1}{2}x_2^2 - x_1 x_2 - 2x_1$$

其中初始点 $x^0 = (-2, 4)^T$，$\varepsilon = 10^{-6}$。

解：将 $f(x)$ 写成 $f(x) = \frac{1}{2}x^T G x - b^T x$ 的形式，有

$$G = \begin{pmatrix} 3 & -1 \\ -1 & 1 \end{pmatrix}, b = \begin{pmatrix} 2 \\ 0 \end{pmatrix}, r(x) = Gx - b$$

由初始条件，得

$$r_0 = \begin{pmatrix} -12 \\ 6 \end{pmatrix}, d_0 = -r_0 = \begin{pmatrix} 12 \\ -6 \end{pmatrix}, \alpha_0 = \frac{r_0^T r_0}{d_0^T G d_0} = \frac{5}{17},$$

$$x^1 = x^0 + \alpha_0 d_0 = \begin{pmatrix} -2 \\ 4 \end{pmatrix} + \frac{5}{17}\begin{pmatrix} 12 \\ -6 \end{pmatrix} = \left(\frac{26}{17}, \frac{38}{17}\right)^T,$$

$$r_1 = Gx_1 - b = \left(\frac{6}{17}, \frac{12}{17}\right), \beta_0 = \frac{r_1^T r_1}{r_0^T r_0} = \frac{1}{289},$$

$$d_1 = -r_1 + \beta_0 d_0 = \left(-\frac{90}{289}, -\frac{210}{289}\right)^T, \alpha_1 = \frac{r_1^T r_1}{d_1^T G d_1} = \frac{17}{10},$$

$$x^2 = x^1 + \alpha_1 d_1 = \begin{pmatrix} 1 \\ 1 \end{pmatrix}, r_2 = Gx_2 - b = 0$$

所以，$x^2 = (1, 1)^T$ 是所求的极小点。

现在我们把求无约束正定二次函数极小的共轭梯度法推广到解一般无约束优化问题。

算法 11.11　FR-CG 共轭梯度法

第 1 步：给出初始点 x_0，$\varepsilon > 0$，计算 $f_0 = f(x_0)$，$g_0 = \nabla f(x_0)$，令 $d_0 = -g_0$，$k := 0$。

第 2 步：如果 $\| g_k \| \leqslant \varepsilon$，停止。

第 3 步：由线性搜索求步长因子 α_k，并令 $x_{k+1} = x_k + \alpha_k d_k$。

第 4 步：计算

$$\beta_k = \frac{g_{k+1}^T g_{k+1}}{g_k^T g_k}$$

$$d_{k+1} = -g_{k+1} + \beta_k d_k$$

第 5 步：令 $k := k+1$，转第 2 步。

这个算法由于程序简单，计算量小，仅需目标函数值和梯度值，没有矩阵存储与计算，是解大型非线性规划的首选方法。

注：FR 共轭梯度法的总体收敛性可参见孙文瑜等（2010）。

11.4.5　拟牛顿法

牛顿法成功的关键是利用了海塞矩阵提供的曲率信息，但计算海塞矩阵工作量大，并且有的目标函数的海塞矩阵很难计算，甚至不好求出。这就导致了一个想法：能否仅利用目标函数值和一阶导数的信息，构造出目标函数的曲率近似，使方法具有类似牛顿法的收敛速度快的优点。拟牛顿法就是这样的一类算法。由于它不需要二阶导数，拟牛顿法往往比牛顿法更有效。

11.4.5.1　拟牛顿条件

和牛顿法的推导一样，考虑目标函数 $f(x)$ 在当前点 x_k 处的二次模型

$$m_k(d) = f(x_k) + g_k^T d + \frac{1}{2} d^T B_k d$$

其中 B_k 是 $n \times n$ 对称正定矩阵，是海塞近似，它将在每次迭代中进行校正。

极小化这个二次模型得到 $d_k = -B_k^{-1} g_k$，从而新的迭代点为

$$x_{k+1} = x_k + \alpha_k d_k = x_k - \alpha_k B_k^{-1} g_k$$

其中，α_k 是线性搜索步长因子，此迭代称为拟牛顿迭代。它与牛顿迭代的主要区别在于用海塞近似 B_k 代替了牛顿迭代中的海塞矩阵 G_k。

设 $f: \mathbf{R}^n \to \mathbf{R}$ 在开集 $D \subset \mathbf{R}^n$ 上二次连续可微，$f(x)$ 在 x_{k+1} 附近的二次近似为

$$f(x) \approx f(x_{k+1}) + g_{k+1}^T(x - x_{k+1}) + \frac{1}{2}(x - x_{k+1})^T G_{k+1}(x - x_{k+1})$$

对上式两边求导，有

$$g(x) \approx g_{k+1} + G_{k+1}(x - x_{k+1})$$

令 $x = x_k$，得

$$G_{k+1}(x_{k+1} - x_k) \approx g_{k+1} - g_k$$

记

$$s_k = x_{k+1} - x_k, y_k = g_{k+1} - g_k$$

则有 $G_{k+1}s_k \approx y_k$。

显然，如果 $f(x)$ 是正定二次函数，上述关系式精确成立。现在我们要求在拟牛顿法中构造出来的海塞近似 B_{k+1} 满足这种关系，从而得到

$$B_{k+1}s_k = y_k \tag{11-10}$$

式（11-10）称为拟牛顿条件或拟牛顿方程。

如果令 $H_k = B_k^{-1}$，则拟牛顿条件为

$$H_{k+1}y_k = s_k$$

拟牛顿迭代为

$$x_{k+1} = x_k + \alpha_k d_k = x_k - \alpha_k B_k^{-1} g_k$$

或

$$x_{k+1} = x_k + \alpha_k d_k = x_k - \alpha_k H_k g_k$$

算法 11.12 拟牛顿算法

第 1 步：给出初始点 $x_0 \in \mathbf{R}^n$，B_0（or H_0）$\in \mathbf{R}^{n \times n}$，$\varepsilon > 0$，$k := 0$。

第 2 步：如果 $\|g_k\| \leqslant \varepsilon$，停止。

第 3 步：解 $B_k d = -g_k$ 得搜索方向 d_k；（或计算 $d_k = -H_k g_k$）。

第 4 步：由线性搜索求步长因子 α_k，并令 $x_{k+1} = x_k + \alpha_k d_k$。

第 5 步：校正 B_k 产生 B_{k+1}（或校正 H_k 产生 H_{k+1}），使得拟牛顿条件成立。

第 6 步：令 $k := k + 1$，转第 2 步。

在上述拟牛顿法中，初始海塞近似 B_0 通常取为单位矩阵，即 $B_0 = I$，这样，拟牛顿法的第一次迭代等价于一个最速下降迭代。

11.4.5.2 DFP 校正和 BFGS 校正

考虑海塞逆近似序列 $\{H_k\}$。设对称秩二校正为

$$H_{k+1} = H_k + auu^T + bvv^T$$

其中 a 和 b 为给定的数。令上述拟牛顿条件满足，则

$$H_{k+1}y_k = H_k y_k + auu^T y_k + bvv^T y_k = s_k$$

这里 u 和 v 并不唯一确定。但 u 和 v 的明显选择是 $u = s_k$，$v = H_k y_k$。此时，得

$$au^T y_k = 1, bv^T y_k = -1$$

从而

$$a = \frac{1}{u^T y_k} = \frac{1}{s_k^T y_k}, b = -\frac{1}{v^T y_k} = -\frac{1}{y_k^T H_k y_k}$$

因此

$$H_{k+1} = H_k + \frac{s_k s_k^T}{s_k^T y_k} - \frac{H_k y_k y_k^T H_k}{y_k^T H_k y_k} \tag{11-11}$$

式（11-11）称为 DFP 校正公式（关于 H_k）。从这个公式可以看出，序列 $\{H_k\}$ 的生成并不是每次迭代中重复计算的，而是通过一种简单的校正从 H_k 生成 H_{k+1}，这使得拟牛顿法是节省的和有效的。完全类似地，利用拟牛顿条件 $B_{k+1}s_k = y_k$，可以得到

$$B_{k+1} = B_k + \frac{y_k y_k^T}{y_k^T s_k} - \frac{B_k s_k s_k^T B_k}{s_k^T B_k s_k} \tag{11-12}$$

式（11-12）称为 BFGS 校正公式（关于 B_k）。

　　容易看出，只要通过对 DFP 校正公式作简单变换 $H \leftrightarrow B$ 和 $s \leftrightarrow y$，关于 B_k 的 BFGS 校正就可得到。因此，我们也把式（11-11）称为互补 DFP 公式。

　　拟牛顿法具有下列优点：（1）仅需一阶导数（牛顿法需二阶导数）。（2）B_k（或 H_k）保持正定，使得方法具有下降性质（在牛顿法中，G_k 可能不正定）。（3）每次迭代需 $O(n^2)$ 次乘法运算（牛顿法需 $O(n^3)$ 次乘法运算）。（4）搜索方向是相互共轭的，从而具有二次终止性。（5）具有超线性收敛性。

　　注：拟牛顿算法的全局收敛性相关知识见参考文献杨庆之（2015）。

11.5　约束最优化方法

　　本节讨论约束最优化问题的理论与方法，考虑如下一般形式的约束最优化问题：

$$\begin{aligned}
&\min f(x) \\
&\text{s. t. } c_i(x) = 0, i = 1, 2, \cdots, m' \\
&\qquad c_i(x) \geq 0, i = m' + 1, \cdots, m
\end{aligned} \tag{NLP}$$

记可行域为

$$X = \{ x \mid c_i(x) = 0, i = 1, 2, \cdots, m', c_i(x) \geqslant 0, i = m'+1, \cdots, m \}$$

指标集 $E = \{1, 2, \cdots, m'\}$ 表示等式约束指标集，$I = \{m'+1, \cdots, m\}$ 表示不等式约束指标集。求解上述约束优化问题就是在可行域 X 上寻求一点 x 使得目标函数 $f(x)$ 达到最小。

对任何 $x \in \mathbf{R}^n$，记 $I(x) = \{i \mid c_i(x) = 0, i \in I\}$ 是在 x 处的有效集（或称起作用集）；$A(x) = E \cup I(x)$ 是在 x 点处的有效约束指标集；$c_i(x)(\forall i \in A(x))$ 是在 x 处的有效约束（或积极约束）；$c_i(x)(\forall i \notin A(x))$ 是在 x 处的非有效约束（或非积极约束）。

11.5.1 最优性条件

定义 11.11 设 $x^* \in X$，$0 \neq d \in \mathbf{R}^n$ 是非零向量，如果存在 $\delta > 0$ 使得

$$x^* + \alpha d \in X, \forall \alpha \in [0, \delta]$$

则称 d 是 X 在 x^* 处的一个可行方向。所有可行方向组成的集合记为 $FD(x^*, X)$。

定义 11.12 设 $x^* \in X$，$0 \neq d \in \mathbf{R}^n$ 是非零向量，如果

$$d^T \nabla c_i(x^*) = 0, i \in E$$
$$d^T \nabla c_i(x^*) \geqslant 0, i \in I(x^*)$$

则称 d 是 X 在 x^* 处的线性化可行方向。所有线性化可行方向的集合记为 $LFD(x^*, X)$。

定义 11.13 设 $x^* \in X$，$0 \neq d \in \mathbf{R}^n$ 是非零向量，如果存在序列 $\{d_k\}$（$k = 1, 2, \cdots$）和 $\{\delta_k\}$（$k = 1, 2, \cdots$）使得

$$x^* + \delta_k d_k \in X, \forall k$$

具有 $d_k \to d$，$\delta_k > 0$ 和 $\delta_k \to 0$，则称 d 是 X 在 x^* 处的序列可行方向。所有序列可行方向的集合记为 $SFD(x^*, X)$。

根据定义，可以证明：如果所有的约束函数都在 $x^* \in X$ 处可微，则有

$$FD(x^*, X) \subseteq SFD(x^*, X) \subseteq LFD(x^*, X)$$

下面给出几何一阶最优性条件：在局部极小点处没有可行下降方向。

引理 11.1 设 $x^* \in X$ 是优化问题（NLP）的局部极小点，如果 $f(x)$ 和 $c_i(x)$（$i = 1, \cdots, m$）都在 x^* 处可微，则所有可行序列 $\{x_k\}$ 的序列可行方向 d 满足

$$d^T \nabla f(x^*) \geqslant 0, \forall d \in SFD(x^*, X)$$

这个引理表明：如果 x^* 是局部极小点，则 $SFD(x^*) \cap D(x^*) = \varnothing$。即，在局部极小点处没有可行下降方向。

引理 11.2 设 $x^* \in X$ 是优化问题（NLP）的局部极小点，如果 $f(x)$ 和 $c_i(x)$（$i = 1, \cdots, m$）都在 x^* 处可微，则必有

$$d^T \nabla f(x^*) \geqslant 0, \forall d \in FD(x^*)$$

证明：假定定理不真，则在 x^* 处存在可行下降方向 d，使得

$$f(x^* + \alpha d) < f(x^*), \forall \alpha \in (0, \delta_1)$$

其中 $\delta_1 > 0$。由可行性可知，存在 $\delta_2 > 0$ 使得

$$x^* + \alpha d \in X, \forall \alpha \in (0, \delta_2)$$

因为 x^* 是局部极小点，它与上两式矛盾，从而结论成立。

这个引理表明：如果 x^* 是局部极小点，则 $FD(x^*) \cap D(x^*) = \varnothing$。

定义 11.14　对一般的约束优化问题（NLP），定义下列问题

$$L(x, \lambda) = f(x) - \lambda^T c(x) = f(x) - \sum_{i=1}^{m} \lambda_i c_i(x)$$

为其拉格朗日函数，λ_i 称为对应于 $c_i(x)$（$i = 1, \cdots, m$）的拉格朗日乘子。

下面讨论一阶最优性定理，它被称为 KKT 定理。

定理 11.20（KKT 定理）　设 x^* 是约束优化问题（NLP）的局部极小点，$f(x)$ 和 $c_i(x)$（$i = 1, \cdots, m$）在 x^* 的领域内一阶连续可微。对所有 $i \in A(x^*) = E \cup I(x^*)$，$\nabla c_i(x^*)$ 线性无关，则存在 λ_i^*（$i = 1, \cdots, m$）使得

$$\nabla f(x^*) = \sum_{i=1}^{m} \lambda_i^* \nabla c_i(x^*) \tag{11-13}$$

$$\lambda_i^* c_i(x^*) = 0, i \in I \tag{11-14}$$

$$\lambda_i^* \geqslant 0, i \in I \tag{11-15}$$

$$c_i(x^*) = 0, i \in E \tag{11-16}$$

$$c_i(x^*) \geqslant 0, i \in I \tag{11-17}$$

则称式（11-13）~式（11-17）为问题（NLP）的 KKT 条件，满足 KKT 条件的点称为问题（NLP）的 KKT 点。在 KKT 条件中，式（11-13）称为驻点条件，它表示 $\nabla_x L(x^*, \lambda^*) = 0$；式（11-14）称为互不松弛条件；式（11-15）称为乘子非负条件；式（11-16）和式（11-17）称为可行性条件。

【**例 11.17**】利用 KKT 定理求如下优化问题的 KKT 点：

$$\min (x_1 - 2)^2 + (x_2 - 1)^2$$
$$\text{s. t. } x_1^2 - x_2 \leqslant 0$$
$$x_1 + x_2 - 2 \leqslant 0$$

解：记目标函数 $f(x) = (x_1 - 2)^2 + (x_2 - 1)^2$，约束条件 $c_1(x) = -x_1^2 + x_2$，$c_2(x) = -x_1 - x_2 + 2$。

因为 $\nabla f(x) = \begin{pmatrix} 2(x_1 - 2) \\ 2(x_2 - 1) \end{pmatrix}$，$\nabla c_1(x) = \begin{pmatrix} -2x_1 \\ 1 \end{pmatrix}$，$\nabla c_2(x) = \begin{pmatrix} -1 \\ -1 \end{pmatrix}$，得出该问题的 KKT

条件为

$$\begin{cases} 2(x_1 - 2) = -2\lambda_1 x_1 - \lambda_2 \\ 2(x_2 - 1) = \lambda_1 - \lambda_2 \\ \lambda_1(x_1^2 - x_2) = 0 \\ \lambda_2(x_1 + x_2 - 2) = 0 \\ x_1^2 - x_2 \leqslant 0 \\ x_1 + x_2 - 2 \leqslant 0 \\ \lambda_1, \lambda_2 \geqslant 0 \end{cases}$$

（1）$\lambda_1 \neq 0$，$\lambda_2 \neq 0$ 时，得到

$$\begin{cases} x_1^2 - x_2 = 0 \\ x_1 + x_2 - 2 = 0 \end{cases} \Rightarrow \begin{cases} x_1 = -2 \\ x_2 = 4 \end{cases} \quad \begin{cases} x_1 = 1 \\ x_2 = 1 \end{cases}$$

当 $x_1 = -2$，$x_2 = 4$ 时经计算得 $\lambda_1 = -\dfrac{14}{3}$，$\lambda_2 = -\dfrac{32}{3}$，不满足乘子非负条件，舍去。

当 $x_1 = 1$，$x_2 = 1$ 时经计算得 $\lambda_1 = \dfrac{2}{3}$，$\lambda_2 = \dfrac{2}{3}$，且满足其他条件。

（2）$\lambda_1 = 0$，$\lambda_2 = 0$ 时，得到 $x_1 = 2$，$x_2 = 1$，不满足可行性条件，舍去。

（3）$\lambda_1 = 0$，$\lambda_2 \neq 0$ 时，得到 $x_1 = \dfrac{3}{2}$，$x_2 = \dfrac{1}{2}$，$\lambda_2 = 1$，不满足可行性条件，舍去。

（4）$\lambda_1 \neq 0$，$\lambda_2 = 0$ 时，$x_1^2 - x_2 = 0$ 且 $\lambda_1 > 0$。由可行性条件得 $-2 \leqslant x_1 \leqslant 1$；由

$$\begin{cases} 2(x_1 - 2) = -2\lambda_1 x_1 \\ 2(x_2 - 1) = \lambda_1 \end{cases} \Rightarrow \begin{cases} \lambda_1 = \dfrac{x_1 - 2}{-x_1} > 0 \\ \lambda_1 = 2(x_1^2 - 1) > 0 \end{cases} \Rightarrow 1 < x_1 < 2$$

以上两式矛盾，舍去。

综上，原问题的 KKT 点为 $x^* = (1, 1)^T$。

定理 11.21 设问题（NLP）中 $f(x)$ 和 $-c_i(x)$ $(i \in I)$ 是凸函数，$c_i(x)$ $(i \in E)$ 是线性函数，若在可行点 x^* 处 KKT 条件成立，则 x^* 是（NLP）的全局最优解。

【例 11.18】 某工厂向用户提供发动机，按合同规定，其交货数量和日期是：第一季度末交 40 台，第二季度末交 60 台，第三季度末交 80 台。工厂的最大生产能力为每季度 100 台，每季度的生产费用（单位：元）为 $f(x) = 50x + 0.2x^2$，此处 x 为该季度生产发动机的台数。若工厂生产得多，剩余的发动机可以移到下季度向用户交货，这样工厂就需要支付存储费，每台发动机每季度的存储费为 4 元。问该厂每季度应生产多少台发动机，才能既满足交货合同，又使得所花的费用最少？（假定第一季度开始时发动机无存货）

解： 设第一季度生产 x_1 台，第二季度生产 x_2 台，第三季度生产 x_3 台。则第一季度费用全部为生产费用：

$$f_1 = 0.2x_1^2 + 50x_1$$

第二季度费用为生产费用和存储费用：

$$f_2 = 0.2x_2^2 + 50x_2 + 4(x_1 - 40)$$

第三季度费用为生产费用和存储费用：

$$f_3 = 0.2x_3^2 + 50x_3 + 4(x_1 + x_2 - 40 - 60)$$

根据题目所给数据可建立如下非线性规划模型：

$$\min f(x) = f_1 + f_2 + f_3 = 0.2x_1^2 + 58x_1 + 0.2x_2^2 + 54x_2 + 0.2x_3^2 + 50x_3 - 560$$

约束条件为：

$$\begin{cases} c_1(x) = x_1 \geqslant 40 \\ c_2(x) = x_1 + x_2 \geqslant 100 \\ c_3(x) = x_1 + x_2 + x_3 = 180 \\ c_4(x) = x_2 \geqslant 0 \\ c_5(x) = x_3 \geqslant 0 \end{cases}$$

计算目标函数和约束条件的梯度如下：

$$\nabla f(x) = \begin{pmatrix} 0.4x_1 + 58 \\ 0.4x_2 + 54 \\ 0.4x_3 + 50 \end{pmatrix}, \nabla c_1(x) = \begin{pmatrix} 1 \\ 0 \\ 0 \end{pmatrix}, \nabla c_2(x) = \begin{pmatrix} 1 \\ 1 \\ 0 \end{pmatrix}$$

$$\nabla c_3(x) = \begin{pmatrix} 1 \\ 1 \\ 1 \end{pmatrix}, \nabla c_4(x) = \begin{pmatrix} 0 \\ 1 \\ 0 \end{pmatrix}, \nabla c_5(x) = \begin{pmatrix} 0 \\ 0 \\ 1 \end{pmatrix}$$

得出该问题的 KKT 条件为：

$$\begin{cases} 0.4x_1 + 58 = \lambda_1 + \lambda_2 + \lambda_3 \\ 0.4x_2 + 54 = \lambda_2 + \lambda_3 + \lambda_4 \\ 0.4x_3 + 50 = \lambda_3 + \lambda_5 \\ \lambda_1(x_1 - 40) = 0 \\ \lambda_2(x_1 + x_2 - 100) = 0 \\ \lambda_4 x_2 = 0 \\ \lambda_5 x_3 = 0 \\ x_1 \geqslant 40 \\ x_1 + x_2 \geqslant 100 \\ x_1 + x_2 + x_3 = 180 \\ x_2, x_3 \geqslant 0 \\ \lambda_1, \lambda_2, \lambda_4, \lambda_5 \geqslant 0 \end{cases}$$

求解得 KKT 点为 $x^* = (50, 60, 70)^T$, $\lambda^* = (0, 0, 78, 0, 0)^T$。

又因为目标函数 $f(x)$ 和不等式约束条件 $-c(x)$ 都是凸函数，等式约束为线性函数，由定理 11.21 知，KKT 点 $x^* = (50, 60, 70)^T$ 是全局最优解，即第一、第二、第三季度分别生产 50 台、60 台和 70 台时，最小费用 $f(x^*) = 11280$ （元）。

下面讨论二阶最优性定理。

定理 11.22（二阶必要条件） 设 x^* 是在问题（NLP）的局部极小点，λ^* 是相应的拉格朗日乘子，如果线性无关约束规范条件成立，则

$$d^T \nabla_{xx}^2 L(x^*, \lambda^*) d \geqslant 0, \ \forall d \in F(\lambda^*)$$

其中，$F(\lambda^*) = \{ d \in LFD \mid \nabla c_i (x^*)^T d = 0, \ \forall i \in E \cup I(x^*) \}$。

定理 11.23（二阶充分条件） 设 x^* 是一个 KKT 点，λ^* 是相应的拉格朗日乘子，如果

$$d^T \nabla_{xx}^2 L(x^*, \lambda^*) d > 0, \ \forall d \in F(\lambda^*), d \neq 0$$

则 x^* 是问题（NLP）的严格局部极小点。

【例 11.19】 建立求周长一定时，面积最大的矩形的最优化模型，并用 KKT 条件验证解满足最优化问题的二阶充分性条件。

解： （1）设矩形的长和宽分别为 x_1 和 x_2，$x = (x_1, x_2)^T$，矩形周长为 l，则面积最大的矩形的最优化模型为：

$$\min f(x) = -x_1 x_2$$

$$\text{s. t.} \begin{cases} h(x) = 2x_1 + 2x_2 - l = 0 \\ g_1(x) = -x_1 < 0 \\ g_2(x) = -x_2 < 0 \end{cases}$$

由此得 KKT 条件为

$$\begin{cases} -x_2 + 2\mu_1 - \lambda_1 = 0 \\ -x_1 + 2\mu_1 - \lambda_2 = 0 \\ \lambda_1 x_1 = 0 \\ \lambda_2 x_2 = 0 \\ \lambda_1 \geqslant 0, \lambda_2 \geqslant 0 \\ x_1 > 0, x_2 > 0 \\ 2x_1 + 2x_2 = l \end{cases}$$

求解得该问题的 KKT 点为 $x^* = \left(\dfrac{l}{4}, \dfrac{l}{4} \right)^T$，相应的拉格朗日乘子为 $(\mu_1, \lambda_1, \lambda_2)^T = \left(\dfrac{l}{8}, 0, 0 \right)^T$。

（2）为验证二阶充分条件，计算：

$$\nabla g_1(x^*) = (-1 \ 0), \quad \nabla g_2(x^*) = (0 \ -1), \quad \nabla h(x^*) = (2, 2)$$

以及集合：

$$I(x^*) = \varnothing$$

$$F(x^*) = \{d = (d_1, d_2)^T \neq 0 \mid \nabla h(x^*)^T d = 0\}$$

$$= \{d = (d_1, d_2)^T \mid d_1 + d_2 = 0\}$$

对任意 $d \in F(x^*)$，有 $d = (d_1, -d_1)^T$，$d_1 \neq 0$，因此：

$$d^T \nabla_x^2 L(x^*, \lambda^*, \mu^*) d = (d_1, -d_1)\begin{pmatrix} 0 & -1 \\ -1 & 0 \end{pmatrix}(d_1 - d_1) = 2d_1^2 > 0$$

由定理可知，x^* 满足二阶充分条件，是该问题的严格局部最优解。

11.5.2　罚函数法

对于约束最优化问题，一类重要的求解方法就是通过解一系列无约束最优化问题来获取原非线性约束优化问题解的罚函数法。罚函数法通过对不可行的迭代点施加惩罚，迫使迭代点逐步向可行域靠近，一旦迭代点成为一个可行点，则这个迭代点就是所求原问题的最优解。对不可行约束采用不同的惩罚函数，就形成不同的罚函数方法，其中最简单也经常采用的是二次罚函数法。二次罚函数由目标函数加上惩罚项组成，其中惩罚项是约束违反函数的平方。

对于等式约束问题

$$\min f(x)$$
$$\text{s. t. } c_i(x) = 0, i \in E$$

二次罚函数定义为：

$$Q(x; \mu) \triangleq f(x) + \frac{1}{2\mu}\sum_{i \in E} c_i^2(x)$$

这里，$\mu > 0$ 是罚参数，$\frac{1}{2\mu}\sum_{i \in E} c_i^2(x)$ 称为惩罚项。

对于无约束优化问题

$$\min_x Q(x; \mu)$$

若 x 是不可行点，则当 $\mu \to 0^+$ 时，惩罚项 $\frac{1}{2\mu}\sum_{i \in E} c_i^2(x) \to +\infty$。可见，违反约束条件大的不可行点逐渐失去作为无约束优化问题解的资格。

可以证明：当 $\mu_k \to 0^+$ 时罚函数 $Q(x; \mu_k)$ 的极小点就是原问题的极小点。

【例 11.20】厂商的成本最小化问题。考虑某厂商使用资金和劳动两种要素生产单一产品，如果投入 x_1 单位的资金和 x_2 单位的劳动，生产成本函数为 $f(x) = (x_1 - 1)^2 + x_2^2$。假设两种要素数量总和为 2 万个单位，那么，如何投入两种要素，才能能够使得生产成本最小化。试建立非线性规划模型，并使用二次罚函数法求解。

解： 根据题目，可得等式约束优化问题

$$\min \ (x_1 - 1)^2 + x_2^2$$
$$\text{s. t.} \ \ x_1 + x_2 - 2 = 0$$

二次罚函数为

$$Q(x;\mu) = (x_1 - 1)^2 + x_2^2 + \frac{1}{2\mu}(x_1 + x_2 - 2)^2$$

显然该罚函数为凸函数。极小化无约束优化问题 $Q(x;\mu)$，令 $Q'_x(x;\mu) = 0$，即

$$\frac{\partial Q(x;\mu)}{\partial x_1} = 2(x_1 - 1) + \frac{1}{\mu}(x_1 + x_2 - 2) = 0$$

$$\frac{\partial Q(x;\mu)}{\partial x_2} = 2x_2 + \frac{1}{\mu}(x_1 + x_2 - 2) = 0$$

得 $x_1 = \dfrac{2\mu + 3}{2\mu + 2}$，$x_2 = \dfrac{1}{2\mu + 2}$。

可见，当 $\mu \to 0^+$ 时，$x_\mu^* \to x^* = \left(\dfrac{3}{2}, \dfrac{1}{2}\right)^T$。所以，该问题的最优点是 $x^* = \left(\dfrac{3}{2}, \dfrac{1}{2}\right)^T$。

对于一般约束优化问题（NLP），我们定义二次罚函数 $Q(x;\mu)$ 为

$$Q(x;\mu) \triangleq f(x) + \frac{1}{2\mu}\sum_{i \in E} c_i^2(x) + \frac{1}{2\mu}\sum_{i \in I}([c_i(x)]^-)^2$$

这里

$$[c_i(x)]^- \triangleq \min(c_i(x), 0), i \in I$$

算法 11.13 二次罚函数法

第 1 步：给定 $\mu_0 > 0$，允许参数值 $\varepsilon > 0$，初始点 x_0；$k = 0$。

第 2 步：从 x_k 开始，极小化 $Q(x;\mu_k)$ 得极小点 x_{k+1}。

第 3 步：当 $\|\nabla Q(x;\mu_k)\| \leq \varepsilon$ 时，终止，得近似解 x_{k+1}，否则，选择新的罚参数 $\mu_{k+1} \in (0, \mu_k)$，令 $x_{k+1} := x_k$，$k := k+1$，转第 2 步。

注意，罚函数序列 $\{\mu_k\}$ 要合适地选择。当极小化 $Q(x;\mu_k)$ 计算量很大时，可以适当缩小 μ_k，例如 $\mu_{k+1} = 0.7\mu_k$。如果极小化 $Q(x;\mu_k)$ 计算量不大，可以大大地缩小 μ_k，例如 $\mu_{k+1} = 0.1\mu_k$。

下面给出二次罚函数方法的收敛性定理，证明省略。

定理 11.24 假设每个 x_k 都是二次罚函数算法得到的 $Q(x;\mu_k)$ 的精确总体极小点，并且 $\mu_k \to 0^+$，则序列 $\{x_k\}$ 的每个极限点都是约束优化问题的最优解。

在上述罚函数法中，要求得到子问题的精确总体极小点，这是非常难的。事实上，如果

每一步都求 $Q(x;\mu_k)$ 的局部近似极小点，可以证明序列 $\{x_k\}$ 的极限点 x^* 是一般约束优化问题的 KKT 点。

11.5.3　内点障碍函数法

本节考虑另一类称为内点障碍函数的罚函数方法，同 11.5.2 节的罚函数方法不同，内点障碍函数法是一类保持严格可行性的方法，即迭代点序列是严格可行内点，因此这类方法只适用于只有不等式约束的非线性最优化问题。内点障碍函数法在目标函数上引入一个关于约束的障碍项，当迭代点由可行域内部接近可行域的边界时，障碍项将趋于无穷大来迫使迭代点返回可行域内部，从而保持迭代点的严格可行性。

考虑不等式约束最优化问题

$$\min f(x)$$
$$\text{s. t. } c_i(x) \geqslant 0, i \in I$$

定义严格可行内点区域为

$$F^o \triangleq \{x \in \mathbf{R}^n \mid c_i(x) > 0, \forall i \in I\}$$

并假设 F^o 是非空的。

障碍函数就是在目标函数上引入关于约束的障碍项，其具有如下性质：（1）在 F^o 外部的值或者无定义或者是无穷的；（2）在 F^o 内部都是连续可微的；（3）当 x 趋于 F^o 的边界，其值趋于 ∞。

常用的障碍函数是对数障碍函数

$$P(x;\mu) = f(x) - \mu \sum_{i \in I} \ln c_i(x)$$

和分数障碍函数

$$P(x;\mu) = f(x) - \mu \sum_{i \in I} \frac{1}{c_i(x)}$$

其中 $\ln(\cdot)$ 是自然对数，$\mu > 0$ 是障碍参数。下面的讨论限于对数障碍函数，有关的结果和分析同样适用于分数障碍函数。

【例 11.21】考虑非线性约束最优化问题

$$\min f(x) = x_1 - 2x_2$$
$$\text{s. t. } 1 + x_1 - x_2^2 \geqslant 0$$
$$x_2 \geqslant 0$$

解：该问题的对数障碍函数为

$$P(x;\mu) = x_1 - 2x_2 - \mu[\ln(1 + x_1 - x_2^2) + \ln(x_2)]$$

对给定的 $\mu > 0$，为确定 $P(x; \mu)$ 的无约束最优解，考虑一阶最优性条件

$$\begin{cases} 1 - \dfrac{\mu}{1 + x_1 - x_2^2} = 0 \\ -2 + \dfrac{2\mu x_2}{1 + x_1 - x_2^2} - \dfrac{\mu}{x_2} = 0 \end{cases}$$

求解这个方程组，得

$$x_1(\mu) = \frac{\sqrt{1 + 2\mu} + 3\mu - 1}{2}, x_2(\mu) = \frac{\sqrt{1 + 2\mu} + 1}{2}$$

关于障碍参数 $\mu \to 0$ 取极限，得

$$\lim_{\mu \to 0} x_1(\mu) = \lim_{\mu \to 0} \frac{\sqrt{1 + 2\mu} + 3\mu - 1}{2} = 0$$

$$\lim_{\mu \to 0} x_2(\mu) = \lim_{\mu \to 0} \frac{\sqrt{1 + 2\mu} + 1}{2} = 1$$

即有 $\lim\limits_{\mu \to 0} x(\mu) = x^* = (0, 1)^T$。

例 11.21 很好地说明了对数障碍函数的一些有用的特征。首先，$P(x; \mu)$ 的无约束最优解 $x(\mu)$ 若存在，那么在 $\mu \to 0$ 时收敛于原不等式约束问题的最优解；其次，$x(\mu)$ 关于 μ 连续可微，因而 $x(\mu)$ 在问题的可行域内部定义了一条以 μ 为参数的光滑曲线（障碍轨迹），这条曲线在 $\mu \to 0$ 时的极限点即为问题的最优解。

算法 11.14 对数障碍函数法。

第 1 步：给定 $\mu_0 > 0$，允许参数值 $\varepsilon > 0$，初始点 x_0，$k = 0$。

第 2 步：从 x_k 开始，极小化 $P(x; \mu_k)$，记求得的解为 x_{k+1}。

第 3 步：如果收敛准则满足，迭代终止，并取 x_{k+1} 为最优解的近似。

第 4 步：选择新的障碍参数 $\mu_{k+1} \in (0, \mu_k)$，令 $x_{k+1} := x_k$，$k := k + 1$，转第 2 步。

下面给出对数障碍函数法的收敛性定理，证明省略。

定理 11.25 设函数 $f(x)$ 在可行域中 $F = \{x \mid c_i(x) \geqslant 0, \ \forall i \in I\}$ 有下界，对数障碍函数法若不是有限步终止，$\mu_k \to 0^+ (k \to +\infty)$，则必有

$$\lim_{k \to \infty} \mu_k \sum_{i \in I} \ln c_i(x_k) = 0$$

$$\lim_{k \to \infty} f(x_k) = \inf_{x \in F^0} f(x)$$

且序列 $\{x_k\}$ 的任何聚点都是不等式约束优化问题的解。

习 题

1.（投资决策问题）某企业有 n 个项目可供选择投资，并且至少要对其中一个项目投

资。已知该企业拥有总资金 A 元，投资于第 i $(i=1, \cdots, n)$ 个项目需花资金 a_i 元，并预计可收益 b_i 元。假设最佳投资方案定义为投资额最小而总收益最大的方案，试建立最佳投资方案（极大化总收益和总投资之比）的非线性规划模型。

2. （厂址选择问题）设有 n 个市场，第 j 个市场位置为 (p_j, q_j)，它对某种货物要量为 b_j $(j=1, \cdots, n)$。现计划建立 m 个仓库，第 i 个仓库的存储容量为 a_i $(i=1, \cdots, m)$。试确定仓库的位置，使各仓库对各市场的运输量与路程乘积之和最小。

3. （消费者效用最大化问题）已知消费者消费 n 种商品，其效用函数是 $u(x_1, x_2, \cdots, x_n)$，其中 $x_1, x_2, \cdots, x_n$ 是每种商品的消费数量。已知 n 种商品的价格分别为 $p_1, p_2, \cdots, p_n$，消费者的财富水平为 w。试建立非线性规划模型，使得消费者在能买得起的商品组合中寻找效用最大的决策。

4. 设 $D_1 = \{x \mid x_1 + x_2 \leqslant 1, x_1 \geqslant 0\}$，$D_2 = \{x \mid x_1 - x_2 \geqslant 0, x_1 \leqslant 0\}$，令 $D = D_1 \cup D_2$。证明：D_1，D_2 均为凸集，但 D 却不是凸的，由此得出凸集的并集未必是凸集。

5. 判断下列函数是否为（严格）凸函数：

(1) $f(x) = x_1^2 + 2x_2^2$ (2) $f(x) = x_1^2 + 2x_2^2 - 5x_1x_2 + 10x_1 + 20x_2 + 500$

6. 用黄金分割法极小化 $\varphi(t) = e^{-t} + e^t$，区间为 $[-1, 1]$。

7. 求出函数 $f(x) = 2x_1^3 - 3x_1^2 - 6x_1x_2(x_1 - x_2 - 1)$ 的所有稳定点，并指出：哪一个是极小值点？哪一个是极大值点？有没有既不是极大又不是极小的点？

8. 试用最速下降法极小化 $f(x) = 3x_1^2 + x_2^2 - 2x_1x_2 - 4x_1$，初始点 $x^0 = (-2, 4)^T$。

9. 试用牛顿法和阻尼牛顿法极小化 $f(x) = x_1^2 + 2x_2^2$。

10. 利用共轭梯度法解极小化问题 $f(x_1, x_2) = x_1^2 + x_2^2 - 4x_1 - 5x_2 - x_1x_2 - 5$。

11. 利用 DFP 法解极小化 $f(x_1, x_2) = 1 + x_1 - x_2 + x_1^2 + 2x_2^2$，初始点 $x^0 = (0, 0)^T$，初始矩阵 $H_0 = I$。

12. 某公司经营两种产品，第一种产品每件售价 20 元，第二种产品每件售价 35 元。根据统计，售出一件第一种产品所需要的服务时间平均是 $(1 + 0.25x_1)$ 小时，其中 x_1 是第一种产品的售出数量；售出一件第二种产品所需时间是 1.5 小时。已知该公司在这段时间内的总服务时间为 650 小时，试决定使其营业额最大的营业计划。

13. 利用最优性条件求下列优化问题的 KKT 点：

$$\min (x_1 - 2)^2 + x_2^2$$

$$\text{s. t.} \begin{cases} x_1 - x_2^2 \geqslant 0 \\ x_2 - x_1 \geqslant 0 \end{cases}$$

14. 利用最优性条件求下列问题的最优解：

$$\min \left(x_1 - \frac{9}{4}\right)^2 + (x_2 - 2)^2$$

$$\text{s. t.} \begin{cases} x_2 - x_1^2 \geqslant 0 \\ x_1 + x_2 \leqslant 6 \\ x_1, x_2 \geqslant 0 \end{cases}$$

15. 用二次罚函数求解：设有某种资源，总数量为100，用于生产两种产品 A 和 B，每单位 A 产品和 B 产品分别消耗资源 2 单位和 1 单位。若分配数量 x 用于生产 A 或 B 产品，其收益为 x^2。问：应如何分配，才能使生产产品的总收入最大？

最速下降法视频

一阶最优性定理
（KKT 定理）视频

部分习题答案

第 12 章　决策分析

📖 **本章导读**

　　决策分析是一门与经济学、数学、心理学和组织行为学密切相关的综合性学科，是指人们为实现预定的目标，根据一定的条件，采用科学的方法和手段，从若干可供选择的方案中进行选择的分析过程，并对影响决策的诸因素作逻辑判断与权衡。根据自然状态的可控程度可以分为确定型决策、不确定型决策和风险型决策。本章节基于决策分析的核心内容展开，主要讨论不确定型决策方法、风险型决策方法、效用理论决策方法和决策树决策方法。

　　本章知识点之间的逻辑关系见图 12-1。

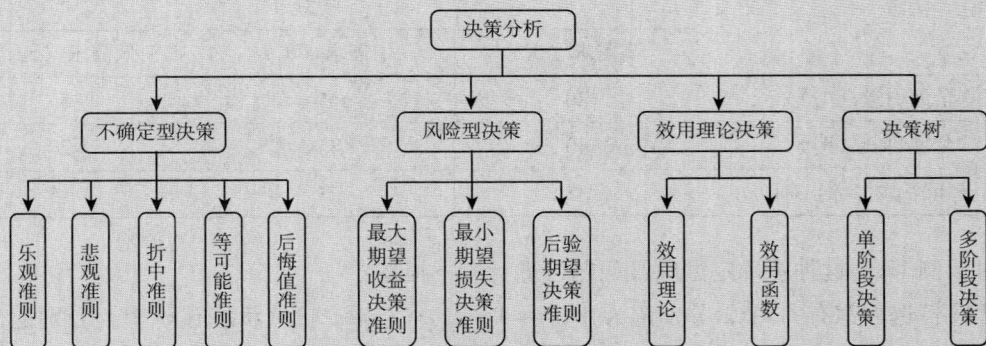

图 12-1　第 12 章知识点逻辑关系

12.1　不确定型决策方法

　　在现实生活中，存在以下一类决策问题，即决策者对未来事件有一定程度的了解，知道其可能出现的各种自然状态，但却不能确定各种自然状态发生的概率，此时决策者所面对的决策问题就是不确定型决策问题。这种决策问题往往表现出较大的主观性，决策过程主要取决于决策者自身性格特点、知识结构、习惯爱好等。例如，下面的例子便属于不确定型决策问题。

【例 12.1】 某手机生产商根据 2023 年高档手机和低档手机需求量预测，制定了以下三个手机品牌开发目标方案：（1）全面引进国外技术和进口设备；（2）全部依靠自己目前的力量，对生产线进行改造升级；（3）自行改造为主，技术引进为辅。

该厂首先对三个方案进行定性分析，并认为：

（1）采用第一方案的优点是通过引进先进技术，可以生产多品种的优质产品并提高生产能力，但缺点是外汇耗资大且不利于本厂产品的发展。

（2）采用第二方案的优点是所需费用少，但缺点是周期长，且开发后的产品不易达到国际先进水平。

（3）采用第三方案的优点是周期短，投资不多。而且，本厂有强大的技术力量的支持，设计、制造、安装力量都较强，可以承担自行改造为主的任务，但缺点是生产能力弱于第一方案。

市场的实际需求有高、中、低三种可能状态，针对以上三种方案，当市场处于不同的状态时可能有不同的收益值，但每种状态以多大的概率发生无法估计，只知道各方案在不同状态下的损益估计值，如表 12 - 1 所示。

表 12 - 1　　　　　手机生产商不同开发方案：面对不同需求状态的损益估值　　　　单位：百万元

方案	状态		
	高需求（S_1）	中需求（S_2）	低需求（S_3）
全面引进（A_1）	80	45	-55
全部自制（A_2）	40	35	-20
引进和改造相结合（A_3）	35	25	15

对于例 12.1 这种不确定型决策问题可进行以下描述：

假设备选方案有 m 个，分别记为 A_i，$i=1，2，\cdots，m$；自然状态有 n 个，分别记为 S_j，$j=1，2，\cdots，n$。当出现自然状态 S_j 时采用方案 A_i 的后果值为 θ_{ij}，$i=1，2，\cdots，m；j=1，2，\cdots，n$；$\theta_{ij}$ 可以是实际后果值，也可以是后果值的效用值。

对于例 12.1，由于状态概率未知，采用任何一种方案，其对应的三种状态都有可能发生，如何在这样的条件下确定方案，只能是一种较为主观的决策。下面介绍若干求解不确定型问题的决策准则，来解决上述问题。

12.1.1　乐观准则

乐观准则又称为大中取大准则，对于某一不确定型决策问题，决策者认为未来形势乐观，每一种方案都会得到最好的可能结果，因而，首先对每个方案先找出其最大收益，然后从这些最大收益中再选取收益最大的方案作为该问题的决策方案。

对于例 12.1 的问题可以采用此方法求解。用 $f(A_i)$ 表示采用方案 A_i 时的最大收益，即

$$f(A_i) = \max\{\theta_{i1}, \theta_{i2}, \cdots, \theta_{in}\} \quad i = 1, 2, \cdots, m$$

则满足 $f(A^*) = \max\limits_{1 \le i \le m} f(A_i)$ 的方案为最优方案。

根据乐观准则，对于每个方案 A_i ($i = 1$，2，3)，有：

$$f(A_1) = \max\{\theta_{11}, \theta_{12}, \theta_{13}\} = 80$$
$$f(A_2) = \max\{\theta_{21}, \theta_{22}, \theta_{23}\} = 40$$
$$f(A_3) = \max\{\theta_{31}, \theta_{32}, \theta_{33}\} = 35$$

则 $f(A^*) = \max(80, 40, 35) = 80$，故方案 A_1 是最优决策方案。

12.1.2　悲观准则

悲观准则又称为小中取大准则。采用此准则的决策者对未来情形持保守、悲观的态度，认为将来的状态是糟糕的，从而为了保险起见，对每个方案先找出其最不利状态下的收益，然后从中选取收益最大的方案作为该问题的决策方案。

若用 $g(A_i)$ 表示采用方案 A_i 时的最小收益，即

$$g(A_i) = \min\{\theta_{i1}, \theta_{i2}, \cdots, \theta_{in}\} \quad i = 1, 2, \cdots, m$$

则满足 $g(A^*) = \max\limits_{1 \le i \le m} g(A_i)$ 的方案是最优方案。

采用悲观准则求解例 12.1。对于每个方案 A_i ($i = 1$，2，3)，有：$g(A_1) = -55$，$g(A_2) = -20$，$g(A_3) = 15$，则 $g(A^*) = \max(-55, -20, 15) = 15$，故方案 A_3 是最优决策方案。

12.1.3　折中准则

折中准则又称为赫尔维茨（Hurwitz）准则，是一种介于乐观准则与悲观准则之间的、用折中的方法进行决策的准则。有些人偏于乐观，有些人偏于悲观，但很少有绝对的乐观或悲观。由此产生了一种复合型决策准则，该准则要求决策者根据经验为各种可能出现的最大收益确定一个乐观系数 α ($0 \le \alpha \le 1$)。决策者对状态的估计越乐观，α 越接近于 1；估计越悲观，α 越接近于 0；确定乐观系数之后，方案 A_i 的估计收益值即是以 α 和 ($1 - \alpha$) 为权重的最大收益和最小收益的加权平均值。

假设例 12.1 中决策者的乐观系数 $\alpha = 0.6$，对于每个方案 A_i ($i = 1$，2，3)，有：

$z_1 = 80 \times 0.6 + (-55) \times 0.4 = 26$

$z_2 = 40 \times 0.6 + (-20) \times 0.4 = 16$

$z_3 = 35 \times 0.6 + 15 \times 0.4 = 27$

则 $z^* = \max(26, 16, 27) = 27$，故方案 A_3 是最优决策方案。

12.1.4　等可能性准则

等可能性准则又称为拉普拉斯（Laplace）准则。等可能性准则的基本思想是：既然不确定型决策对各种状态的出现概率一无所知，就应该对它们"一视同仁"，即假定各状态发生的概率相等，然后计算各个行动方案的期望收益或期望损失，具有最大期望收益或最小期望损失的方案就是等可能性准则下的最优方案。

一般地，对于给定的收益矩阵 $C = [\theta_{ij}]$，如果

$$E(A_i) = \frac{1}{n}\sum_{j=1}^{n}\theta_{ij} = \max_i\left\{\frac{1}{n}\sum_{j=1}^{n}\theta_{ij}\right\}, i = 1, 2, \cdots, m$$

则 A_i 为等可能性准则下的最优方案。

对于例 12.1，采用等可能性准则计算各方案期望值，得

$$E(A_1) = \frac{1}{3}(80 + 45 - 55) = \frac{70}{3}$$

$$E(A_2) = \frac{1}{3}(40 + 35 - 20) = \frac{55}{3}$$

$$E(A_3) = \frac{1}{3}(35 + 25 + 15) = \frac{75}{3}$$

则方案 A_3 是最优决策方案。

12.1.5　后悔值准则

后悔值准则，又称萨凡奇（Savage）决策准则。基本思想是：决策者选定决策方案后，如果发现所选方案并非最优方案，则必然会因为舍优取劣而后悔，这种后悔实际上是一种机会损失。所选方案的收益值与最优方案的收益值差别越大，后悔的程度就越严重。如果将每种状态下的最大收益与其他收益之差定义为相应方案的后悔值，则在决策时可先计算每一方案在不同状态下的后悔值，然后从各方案的最大后悔值中选择后悔值最小的方案作为最优方案，这就是采用后悔值准则的决策过程。

设在自然状态 S_j 下各方案的最大收益值为 $\theta_j^* = \max\limits_{1 \leq i \leq m}\theta_{ij}(j = 1, 2, \cdots, n)$，于是，第 i 个方案 A_i 在各自然状态下的后悔值为：$\theta_1^* - \theta_{i1}$，$\theta_2^* - \theta_{i2}$，$\cdots$，$\theta_n^* - \theta_{in}$；每一个方案在不同的自然状态下有不同的后悔值，其最大者称为该方案的最大后悔值，即：

$$R(A_i) = \max_j\{\theta_j^* - \theta_{ij}\}$$

m 个最大后悔值中的最小者，即 $\min\limits_i R(A_i)$ 所对应的方案，就是"最小的最大后悔值"决策的最优方案。

利用后悔值准则求解例 12.1 的结果见表 12-2（括号内数值为对应的后悔值）。

方案	高需求（S_1）	中需求（S_2）	低需求（S_3）
全面引进（A_1）	80（0）	45（0）	−55（70）
全部自制（A_2）	40（40）	35（10）	−20（35）
引进和改造相结合（A_3）	35（45）	25（20）	15（0）

表 12 − 2　各方案的后悔值

由表 12 − 2 数据可得 $R(A_1)=70$，$R(A_2)=40$，$R(A_3)=45$；则 $R(A^*)=\min_i R(A_i)=R(A_2)=40$，故 A_2 是最优决策方案。

以上介绍的五种不确定性决策方法，都带有一定程度的主观性。采用不同的决策方法可能会得到不同的结果，其原因在于决策者的个人特点及对自然状态所持的观点不同。同时，因为各种决策方法之间没有一个统一的评定标准，因此很难判定谁优谁劣。只能靠决策者的实践经验和判断能力根据自身实际情况来选择合适的决策方法，以便实现更好的目标。对于一项不确定型决策，最恰当的办法是用多种方法来判别择优，最后选择得分较多的方案为优先选择方案。

12.2　风险型决策方法

如果决策者所采取的任何一个行动方案都会遇到两个或两个以上具有一定概率分布的自然状态，那么不管决策者选择哪个行动方案都要承担一定的风险，这种情形下所进行的决策称为风险型决策，又称为随机性决策。

风险型决策不同于一般的不确定性决策的地方在于，风险型决策的决策者可以利用有关资料事先估计或计算出各种自然状态将会出现的概率，然后进行决策。运用什么样的概率分布，以及概率值的准确程度，是进行风险型决策分析的关键问题。风险型决策分析所使用的概率一般有以下两类。

（1）客观概率。反映事物的客观属性，根据事件的过去和现在的资料所得出的某个事件出现的概率即为客观概率。客观概率分为先验概率和后验概率。先验概率是根据事件的历史资料确定的，后验概率是根据事件的历史资料和现实资料共同确定的。运用后验概率的价值要高于运用先验概率。

（2）主观概率。由决策者主观判断所确定的某个事件的概率即为主观概率。这种概率缺少事件发生的历史和现实资料作为实证依据，一般是由决策者根据以往的历史经验，结合当前形势大致确定的。一般来说，主观概率不及客观概率可靠。

【例 12.2】某品牌饮料公司决定开发新产品，现有 A、B、C 三种产品方案。未来市场对产品的需求及方案在各种自然状态下的效益和发生概率等如表 12 − 3 所示。企业如何决策才能使其开发新产品的收益最大？

表 12 - 3	各品牌饮料生产方案的收益情况		单位：万元
方案	实际市场需求状态		
	需求量大 s_1 （0.4）	需求量中等 s_2 （0.4）	需求量小 s_3 （0.2）
A	50	40	30
B	60	50	10
C	80	30	-10

注：括号中的数字表示该需求状态发生的概率。

下面介绍几种常用的风险决策准则，并利用它们进行决策。

12.2.1 最大期望收益决策准则

最大期望收益准则是风险决策问题的常用方法之一，其基本思路为：决策者首先计算出每个行动方案的期望收益，然后从中选取期望收益值最大的方案即为最优方案，即对每个方案 A_i，令 $E(A_i) = \sum_j \theta_{ij} P(S_j)$，则 $E(A^*) = \max_i \{E(A_i)\}$ 所对应的方案即为最优方案。

根据最大期望收益准则，对于例 12.2 有：

$E(A) = 50 \times 0.4 + 40 \times 0.4 + 30 \times 0.2 = 42$

$E(B) = 60 \times 0.4 + 50 \times 0.4 + 10 \times 0.2 = 46$

$E(C) = 80 \times 0.4 + 30 \times 0.4 - 10 \times 0.2 = 42$

则 $E(A^*) = \max\{42, 46, 42\} = 46$，故方案 B 是最优决策方案。

12.2.2 最小期望损失决策准则

这是与最大期望收益决策准则相对应的风险决策问题的另一种方法，亦称为最小机会损失准则。其基本思想是：利用决策者不用收益最大的方案而形成的损失值进行决策；若发生的是状态 j，则各方案的收益值为 θ_{ij}，此时各方案的机会损失值为 $\varphi_{ij} = \max_i \{\theta_{ij}\} - \theta_{ij}$（其中 $i = 1, 2, \cdots, n$），然后再计算出各方案的期望损失值：$E(A_i) = \sum_{j=1}^{n} p_j \varphi_{ij}$，最后期望损失最小的方案即为最优方案。例如对于例 12.2 中的方案 A，当需求量大时的机会损失值为 30，需求为中时的机会损失为 10，需求小时的机会损失为 0；则 $E(A) = 30 \times 0.4 + 10 \times 0.4 + 0 \times 0.2 = 16$。同样可以计算得出其余两方案的期望损失分别为 $E(B) = 20 \times 0.4 + 0 \times 0.4 + 20 \times 0.2 = 12$，$E(C) = 0 \times 0.4 + 10 \times 0.4 + 40 \times 0.2 = 12$。若以最小期望损失准则作为判定依据，则期望损失最小的方案 B 和方案 C 均为最优方案。

12.2.3　后验期望决策准则

后验期望决策准则是一种通过修正概率进行风险决策的决策方法。后验期望准则要求决策者在追加样本信息的基础上利用贝叶斯公式首先求得有关状态的后验分布。然后，用后验分布取代先验分布，求出期望收益最大的方案为最优决策方案。

在后验期望准则下，有

$$Z^* = \max_i \left\{ \sum_j \theta_{ij} p(S_j | A_i) \right\}$$

式中，$p(S_j | A_i)$ 利用贝叶斯公式 $p(S_j | A_i) = \dfrac{p(A_i | S_j) p(S_j)}{\sum_k p(A_i | S_k) p(S_k)}$ 可得。根据后验期望准则所体现的原理，决策者应进行市场调查，追加样本信息。

【例 12.3】某月份某地区温度变化无常。该地区有一冷饮销售公司，每天决定是否安排销售人员进行现场销售。若某天温度高，可获利 15000 元，若温度低则亏损 5000 元。根据气象资料，当前该地区温度高的概率为 0.8，温度低的概率为 0.2。为更好地掌握每天的温度情况，公司成立了一个温度预测站，对该地区温度进行预测。该预测站的预报精度如下：若某天温度高，则预报准确率为 0.95；若某天温度低，则预报的准确率为 0.9。请分别作出预测站预报为温度高或温度低时是否进行现场销售的决策。

解： 设 S_1、S_2 表示预测站预报为温度高、温度低两种情况；θ_1、θ_2 表示某天是温度高或温度低。预测站的预报精度可以表示为 $\begin{cases} P(S_1 | \theta_1) = 0.95, P(S_2 | \theta_1) = 0.05 \\ P(S_1 | \theta_2) = 0.1, P(S_2 | \theta_2) = 0.9 \end{cases}$，现在实际问题是需要求解 $P(\theta_1 | S_2)$，$P(\theta_1 | S_1)$，$P(\theta_2 | S_1)$，$P(\theta_2 | S_2)$。根据贝叶斯公式，易得

$$P(\theta_1 | S_1) = \frac{P(S_1 | \theta_1) P(\theta_1)}{P(S_1 | \theta_1) P(\theta_1) + P(S_1 | \theta_2) P(\theta_2)} = \frac{0.95 \times 0.8}{0.95 \times 0.8 + 0.1 \times 0.2} = 0.9744$$

$$P(\theta_1 | S_2) = \frac{P(S_2 | \theta_1) P(\theta_1)}{P(S_2 | \theta_1) P(\theta_1) + P(S_2 | \theta_2) P(\theta_2)} = \frac{0.05 \times 0.8}{0.05 \times 0.8 + 0.9 \times 0.2} = 0.1818$$

$$P(\theta_2 | S_1) = \frac{P(S_1 | \theta_2) P(\theta_2)}{P(S_1 | \theta_1) P(\theta_1) + P(S_1 | \theta_2) P(\theta_2)} = \frac{0.1 \times 0.2}{0.1 \times 0.2 + 0.95 \times 0.8} = 0.0256$$

$$P(\theta_2 | S_2) = \frac{P(S_2 | \theta_2) P(\theta_2)}{P(S_2 | \theta_1) P(\theta_1) + P(S_2 | \theta_2) P(\theta_2)} = \frac{0.9 \times 0.2}{0.9 \times 0.2 + 0.05 \times 0.8} = 0.8182$$

当预报为温度高时，进行现场销售的获利期望为 $15000 \times 0.9744 - 5000 \times 0.0256 = 14488$；不进行的获利为 0。此时最优方案为进行现场销售。

当预报为温度低时，进行现场销售的获利期望为 $15000 \times 0.1818 - 5000 \times 0.8182 = -1364$；不进行现场销售的获利为 0。此时最优方案为不进行现场销售。

以期望收益值作为决策准则来处理风险决策问题仍然存在着以下令人不太满意的方面：（1）难以全面评价具有多样化后果的决策问题；（2）没有考虑决策的主观因素；（3）不适

合致命威胁后果的方案评价；（4）以货币为单位的期望收益值作为决策准则还有负效应引起的弊端。

12.3 效用理论决策方法

前两节所讲的决策准则，都是以货币值损益的多少作为衡量标准的。这种方法对于决策者来说，必须承认货币期望值能够作为衡量方案的标准，同时也必须承认货币只具有客观价值，而无主观价值，即一定数量的货币对不同的人或企业的价值是不一样的。因此许多情况下，以这种标准来判断方案的优劣未必能令决策者满意。

【例 12.4】某公司运送一批价值 300 万元的商品，如果发生意外，则该公司要承受全部损失。但企业如果花费 10000 元购买保险，在发生意外的情况下，能获得全额的赔偿。现已知发生意外的概率为 0.001，问在该情况下该企业是否应该购买保险？

解： 对于公司决策者来说，他所面对的问题只有两种状态——一切正常（S_1）或发生意外（S_2），两种策略方案——购买保险（A_1）或不购买保险（A_2）；该问题的损益情况如表 12 – 4 所示。

表 12 –4 　　　　　　　　　各方案的损益情况　　　　　　　　　　　单位：元

方案	一切正常（0.999）	发生意外（0.001）
购买保险	2990000	2990000
不购买保险	3000000	0

注：括号中的数字表示该状态发生的概率。

若根据最大期望收益准则进行决策，则方案 A_1、方案 A_2 的期望收益分别为：

$E(A_1) = 2990000 \times 0.999 + 2990000 \times 0.001 = 2990000$（元）

$E(A_2) = 3000000 \times 0.999 + 0 \times 0.001 = 2997000$（元）

由最大期望收益准则得到的结果应选择 A_2 作为行动方案，即不购买保险。

但事实上绝大多数人都会选择购买保险这个方案。因为即使发生意外的概率很小，但决策者也不愿意为节省 10000 元的开支而承担损失 300 万元的风险。

从例 12.4 可以看到，对于一件不确定的事情，其决策结果还往往受到决策者对风险所持有的态度的影响。在类似的情况下，用期望收益值等方法作为决策方法是不合理的，它并不能很好地反映决策者对于得失的态度。或者说，决策者在更多的场合下是根据不同结果或方案对其需求欲望的满足程度来进行决策的，而不仅仅是依据期望收益最大进行决策。对于这样的问题又依靠什么样的标准来选择方案呢？为了衡量或比较不同的商品，满足人的主观愿望的程度，在这里引进"效用"这个概念。

效用概念最初由伯努利（D. Berneulli）提出，他认为人们对钱财的真实价值的考虑与该人的钱财拥有量之间存在对数关系。据说，这是从他思考下面问题得来的：某人掷一枚均匀硬币进行博彩，规定若他第 k 次才掷出硬币正面可得收益 $x = 2^k$，这样他的期望收益为：

$$\frac{1}{2} \cdot 2 + \frac{1}{2^2} \cdot 2^2 + \cdots = \sum_{k=1}^{\infty} \frac{2^k}{2^k} = \infty$$

这显然是有悖于事实的，但是如果收益函数改为 $\ln x$，这时的期望收益为：

$$\frac{1}{2}\ln2 + \frac{1}{2^2}\ln2^2 + \cdots = \sum_{n=1}^{\infty} \frac{n}{2^n}\ln2 = 4\ln2$$

这个结果似乎可以接受，这启发伯努利用 $\ln x$ 来衡量此类问题的效用。

现代效用理论认为，所谓效用实质上是人们的价值观念在决策活动中以数量形式作出的综合表现，它反映了决策者对风险所持有的态度。同样一个人，当其穷困潦倒时，又苦又累的工作也愿意接受，但一旦富裕了之后，就不愿意接受同样的工作了。这就是说，同样的一份工作，在不同时期的价值发生了变化。由此可见，决策时不仅要考虑行动方案产生的直接结果，还需要分析结果对决策者产生的真正价值。价值并不是客体的固有属性，而是客体属性作用于人体后所产生的一种感觉。这种感觉体现了人们从客体属性中获得的某种满足感，并使人们对其产生一种区分对象好坏的标准。

决策的每一方案对决策人都有一定的效用，这反映了在风险情况下决策者对某种方案的偏爱程度。为此，我们用效用理论进行决策分析可能会更符合决策者的实际意愿。

采用效用理论进行决策的关键是要找出决策者的效用函数（例如，伯努利认为掷硬币博彩决策的效用函数为 $\ln x$）。不同的决策者因其经济地位、个人素质以及对待风险态度的不同，都会有各自不同的效用函数。在确定效用函数之前，首先要了解决策者对各种客体的偏好关系。所谓偏好则是价值比较所生成的一种直觉映象。由于价值观的差异，人们对同一事物的感觉也不尽相同。以同一款手机的颜色为例，有人喜欢红色的，而有人喜欢黑色的。决策者在进行选择时，通常都根据客体的属性及决策者的个人偏好，采取两两比较的办法来评定两个客体之间的价值顺序，并将由此形成的顺序关系称为偏好关系。下面以"优于"关系为基础定义客体集 $X = \{x_1, x_2, \cdots, x_n\}$ 的一个二元偏好关系。

定义 12.1 设 X 为客体集，$x_i, x_j \in X$，则命题"x_i 优于 x_j"定义为 X 上的一个二元偏好关系 R，记这一关系 R 为"$>$"，将命题"x_i 优于 x_j"记为 $x_i > x_j$。

除了有"优于"偏好关系外，还有一系列其他的二元关系，例如："劣于""不优于""不劣于""无异于"等二元关系，分别记为"$<$""$\leqslant$""$\geqslant$""$\sim$"。

定义在客体集 X 上的二元关系"优于"具有两个重要的性质：完备性和传递性。前者是指对于所有的 $x_i, x_j \in X$，均有 $x_i > x_j$ 或 $x_j > x_i$；后者是指对于所有的 $x_i, x_j, x_k \in X$，如果 $x_i > x_j$ 且 $x_j > x_k$，则 $x_i > x_k$。

定义 12.2 客体集 X 上的一个二元关系 $R \subset X \times X$ 被称为弱序关系，如果对于任意的 $x_i, x_j, x_k \in X$，均有：（1）$x_i R x_i$（自反性）；（2）若 $x_i R x_j$ 且 $x_j R x_k$，则 $x_i R x_k$（传递性）；

（3）$x_i R x_j$ 或 $x_j R x_i$（完备性）。

显然，偏好关系"$\preceq$"是客体集 X 上的一个弱序关系，这是对决策主体的理性行为所作的一条重要假设，它保证了决策者在自己偏好结构的基础上所作决策结果的一致性。

对偏好的度量，不仅要求对客体偏好进行定性比较，而且还要从数量上描述这种偏好的程度。将客体集 X 中的成员划分为有限个无差异类别，决策主体根据自己的偏好关系将确定的无差异类单一映射到实数集合。如果 X 中某无差异类 X_1 劣于其中另一无差异类 X_2，则映射后 X_1 对应的实数小于 X_2 对应的实数。那么，这个与价值相对应的实数就是效用。从客体集 X 到实数集的映射就是效用函数。对于任何两个客体，只要能按照偏好关系进行比较，而且这种比较是可传递和连续的，则在该客体集上必然存在效用函数。

关于效用函数有如下定理成立（证明略）：

定理 12.1　若 X 上的效用函数 U_1 存在，又有实数 α，β，其中 $\alpha > 0$，则 $U_2 = \alpha U_1 + \beta$ 亦为效用函数。

定理 12.2　若 U_1、U_2 是 X 上两个效用函数，则有实数 α，β，其中 $\alpha > 0$，使 $U_2 = \alpha U_1 + \beta$。

效用值指某事物对决策者的作用程度与效果，是以决策者的现状为基础的精神感受值。通常规定：对决策者最爱好、最倾向、最喜欢的事物的效用值赋 1；相反，对最讨厌、最不愿意发生的事物效用值赋 0。

效用值通常可用效用曲线来表示。其绘制方法主要是采用对比提问法：

在此方法中通常选择集合 X 中的最小元 $x_{\min}$ 和最大元 $x_{\max}$ 作为测定集合 X 中其他效用的基准，且规定 $u(x_{\min}) = 0$，$u(x_{\max}) = 1$。当测定集合 X 中某一点 x_i 的效用值时，先根据无差异关系 $x_i \sim [x_{\min}; p, x_{\max}]$ 确定 $p \in [0, 1]$，然后用效用方程计算 $u(x_i)$，即

$$pu(x_{\max}) + (1 - p)u(x_{\min}) = u(x_i)$$

这里 p 是使无差异成立的概率值。该值的确定是由决策者通过"内省"方式完成的，是决策者心理上反复权衡和判断的过程。决策者通过提出下面这个问题来确定：

方案 A_1 可以无风险地（即以概率 1）得到 x_i；方案 A_2 可以概率 p 得到 $x_{\max}$ 或以概率 $(1 - p)$ 获得 $x_{\min}$。则当 p 为何值时，方案 A_1 和方案 A_2 效用相当？

下面以具体的例子来说明如何确定效用函数。

【例 12.5】 假定某投资者有两个项目可供选择。项目 A：以 50% 的概率得到 300 万元，50% 的概率无收益。项目 B：稳拿 50 万元。现采用对比提问法来画出投资者的效用函数曲线。

解： 第 1 步：确定效用的尺度范围。

在这两个方案面前，投资者的最大收益是得到 300 万元，效用最大，取 $u(300) = 1$，最小的收益是 0，效用最小，取 $u(0) = 0$。

第 2 步：确定 0 与 300 万元之间的一个点的效用值，并对投资者进行问答，以测定投资者对不同项目的反应。

（1）问：你认为项目 B 比项目 A 稳妥吗？

答：是。

这说明 50 万元的效用值大于项目 A 的效用值，即 $u(50) > u(A)$。

（2）将项目 A 改为以 0.7 的概率得 300 万元，以 0.3 的概率得 0，项目 B 不变。

问：你还愿意选项目 B 吗？

答：愿意。

这说明 50 万元的效用值仍大于项目 A 的效用值。

（3）再将项目 A 改为以 0.8 的概率得 300 万元，0.2 的概率得 0，项目 B 不变。

问：你愿意选择 A，还是选择 B 呢？

答：无所谓。

这意味着 A、B 两项目是等效用的，即 $u(50) = u(A)$，而项目 A 的期望效用值为：

$$0.8 \times u(300) + 0.2 \times u(0) = 0.8 \times 1 + 0.2 \times 0 = 0.8$$

由此得到 $u(50) = 0.8$。

第 3 步：确定 50 万元与 300 万元之间的一个点的效用函数值，设计了以下两个项目，以测定决策者的反应。

项目 A：以 0.5 的概率得 50 万元，0.5 的概率得 300 万元。

项目 B：稳得 100 万元。

如同第 2 步，设计问答，假设经过修改项目 A，将 A 改为以 0.3 的概率得 50 万元，0.7 的概率得 300 万元，项目 B 不变，投资者选 A 选 B 都一样，即 $u(100) = u(A)$，而 A 的期望效用值为：

$$0.7 \times u(300) + 0.3 \times u(50) = 0.7 \times 1 + 0.3 \times 0.8 = 0.94$$

从而 $u(100) = 0.94$。

第 4 步，确定 0 与 50 万元之间一个点的效用函数值，对上述两个项目 A、B 作修改后，再对投资者进行问答式测试。

项目 A：以 0.5 的概率得 0，以 0.5 的概率得 50 万元。

项目 B：稳拿 20 万元。

假设经过修改项目，将项目 A 改为以 0.3 的概率得 0，0.7 的概率得 50 万元，项目 B 不变，此时两项目等价，即 $u(20) = u(A)$。这时，A 的期望效用值为：

$$0.3 \times u(0) + 0.7 \times u(50) = 0.7 \times 0.8 = 0.56$$

由此得到 $u(20) = 0.56$。

对于其他点的效用值，可以继续使用上述问答的方法求出。至此，得到 5 个点的效用值：

$u(0) = 0$，$u(20) = 0.56$，$u(50) = 0.8$，$u(100) = 0.94$，$u(300) = 1$。

由以上 5 个点的坐标得到如图 12 - 2 所示的效用曲线。

由于不同决策者对待风险的态度不同，与之对应的效用函数也被划分为不同的类型。

（1）风险规避型。风险规避型效用曲线表示效用值随货币额的增加而增加，但其递增的速度却越来越慢，因而是一条上凸曲线。这种曲线反映了决策者对风险的厌恶态度，曲线上凸得越厉害，表示决策者对风险的厌恶程度越高。决策者对金钱的损失要比增加来得更敏感。曲线图形如图 12-3 中曲线甲 $U_1(x)$ 所示，其中 x 表示货币数量，$U_1(x)$ 表示货币效用函数。

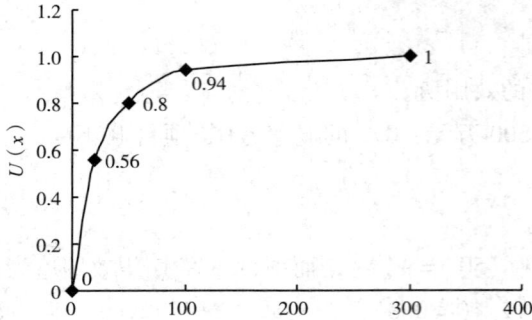

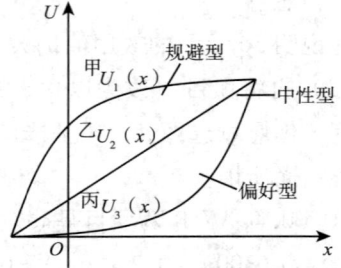

图 12-2　效用曲线　　　　　图 12-3　不同风险偏好效用曲线

（2）风险中性型。此类效用函数表示货币—效用关系呈线性关系，即效用的增长与货币的增长成正比例，它反映决策者对风险持中立态度。该效用曲线如图 12-3 中曲线乙 $U_2(x)$ 所示。

（3）风险偏好型。风险偏好型函数表示在效用值随货币额增加而增加的过程中，其递增的速度越来越快，因而其效用曲线是一条下凹曲线。这种曲线反映了该决策者对金钱的损失不太在意，而对收入的增加十分敏感。其效用曲线如图 12-3 中曲线丙 $U_3(x)$ 所示。

为了导出与各种风险态度类型相对应的效用函数，一个最基本的方法就是前面介绍的提问方法。只要知道的效用点足够多，便不难借助于适当的数据处理技术，模拟出所需要的效用曲线和函数。但这种方法主观性太强，也不便于操作。因为要反复对决策者提问，不是训练有素的决策者很难给出明确和一致的答案，往往会前后矛盾，以致表现出来的风险思维不够连贯。为此，下面介绍两种简便的效用函数构造方法。

12.3.1　基于风险规避

由于风险厌恶是一种最普遍存在的风险态度，所以下面首先讨论风险规避型效用函数的构造方法。构造这类函数的基本特点是：效用值将随着货币额的增加而增加，但递增的速度越来越慢，则效用值的变化率可用 $u(x)$ 的一阶导数来表示，即 $\mathrm{d}u(x)/\mathrm{d}x$。从理论上说，任何一个连续可积且值域在 $(0, +\infty)$ 的减函数 $f(x)$ 都可以作为风险规避型效用函数的导函数。通常可以取函数 $f(x)=a/(x+b)$，则有

$$\frac{\mathrm{d}u(x)}{\mathrm{d}x}=\frac{a}{x+b} \tag{12-1}$$

式中 a，b 为参数，$x+b>0$。由式（12-1）导出的风险规避型效用函数为：

$$u(x) = c + a\ln(x + b) \qquad (12-2)$$

这里 c 为积分常数。只要已知效用曲线上的 3 个点，就可以求出式（12-2）中参数的值，并唯一地确定这个效用函数。

【例 12.6】 假定某人投资某项目的收益在 $100 \sim 500$ 元，令 $u(100)=0$，$u(500)=1$，并假定 $u(200)=0.5$。

解： 代入式（12-2），则有

$$\begin{cases} 1 = c + a\ln(500 + b) \\ 0.5 = c + a\ln(200 + b) \\ 0 = c + a\ln(100 + b) \end{cases}$$

将上述方程组中的第 1 式减去第 2 式、第 2 式减去第 3 式，得

$$0.5 = a\ln\frac{500 + b}{200 + b}$$

$$0.5 = a\ln\frac{200 + b}{100 + b}$$

从而有

$$\frac{500 + b}{200 + b} = \frac{200 + b}{100 + b}$$

故

$$b = \frac{200^2 - 500 \times 100}{100 + 500 - 2 \times 200} = -50$$

将 b 值代入前式，得

$$a = \frac{0.5}{\ln\dfrac{500 - 50}{200 - 50}} = 0.455$$

$$c = -0.455\ln(100 - 50) = -1.78$$

故效用函数的表达式为 $u(x) = -1.78 + 0.455\ln(x - 50)$。

12.3.2　基于效用一致性

另一种构造效用函数的方法是基于效用一致性原理得来的。所谓效用一致性，是指决策者在货币集合的全体范围内，将货币额作为效用值的标准始终不变。只要给定效用曲线上任意两点 x_a、x_c 的效用值 $u(x_a)$，$u(x_c)$，这里 $x_c > x_a$，并通过对决策者进行提问，找到效用为 $[u(x_a) + u(x_c)]/2$ 所对应的 x_b，显然 $x_c > x_b > x_a$，则得到一个比率 ρ：

$$\rho = \frac{x_c - x_b}{x_b - x_a} \qquad\qquad (12-3)$$

该比率反映决策者对风险的态度，其值在效用曲线的定义域内为常数。如果 $\rho > 1$，表示决策者厌恶风险，则效用函数是规避型的；如果 $\rho < 1$，表示决策者乐于冒险，则效用函数是风险偏好的；如果 $\rho = 1$，表示决策者对于风险既不规避，也不偏好，则效用函数是风险中性型的。

一旦 ρ 值确定，便可采用内插的方法逐步算出中位效用值所对应的值，从而得到整个效用曲线。由式（12-3）可导出

$$x_b = \frac{\rho}{1+\rho}x_a + \frac{1}{1+\rho}x_c \qquad\qquad (12-4)$$

【例 12.7】 同样对于例 12.6 采用基于效用一致性方法求解。

解：$\rho = \dfrac{x_c - x_b}{x_b - x_a} = \dfrac{500 - 200}{200 - 100} = 3$

$\dfrac{1}{1+\rho} = \dfrac{1}{1+3} = 0.25$，$\dfrac{\rho}{1+\rho} = 0.75$

由式（12-4）可计算得出不同效用值对应的点，有：

$x_{0.25} = 0.25 \times 200 + 0.75 \times 100 = 125$

$x_{0.75} = 0.25 \times 500 + 0.75 \times 200 = 275$

$x_{0.125} = 0.25 \times 125 + 0.75 \times 100 = 106.25$

$x_{0.875} = 0.25 \times 500 + 0.75 \times 275 = 331.25$

根据以上点坐标画出效用曲线图，如图 12-4 所示，显然该决策者是风险规避型的。

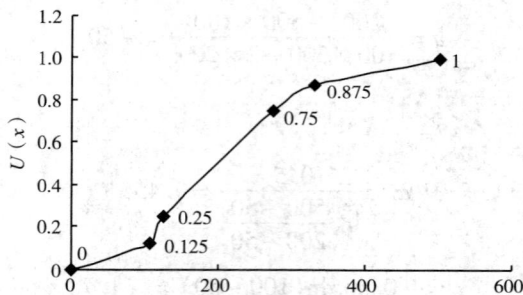

图 12-4 效用曲线

12.4 决策树决策方法

决策树法是风险型决策常用的一种方法，它不仅适用于前几节讨论的单阶段决策问题，而且适用于多阶段决策问题。它将决策问题按从属关系直观地分为几个层次，通过决策树能纵观整个决策的过程，从而对决策问题进行全面的分析和比较。

决策树又叫决策图。它是以方框和圆圈为结点，由直线连接而成的一种树枝形状的结构图（见图 12-5）。

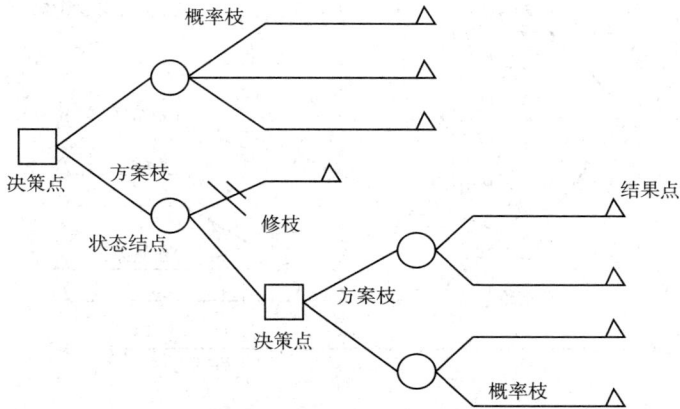

图 12-5　决策树

在图 12-5 中，方框结点称为决策点。决策者必须在决策点处进行最优方案的选择。从决策点引出的直线称为方案枝，在各方案枝上标明方案内容及其期望损益值。位于方案分支末端的圆圈表示状态结点。各状态分支的末梢以三角形标记，表示某方案在该状态下的损益值。

决策树一般从左至右逐步画出，标出原始数据后，再从右至左计算出各结点的期望损益值，并标在相应的结点上，进而对决策点上的各方案进行比较，依据最大期望收益准则，将期望值小的分支剪掉（此过程称为修枝），修剪后得到的唯一一条树枝即为最优决策方案。

单阶段决策是指在决策过程中，决策者只需进行一次方案选择。此类问题也可以用决策树方法来解决，但并没有给解决问题带来方便，因此我们主要将其应用在多阶段决策中。多阶段决策是指在提供决策的备选方案中，某一个或某几个的条件结果值有一部分为未知，有待另一阶段决策作出才可以知道，而这另一阶段决策可能又依赖于更前面一阶段的决策。

【例 12.8】某企业为适应市场发展的需要，准备新建厂房以扩大产品的生产能力，有两种方案可供选择：第一种方案是直接建大厂；第二种方案是先建小厂，后考虑扩建。第一种方案，需投资 800 万元，若产品的市场销路好，每年可获得收益 300 万元；若产品销路差时，每年则亏损 50 万元。在第二种方案中，需投资 400 万元，若产品市场销路好，3 年后进行扩建。在市场销路好时，每年收益 100 万元；市场销路差时，每年收益 50 万元。如果 3 年后扩建，扩建投资为 500 万元，收益情况同第一方案一致。未来市场销路好的概率为 0.7，销路差的概率为 0.3；如果前 3 年销路好，则后 7 年销路好的概率为 0.9，销路差的概率为 0.1。如果前三年销路差，则后七年仍然是销路差。无论选用何种方案，使用期均为 10 年，试做决策分析。

解： 由原问题已知条件画出决策树，如图 12-6 所示。

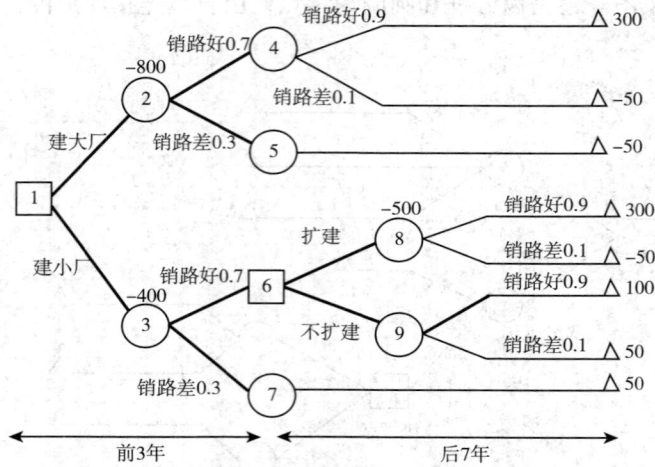

图 12 - 6   例 12.8 的决策树

从右向左计算各点损益期望值：

点 4：$300 \times 0.9 \times 7 - 50 \times 0.1 \times 7 = 1855$（万元）

点 5： $-50 \times 7 = -350$（万元）

点 2： $1855 \times 0.7 + 300 \times 0.7 \times 3 - 350 \times 0.3 - 50 \times 0.3 \times 3 - 800 = 1778.5 - 800 = 978.5$（万元）

点 8： $300 \times 0.9 \times 7 - 50 \times 0.1 \times 7 - 500 = 1355$（万元）

点 9： $100 \times 0.9 \times 7 + 50 \times 0.1 \times 7 = 665$（万元）

点 6 是个决策点，比较点 8 和点 9 的期望收益，选择扩建。

点 6：1355（万元）

点 7：$50 \times 7 = 350$（万元）

点 3： $1355 \times 0.7 + 350 \times 0.3 + 50 \times 0.3 \times 3 + 100 \times 0.7 \times 3 - 400 = 908.5$（万元）

最后，比较点 2 和点 3 的期望收益，点 2 期望收益值较大，可见，应当采取第一种方案，直接建大厂。

【例 12.9】某企业的产品每 1000 件装成一箱进行出口。每箱中产品的次品率有 0.02、0.30、0.80 三种可能，其概率分别是 0.1、0.6、0.3。现在的问题是：出厂前是否对产品进行严格检验，将次品挑出。可以选择的行动方案有两个：（1）整箱检验，检验费为每箱 80 元；（2）整箱不检验，但如果顾客在使用中发现次品，每件次品除调换为合格品外还要赔偿 0.20 元损失费。为了更好地作出决定，可以先从一箱中随机抽取一件作为样本检验。然后根据这件产品是否为次品再决定该箱是否要检验，抽样成本为 3.00 元。要决策的问题是：（1）是否抽验？（2）如不抽验，是否进行整箱检验？（3）如果抽验，应如何根据抽验结果决定行动方案？

解： 假设 a_1 为整箱检验；a_2 为整箱不检验；θ_1、θ_2、θ_3 表示次品率分别为 0.02、0.30、0.80 的三种自然状态；S_1 表示抽取一件样品的行动；$x = 0$、$x = 1$ 为抽样是合格品和次品的两个结果。

由表 12 - 5 收益矩阵可得各行动方案后悔值矩阵，如表 12 - 6 所示。

表 12 - 5　　　　　　　　　　　　　　各方案收益矩阵　　　　　　　　　　　　　单位：元

检验方案	θ_1 （0.1）	θ_2 （0.6）	θ_3 （0.3）
a_1	-80	-80	-80
a_2	-4.0	-60	-160

注：括号中的数字表示次品率发生的概率。

表 12 - 6　　　　　　　　　　　　　　各方案后悔值矩阵　　　　　　　　　　　　单位：元

检验方案	θ_1 （0.1）	θ_2 （0.6）	θ_3 （0.3）
a_1	76	20	0
a_2	0	0	80

注：括号中的数字表示次品率发生的概率。

抽取一件样品的抽样分布如表 12 - 7 所示。

表 12 - 7　　　　　　　　　　　　　　　抽样分布

抽样	θ_1	θ_2	θ_3
$x = 0$	0.98	0.70	0.20
$x = 1$	0.02	0.30	0.80

绘制决策树，如图 12 - 7 所示。

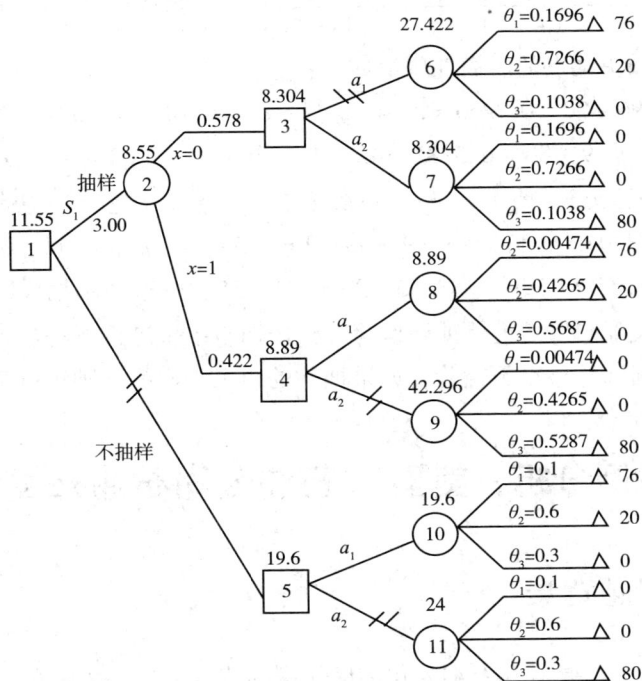

图 12 - 7　决策树

计算有关概率。

（1）计算抽样各有关概率，得：

$$P(x = 0) = \sum_{i=1}^{3} P(x = 0 \mid \theta_i) P(\theta_i)$$
$$= 0.98 \times 0.10 + 0.70 \times 0.60 + 0.20 \times 0.30 = 0.578$$

$$P(x = 1) = \sum_{i=1}^{3} P(x = 1 \mid \theta_i) P(\theta_i)$$
$$= 0.02 \times 0.10 + 0.30 \times 0.60 + 0.80 \times 0.30 = 0.422$$

（2）求在 $x = 0$ 的情况下，出现各种不同自然情况的概率。利用贝叶斯公式，可求得：

$$P(\theta_1 \mid x = 0) = \frac{0.98 \times 0.10}{0.578} = 0.1696$$

$$P(\theta_2 \mid x = 0) = \frac{0.70 \times 0.60}{0.578} = 0.7266,$$

$$P(\theta_3 \mid x = 0) = \frac{0.30 \times 0.20}{0.578} = 0.1038$$

（3）在 $x = 1$ 情况下，出现各种不同自然情况的概率为：

$$P(\theta_1 \mid x = 1) = \frac{P(x = 1 \mid \theta_1) P(\theta_1)}{P(x = 1)} = \frac{0.02 \times 0.1}{0.422} = 0.00474$$

$$P(\theta_2 \mid x = 1) = \frac{P(x = 1 \mid \theta_2) P(\theta_2)}{P(x = 1)} = \frac{0.30 \times 0.6}{0.422} = 0.4265$$

$$P(\theta_3 \mid x = 1) = \frac{P(x = 1 \mid \theta_3) P(\theta_3)}{P(x = 1)} = \frac{0.80 \times 0.3}{0.422} = 0.5687$$

计算各方案点和决策点的后悔期望值如下：

点 6：$76 \times 0.1696 + 20 \times 0.7266 = 27.4$，点 7：$80 \times 0.1038 = 8.304$，点 8：$76 \times 0.00474 + 20 \times 0.4265 = 8.89$，点 9：$80 \times 0.5287 = 42.296$，点 10：$76 \times 0.1 + 20 \times 0.6 = 19.6$，点 11：$80 \times 0.3 = 24$。在决策点 3，剪去 a_1 枝，在决策点 4，剪去 a_2 枝，在决策点 5，剪去 a_2 枝。点 2 的期望值为：$8.304 \times 0.578 + 8.89 \times 0.422 = 8.55$。在决策点 1，剪去"不抽样"方案枝，因为"抽样"方案枝期望值为 $8.55 + 3.00 = 11.55$，少于"不抽样"方案枝的期望成本 19.6。综上，最优决策结果是进行抽样检验。根据抽验结果进行下一步决策如下：如果抽验的结果是合格品，则选择整箱不检验；如果抽验的结果是次品，则进行整箱检验。

12.5 案例分析：美国 A 石油公司石油开发策略分析

12.5.1 问题背景

20 世纪 70 年代初，美国 A 石油公司为应对国际能源危机，考虑在本土明尼苏达州和相邻的加拿大国土上开采油母页岩提取石油。从当时的世界政治经济形势看，石油输出国组织

（OPEC）可能发生"禁运"。世界石油市场面临如下四种前景：（1）价格下降，即低于现价（B_1）；（2）维持不变，即等于现价（B_2）；（3）价格上涨，即高于现价（B_3）；（4）出现禁运，油价猛涨（B_4）。

A 公司通过周密的市场调查研究后，预测出在不出现禁运的条件下，B_1，B_2，B_3 三种价格状态出现的概率分别为：

$$P(B_1|\overline{B}_4)=0.125,P(B_2|\overline{B}_4)=0.375,P(B_3|\overline{B}_4)=0.500$$

同时估计在五年内出现禁运的概率 $P(B_4)=0.2$，因此在五年内除禁运外的其余三种价格状态出现的概率为：$P(B_i)=P(\overline{B}_4)P(B_i|\overline{B}_4)(i=1,2,3)$。则有：

$$P(B_1)=0.8\times0.125=0.1,\ P(B_2)=0.8\times0.375=0.3,\ P(B_3)=0.8\times0.5=0.4$$

12.5.2 方案分析

针对五年内这四种可能出现的价格状态，公司提出三种策略：

A_1：研究。集中精力对油母岩的炼油工艺进行改革，提高出油率，降低成本。但会暂时赚不到钱。

A_2：边研究、边开发。实行研究和现有工艺开发相结合。由于按现有工艺开发，成本高，会有亏损，但因规模不大，因而损失也不大。一旦出现禁运，本地石油需求激增时，公司将处于有利地位。

A_3：应急开发。孤注一掷，迅速按现有工艺大规模开采。在低价状态下，会出现大面积亏损，但若出现禁运，将有极高的收益。

针对每一个方案策略，在对应价格状态下，估计出它们的损益值，并计算出损益期望值如表 12-8 所示。显然，按效益期望值最大准则，应取 A_2 作为决策方案。此时五年内的毛利为 2 亿美元。

表 12-8　　　　　　　　　　石油开发决策　　　　　　　　　单位：百万美元

方案	B_1 (0.1)	B_2 (0.3)	B_3 (0.4)	B_4 (0.2)	损益期望值
A_1	−50	0	50	55	26
A_2	−150	−50	100	150	40
A_3	−500	−200	0	500	−10

注：括号中的数字表示该状态发生的概率。

公司决策者同时认为，如果石油提取工艺取得重大突破，则石油开采成本将大大下降，这样会使石油出现高价以及发生禁运的可能性均会降低，因而会面临新一轮的决策。

公司估计，采用研究策略 A_1，出现突破进展（用 a_1 表示）的概率为 $P(a_1)=0.6$，不出现突破的概率为 $P(\overline{a}_1)=0.4$；采用边研究边开发策略 A_2 出现突破（用 a_2 表示）的概率为 $P(a_2)=0.3$，不出现突破的概率为 $P(\overline{a}_2)=0.7$。如果出现开采工艺的突破，公司所面临的新的策略选择是：（1）由研究转为边研究边开发，即 $a_1 \rightarrow A_2$；（2）由研究转为应急开发，即 $a_1 \rightarrow A_3$；（3）边研究边开发，继续下去，即 $a_2 \rightarrow A_2$；（4）由边研究边开发转为应急开发，即 $a_2 \rightarrow A_3$。

以上四种策略所面临的四种状态的概率估计为：$P(B_1) = 0.2$，$P(B_2) = 0.5$，$P(B_3) = 0.2$，$P(B_4) = 0.1$。并估计出对应的损益值如表 12-9 所示。

表 12-9   开采工艺突破后石油开发决策   单位：百万美元

方案	B_1 (0.2)	B_2 (0.5)	B_3 (0.2)	B_4 (0.1)	损益期望值
$a_1 \rightarrow A_2$	-100	0	100	120	12
$a_1 \rightarrow A_3$	-150	-50	200	300	15
$a_2 \rightarrow A_2$	-50	50	150	200	65
$a_2 \rightarrow A_3$	-125	100	300	500	135

注：括号中的数字表示该状态发生的概率。

12.5.3   决策结果

现根据表 12-8 和表 12-9，作出两阶段决策树，如图 12-8 所示。

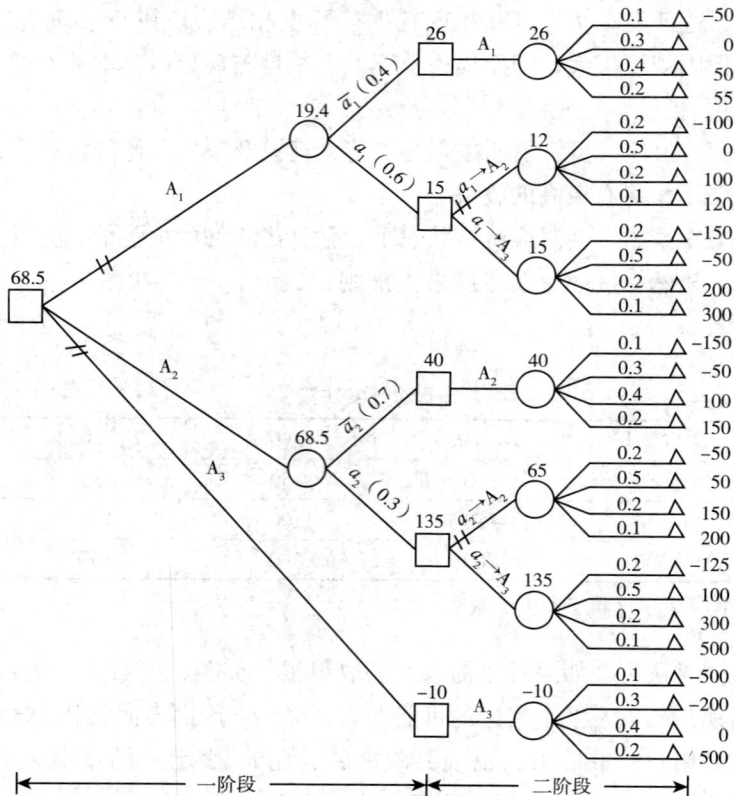

图 12-8   决策树

由决策树图 12-8 可知，在有突破的情况下，选择方案 A_2，并转移到 A_3 开发，这样效益最大。即先边研究、边开发，当工艺有所突破时，再大规模开采。

习　题

1. 已知在四种自然状态下的三种备选方案的损益值如表 12-10 所示。假设各种自然状态出现的概率未知。试分别用乐观准则、悲观准则、折中准则（乐观系数 $\alpha = 0.6$）、等可能性准则和后悔值准则求解最优方案。

表 12-10　　　　　　三种备选方案在四种自然状态下的损益值

方案	自然状态			
	S_1	S_2	S_3	S_4
A_1	20	10	2	-6
A_2	8	12	10	5
A_3	3	10	18	10

2. 第 1 题中，若各自然状态出现的可能性分别为 0.2、0.3、0.4、0.1，试用最大期望收益和最小期望损失准则进行决策。

3. 某公司的决策效用函数部分值如表 12-11 所示。他们在选择火灾保险时，每年付 100 元保 10000 元潜在火险损失，据统计资料表明，该公司每年发生火灾的概率为 0.0015。试问他们是否决定保险？

表 12-11　　　　　　公司决策效用函数值示例

M	-10000	-200	-100	0	10000
$U(M)$	-800	-2	-1	0	250

4. 试用最小机会损失准则讨论如下问题。

勘探某地区石油情况，根据情况估计该地区有油的概率 $P(O) = 0.6$；无油的概率 $P(D) = 0.4$。可对该地区作出石油开采或不开采两种决策。若进行开采，发现有油，可获利 1000 万元；发现无油，要损失 200 万元，不开采则无利也无损失。问：（1）不考虑其他因素，应如何决策？（2）为提高效果，可先做地震试验。根据资料，凡有油地区做实验，试验结果好的概率为 $P(A|O) = 0.9$，结果不好的概率为 $P(B|O) = 0.1$；凡无油地区，试验结果好的概率为 $P(A|D) = 0.2$，结果不好的概率为 $P(B|D) = 0.8$，请根据试验结果作出决策。

5. 某企业生产了一款新产品，现要进行试销售。如直接大批量生产与销售，主观估计成功与失败的概率各为 0.5，其分别获利 1200 万元和损失 500 万元，如果取消生产计划，则损失设计和准备费用 40 万元。为稳妥起见，可先小批生产试销，试销的投入需要 45 万元；

据历史资料与专家估计，试销成功与失败的概率分别为 0.6 与 0.4；同时据以往数据，大批生产销售成功的例子中，试销成功的占 84%；大批生产销售失败的事例中，试销成功的占 36%。根据以上数据，试用决策树方法进行方案的选择。

6. 一个决策分析问题的利润表如表 12 - 12 所示。问：（1）在乐观准则下，应选择哪种方案？（2）在悲观准则下，应选择哪种方案？（3）在等可能性准则下，应选择哪种方案？（4）构建决策树并求解。

表 12 - 12 　　　　　　　　　　两种备选方案在三种自然状态下的损益值

备选方案	自然状态		
	S_1	S_2	S_3
A_1	200	170	110
A_2	200	180	150
先验概率	0.6	0.3	0.1

后悔值准则视频　　　　　　决策树方法视频　　　　　　部分习题答案

参考文献

［1］戴维·R. 安德森，等. 数据、模型与决策（原书第 14 版）［M］. 侯文华，杨静蕾，译. 北京：机械工业出版社，2018.

［2］弗雷德里克·希利尔，杰拉尔德·利伯曼. 运筹学导论（翻译版·第 11 版）［M］. 胡运权，麦强，等译. 北京：清华大学出版社，2022.

［3］韩伯棠. 管理运筹学［M］. 5 版. 北京：高等教育出版社，2020.

［4］韩大卫. 管理运筹学［M］. 4 版. 大连：大连理工大学出版社，2003.

［5］胡运权. 运筹学习题集［M］. 北京：清华大学出版社，2019.

［6］胡运权，郭耀煌. 运筹学教程［M］. 5 版. 北京：清华大学出版社，2018.

［7］贾俊平，何晓群，金勇进. 统计学［M］. 7 版. 北京：中国人民大学出版社，2018.

［8］蒋绍忠. 数据、模型与决策：基于 Excel 的建模与商务应用［M］. 3 版. 北京：北京大学出版社，2019.

［9］梁樑，杨锋，苟清龙. 数据、模型与决策：管理科学的数学基础［M］. 2 版. 北京：机械工业出版社，2021.

［10］卢小广，刘元欣. 统计学教程［M］. 3 版. 北京：北京交通大学出版社，2017.

［11］卢冶飞. 应用统计学［M］. 5 版. 北京：清华大学出版社，2022.

［12］马里奥·F. 特里奥拉. 基础统计学（第 14 版）［M］. 钱辰江，潘文皓，译. 北京：电子工业出版社，2024.

［13］孙文瑜，徐成贤，朱德通. 最优化方法［M］. 北京：高等教育出版社，2010.

［14］王宁，单晓红，杨学成. 数据、模型与决策［M］. 北京：北京邮电大学出版社. 2020.

［15］王玉梅，于龙振，杨树国，朱建华，姚凡军. 运筹学应用［M］. 北京：经济管理出版社，2022.

［16］温斯顿. 运筹学——应用范例与解法（第 4 版）［M］. 杨振凯，等译. 北京：清华大学出版社，2006.

［17］谢家平. 管理运筹学：管理科学方法［M］. 北京：中国人民大学出版社，2010.

［18］熊伟. 运筹学［M］. 3 版. 北京：机械工业出版社，2014.

［19］杨庆之. 最优化方法［M］. 北京：科学出版社，2015.

［20］姚寿福，杜德权．统计学——在经济管理中的应用［M］．北京：电子工业出版社，2020.

［21］袁亚湘，孙文瑜．最优化理论与方法［M］．北京：科学出版社，1997.

［22］曾五一．统计学简明教程［M］．北京：中国人民大学出版社，2012.

［23］周根贵，孟志青，曹东，蒋敏．运筹学［M］．北京：经济科学出版社，2012.